Laurence

F G H I J

1

D33

Adour

LAND

CW01418396

Luy

béarn

Peyrehorade

Gave de Pau

2

A64

Sames

D33

N117

Orthez

Bidache

Bidouze

A64

3

Salies-de-Béarn

D947

La Bastide-Clairence

Lihoury

D28

D933

Saleys

Viellenave-sur-Bidouze

Sauveterre-de-Béarn

4

PYRÉNÉES-ATLANTIQUES

Laharanne

Arbéroue

Gave d'Oloron

D936

Saison

Joyeuse ou Aran

Grottes d'Isturits et d'Oxocelhaya

St-Martin-d'Arberoue

Garris

St-Palais

Navarrenx

5

onde

St-Esteben

Hélette

BASSE-

Joyeuse

Iholdy

Laka

Ostabat

Ainharp

L'Hôpital-St-Blaise

Irissarry

Asme

D933

Mauléon-Licharre

6

NAVARRE

Lacarre

Bussunaritz

Musculdy

Ordiarp

Libarrenx

Gotein

Barcus

Joos

Ispoure

an-Port

St-Jean-le-Vieux

Bidouze

La Madeleine 795

Aincille

Aussurucq

St-Michel

Lecumberry

Forêt des Arbailles

Cihigue Camou

Trois-Villes

Aramits

7

Nive

D933

Mendive

Béhorléguy

Tardets

Arette

Arnéguy

Estérençuby

Laurhibar

Hauskoa 1268

Abense-de-Haut

Vert de Batanes

Vert d'Arette

Redoute de Château-Pignon

St-Sauveur

SOULE

Haux

8

Urculu 1438

Sommet d'Occabe 1456

Pic des Ecaliers 1472

Licq-Athérey

Orzanzurieta 1570

Col d'Organbidexka 1284

Larrau

Gave de Larrau

Uhaitxa

Pic d'Issarbe 1559

Pic d'Orhy 2017

Forêt d'Iraty

Rio Irati

1573 Port de Larrau

Ste-Engrâce

Gorges de Kakouetta

Col de la Pierre-St-Martin 1670

9

Otchogorrigagna 1923

Arroyo de Belagua

Pic d'Anie 2504

Rio Anduña

Ochagavía

10

F G H I J

Pour le protéger des parasites,
le paysan recouvrait son bétail de grandes
capes de lin à larges bandes colorées.
Une peau de mouton, posée sur le joug,
et un masque de cuir, recouvrant la tête,
venaient compléter cet attelage traditionnel.

Marins-pêcheurs de Saint-Jean-de-Luz

« Basques français et Basques espagnols participent non seulement du même sang, mais de la même légende marine. Pour recevoir la vocation océanique et découvrir les Amériques avant Colomb, il ne leur fut pas nécessaire, comme à la race armoricaine, de disposer d'une péninsule tout entière [...]. Il leur suffit de leurs rias. »

Joseph Peyré

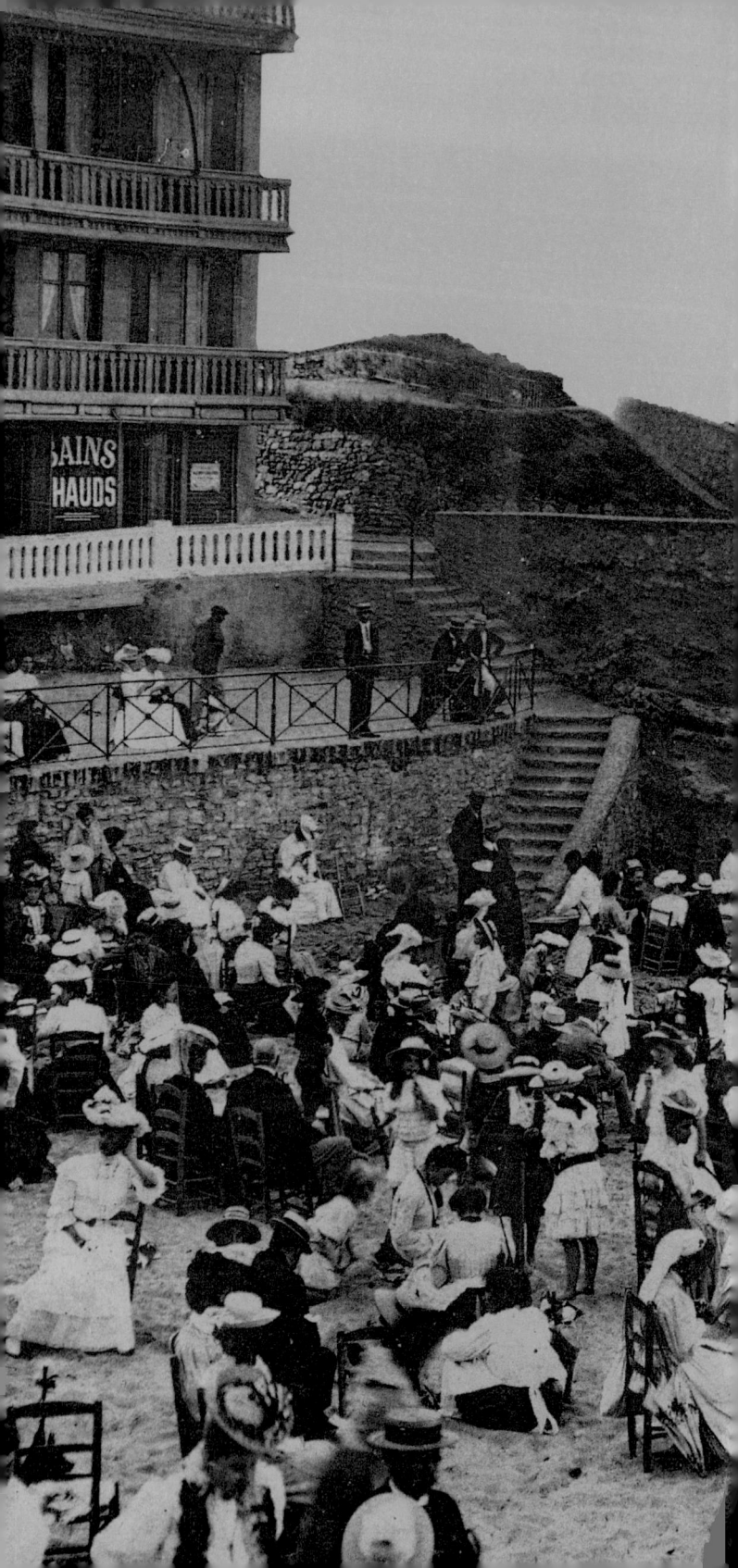

Scène de *fandango* au début du siècle, lors d'un rassemblement dans la montagne.

DE NOMBREUSES PERSONNALITÉS UNIVERSITAIRES OU LOCALES
ONT COLLABORÉ À CE GUIDE. TOUTES LES INFORMATIONS CONTENUES DANS CET OUVRAGE
ONT ÉTÉ SOUMISES À LEUR APPROBATION.
NOUS REMERCIONS PARTICULIÈREMENT OLIVIER RIBETON ET LE MUSÉE BASQUE,
DOMINIQUE DUPLANTIER, L'ASSOCIATION LAUBURU.

GUIDES GALLIMARD
DIRECTION
Pierre Marchand
assisté de :
Hedwige Pasquet,
Philippe Rossat
RÉDACTION EN CHEF
Nicole Jusserand
DIRECTION ARTISTIQUE
Élisabeth Cohat
COORDINATION
ARCHITECTURE : Bruno Lenormand
NATURE : Frédéric Bony
PHOTOGRAPHIE : Éric Guillemot, Patrick Léger
RÉACTUALISATION : Anne-Josyane Magniant
FABRICATION
Catherine Bourrabier
PARTENARIATS
Philippe Rossat
COMMERCIAL
Jean-Paul Lacombe
PRESSE ET PROMOTION
Manuèle Destors

PAYS BASQUE
ÉDITION : Maylis de Kerangal
avec la participation de Cécile Gall
et Sybille d'Oiron (Carnet de voyage)
MAQUETTE : Riccardo Tremori,
Béatrice Desrousseaux (Carnet de voyage)
ICONOGRAPHIE : Nathalie Saint-Martin
RÉACTUALISATION : Gwenhaelle Le Roy,
Myriam Beschaouch

DES CLEFS POUR COMPRENDRE
NATURE : Manex Goyhenetche,
Claude Dendaletche, Pascal Grisser
HISTOIRE ET LANGUE : Manex Goyhenetche,
René de La Coste-Messelière
(Saint-Jacques-de-Compostelle),
Jean-Baptiste Orpustan
ARTS ET TRADITIONS : Michel Barberousse,
Jean-Paul Bobin, Jakes Casaubon,
Denise Glück, Jean-Michel Guilcher,
Claude Iruretagoyena, Manex Pagola,
Denys Pose, Thierry Truffaut
ARCHITECTURE : Jacques Blot,
Dominique Duplantier, Michel Duvert,
Claude Labat, Jean-Claude Lasserre,
Olivier Ribeton, Jean-Luc Tobie
LE PAYS VU PAR LES PEINTRES :
Vincent Ducourau
LE PAYS VU PAR LES ÉCRIVAINS :
Jean Haritschelhar

ITINÉRAIRES EN PAYS BASQUE
BAYONNE ET LE BAS ADOUR :
Miguel Darrieumerlou (La tauromachie
à Bayonne), Vincent Ducourau
(Le musée Bonnat), Josette Pontet-Fourmigué

LA CÔTE BASQUE : Itsas Begia (La pêche),
Mme Harambillet (Le musée de la Mer, Biarritz),
Jean-Claude Lasserre, Georges Pialloux
(Les corsaires basques)
LE LABOURD INTÉRIEUR : Marie-France Chauvirey,
Jean-Claude Lasserre (La villa Arnaga)
LA BASSE NAVARRE : Les Amis de la Vieille-Navarre,
Michel Barberousse (Le vignoble d'Irouléguy),
Louis Bartaburu (La force basque),
Olivier Ribeton (chapelles d'Alciette et de Bascassan),
Jean-Luc Tobie, Clément Urrutibéhéty
LA SOULE : Junes Casenave-Harigile (La pastorale
souletine), Jean-Louis Etchecopar-Etchart

CARNET DE VOYAGE
Alpha Presse (Frédéric Panis), Miguel Angulo
(Randonnées), William Aurnagues (Pêche),
Louis Bartaburu (La force basque),
Gibus de Soultrait (Surf),
Jean-Paul Lacombe (Golf),
Sybille d'Oiron (Restaurants et hébergements),
Christiane Bonnat (Réactualisation)

ILLUSTRATIONS
NATURE : Frédéric Bony, Jean Chevalier,
François Desbordes, Claire Felloni,
Stéphane Girel, Gilbert Houbre,
Catherine Lachaud, Marc Lagarde,
Alban Larousse, Dominique Mansion,
Pascal Robin, John Wilrinson
ARTS ET TRADITIONS :
Jean-Philippe Chabot (Musique et chant.
La table basque), Jean-Marc Lanusse (La pelote),
François Place (La chasse à la palombe)
ARCHITECTURE : Dominique Duplantier,
Rémy Etcheberry, Bruno Lenormand,
Philippe Lhez, Pierre Poulain
ITINÉRAIRES : Jean-Louis Duhourcau,
Dominique Duplantier, Philippe Lhez,
Pierre Poulain
CARNET DE VOYAGE : Frédéric Bernard,
Dominique Duplantier, Maurice Pommier
CARTOGRAPHIE : Dominique Duplantier,
Frédéric Liéval
Mise en couleur : Martine Gros, Jean-Marc Lanusse
INFOGRAPHIE : Paul Coulbois, Patrick Mérienne

PHOTOGRAPHIES
Emmanuel Chaspoul, Étienne Follet

RÉGIE PUBLICITAIRE
POUR LES GUIDES GALLIMARD
Bilobas Média
86, boulevard Malesherbes 75008 Paris
Tél. 01 53 96 06 81
Fax 01 53 96 06 82
E-Mail : bilobas@pratique.fr

FRANCE

Pays basque

GUIDES GALLIMARD

SOMMAIRE
DES CLEFS POUR COMPRENDRE

HISTOIRE, 17

Chronologie, *18*
La langue basque, *24*
Organisation de la société basque, *28*
Les chemins de Saint-Jacques, *33*
Les Basques d'Amérique, *36*

NATURE, 39

Climatologie, *40*
Géologie et formation des grottes, *42*
La forêt d'Iraty, *44*
La corniche basque, *46*
Le milieu pélagique, *48*
La montagne basque, *50*
Faune et flore, *54*
Le col d'Organbideska, *57*
La pêche à la canne, *58*
La vie dans l'estive, *60*

ARTS ET TRADITIONS DU PAYS BASQUE, 65

Le makila, *66*
Le mobilier, *68*
Le costume, *70*
La pelote, *72*
La chasse à la palombe, *74*
Musique et chant, *76*
Les danses, *78*
Fêtes et carnavals, *80*
Le «ttoro», *82*
Produits typiques, *84*

ARCHITECTURE, 89

Protohistoire, *90*
Antiquité romaine, *92*
La maison basque, *94*
Habitat rural, *96*
Habitat de montagne, *97*
Organisation de l'espace, *98*
La stèle funéraire, *100*
Matériaux de construction, *101*
Châteaux et maisons nobles, *102*
Architecture religieuse, *104*
Mobilier religieux, *106*
Habitat urbain, *108*
Différents types d'habitats, *110*
Architecture de la Côte basque, *112*
Architecture néo-basque, *114*

LE PAYS VU PAR LES PEINTRES, *115*

LE PAYS VU PAR LES ÉCRIVAINS, *125*

SOMMAIRE
ITINÉRAIRES EN PAYS BASQUE

BAYONNE ET LE BAS ADOUR, *147*

Bayonne, *148*
LE MUSÉE BONNAT, *168*
LA TAUROMACHIE À BAYONNE, *174*
Bayonne vers Bidache, *176*

BAYONNE

LA CÔTE BASQUE, *179*

Biarritz, *180*
LA VILLÉGIATURE, *186*
Anglet, *191*
Bidart, Arcangues et Guéthary, *192*
Saint-Jean-de-Luz, *194*
LA PÊCHE, *198*
Ciboure, *202*
LES CORSAIRES BASQUES, *204*
Hendaye, *206*

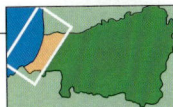

LA CÔTE BASQUE

LE LABOURD INTÉRIEUR, *207*

Hasparren, *208*
Cambo-les-Bains, *208*
LA VILLA ARNAGA,
MUSÉE EDMOND-ROSTAND, *210*
Jatxou, Ustaritz et Saint-Pée-sur-Nivelle, *212*
Ascain, la Rhune, Sare, *214*
Ainhoa, *216*
Éspelette, *217*
LA CONTREBANDE, *218*
Itxassou, *220*
Louhossa, Macaye, *221*
Mendionde, *222*

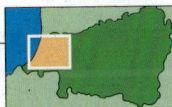

LE LABOURD
INTÉRIEUR

LA BASSE NAVARRE, *223*

Saint-Jean-Pied-de-Port, *224*
LE VIGNOBLE D'IROULÉGUY, *228*
Saint-Jean-Pied-de-Port vers la vallée
des Aldudes, *230*
Saint-Jean-Pied-de-Port vers Roncevaux, *232*
La vallée du Laurhibar, *236*
LES CHAPELLES JUMELLES DE BASCASSAN ET ALCIETTE, *238*
Saint-Jean-Pied-de-Port vers La Bastide-Clairence, *240*
Saint-Jean-Pied-de-Port vers Viellenave-sur-Bidouze, *246*
LA CHAPELLE D'HARAMBELS, *248*

SAINT-JEAN-
PIED-DE-PORT

LA SOULE, *253*

Mauléon-Licharre, *254*
LA PASTORALE SOULETINE, *256*
Mauléon-Licharre vers le col d'Osquich, *258*
Mauléon-Licharre vers Aussurucq
par Sainte-Engrâce, *260*

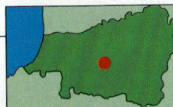

MAULÉON-LICHARRE

CARNET DE VOYAGES, *265*

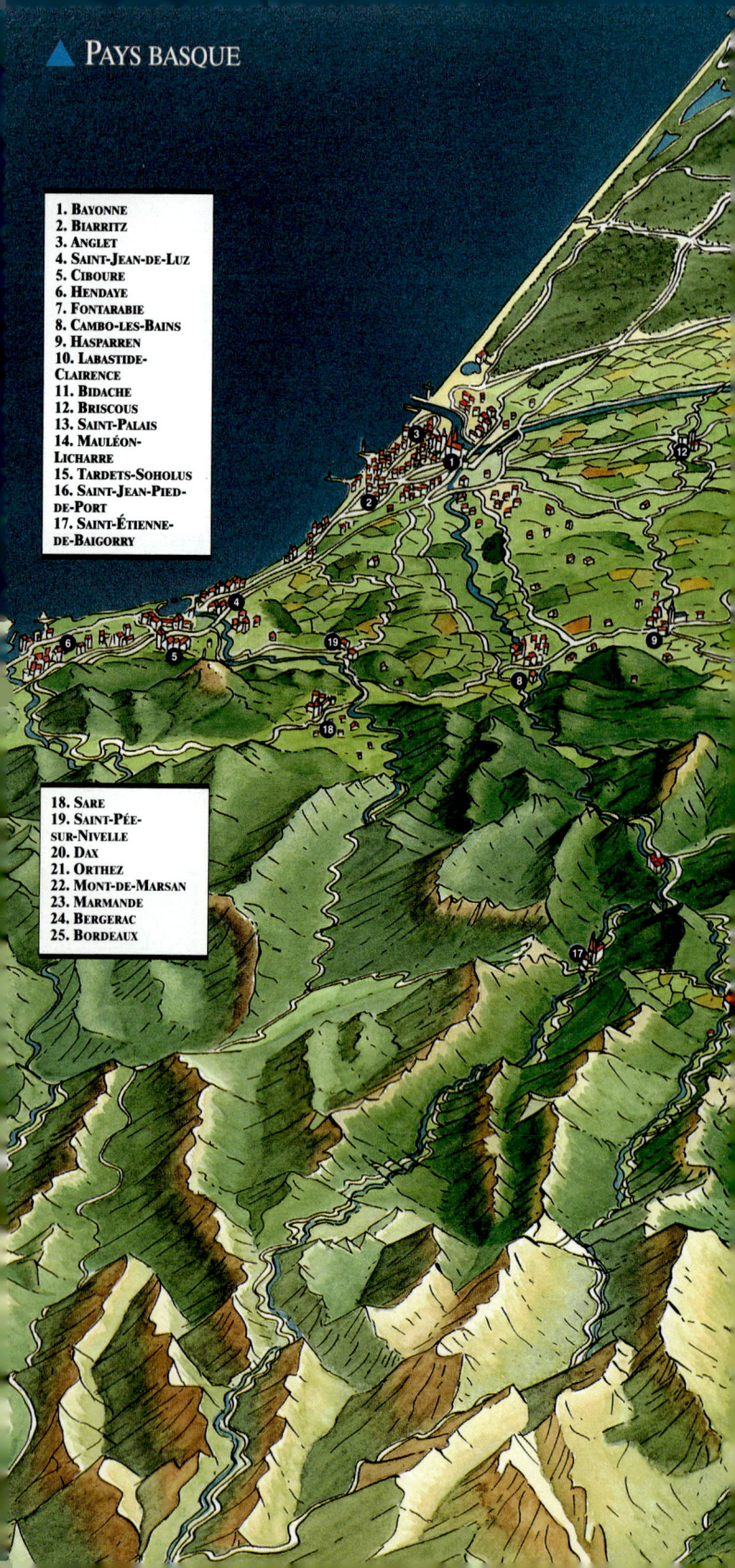

▲ PAYS BASQUE

1. BAYONNE
2. BIARRITZ
3. ANGLET
4. SAINT-JEAN-DE-LUZ
5. CIBOURE
6. HENDAYE
7. FONTARABIE
8. CAMBO-LES-BAINS
9. HASPARREN
10. LABASTIDE-
CLAIRENCE
11. BIDACHE
12. BRISCOUS
13. SAINT-PALAIS
14. MAULÉON-
LICHARRE
15. TARDETS-SOHOLUS
16. SAINT-JEAN-PIED-
DE-PORT
17. SAINT-ÉTIENNE-
DE-BAIGORRY

18. SARE
19. SAINT-PÉE-
SUR-NIVELLE
20. DAX
21. ORTHEZ
22. MONT-DE-MARSAN
23. MARMANDE
24. BERGERAC
25. BORDEAUX

COMMENT UTILISER CE GUIDE
(Page extraite du guide «Finistère Nord»)

En haut de page,
les symboles annoncent
les différentes parties
du guide.

■ NATURE
● DES CLEFS POUR COMPRENDRE
▲ ITINÉRAIRES
◆ INFORMATIONS PRATIQUES

La carte-itinéraire
présente les principaux
points d'intérêt du parcours
et permet de se reporter
à une carte routière.

La mini-carte
situe l'itinéraire
à l'intérieur
de la zone
couverte
par le guide.

▲ OUESSANT

OUESSANT ET LES ILES ■ 46

LA COIFFE
C'est un assemblage
de quatre éléments.
Sur le bonnet
de toile, ou *mezennou*
pour les jeunes
filles, on fixe
la coule ou lors
des fêtes, on épingle
le ruché (*suilennou*)
qui encadre le visage.
Les deux ailes de
dentelles (*alkennou*)
qui se portent
relevées. Puis
on pose sur le bonnet
une pièce d'étamine
rectangulaire
savamment pliée
(*koricher*) dont
on laisse pendre une
queue par-derrière
(*lostenn*). Des rubans
étroits complètent
cette délicate
construction.

196

Situées à l'extrême ouest du territoire français métropolitain,
à la rencontre de l'océan Atlantique et de la Manche, sur l'un
des passages maritimes les plus fréquentés du monde, les îles
d'Ouessant, de Molène, de Béniguet, de Quéménès ● 78 ou
de Balanec constituent un ensemble de rochers et de terres
vraiment à part. «Il y eut à toute époque quelque chose de

[...]

■ 46

Au début de chaque
itinéraire, les modes
de déplacement possibles
le kilométrage et la durée
sont signalés
sous les cartes :

🚗 En voiture
🚤 En bateau
🚶 A pied
🚲 A bicyclette
🕐 Durée

Le kilométrage indiqué
ne tient pas compte
des détours proposés.

♥ Le coup de cœur
de l'éditeur pour un site
dont la beauté,
l'atmosphère
ou l'intérêt culturel
séduiront particulièrement
le visiteur.

■ ● ▲ ◆
Les symboles,
en titre ou
à l'intérieur du texte,
renvoient à un lieu
ou à un thème traité
ailleurs dans le guide.

LA COIFFE ● 64
C'est un assemblage
de quatre éléments.
Sur le bonnet
de toile, noire

OUESSANT ET LES ILES ♥   ■ 46

Situées à l'extrême ouest du territoire français métropolitain,
à la rencontre de l'océan Atlantique et de la Manche, sur l'un
des passages maritimes les plus fréquentés du monde, les îles
d'Ouessant, de Molène, de Béniguet, de Quéménès ● 78 ou

HISTOIRE

HISTOIRE, *18*
MANEX GOYENETCHE
LA LANGUE BASQUE, *24*
JEAN-BAPTISTE ORPUSTAN
LA SOCIÉTÉ BASQUE, *28*
MAÏTÉ LAFOURCADE
**LES CHEMINS
DE SAINT-JACQUES**, *33*
RENÉ DE LA COSTE-MESSELIÈRE
LES BASQUES D'AMÉRIQUE, *36*

| 2650 | 336-323 | 15 mars 44 | 138 |
| Pyramide de Saqqarah | Empire d'Alexandre le Grand | Assassinat de César | Mort d'Hadrien |

| -5000 | -3000 | -1000 | -500 | -100 | 0 | 100 | 200 |

| Civilisation mégalithique Menhirs de Carnac | | Âge du bronze | Invasions celtiques, âge du fer | 56 Conquête de l'Aquitaine par César | | L'Aquitaine s'étend des Pyrénées à la Loire | |

PROTOHISTOIRE

DE L'ÂGE DU BRONZE À LA ROMANISATION (200 AV. J.-C.)

Les relations des populations dites franco-cantabriques à l'époque du paléolithique, sur les piémonts pyrénéens occidentaux, sont encore mal connues. Existait-il une homogénéité culturelle ou, au contraire, la séparation en groupes basque, aquitain et aragonais s'était-elle déjà produite ? Même si on décèle des critères de différenciation d'ordre géographique, il est incontestable que la pratique de l'élevage transhumant fut un élément d'unification entre ces divers peuples. De nouvelles formes de production et de mode de vie ont vu le jour : les dolmens ne seraient-ils pas le signe d'une population désormais sédentarisée ? L'arrivée des Celtes par vagues successives, à partir de 800 av. J.-C.,

coïncide avec l'introduction peut-être d'un nouvel habitat, sûrement de techniques nouvelles comme les instruments en fer. Les cromlechs de Mehatze, Errozate, Okabe, Pittare, Baigoura, etc. témoignent de la vie culturelle de ces peuples qui s'adonnent à l'élevage, à l'agriculture et, désormais, à l'industrie métallurgique. La romanisation de l'ancienne aire protobasque du triangle Océan-Garonne-Pyrénées provoque une sorte de différenciation linguistique et culturelle de part et d'autre de l'axe Dax-Oloron. Dans l'actuel Pays basque Nord, les Romains installent trois camps militaires, à Saint-Jean-le-Vieux, Bayonne et Hasparren. Les dernières recherches archéologiques

montrent que Guéthary fut dotée d'un port et d'une usine de salaisons. Le grand axe routier Bordeaux-Astorga, emprunté par soldats

et marchandises, passait par Dax, Sorde, Garris, Saint-Jean-le-Vieux, avant de rejoindre Pampelune par les hauteurs d'Urkulu.

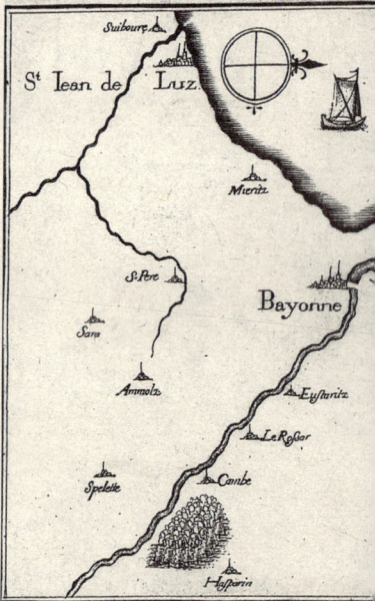

L'ARRIVÉE DES FRANCS ET DES WISIGOTHS

(V^e ET VIe SIÈCLES)

En 406, les Alains, les Vandales et les Suèves s'installent provisoirement en Aquitaine. En 468-469, les Wisigoths, commandés par Evaric, traversent à leur tour les Pyrénées et atteignent Pampelune en 472. Mais à la suite de la bataille de Vouillé, les Francs arrivent, empruntant, semble-t-il, le même axe routier et assiègent Pampelune en 541, refoulant

les Wisigoths vers l'actuelle péninsule Ibérique, où ils vont constituer le royaume de Tolède. Grâce aux sources germaniques, aux chroniques de Grégoire de Tours, de Frédégaire, d'Eginhard, de l'Astronome et aux compositions littéraires de Fortunat, évêque de Poitiers, les peuples de l'Aquitaine et des vallées pyrénéennes sont un peu mieux connus.

TÉMOIGNAGES DES AUTEURS GRÉCO-ROMAINS
Strabon décrit, dans sa *Géographie*, les «Ouasconon» (Vascons) et les «Akouitanos» (Aquitains). Pline, au Ier siècle apr. J.-C., donne plus de précisions sur les peuples d'Aquitaine. Depuis, les données de l'archéologie, de l'épigraphie et de la linguistique ont établi la parenté linguistique des populations vasco-aquitaines regroupées en *civitas*.

300   **400**   **500**   **600**   **700**   **800**   **900**   **1000**

| Évangélisation de l'Aquitaine | **419-507** Royaume wisigoth d'Aquitaine | **507** Défaite des Wisigoths à Vouillé. Début de l'unité de la France. | **778** Bataille de Roncevaux | **824** Création du royaume de Pampelune | Apogée du principat de Vasconie |

CRÉATION DU PRINCIPAT DE VASCONIE

(VIᵉ-VIIᵉ SIÈCLES)

Certains historiens voient dans la création du duché de Vasconie (francisé ultérieurement en Gascogne) la naissance d'une entité basque souveraine. En fait, il s'agit seulement d'une soumission des Vascons, bien que la domination des Francs ne fût jamais stable dans cette *Wasconia* aux contours géographiques d'ailleurs incertains. À partir de la fin du VIIᵉ siècle apparaît une lignée de hauts dignitaires, les «patrices», dont les noms sont romanisés : Lupus, Felix, Eudo, Hunald, Waifre. Leurs titres évoluent dans les documents : «duc» laisse la place à «prince», signe évident d'accession à un État de puissance souveraine, rivale du pouvoir carolingien. La base militaire du principat est constituée par la cavalerie des Vascons, légère et apte aux opérations éclair. Pépin le Bref, proclamé roi en 751, entreprend contre les Vasco-Aquitains une longue guerre de trente ans que poursuit son fils Charlemagne. Dans ce contexte, la «défaite de Roncevaux», à la mi-août 778, n'est qu'un épisode dans la longue série d'affrontements qui opposeront, du VIᵉ au VIIIᵉ siècle, Francs mérovingiens et carolingiens aux Vasco-Aquitains et qui se terminera par la défaite de ces derniers.

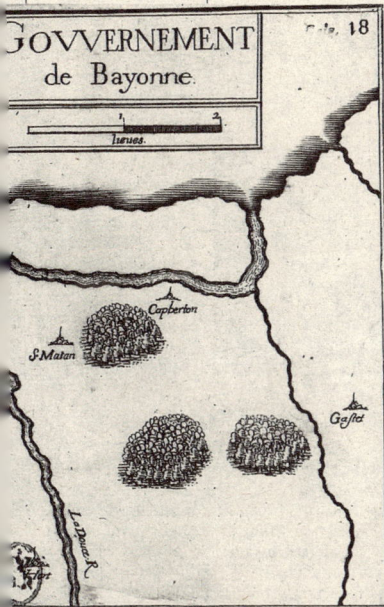

DU IXᵉ AU XIᵉ SIÈCLE

Cette période est marquée par l'apogée puis le déclin du principat de Vasconie au nord des Pyrénées, et la naissance, le renforcement et l'extension du royaume de Navarre au sud. Les Vascons, après quelques décennies de soumission à l'empire carolingien, organisent progressivement un espace politique qui échappe à son influence. Déjà, dès le premier tiers du IXᵉ siècle, des princes pyrénéens, dans un mouvement d'alliance et de bascule avec les Maures, prennent le titre de «roi de Pampelune», avec un certain Arista à leur tête. La politique d'extension géographique de ce petit royaume se développe selon deux axes, l'un méridional, en direction de l'Èbre, l'autre oriental, en direction de l'Aragon. Parallèlement, sur le versant septentrional, la dynastie des Mitarra s'émancipe de la tutelle carolingienne. Guillaume Sanche, marié à la princesse navarraise Urraca, s'intitule même «seigneur de toute la Vasconie». C'est l'apogée du principat de Vasconie (seconde moitié du Xᵉ siècle). Mais, dans le premier tiers du XIᵉ siècle, l'un de ses souverains, Sanche-Guillaume, meurt sans descendance et le principat de Vasconie devient la proie du duc d'Aquitaine, Eudes de Poitiers, puis Gui-Geoffroi. Sur le plan des institutions ecclésiastiques, si l'on se fie à la charte d'Arsieu (fin du Xᵉ siècle), la plupart des paroisses relèvent de la juridiction du diocèse de Bayonne, à part la vallée de la Soule que semble vouloir contrôler le vicomte du Béarn.

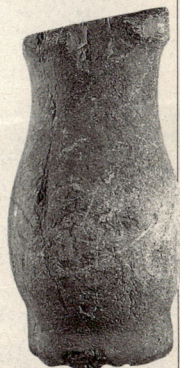

1348
Grande peste

1453
Chute de
Byzance

1100   1200   1300   1400   1500

1152
Mariage d'Aliénor
d'Aquitaine et
d'Henri Plantagenêt

1204
Mort d'Aliénor
d'Aquitaine

1451
Bayonne et le Labourd
sont rattachés
au domaine royal

1512
Conquête de la
Navarre par
la Castille et l'Aragon

FORMATION DE L'ACTUEL PAYS BASQUE NORD

DU XIIe AU XVe SIÈCLE

L'OCÉAN, MÈRE NOURRICIÈRE
Dès la fin du Moyen Âge, la pêche à la baleine était une activité importante dont la technique et les revenus étaient parfaitement intégrés à l'économie du pays. Dès le début du XVIe siècle, les Basques sont installés sur les rives du Saint-Laurent, sur les côtes de Terre-Neuve, du Groenland et du Spitzberg. Ils pêchent la baleine et la morue, qui devient un produit de grande consommation dans l'Europe méridionale.

À partir du XIIe siècle, le cadre institutionnel du Pays basque est lié à l'évolution des royaumes de Navarre, de France et d'Angleterre. À la suite du mariage, en 1152, d'Aliénor d'Aquitaine avec Henri Plantagenêt, les terres de l'ancien principal de Vasconie relèvent désormais de la couronne d'Angleterre. Dès la fin du XIe siècle, les structures sociales, économiques et administratives sont dominées par les vicomtes de Dax, d'Oloron, puis par ceux de Lapurdum (Bayonne),

Hasparren (Saud), d'Arberoue et de Baïgorry. Comme partout ailleurs, il s'agit de potentats locaux dont l'assise est constituée par la possession foncière et auxquels le prince de Vasconie confie des fonctions de commandement et d'administration. Dès la fin du XIIe siècle,

les rois de Navarre vont essayer d'étendre leur influence, entre la Bidouze et le gave d'Oloron, sur un territoire enserré par les terres béarnaises et anglaises. Les fondations monastiques, notamment celles de Roncevaux et de Sorde, jouent un rôle important. Pendant la même période, le pèlerinage de Saint-Jacques-de-Compostelle introduit de nouveaux courants commerciaux, artistiques et architecturaux, et contribue au développement économique.

LE TOURNANT DES XVe-XVIe SIÈCLES

CRÉATION DU NOUVEAU ROYAUME DE NAVARRE

Avec la fin de la guerre de Cent Ans, la Soule et le Labourd entrent dans la mouvance du roi de France. L'armée de Dunois et de Gaston, comte de Foix, s'empare des châteaux de Mauléon (1449) et de Saint-Pée (1450) avant de faire le siège devant Bayonne, qui tombe en 1451.

En 1451, est signé, à la maison noble de Pagandúria à Macaye, un traité de réduction des Labourdins à l'obéissance au roi de France. Quant à l'actuelle Basse Navarre, en cette seconde moitié du XVe siècle, elle continue à faire partie intégrante du royaume de Navarre. En 1512, à la suite de la conquête castillane, les souverains légitimes, Catherine

de Navarre et Jean d'Albret, se réfugient sur les terres du côté nord de la chaîne pyrénéenne, en Béarn et Basse Navarre. Un nouveau royaume de Navarre est érigé sur ce qui jusque-là était

appelé la *merindad de Ultra Puertos* ; Henri d'Albret, Jeanne d'Albret et Henri III de Navarre en seront les souverains ; en 1589, ce dernier devient roi de France, d'où l'appellation, depuis cette date, «roi de France et de Navarre».

1600	1700	1720	1740	1760

9 juin 1660
Mariage de Louis XIV
à Saint-Jean-de-Luz

1730
Réduction des attributions
du *Silviet* de Soule

1748 Les États
de Navarre perdent
le pouvoir législatif

*Joseph-
Dominique
Garat ▲ 212*

UNE ÉCONOMIE CONTRASTÉE

CRISE DE L'ÉLEVAGE ET DU VIGNOBLE

À partir de la fin du XVIIIe siècle, le Pays basque amorce un déclin économique.

Le commerce maritime subit la concurrence espagnole et, à l'intérieur des terres, la paysannerie affronte la crise de l'élevage et celle du vignoble. Le dynamisme démographique de vallées comme Baïgorry et Ossès, en liaison avec l'activité des mines et des industries métallurgiques, atténue partiellement cet appauvrissement économique et social. Dans les décennies précédant la Révolution, les séditions populaires antifiscales se multiplient un peu partout.

LES INSTITUTIONS DU PAYS BASQUE NORD SOUS L'ANCIEN RÉGIME

LE «BILTZAR» DU LABOURD

Composé des délégués des paroisses, il se réunit à Ustaritz, pour traiter, selon la coutume du Labourd, «des affaires générales et communes du pays». Son domaine d'intervention comprend la levée de l'impôt, la voirie, l'entretien des édifices, la gestion des terres communes. Sur le plan judiciaire, les affaires en première instance sont traitées par le tribunal de bailliage d'Ustaritz, puis en appel par le Parlement de Bordeaux.

LES ÉTATS DE NAVARRE

La Basse Navarre réunit chaque année des états généraux qui siègent en alternance à Saint-Jean-Pied-de-Port, Saint-Palais ou Labastide-Clairence. Ces États de Navarre exercent une activité réglementaire ayant force de loi jusqu'en 1748. Dans le domaine judiciaire, la chancellerie est supprimée en 1624 et réunie au Conseil souverain de Béarn afin de former, à Pau, le Parlement de Navarre. Pour apaiser les rancœurs des Navarrais qui n'ont jamais accepté ce transfert, un sénéchal est installé à Saint-Palais. Il ne recevra jamais l'assentiment des Navarrais. Néanmoins la châtellenie de Saint-Jean-Pied-de-Port conserve ses prérogatives judiciaires en droit criminel sur les pays de Cize, Ossès, Iholdy, Baïgorry, Irrisarry, Armendaritz. Sur le plan administratif, conformément au For moderne, les habitants se réunissent en assemblée pour traiter de leurs affaires communes (ordonner et pourvoir à la police, à l'entretien et garde de leurs bois, herbages et pâturages communs).

LE «SILVIET» DE SOULE

La majeure partie du pays est administrée par les assemblées paroissiales qui envoient leurs délégués au Silviet à Libarrenx. À partir de 1730, ses attributions administratives sont supprimées. Cette cour n'eut jamais une activité comparable à celle des États de Navarre. Dans le domaine judiciaire, les compétences du tribunal de bailliage

IOANNES
DELISSAGV
E·ET·GRACIA
NEDARABIT

1783

de Mauléon ne s'étendaient pas au-delà de l'enceinte de la ville. Cependant, certaines paroisses restent sous l'influence, sinon la domination, du «potestat» ou seigneur, même si les banalités sont réduites ou inexistantes.

14 juillet 1789	**21 juin 1791**	**10 août 1792**	**21 janvier 1793**
Prise de la Bastille	Louis XVI est	Chute de la	Exécution
	arrêté à Varennes	monarchie	de Louis XVI

| **1780** | **1790** | **1792** | **1794** | **1800** |

8 octobre 1789	**2 novembre 1789**	**12 juillet 1790**	**Avril 1793**	**1794**
Fin du royaume	Nationalisation des	Constitution	Guerre avec	Mars : internement des Basques
de Navarre	biens du clergé	civile du clergé	l'Espagne	Octobre : retour des Basques

L'ÉCHÉANCE DE 1789

Répondant aux lettres de convocation de Louis XVI, les Basques rédigent les cahiers de doléances, y compris en Basse Navarre. Au milieu de revendications communes aux autres terres de la monarchie, les Basques défendent le système politique original de leurs institutions, le tiers état de Soule affirmant même que «les habitants de Soule sont francs et de franche condition». Il semble que la Révolution ait pris un caractère impopulaire avec la constitution civile du clergé, puis avec les guerres de la Convention dans la zone frontalière franco-espagnole. Le comportement despotique des représentants en mission, les mesures draconiennes du Comité de salut public, mais aussi les règlements de comptes entre les autorités administratives locales aboutissent à la tragédie du printemps 1793, qui voit l'évacuation de plusieurs communes du Labourd et l'internement des Basques entre l'Adour et la Garonne.

L'INTERNEMENT DES BASQUES
Après la déclaration de guerre entre la France et l'Espagne, en mars 1793, et à la suite de la déroute militaire de Sare, un décret d'internement fut pris à l'encontre des Labourdins qualifiés de «faiseurs de prières» et soupçonnés d'être des espions au service de l'Espagne. Environ 2 000 personnes de Sare, Souraïde, Ainhoa, Itxassou et des environs furent internées. Après la chute de Robespierre, les exilés purent regagner leur village et retrouver leurs biens.

LES CRISES DU XIXᵉ SIÈCLE

LA VIE PAYSANNE

La société rurale basque se caractérise par l'émiettement des fortunes mobilières et foncières et le nombre très élevé de petits propriétaires. La désastreuse conjoncture de la première moitié du XIXᵉ siècle, qui se traduit au Pays basque par une succession ininterrompue de crises et de disettes agricoles, par l'effondrement de la production artisanale et de la sidérurgie, entraîne la paupérisation de la société rurale. L'ébranlement de l'édifice social est d'une ampleur exceptionnelle. Sur les plans politique et intellectuel, le petit séminaire de Larresorre et le grand séminaire de Bayonne jouent un rôle très important. Le second Empire est populaire. En revanche la politique de ralliement de l'église catholique est combattue par une fraction significative du clergé. Le Pays basque de la Belle Époque est également secoué par la séparation de l'Église et de l'État et l'interdiction du catéchisme en basque.

1894
Affaire Dreyfus

1850   1900   1920   1950   2000

1849
uccès électoral de
Chaho en Basse
Navarre et Soule

1883
Installations
des forges
du Boucau

1924
Création de la
Fédération française
de pelote basque

1958-1965
Apogée du port de
Saint-Jean-de-Luz

1969
Création de *Seaska*
(écoles en basque)

LE DÉVELOPPEMENT DU TOURISME À PARTIR DE 1850

L'INVENTION DE LA CÔTE BASQUE

Entre 1856 et 1901, la population de Biarritz s'accroît de 132 %, celle d'Hendaye de 121 %, signe des transformations urbaines et économiques que connaît la façade atlantique. Sous l'impulsion des frères Pereire et de la Compagnie du Midi, le train arrive à Bayonne en 1854, à Saint-Jean-Pied-de-Port en 1889, reliant ainsi le Pays basque aux grandes métropoles de la France et de l'Europe. Le séjour de Victor Hugo, et surtout celui du couple impérial, Napoléon III et Eugénie de Montijo, font de Biarritz une station balnéaire de réputation européenne. Princes, princesses, aristocrates anglais, russes, espagnols affluent. Les premiers aménagements touristiques voient le jour : établissements de bains de mer, création de terrains de golf, de casinos, à Biarritz d'abord puis à Saint-Jean-de-Luz et Hendaye. La pénétration vers l'intérieur du Pays basque est un peu plus tardive, à partir de 1900, avec l'arrivée d'Edmond Rostand à Cambo-les-Bains.

LES MUTATIONS DU XXᵉ SIÈCLE

À la veille de la Première Guerre mondiale, grâce aux forges du Boucau, Bayonne joue un double rôle industriel et commercial à la fois. À l'intérieur, Hasparren et Mauléon connaissent leur âge d'or avec le développement de l'industrie de la chaussure. Mais, après la période d'euphorie économique à la fin des années 1920, l'industrie du Pays basque connaît tout au long du XXᵉ siècle un long et inexorable déclin. Au lendemain de la Seconde Guerre mondiale, la pratique de la pêche au thon à l'appât vivant relance l'activité du port de Saint-Jean-de-Luz. Entre 1948 et 1954, les usines tournent à plein rendement. Entre 1958 et 1965, c'est l'apogée de la pêche industrielle au thon tropical.

L'élevage ovin s'oriente vers la production de lait, qui est source de substantiels revenus entre 1951 et 1966. Parallèlement, les prairies naturelles s'étendent. La coopérative Lur-Berri symbolise jusqu'aux années 1970 la révolution du monde rural basque, qui n'arrête pas pour autant la désertification des campagnes. Dans le même temps, l'habitat rural se transforme, les fermes des régions montagneuses se désenclavent et connaissent le confort avec la fin de l'économie d'autarcie. Parallèlement, l'arrivée de la télévision, la généralisation de la catéchèse en français dans un pays de forte tradition catholique constituent les nouveaux véhicules d'acculturation, déjà largement entreprise par l'école, les générations précédentes. La décennie 1960-1970 est marquée aussi par la mise en place, sous l'égide de la MIACA (Mission interministérielle d'aménagement de la côte aquitaine), des schémas directeurs d'aménagement, d'urbanisme et d'équipement, qui semblent donner au Pays basque, en cette fin du XXᵉ siècle, une orientation économique essentiellement touristique.

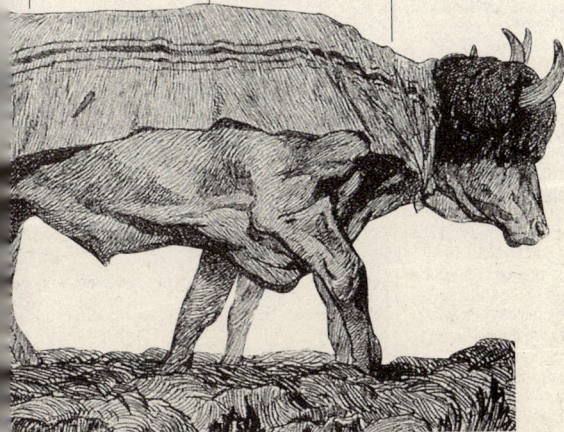

BETHI·BIL · ARAVEZ·EGOR

LES ORIGINES

Il y a 5 000 à 3 000 ans environ, une poussée indo-européenne, probablement accompagnée d'une avancée technologique, installe progressivement dans toute l'Europe les langues dites «indo-européennes» (ancêtres du grec, du latin, des langues slaves, germaniques, celtiques, anglo-saxonnes...).

La parenté de toutes ces langues entre elles ainsi qu'avec le sanscrit est établie dès la fin du XVIIIᵉ siècle. Peu après est émise la première théorie sur l'origine «ouralo-altaïque» de la langue basque. Cet immense champ de comparaisons commence à peine à être attentivement prospecté. On a vu d'abord le basque être rapproché du sanscrit (il est vrai que les nombreux emprunts du basque au lexique latin et roman l'autorisent), puis de l'ibère ; enfin, parmi de nombreuses théories fantaisistes, des chercheurs sérieux ont reconnu des correspondances avec les langues caucasiques, principalement le géorgien. L'éloignement dans le temps (il y a au moins 5 000 ans que ces langues ne sont plus en contact) et l'espace rend vain tout espoir d'établir entre le basque et les langues aujourd'hui encore utilisées qui lui sont les plus proches une filiation comparable à celle des langues indo-européennes, à plus forte raison à celle des langues romanes.

LA LANGUE DES «WASCONES»

De la Garonne à l'Èbre et du golfe de Gascogne à la Méditerranée, sur la majeure partie de la chaîne pyrénéenne, un ensemble linguistique complexe et plus ou moins discontinu a laissé, outre les parlers basques actuels, d'importants vestiges de toponymie pré-indo-européenne. Le nom de la langue basque et du Pays basque vient du peuple que les Romains nommaient *Wascones*. Ils le situaient à l'emplacement du futur royaume de Navarre, avec une extension sur la chaîne pyrénéenne. Au nord et à l'ouest de ce foyer, d'autres peuples formaient un ensemble linguistiquement apparenté. Progressivement le nom de *Wascones* fut donné à tous les petits peuples de la région. Des inscriptions de l'Antiquité tardive relevées en Aquitaine prouvent la présence dans ces territoires d'une langue proche du basque actuel et de la langue des *Wascones* : César note qu'Aquitains et Vascons se ressemblent tant par leur langue que par leur physique. Au VIᵉ siècle, les montagnards vascons s'installent dans les plaines de l'actuelle Gascogne, qui leur doit son nom. Ainsi naissent les deux Vasconies : royaume de Navarre au sud, comté de Gascogne au nord, gouvernés par les mêmes dynasties jusqu'à la fin du XIᵉ siècle. Le royaume de Navarre englobe jusqu'au XIIIᵉ siècle toutes les terres basques du sud de la chaîne. Les expressions *lingua vasconica* (langue basque) et *lingua Navarrorum* (langue des Navarrais) sont synonymes dans les textes latins du XIIᵉ siècle.

DE L'ORAL À L'ÉCRIT

Les textes témoignant de la langue basque sont rares avant le Moyen Âge. À partir du IXe siècle, les mots basques se mettent à proliférer dans la documentation de plus en plus abondante des chancelleries civiles et ecclésiastiques (monastères et évêchés). Ils constituent déjà un lexique très fourni, et des segments de phrases donnent quelques indications d'ordre grammatical : l'impression, confirmée par les écrits postérieurs, est que la langue s'est très peu modifiée au cours des siècles. Vers 1134, Aymeri Picaud transcrit un lexique d'une vingtaine de mots indispensables aux pèlerins de Compostelle. Des fragments de texte apparaissent dans le *Fuero General de Navarra*, véritable Constitution du royaume rédigée en 1237. Un début de correspondance privée, en 1415, prouve qu'on écrit en basque dans certains milieux selon une tradition sans doute déjà ancienne. Le premier livre entièrement en basque est imprimé en 1545 sous le titre de *Prémices* (ou *Débuts*) *de la langue des Basques (Linguae Vasconum Primitiae)* : ce recueil de poésies religieuses et amoureuses en hommage à la langue basque, d'un peu plus d'un millier de vers, est dû au Cizain Bernard Dechepare (Bernat Echeparecoa, dit-il de lui-même en nommant sa maison natale). La prose sera illustrée peu après avec la traduction du Nouveau Testament par le Labourdin Lissarrague commandée par Jeanne d'Albret (1571). Les livres, à partir de cette date, sont de plus en plus nombreux.

PROCLAMATION.

Par le Feld Maréchal Mar-
quis de Wellington Comman-
dant en Chef des Armées Alliées.

&c. &c. &c.

LES Autorités constituées dans les Villes et Villages du territoire Français doivent continuer leurs fonctions jusqu'à nouvel ordre.

En cas que les personnes qui les ont remplies jusqu'à présent, se soient retirées avec l'Armée Française, ou que ces personnes désirent de quitter leur emploi, les Villes et Villages le feront savoir au Commandant en Chef de l'Armée Alliée, qui prendra des mesures en conséquence.

Les personnes qui continuent à remplir leurs fonctions et celles qui seront nommées pour les remplir, doivent se rappeler qu'il ne leur est pas permis, d'avoir aucune espèce de Communication avec l'Armée Française, ni avec aucune Autorité du gouvernement Français.

WELLINGTON, &c.

LES DIALECTES

L'écrivain basque Lissarrague pouvait écrire en 1571, non sans raison, ni sans ironie, que les manières de parler le basque varient «presque d'une maison à l'autre». La langue basque se caractérise en effet par de sensibles variations de détail. Elles sont plus ou moins marquées selon les degrés d'une part de l'éloignement (le biscayen et le souletin, aux deux extrêmes de la chaîne linguistique, diffèrent plus sur certains points que le souletin et le roncalais, seule la montagne – et la frontière ! – sépare), d'autre part de l'influence de la langue romane voisine : contact avec le castillan au sud et à l'ouest, l'aragonais à l'est méridional, avec le gascon principalement en Soule et dans les franges septentrionales de la Basse Navarre et du Labourd, le français à partir du XVIe siècle. Le vocabulaire, surtout, s'est différencié selon la nature et l'importance des mots empruntés aux langues voisines. Ce sont en général des mots exprimant des notions nouvelles que le fonds ancien ne connaissait pas, mais aussi, trop souvent aux époques modernes, des mots venus inutilement remplacer des mots anciens autochtones.

HERRIA EKA

PRÉSERVER LA LANGUE BASQUE

La différence dialectacle ainsi accentuée au cours des derniers siècles et les inégalités tant

dans l'écriture que dans la prononciation, les menaces d'inutiles romanisations défigurant l'originalité de la langue ont, entre autres motifs, conduit au début de ce siècle à la création d'une Association de sauvegarde de la langue basque : *Euskaltzaindia*, ou Académie de la langue basque où sont représentées, en proportion inégale les provinces des deux côtés de la frontière. Une entreprise de normalisation, déjà entamée par les

écrivains classiques (Lissarrague, Axular, surtout Oyhénart), baptisée un peu vite «basque unifié», s'est ainsi mise en route ; son but véritable est et doit être avant tout le maintien des caractères profonds de la langue résultant d'une meilleure connaissance de son histoire et de ses structures propres, tout en l'adaptant discrètement aux besoins des temps modernes. L'orthographe, quasi phonétique, n'offre guère de difficulté.

En fait, une meilleure communication entre Basques d'Espagne et de France, et le développement de l'enseignement et de l'écrit, avec tout ce que cela suppose de progrès dans la connaissance de la langue et de sa pratique, légueront au IIIe millénaire une langue basque plus homogène, tempérée dans sa diversité, mais bien vivante. Les provinces d'Espagne, dotées du statut d'autonomie, ont officialisé le basque et son enseignement.

APPRENDRE LE BASQUE

En France, après les écoles en basque (les *ikastola*) et les classes bilingues, un cursus universitaire complet d'études basques : DEUG, licence, maîtrise et CAPES, garantissant la formation des maîtres du secondaire, a été créé durant les années 1988-1992. Le nombre de locuteurs actuels doit approcher une centaine de milliers

dans les trois provinces de France, où le recul réside plus dans l'intensité de la pratique que dans l'espace proprement dit ; ce nombre est six fois plus important dans les provinces d'Espagne, où cependant la langue a subi un recul géographique considérable durant les deux derniers siècles, en même temps que se développaient les

grands centres urbains, nécessairement peu bascophones. Le seul problème grave, dans un pays où le bilinguisme dans certaines couches de la population est une tradition très ancienne et aujourd'hui généralisée, reste la diminution de la

proportion des utilisateurs de la langue par rapport à un ensemble démographique où les non-bascophones sont en progression.

HAR HITZA!

LA TOPONYMIE

La toponymie basque d'habitat comprend non seulement les noms de pays, villes, villages et hameaux, la plupart habités avant le Moyen Âge, mais aussi des milliers de noms de maisons et domaines (qui formaient la base même de la société rurale traditionnelle), dont une très grande partie est documentée depuis le Moyen Âge et persiste encore intégralement dans certains lieux. Il faut y ajouter la toponymie, moins bien documentée, des lieux-dits, montagnes, cours d'eau et parcelles (plusieurs milliers pour chaque commune dans les cadastres «anciens» du début du XIXe siècle). Ces noms, surtout les plus notoires, ont été utilisés et plus ou moins déformés par la langue administrative officielle, qui fut le gascon pendant tout le Moyen Âge dans les provinces de France,

et même une partie de celles d'Espagne (Navarre), et le français à partir du XVe siècle en Labourd et Soule, de la fin du XVIIe siècle en Basse Navarre.

FRANÇAIS-BASQUE
GUIDE DE CONVERSATION
gilen: Euskalzaleen Biltzarra

ELKAR

Il en résulte des différences plus ou moins grandes entre le nom officiel quand il est ainsi «romanisé» (parfois au contraire c'est le nom d'usage qui a subi une détérioration récente) et le nom basque usuel. Ils sont presque tous compréhensibles à partir du lexique basque commun, et désignent, quand ils ne sont pas construits sur *iri*, «domaine rural, lieu habité» puis «ville» (Iruri ou «Troisvilles», Larrayri, Iriberry), ou *etxe*, «maison» (Etchebar,

Etcharry), *ola* ou *borda*, «cabane» (Ibarrole), *bide*, «chemin», *ibi*, «gué» (dans Fontarrabie ou Hondarribia, et sans doute Hendaye), *zubi*, «pont» (Ciboure qui est *zubi-buru*, «tête de pont»), etc., le relief ou la disposition et la nature, y compris la végétation, du terrain. Les toponymes manifestement étrangers au basque sont en général de pures créations médiévales et seigneuriales (tels Mauléon ou Labastide-Clairence).

QUELQUES TOPONYMES

Dans la vaste nomenclature basque, on peut relever quelques thèmes très producteurs : *garr* (base pré-indo-européenne très répandue : Garris, Garraybie) ; *mendi*, «mont» (Mendionde, Mendive) ; *aitz*, «pierre, rocher» (Ascain, Ascarat) ; *lakar*, «gravier» (Lacarre) ; *ibar*, «plaine» (Ibarrole, Ibarron) ; *aran*, «vallée» (Arancou, Arhan) ; *ur*, «eau» (Uhart, Ugarzan,

Ugange) ; *berro*, «broussailles» (Berraute, Berrogain) ; *sarri*, «épaisseur de végétation» (Bassussarry, Irissary) ; *jats* et *itsas*, «genêt» (Jatxou, Jaxu, Itxassou) ; *haltz*, «aulne» (Halsou, Alciette) ; *larre*, «lande» (Larribar, Larressore) ; *soro*, «champ» (Soroeta, Soroluz) ; *zuhaitz*, «arbre» (Suhescun) ; *bide*, «chemin» (Bidart, Bidache, Bidarray).

LA MAISON

LE PILIER DE LA SOCIÉTÉ BASQUE

La maison, *etche*, est restée la pierre angulaire de tout l'édifice politique et social basque. Les familles, que l'on appelle au Pays basque les «maisons», s'identifiaient à leur demeure au point d'en prendre le nom. La maison appartenait à la famille et non à un seul individu. Elle avait un seul héritier mais tout membre de la cellule familiale pouvait y demeurer, à condition de travailler à la prospérité du patrimoine commun. Généralement, les enfants cadets quittaient la maison familiale à leur majorité ou à leur mariage. Leurs père et mère, ou leur aîné devaient leur en fournir la possibilité, soit en leur faisant suivre l'apprentissage d'un métier artisanal, soit, pour ceux qui se destinaient à la prêtrise, en leur payant le titre clérical, soit encore en leur donnant une dot qui leur permettait d'épouser un héritier ou une héritière d'une autre maison. Chaque enfant recevait lors de son départ de la maison natale une somme qui représentait ses droits légitimaires ou successoraux. Ayant reçu sa part, il était dès lors exclu de la succession de ses père et mère. Ces droits, généralement modiques et inégaux selon les enfants, étaient laissés à l'arbitraire des maîtres de la maison. Toujours stipulés en argent, ils étaient réversibles à leur souche dans le cas de prédécès de l'enfant doté sans postérité, ou dans le cas de son retour sous le toit familial où l'aîné était tenu de le recevoir. Lors du mariage, fille ou garçon apportait dans la maison de son conjoint une dot, en argent comptant, qui devait être proportionnée à l'importance de la maison qui la recevait.

LA COSEIGNEURIE

JEUNES MAÎTRES ET VIEUX MAÎTRES

Dès l'apport d'une dot et la célébration du mariage, le jeune couple était fait, *ipso facto*, maîtres de maison. Cette dernière avait désormais deux couples de gestionnaires appelés maîtres vieux» et «maîtres jeunes», voire trois si les grands-parents vivaient encore. Il y avait un couple de responsables par génération, tous ayant des droits égaux, quels que fût leur sexe ou leur qualité, héritier ou dotal. C'est le régime typiquement basque de la «coseigneurie». Si les maîtres jeunes avaient au moins un enfant, le conjoint dotal était intégré, avec sa dot, dans la maison de l'héritier. L'égalité entre les maîtres vieux et les maîtres jeunes était telle qu'en cas de mésentente, chacun d'eux pouvait demander le partage du patrimoine familial, lequel se faisait par moitié. Les belles fermes labourdines qui comprennent deux appartements distincts, situés de part et d'autre de l'*ezkaratz*, vaste vestibule par lequel on pénètre dans la maison, témoignent de cette institution. La responsabilité des maîtres de maison ne se limitait pas à la famille mais s'étendait au groupe social tout entier. Chaque famille participait, par l'intermédiaire d'un représentant, à l'administration de la communauté, dans un système de démocratie directe à base familiale.

LA TRANSMISSION DE LA MAISON

LE RÉGIME DE LA PROPRIÉTÉ

Tout acte d'administration et, à plus forte raison, de disposition, nécessitait le consentement de tous les indivisaires. Mais les biens de famille étaient, en principe, inaliénables. Si, en cas d'urgente nécessité, ils étaient vendus, ils pouvaient toujours être rachetés, sans condition, par l'héritier du vendeur de n'importe quelle génération, au prix où ils avaient été vendus. Ce retrait lignager, qui portait aussi bien sur les meubles que sur les immeubles,

était imprescriptible. De fait, les ventes étaient rares et lorsqu'une maison avait été vendue, elle était souvent rachetée grâce à l'argent des Indes envoyé par un enfant cadet qui y avait fait fortune comme l'atteste l'inscription sur le linteau de la porte d'entrée de la maison Gorritia à Ainhoa ▲ 216. L'unité du patrimoine était ainsi préservée. Cette pratique, essentielle pour l'ordre social basque, subsista jusqu'à la fin de l'Ancien

Régime, en dépit de l'action conjuguée du Parlement de Bordeaux et des intendants qui lui reprochaient de paralyser l'activité économique du pays. Les Basques suivent toujours ces usages, aidés par l'habileté de notaires locaux et par l'abnégation des enfants puînés ; ils transmettent à chaque génération la maison ancestrale à un seul héritier, l'etcherekoa.

Ci-dessous, une famille basque, devant sa maison (à gauche), et la stèle discoïdale que l'on trouve parfois autour des maisons.

L'«ETCHEREKOA»

Appelé *etxerekoa*, c'est-à-dire «celui qui est pour la maison», ce responsable était obligatoirement, dans les provinces basques françaises, l'enfant aîné, fille ou garçon, sauf si l'intérêt de la maison exigeait une dérogation (par exemple lorsque l'aîné était imbécile de naissance ou peu porté vers l'état de mariage). Les droits de ce gestionnaire n'étaient pas ceux d'un propriétaire, tels qu'ils sont conçus de nos jours, dans un système hérité du droit romain. La maison ne lui appartenait pas, c'est lui qui appartenait à la maison.

Sa responsabilité, plus protectrice qu'autoritaire, impliquait plus de devoirs que de droits. Il devait entretenir et soigner ses père et mère, et, à leur décès, leur rendre les honneurs funéraires. Il avait ces mêmes devoirs à l'égard de ses oncles et tantes, frères et sœurs, demeurés célibataires au foyer familial.

29

LE LIEU DU POUVOIR

L'ASSEMBLÉE PAROISSIALE

Dans chaque paroisse, les maîtres de maison se réunissaient le dimanche, à l'issue de la messe, sous le porche de l'église ou dans un petite salle située au-dessus de celui-ci ● 104, en une assemblée dite capitulaire. Chaque maison était représentée. Les nobles et le curé en étaient exclus. Les maîtres de maison délibéraient et décidaient, à la majorité des voix, des affaires concernant la communauté paroissiale. Chaque maison avait une voix, quelle que fût son importance. La décision prise avait force de loi. Le maire-abbé et un jurat par quartier, élus annuellement par les maîtres de maison, étaient chargés de son exécution, sans aucun pouvoir de décision. Chaque année aussi, parfois plusieurs fois par an lorsque les circonstances l'exigeaient, les maîtres de maison déléguaient un député, muni d'un mandat impératif, à l'assemblée générale de la province, appelée *Juntas* en Biscaye, Guipuzcoa et Àlava, *Cortes* en Navarre, *Silviet* en Soule, *Biltzar* en Labourd, États en Basse Navarre.

LES PRATIQUES COMMUNAUTAIRES

LES «FACERIES»

Les communautés pastorales ont pris les noms, suivant les lieux, de «vallée», d'«université » ou de «pays». Ces véritables unités ethniques et administratives ont développé au cours des siècles un droit communautaire dont les modalités ont persisté jusqu'à nos jours.
Ces accords entre communautés, les «faceries», régissent l'utilisation communautaire des pâturages et des sources et règlent les problèmes de bornage ; ces accords sont passés dans le droit international. Les premières «faceries» connues remontent au Moyen Âge, il en subsiste encore de nombreuses (par exemple entre le pays de Cize et Aezcoa, ou encore entre Sare et Wéra dont le renouvellement s'effectue sur les tables de pierre de Lizunaga).

LE CIMETIÈRE

UN LIEU FORT DE LA CULTURE BASQUE

Juridiquement indissociable de la maison, la tombe est l'objet de soins particuliers. Autrefois, la stèle qui désignait la sépulture était souvent peinte ; la surface de la tombe était modelée et entretenue en particulier par les jeunes filles et les enfants de la maison. Le cimetière lui-même a l'aspect d'un jardin, orné de plantes et de fleurs au milieu desquelles se dressent les croix et les stèles. Sur ces monuments, on ne trouve aucun éléments macabres tels que couronnes mortuaires ; au contraire, les stèles, plantées face au levant regorgent de sculptures riches en symboles solaires et en motifs végétaux, symboles de vie. *Ci-contre : une stèle dans le cimetière de l'abbaye de Belloc.*

LA MORT EN PAYS BASQUE

LE CULTE DES MORTS

L'enfant aîné, *etcherekoa*, était chargé du culte des ancêtres, enterrés, pour les maisons anciennes, dans l'église et, pour les maisons nouvelles, autour de l'église. Où vont les morts ? Pas au ciel mais dans un ailleurs où leur identité n'est pas dissoute. Ainsi, les morts ont besoin des prières de leur «maison». Le rôle de l'Église est très net, et les femmes tiennent, ici encore, un rôle fondamental : elles intercèdent par leurs prières et leurs offrandes sur le *jarleku*, dalle de pierre gravée ou sculptée que chaque maison possède dans l'église, et sur laquelle brûlent les cierges. Plus tard chaque femme aura sa chaise.

À droite : la prière sur le jarleku *; à gauche, les hommes aux galeries, dans l'église.*

UNE SOCIÉTÉ DE VOISINS

LA BENOÎTE

« Au cœur du quotidien, dans ce que le sacré a de plus concret se trouve *andera senora* » (Michel Duvert). Chaque commune du Pays basque possédait autrefois sa benoîte, choisie par les maîtres de maison de la paroisse parmi les filles de plus de trente ans originaires du village, célibataire et de bonne réputation. Sa charge était mise aux enchères et sa nomination ratifiée par l'évêque. Personnage clé de la société basque, elle entretenait l'église (dont elle détenait les clés) ainsi que les objets du culte. Elle présidait au rite funéraire, veillait les morts, gérait les concessions du cimetière, sonnait les cloches et aidait à l'instruction des filles. Elle vivait dans une petite maison souvent attenante à l'église : la benoîterie.

LE RITE FUNÉRAIRE

La société basque est une société de voisins. À l'occasion d'un décès, les liens qui unissent la maison à cette société vont connaître une très forte réactivation. Quand la mort est imminente les quatre premières voisines se préparent à la «mauvaise nouvelle» et les premiers voisins (*lehen auzo*) s'organisent : le premier voisin va avertir le curé et, quand le malade est mort, c'est lui qui part à l'église chercher la partie supérieure de la croix paroissiale. Il emprunte alors un chemin particulier, le chemin de la maison (*eliza bidea*), pendant que la benoîte sonne le glas jusqu'à ce qu'il arrive à la maison du mort. Cette fonction est si importante dans la société basque que chaque maison désigne son premier voisin par le vocable de «celui qui porte la croix» (*kurutzekaria*). Le jour où le mort quitte la maison, un cortège se forme et c'est alors que la société de voisins devient manifeste. Le premier voisin marche en tête en portant la croix. La première voisine est gardienne de la lumière (*argizaina*) et place quatre cierges allumés (*ezko*) dans un grand panier : le sien et celui des trois premières maisons voisines. Ensemble, les premiers voisins portent le cercueil. Puis le cortège emprunte le chemin qui relie la maison à l'église (*hilbidea*), qui ne doit jamais être clôturé. Dans l'église, commence le rite chrétien mais l'ordre et la disposition des personnages restent très stricts : les femmes entourent le cercueil, les hommes montent aux galeries. *La procession lors des fêtes religieuses (ci-contre, un cortège de la Fête-Dieu) réunit toute la communauté.*

LE PATRON DE PÊCHE

AU SERVICE DE LA «MAISON»

La figure du patron de pêche (*el dueño de barco*) est aussi ancienne que le bateau de pêche lui-même : des ordonnances les désignent dès 1353. C'est lui qui, entre autres tâches, procède à l'engagement de l'équipage. Son action n'est pas individuelle mais est restée ancrée dans la structure familiale, car, ici aussi, le bateau, conçu comme un moyen de production, n'appartient pas à un individu mais à une famille d'armateurs, à une «maison».

LA «KOFRADIA»

L'ORGANISATION DES GENS DE MER

La *kofradia* est une confrérie de pêcheurs d'origine génoise (du temps où les Basques commerçaient avec les Génois, de 1350 à 1480 environ ; la *kofradia* de Bermeo date de 1353). C'est une structure d'entraide caritative, placée sous le patronage d'un saint et dépendant du clergé local, qui distribue les aides, inflige les taxes et les amendes et, au passage, effectue des prélèvements pour l'église. La *kofradia* est chargée de faire respecter la morale chrétienne et, pour ce faire, attribue amendes et pénitences en s'appuyant sur des règlements très détaillés. En 1805, le roi Carlos IV dissout l'ensemble des confréries pour en déloger le clergé mais en garde le fonctionnement. Aujourd'hui, la *kofradia* est un établissement de droit public qui s'occupe de l'intérêt des pêcheurs et de la profession. Elle est omniprésente sur le port où ses locaux dominent les quais. C'est elle qui s'occupe de l'avitaillement, du planning des réparations (slip de carénage), qui gère la criée et la glacière. Elle renoue une fois l'an avec le cérémonial d'antan en réalisant une procession et une grand-messe.

LA FEMME DU PÊCHEUR

UN RÔLE FONDAMENTAL

La femme du pêcheur, en particulier celle du pêcheur côtier, assume une fonction primordiale dans l'organisation de la société maritime. Elle est gérante de l'économie familiale, responsable de l'éducation des enfants et affronte seule les difficultés de la vie quotidienne. Outre les *kaskarots* qui, au début du siècle, vendaient le poisson dans les rues (elles allaient alors à pied de Saint-Jean-de-Luz ou Ciboure jusqu'à Biarritz et Bayonne), on retrouve les femmes de pêcheurs dans différentes professions liées à l'activité maritime : employées dans les conserveries de sardines, dans les ateliers de salaison d'anchois, chez les mareyeurs où elles s'occupent de la préparation des expéditions du poisson frais. Les femmes sont aussi filetières et effectuent le montage et le ramendage des filets du type de la bolinche. *Ci-dessus : des vendeuses de sardines parcourent les rues de Saint-Jean-de-Luz, des paniers de poissons sur la tête.*

Le pèlerinage à Saint-Jacques-de-Compostelle, en Galice, retrace le chemin pris par saint Jacques le Majeur, martyr et évangélisateur de l'Espagne. Très suivi, il connaît un essor phénoménal au XIIᵉ siècle. En France, les pèlerins empruntent quatre routes principales au départ d'Arles, du Puy, de Vézelay et de Tours qui toutes convergent au pied des Pyrénées. L'une passe par le Béarn vers le Somport, trois autres, réunies en Pays basque à partir d'Ostabat, atteignent Notre-Dame-de-Roncevaux à travers le port de Cize. Jamais totalement oubliés, irriguant le continent vers son extrémité occidentale depuis un millénaire, les chemins de Saint-Jacques sont encore ressentis comme des artères majeures de la culture chrétienne, racines reconnues de la civilisation européenne.

SAINT JACQUES LE MAJEUR

Ce fils de pêcheurs de Galilée, l'un des douze apôtres du Christ, aurait eu pour mission d'évangéliser la péninsule ibérique. De retour à Jérusalem, il y subit le martyre et y fut décapité en l'an 44 de notre ère. Sa tête et son corps furent déposés dans une barque, qui, poussée par le souffle des anges, serait venue s'échouer miraculeusement sur la côte galicienne, au lieu dit el Padrón. Ses restes, découverts par un ermite, furent transférés à Compostelle, où, dès 838, ils feront l'objet d'une dévotion intense.

BASILIQUE SAINT-JACQUES-DE-COMPOSTELLE

La basilique actuelle remonte au XIIᵉ siècle. Depuis 1750, une somptueuse façade baroque protège le mythique portique de la Gloire roman, où saint Jacques, assis et serein, accueille depuis des siècles des milliers de pèlerins venus de toutes parts chercher la coquille emblématique, véritable «passeport pour l'Au-Delà».

● SUR LES CHEMINS DE SAINT-JACQUES...

Depuis décembre 1998, les chemins français de Saint-Jacques ont rejoint le «Camino Francès», (chemin parcourant l'Espagne jusqu'à Santiago), sur la liste du patrimoine mondial.

À LA CROISÉE DES CHEMINS

Le pèlerin de droite, en route pour Saint-Jacques, porte le bourdon (bâton) et la besace. Le personnage de gauche est vraisemblablement sur le chemin du retour, puisqu'il arbore fièrement les coquilles Saint-Jacques, témoins de l'accomplissement.

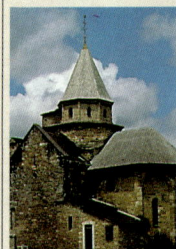

HALTES HOSPITALIÈRES

L'hospitalité aux pèlerins, «œuvre de miséricorde», était considérée au Moyen Âge comme un devoir. Abbayes, prieurés, aumôneries et hospices s'y consacraient. À L'Hôpital Saint-Blaise, en Soule, l'église romane symbolise encore le célèbre ensemble hospitalier.

PAR LA MER...

Au Moyen Âge, nefs anglaises et nordiques conduisent jacquaires et croisés jusqu'à La Rochelle et vers les ports de Gironde, à destination des côtes galiciennes. Ainsi joignait-on par Talmont et Mortagne la route côtière de Saint-Jacques.

LE «LIVRE DE SAINT JACQUES»

Liturgie, miracles, tradition et légende de saint Jacques sont consignés dans un manuscrit latin du XIIᵉ siècle, réalisé à l'initiative du pape Calixte II. Cet ouvrage enluminé constitue le véritable trésor de la basilique espagnole.

UN GUIDE DE TOURISME RELIGIEUX

Cinquième et dernière partie du *Livre de saint Jacques*, le «Guide du pèlerin» a été composé par un clerc poitevin, Aymery Picaud de Parthenay-le-Vieux, qui en a fait don à la basilique. Précurseur le plus savoureux des guides de voyage, il porte un regard parfois acerbe sur les pays traversés et les mœurs, coutumes et parlers de leurs habitants.

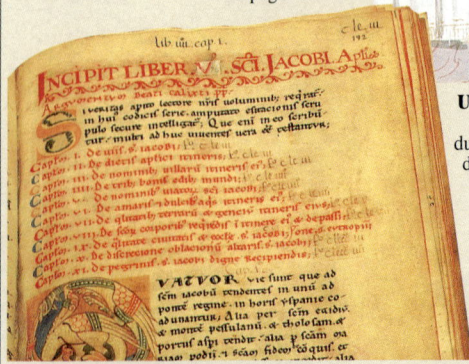

UNE ORIGINE LÉGENDAIRE ?

Selon la tradition, saint Jacques apparut à l'empereur Charlemagne en songe et lui enjoignit d'aller délivrer son pays et son tombeau du joug musulman en suivant la Voie lactée : «Et, après toi, tous les peuples d'une mer à l'autre y feront pèlerinage de ton vivant jusqu'à la fin du siècle présent.»

LE COSTUME DU PÈLERIN

Outre le bourdon et la besace, sacoche portée en écharpe, attributs bénis et remis solennellement par le prêtre le jour du départ (ci-contre), le jacquaire porte pèlerine et chapeau à larges bords.

POUR UNE VIE NOUVELLE

Au Moyen Âge, rois, princes de l'Église ou temporels, chevaliers combattants ont emprunté les chemins de Saint-Jacques. Dans le sillage de ces grands seigneurs se pressaient des cohortes pèlerines issues de tous les pays d'Europe, à pied, à cheval, affrontant mille dangers au cours d'un voyage qui durait, au mieux, près de six mois. Au terme de l'aventure jacquaire : le salut du chrétien, l'accomplissement des vœux, le rachat des pénitents et, pour tous, l'aube d'une vie nouvelle.

35

● LES BASQUES D'AMÉRIQUE

ASSOCIATIONS
Les Basques se sont regroupés dans leurs pays d'adoption.

Les années 1830 marquent le début d'un départ massif de Basques pour l'Amérique du Sud. Entre 1820 et 1914, on estime à 100 000 ceux qui quittèrent ainsi le pays. La crise qui sévit en Amérique latine en 1914 met un terme à ce courant migratoire. Les États-Unis, de leur côté, deviennent terre d'accueil dès 1848 avec la ruée vers l'or en Californie. Les Basques furent nombreux à s'y rendre ; ils quittaient l'Amérique latine ou leur Pays basque natal. Les deux guerres mondiales freinent l'émigration mais elle reprend dès 1945 et continuera jusqu'en 1970.

DE L'AUTRE CÔTÉ DE L'ATLANTIQUE
Ce bateau quitte Bordeaux en 1905 et emmène ses passagers vers le Chili. La première destination pour les Basques fut en effet l'Amérique latine qui, libérée de la tutelle espagnole, souhaite peupler ses immenses territoires et facilite l'immigration.

Départ de 46 Basqu...

DES DÉPARTS COLLECTIFS
À Saint-Jean-Pied-de-Port, l'agence de voyages de Charles Iriart organise des départs collectifs vers les États-Unis. L'agence prend en charge toutes les formalités, procure un contrat de travail à l'émigrant et avance même l'argent du voyage. De véritables filières d'émigration se mettent ainsi en place. Le voyage se fait désormais en avion ; à l'arrivée, souvent, un frère ou un cousin déjà installé accueille le nouveau venu.

BERGERS BASQUES
Que cela soit en
Amérique latine ou
aux États-Unis, les
Basques s'adonnent
principalement à
l'élevage du mouton,
activité qu'ils
connaissent bien
et dans laquelle ils
acquièrent rapidement
une solide réputation.
Les conditions de vie
s'avèrent bien
différentes qu'au Pays
basque. L'immensité
du paysage, les coyotes
et la solitude rendent
la vie du berger
basque très dure.
Ci-contre,
les frères Duhalt,
qui émigrèrent
au Mexique à la fin
du XIXe siècle.

TERRES D'ACCUEIL
La première vague d'émigration déferle
principalement sur l'Uruguay et l'Argentine ;
d'autres pays d'Amérique latine accueilleront
aussi de nombreux Basques (Chili, Mexique,
etc.). Aux États-Unis, la Californie et l'Ouest
américain, surtout, reçoivent les émigrants.

UN VOYAGE ÉPOUVANTABLE

Les premiers émigrants voyagent en bateau ; la traversée dure deux mois, sur des navires inadaptés et dans des conditions déplorables. Certains ne revinrent jamais au pays, paralysés à l'idée du voyage de retour. À la fin du XIXe siècle une législation réglementa le transport des émigrants.

BERGER AUX ÉTATS-UNIS

Les conditions de vie des bergers basques aux États-Unis sont souvent très dures. Rares sont ceux qui ont la chance de posséder un chariot bâché pouvant leur servir d'habitation. Ils travaillent sans relâche pour amasser un pécule qui leur permettra parfois d'acheter une affaire (ranch, hôtel, etc.).

LE RETOUR AU PAYS NATAL

Le but de l'émigrant basque, quand il quitte son pays, est d'y revenir au plus vite après avoir accumulé une certaine fortune. Dans la réalité, nombreux furent ceux qui restèrent dans leur pays d'adoption ; bien intégrés, ils n'en restèrent pas moins fidèles à leur culture.

«L'AMÉRICAIN»

Celui qui rentre au pays jouit d'un certain prestige auprès des siens, confortant l'image d'un eldorado américain où la vie est plus facile. «L'Américain», c'est ainsi qu'on l'appelle, se fait construire une belle maison et circule dans une magnifique automobile, tel Ferdinand qui revient chez lui avec sa superbe acquisition.

NATURE

CLIMATOLOGIE, *40*
RENÉ CHABOUD
GÉOLOGIE ET FORMATION
DES GROTTES, *42*
CLAUDE DENDALETCHE
LA FORÊT D'IRATY, *44*
CLAUDE DENDALETCHE
LA CORNICHE BASQUE, *46*
PASCAL GRISSER
LE MILIEU PÉLAGIQUE, *48*
PASCAL GRISSER
LA MONTAGNE BASQUE, *50*
CLAUDE DENDALETCHE
FAUNE ET FLORE, *54*
CLAUDE DENDALETCHE
LE COL D'ORGANBIDESKA, *57*
CLAUDE DENDALETCHE
LA PÊCHE À LA CANNE, *58*
ITSAS BEGIA
LA VIE DANS L'ESTIVE, *60*

CLIMATOLOGIE

«TRICHOMANES RADICANS»
Ces fougères subtropicales réfugiées
dans des fonds de ravins, exigent
une humidité atmosphérique élevée.

Le Pays basque se distingue fréquemment des autres
régions de France par des températures exceptionnellement
élevées dues à l'effet de foehn. L'hiver est peu rigoureux,
comparable à celui de la côte d'Azur, de la côte vermeille ou du
littoral de la Corse. En revanche, l'été est moins chaud qu'aux
abords de la Méditerranée. Les quantités d'eau recueillies
au cours d'une année sont en général impressionnantes mais
la durée de ces pluies est assez courte. Il s'agit le plus souvent
d'averses orageuses. Les journées de «grand vent» sont plutôt
rares au Pays basque qui ne connaît pas de vents locaux de
grande réputation tel que le Mistral. On décompte en moyenne
une cinquantaine de journées de vent. C'est faible pour une
région proche de l'océan.

EFFET DES VENTS DU NORD

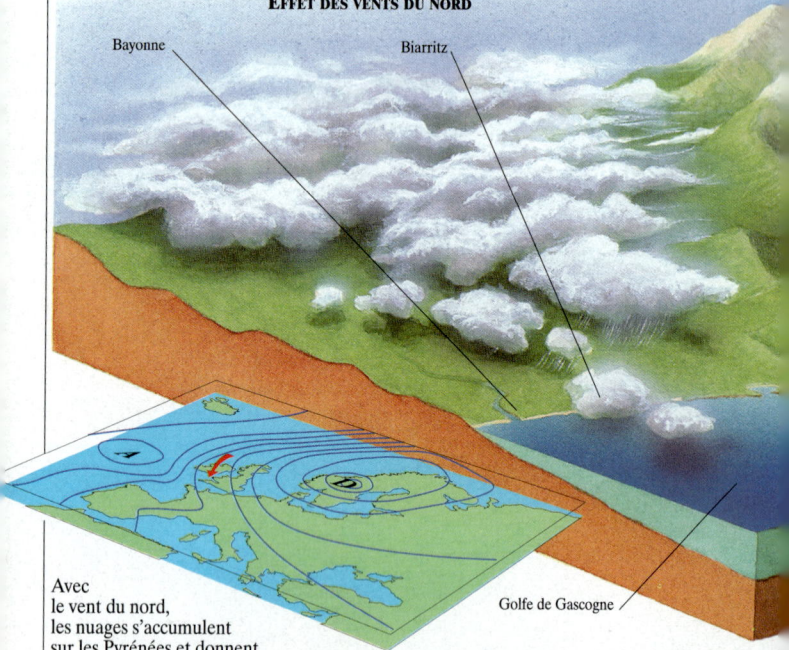

Bayonne

Biarritz

Avec
le vent du nord,
les nuages s'accumulent
sur les Pyrénées et donnent
une intensité peu commune aux averses.

Golfe de Gascogne

Le vent est modéré à
Biarritz, il n'est
violent que quarante-
huit jours par an.

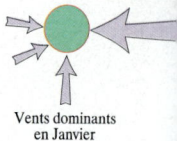

Vents dominants
en Janvier

Bayonne
Biarritz
Hendaye
St-Palais
St-Jean-Pied-de-Port
PAU
Mauléon-
Licharre
Oloron-
Ste-Marie
Pic d'Anie
Pic du Midi

Précipitations annuelles
moyennes en mm

moins de 100
100 à 120
120 à 140
140 à 160
160 à 180
180 à 200
plus de 200

Les pluies sur la côte
basque, le plus
souvent orageuses
et parfois violentes,
réparties assez
régulièrement tout
au long de l'année,
sont rarement
persistantes.

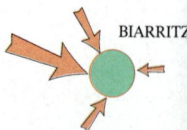

BIARRITZ

Vents dominants
en Juillet

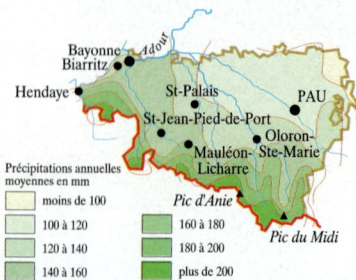

40

«HYMENOPHYLLUM TUNBRIDGENSE»
Elles sont présentes depuis l'aire tertiaire et sont inscrites sur la liste des espèces protégées.

2 400 m (-2° C)
1 000 m (5° C) — — 1 000 m (12° C)
Espagne   France

EFFET DE FOEHN

La présence de la chaîne pyrénéenne est largement responsable des «particularités climatologiques» du Pays basque.
Sur le versant espagnol, plus le vent frais et humide s'élève, plus la pression diminue, il y a donc formation de nuages suivie de pluie ou de neige (en hiver). Vers le sommet, le vent, ayant perdu de son humidité, devient plus sec. En redescendant sur le versant français, la pression augmente et l'air s'échauffe.

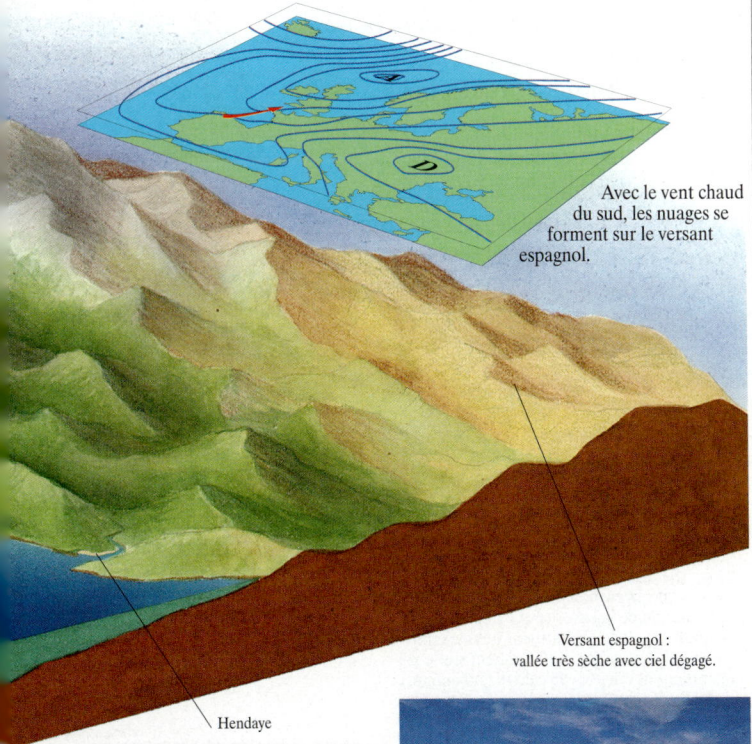

Avec le vent chaud du sud, les nuages se forment sur le versant espagnol.

Versant espagnol : vallée très sèche avec ciel dégagé.

Hendaye

L'hygrométrie importante associée à des températures assez douces favorisent le développement d'une végétation luxuriante dans les fonds de vallée.

L'effet de foehn vaut à Biarritz des records de chaleur tout au long de l'année. Il permet aux plus aguerris de se baigner en toutes saisons.

41

GROTTES ET RIVIÈRES SOUTERRAINES

Les abris sous roche furent constamment utilisés par les civilisations pastorales qui ont succédé à la préhistoire.

Les gneiss œillés et micaschistes du mont Urzuya ainsi que les granites de Aya forment la base des massifs les plus anciens, socle sur lequel s'appuient les ensembles sédimentaires.

À la charnière des ères primaires et secondaires ont jailli les épaisses formations détritiques de grès rose, les poudingues. Les terrains calcaires ont émergé à Isturitz et surtout en Soule, au Jurassique et au Crétacé. C'est le domaine des grands karsts, généralement boisés, où se sont creusés des réseaux souterrains complexes. Ensuite s'est formé le flysch, facilement repérable par la structure répétitive de ses bancs. Il est présent sur la côte basque et sur les croupes frontières. Le pic d'Orhy représente un magnifique pli couché vers le sud où l'on observe les multiples dentelles de la roche.

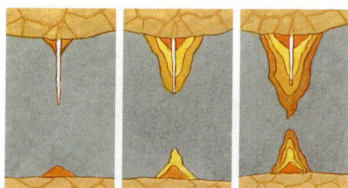

STALAGTITES ET STALAGMITES
L'eau, riche en carbonate de calcium, suinte du plafond de la caverne et y dépose des cristaux de calcite qui forment un manchon (stalactite). Les gouttes qui tombent sur le sol constituent des dépôts de calcite (stalagmite) qui finissent par s'unir aux stalactiques et former des colonnes.

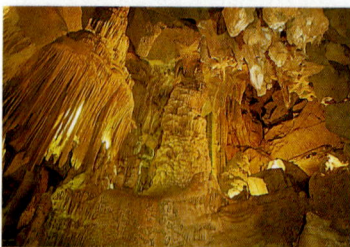

Rivière

Lors des visites des grottes d'Isturitz et d'Oxocelhaya, le guide fait sonner les stalactites grâce à un fin bâtonnet. Cette musique primitive accompagne très harmonieusement la contemplation

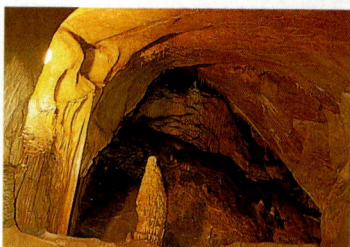

des fresques dessinées par les hommes préhistoriques. Mais, avec les stalagmites, ces concrétions calcaires spectaculaires ne représentent qu'un aspect marginal de la vie du karst.

La surface du karst, nue ou boisée, cache bien mal l'extraordinaire complexité du réseau souterrain.

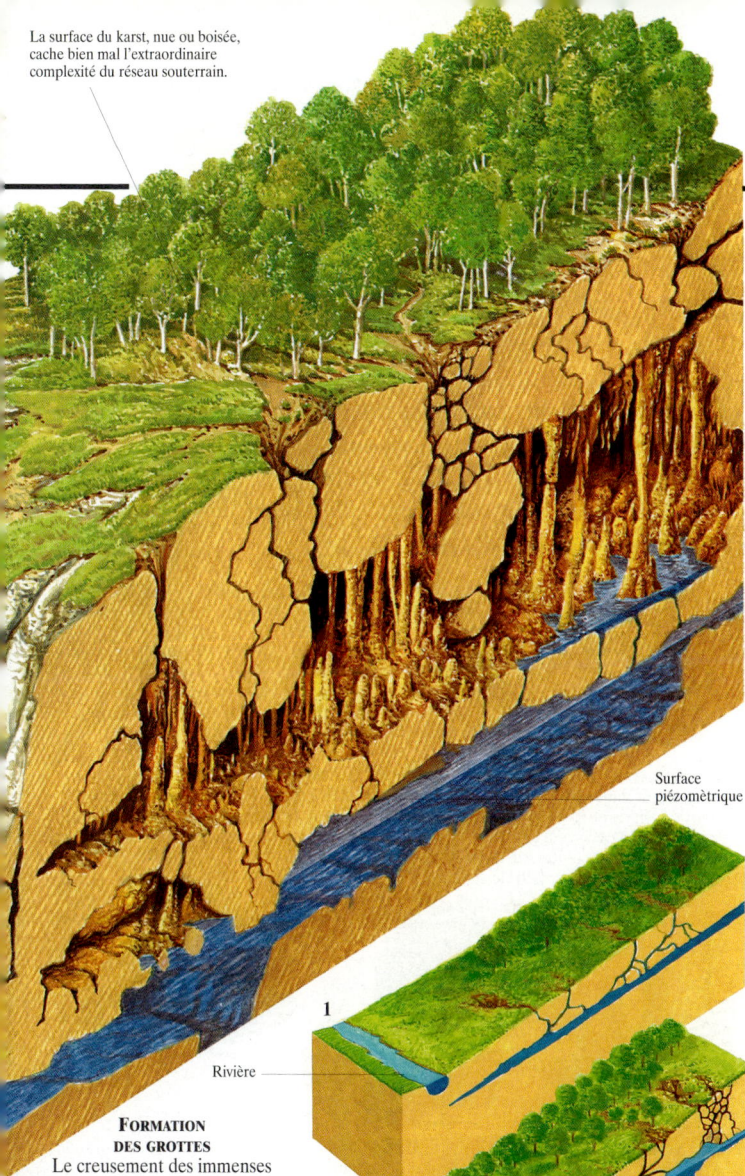

Surface piézomètrique

Rivière

FORMATION DES GROTTES

Le creusement des immenses masses carbonates résulte de l'occurrence de deux phénomènes distincts : l'existence de cassures (diaclases) qui fragilisent la roche et le patient travail de corrosion chimique de l'acide carbonique de l'atmosphère.

1. L'eau acidifiée s'infiltre à travers le sol calcaire jusqu'à la surface pièzométrique.

2. L'eau, en s'infiltrant davantage, élargit les diaclases tandis que la surface piézométrique s'abaisse.

3. Le lit de la rivière qui se creuse encore poursuit l'érosion de la roche. La surface piézométrique s'abaissant encore, l'eau quitte les diaclases élargies et fait place aux grottes ainsi formées.

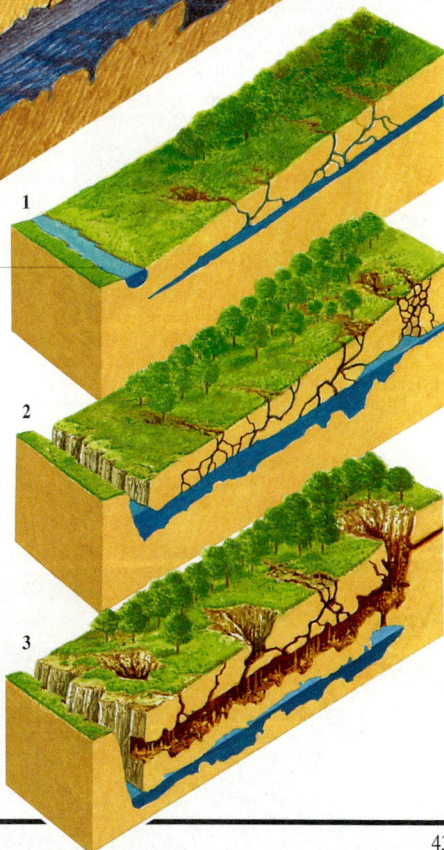

43

LA FORÊT D'IRATY

LE ROITELET HUPPÉ
L'oiseau insectivore
le plus petit d'Europe
se rencontre surtout dans
les peuplements résineux.

Iraty, la plus grande forêt de hêtres d'Europe,
fut longtemps un mythe : celui d'une sylve
primitive miraculeusement conservée.
Mais, exploitée par l'homme, elle se retrouve percée de pistes, de
routes puis aménagée pour les besoins du tourisme. Cependant,
si l'on choisit de visiter des cantons isolés, on découvrira alors les
grands pics noirs récupérant les insectes dans leurs vieux troncs
vermoulus, et la vie dans les lieux moussus inondés de fougères
géantes. Si l'ours a disparu de la forêt, le loup y revient parfois,
à partir des proches terres ibériques.

CERF ÉLAPHE
Réintroduit dans
la partie navarraise
de la forêt, il s'est
installé jusqu'aux
Arbailles où il trouve
un biotope
tranquille.

**BEC-CROISÉ
DES SAPINS**
Familier des pinèdes
à crochets, en dépit
de son nom. Rare en
hêtraie sapinière.

**AUTOUR
DES PALOMBES**
Oiseau forestier
attaquant ses proies
par en-dessous,
en particulier
les pigeons.

PIC À DOS BLANC
Redécouvert
dans les Pyrénées
en 1936, il fréquente
les forêts âgées.

SAPIN BLANC
Arbre géant des forêts
pyrénéennes, aux branches
hirsutes de lichens
filamenteux.

HÊTRE
Fragile aux déracinements
lors des tempêtes.
Excellent combustible utilisé
par les bergers dans
les *cayolars* ■ 61, ● 97

IF (en basque, *agin*)
Arbre magique de la grande
forêt. Jamais en grands
peuplements.

AMADOUVIER
La poudre d'amadou était
utilisée pour conserver
le germe
du feu.

■ CORNICHE BASQUE

La corniche basque interrompt brutalement la longue plage sableuse océane et annonce les Pyrénées. La portion protégée entre Socoa et Hendaye a résisté à une urbanisation engloutissant falaises rocheuses et ports de pêche. La végétation, grâce à un tout autre substrat, une humidité importante (1 200 mm par an) et des expositions très variables, voit se côtoyer espèces atlantiques, montagnardes et méditerranéennes.

La pointe Sainte-Anne, près d'Hendaye, illustre bien le conflit mer-corniche basque.

BRUYÈRE VAGABONDE
En haut des falaises, elle se mêle à d'autres épineux et compose la lande basque.

SÉRAPIAS LANGUE
Cette orchidée est répandue sur les pelouses de la corniche basque.

GRAND CORBEAU
Espèce protégée
essentiellement
rupestre. Un couple
niche régulièrement
sur les falaises
d'Hendaye.

ALOUETTE DES CHAMPS
Sa migration, en octobre et novembre, est l'une des plus spectaculaires de la Côte basque.

GRAND CORMORAN
Hivernant, il forme des reposoirs pouvant regrouper plusieurs centaines d'oiseaux sur certains îlots de la corniche basque.

CORMORAN HUPPÉ
Peu fréquent sur la Côte basque bien que nichant sur les côtes rocheuses espagnoles et bretonnes.

Les strates caractéristiques (marnes et calcaires gréseux roses) se prolongent en plaques très inclinées.

AJONC D'EUROPE
Avec la bruyère vagabonde, c'est une des plantes dominantes de la lande basque.

VIGNE SAUVAGE
Une des lianes qui parcourent les lisières des boisements luxuriants de la corniche basque.

TOURNEPIERRE À COLLIER
En hiver, il arpente rochers et plages, à la recherche d'invertébrés.

OCÉANITE TEMPÊTE
Nicheur rare en France et nocturne. Quelques couples s'établissent encore près de Biarritz.

LE MILIEU PÉLAGIQUE

GOÉLAND LEUCOPHÉE
Ils se nourrissent de petits poissons forcés par leurs prédateurs à remonter à la surface.

Le milieu pélagique rassemble tous les organismes marins qui ne vivent pas en contact avec le fond ou la côte. Ces organismes dépendent uniquement du milieu marin. Certains ne voient jamais les côtes, ou y sont seulement rejetés par la mer une fois morts, d'autres comme les oiseaux dépendent aussi du milieu terrestre pour la reproduction. Courants marins, vents, températures, salinité de l'eau, échanges thermiques et nutritifs conditionnent au cours des saisons la production planctonique.

TORTUE CAOUANE
Cette tortue, qui se reproduit notamment en Méditerranée orientale, fréquente de façon erratique l'Atlantique nord, en particulier le golfe de Gascogne.

BALISTE COMMUN
Sa présence au large du golfe de Gascogne se traduit par des échouages lors des tempêtes d'automne.

MOUETTE DE SABINE
Cette mouette niche au Groenland et au nord-est du Canada. Entre juillet et octobre, en route vers l'Afrique du Sud, elle est présente dans le golfe de Gascogne.

PLONGEON IMBRIN
Venu du Canada arctique, il est fréquent de novembre à février le long des côtes du golfe de Gascogne, parfois dans les baies ou les ports.

MACAREUX MOINE

PINGOUIN TORDA

GUILLEMOT DE TROÏL

PUFFIN MAJEUR
Il niche sur quelques îles de l'hémisphère sud. De mai à novembre, il vient hiverner dans les eaux de l'Atlantique nord, souvent très au large.

Ces trois alcidés hivernant en troupes au large des côtes et plongeant depuis la surface à plusieurs dizaines de mètres sont très sensibles aux tempêtes et aux pollutions d'hydrocarbures. Le macareux moine se tient très au large, le guillemot et surtout le pingouin torda sont fréquemment observés au printemps, en petits groupes près des côtes.

THON BLANC
Plusieurs espèces de thons
sont fréquentes dans le
golfe de Gascogne au cours
des saisons, se déplaçant en fonction
du réchauffement des eaux.
Si la pêche du thon blanc
a fortement diminué (5e rang
des tonnages en 1954), le port
de Saint-Jean-de-Luz conserve
une flotte thonière traditionnelle.

DAUPHIN BLEU ET BLANC
Ce dauphin est surtout fréquent en
Méditerranée. En Atlantique, c'est dans
le sud du golfe de Gascogne qu'il est présent.

PUFFIN DE MÉDITERRANÉE
Se reproduisant en
Méditerranée occidentale,
il fréquente entre mai
et novembre le golfe
de Gascogne.

MOUETTE PYGMÉE
Elle niche dans la toundra du
nord de l'Europe, et est plus
fréquente dans les estuaires
et à l'intérieur des terres lors
de la migration prénuptiale.

MOUETTE TRIDACTYLE
Elle est la plus pélagique, en
hiver, et forme d'abondante
colonies sur les falaises
rocheuses du nord-ouest
de l'Europe.

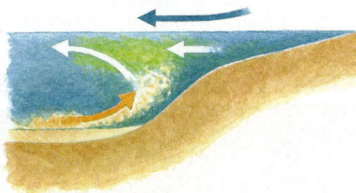

PHÉNOMÈNE D'UPWELLING
Il s'agit de remontées d'eaux froides
profondes qui apportent en surface des
éléments minéraux indispensables à la
production importante de matière vivante
(plancton). Elles se produisent au contact
du talus du plateau continental.

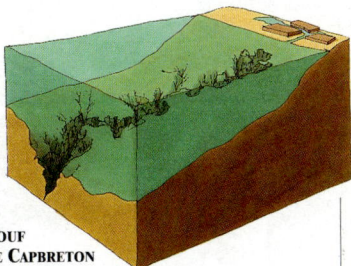

**GOUF
DE CAPBRETON**
Canyon sous-marin
(3 000 m de profondeur sur 10 à 30 km de
large) qui entaille le plateau continental. Son
origine la plus probable est le prolongement
du lit de l'Adour sur le plateau continental.

LA MONTAGNE BASQUE

Pic d'Anie
2 504 m

Arête du Contende
2 338 m

Pic du Soumcouy
2 315 m

Bayonne
Adour
La Rhune 900
PAU
Col d'Orgambidé
988
Col d'Ispéguy 672
Oloron-Ste-Marie
Pics des Escaliers 1472
Sommet d'Occabe 1456
Col de la Pierre St-Martin 1760
Pic d'Orhy 2017
Pic d'Anie 2504
Port de Larrau
1573

Pic d'A
2 044

Des gneiss de l'Urzuya aux tourbes quaternaires de la côte, une palette de roches sédimentaires raconte la longue histoire géologique du pays. La région se trouve à la rencontre des deux plaques (l'européenne et l'ibérique) qui ont engendré les Pyrénées et le golfe de Gascogne. La variété des roches, la topographie heurtée et l'impact de l'homme créent une mosaïque complète de formations végétales. À l'ouest, le pays est dénudé en raison de l'immensité des landes dérivées des anciennes forêts. À l'est, il se fait plus forestier et montagnard ; l'étage subalpin y est présent aux lisières de la grande forêt de pins à crochets couronnée par le pic d'Anie.

VALLÉE DE LARRAU

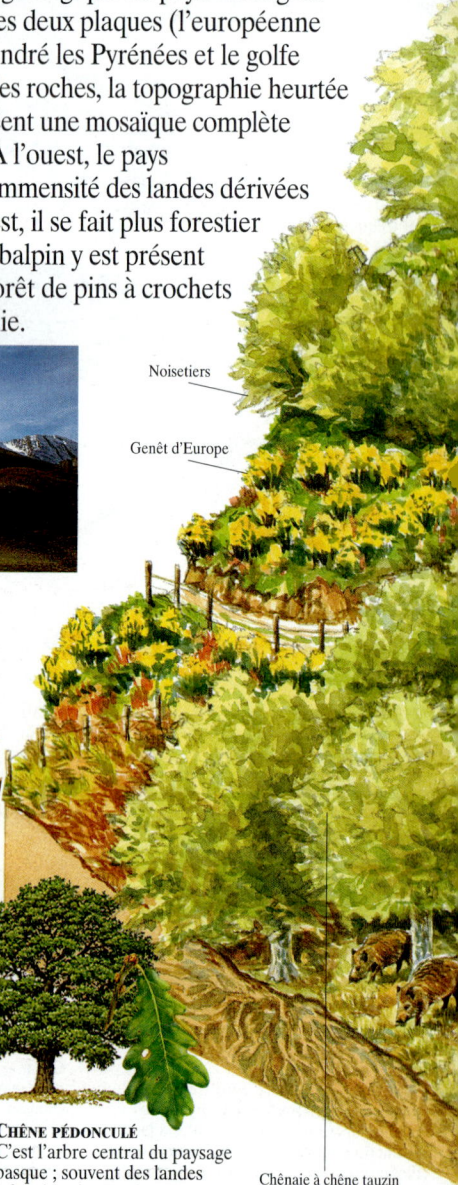

Noisetiers

Genêt d'Europe

TAMARIS
Ils formaient, semble-
t-il, autrefois
un peuplement
continu sur la côte.
Il n'en reste aujourd'hui
que quelques vestiges
autour de Biarritz.

CHÊNE TAUZIN
Un champignon microscopique
a quasiment détruit les plantations,
il y a quelques décennies.

CHÊNE PÉDONCULÉ
C'est l'arbre central du paysage
basque ; souvent des landes
à fougères le remplacent.

Chênaie à chêne tauzin
et pédonculé

AIGLE ROYAL **MILAN ROYAL** **GYPAÈTE BARBU**

Aigle royal et gypaète barbu sont des oiseaux discrets. Le premier est un chasseur, le second récupère les os laissés par les autres charognards.

Sur les charniers viennent dans l'ordre : la corneille noire, le grand corbeau, le milan royal, le percnoptère, le vautour fauve et enfin, le gypaète.

Femelle

Mâle

PIC NOIR
Le plus grand des pics des forêts de montagne. Ses émissions sonores et variées portent loin en forêt.

TICHODROME ÉCHELETTE
C'est «l'oiseau papillon». Très rare, lié aux falaises des cantons forestiers et subalpins.

TRAQUET MOTTEUX
Il est facilement repérable, lors de ses envols sur les pâturages, à son croupion blanc.

ACCENTEUR ALPIN
Oiseau timide, hôte fidèle de certaines falaises proches des sommets. Assez familier de l'homme.

DESMAN DES PYRÉNÉES
Contrairement à ce que l'on croit souvent, le desman n'est pas une espèce endémique des Pyrénées. On le trouve aussi dans diverses montagnes du nord de l'Espagne.

MARTRE
C'est l'animal des hautes futaies. Elle est relayée par la fouine dans les plus basses altitudes.

RENARD ROUX
Comme le blaireau, il inonde la toponymie basque de multiples traces. *Axeritegi* et *azkonxilo* sont les vocables les plus fréquents pour désigner leurs tanières respectives.

BLAIREAU
Avec le renard, il pénètre généralement assez haut sur les pâturages. Le renard y chasse les campagnols.

VAUTOUR FAUVE

VAUTOUR PERCNOPTÈRE

Jeune

Adulte

Il n'existe pas de hiérarchie sociale chez les vautours fauves pour la consommation de la charogne, comme on l'a souvent écrit !

Contempler un charnier de vautours est l'un de grands spectacles de la montagne basque.

MERLE À PLASTRON
réquent au printemps, à l'orée de la pinède à crochets.

CHOCARD À BEC JAUNE
Oiseau de haute altitude, il niche en Pays basque dans les gouffres jusqu'à -20 m de profondeur.

CRAVE À BEC ROUGE
Il niche dans les gouffres, mais aussi dans les fissures des falaises.

GRAND CORBEAU
Il vit par couple. Oiseau très intelligen comme la plupart des corvidés, au comportement voca et gestuel complexe

PIPIT SPIONCELLE
Il est souvent associé au rougequeue noir dans les pâturages d'altitude.

ROUGEQUEUE NOIR
Le chant de cet oiseau comporte une strophe médiane ressemblant au froissement de feuilles de papier.

BRUANT FOU
C'est l'un des oiseaux les plus colorés des lieux rocailleux de montagne.

VENTURON MONTAGNARD
Il vit plutôt dans la forêt de pins à crochets que son poitrail jaune égaye.

«POTTOK», «BETISO» ET BLONDE DES PYRÉNÉES
On admet que *pottok* et *betiso* constituent des souches anciennes de chevaux de vaches archaïques des montagnes basques.

Il en reste des petits groupes facilement repérables à l'ouest du pays. La blonde des Pyrénées a une répartition pyrénéenne occidentale.

■ LE COL D'ORGANBIDEXKA

PIGEON RAMIER
De 150 000 à 500 000 migrent chaque automne vers l'Espagne. Leur nombre est en diminution à l'échelle de l'Europe.

En haute Soule, le col d'Organbidexka est situé à 1 284 m d'altitude, entre le massif du pic d'Orhy et celui du pic des Escaliers. C'est, en France, la voie de passage la plus importante des migrations d'oiseaux vers le sud-ouest en automne. De juillet à fin novembre, de multiples observateurs s'installent sur le dôme herbeux et scrutent le ciel, se relayant lorsqu'ils sont assez nombreux.

BONDRÉE APIVORE
Cet oiseau traque déterre les nids de guêpes et de bourdons dont consomme larves et adultes.

MILAN NOIR
Teinte sombre et queue peu fourchue. À la différence du milan royal, il est migrateur et moins fréquent en montagne.

Cigogne

Grue

MARTINET NOIR
Migrant de jour comme de nuit, les martinets passent principalement fin juillet et au mois d'août.

CIGOGNE BLANCHE
C'est sûrement l'oiseau que l'on imagine le moins se sédentarisant en Pays basque tant il est attaché à d'autres lieux. Il s'y pose pourtant parfois lors de ses migrations.

Vol de grues

GRUE CENDRÉE
Dès qu'elles approchent de la barrière montagneuse, classique vol en V se désarticule et les grues «trompètent» un bon moment avant de prendre de l'altitude pour passer le col, même dans le brouillard !

● LA PÊCHE À LA CANNE

THONIER-BOLINCHEUR

Cette unité utilise les techniques de pêche particulières d'Euskal
Herria, soit la capture du thon à la canne avec de l'appât vivant
(sardine, anchois ou petit chinchard) capturé à la bolinche et
maintenu dans des viviers aménagés à l'intérieur de la coque.

L'APPROCHE
Une fois localisé,
le banc de thons
est maintenu proche
du navire par un boëttage
(appâtage) abondant.
Des rampes d'arrosage
sont mises en action
pour camoufler
le bateau.

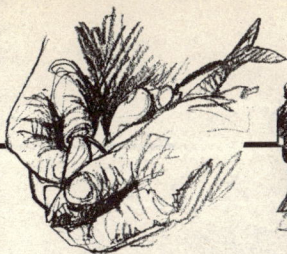

L'APPÂT OU «PETIA»

Il est puisé dans le vivier et accroché vivant à l'hameçon de la grande ligne fixée sur la canne, avant d'être lancé sur le banc de thons.

DU RENFORT...

Les canneurs se font aider pour ferrer et ramener les captures par un système de poulie installée dans la mâture.

Thon blanc ou germon

Bonite à ventre rayé

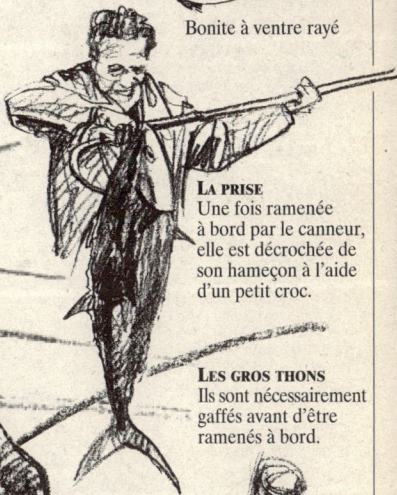

LE THON ROUGE

Adulte à 4 ou 5 ans pour une longueur de 1 m à 1,20 m et un poids de 16 à 27 kg (il peut atteindre 50 kg !). En période de frai, il migre de l'Atlantique à la Méditerranée. Dans le golfe de Gascogne, le thon rouge demeure abondant aux mois de juin et juillet, durant lesquels il se tient près des côtes. Il est surtout consommé frais.

LA PRISE

Une fois ramenée à bord par le canneur, elle est décrochée de son hameçon à l'aide d'un petit croc.

LES GROS THONS

Ils sont nécessairement gaffés avant d'être ramenés à bord.

LA VIE DANS L'ESTIVE

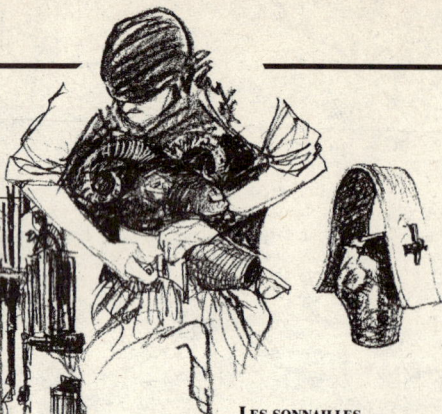

LES SONNAILLES

Les troupeaux montent vers les pâturages le 10 mai (date fixée par la Commission du Syndicat de Soule). Les bêtes comprennent que le départ est proche lorsqu'on leur fixe autour du cou une clochette ou une cloche, chacune sonnant avec un timbre particulier.

LA «ZINTZARADA»

Les troupeaux se mettent en chemin dans la fraîcheur de la nuit, vers 4 h du matin, et réveillent avec leurs clochettes les villages qu'ils traversent.
C'est la *zintzarada*,
le départ en fête.

L'ÂNE, RESPONSABLE DU RAVITAILLEMENT

Sur le chemin des pâturages, les bêtes les plus robustes partent devant. L'âne ferme la marche avec le berger et porte le ravitaillement. Ce départ à pied est encore pratiqué mais de plus en plus souvent, les bêtes sont montées par camions.

Manech tête rousse

Basco-béarnaise

Manech
tête noire

LE TROUPEAU

Au printemps, les troupeaux quittent bordes ● 97 et granges
de la plaine et du piémont pour aller sur les croupes des montagnes
où croît une herbe savoureuse, propriété du syndicat de la Soule.

LE TRAJET

Le trajet qui mène aux verts
pâturages dure parfois une journée
entière. Le troupeau est souvent constitué
de plus de 1 000 bêtes.

LE CAYOLAR ● 97

Un cayolar est formé de la cabane du berger,
de l'enclos et des pâturages. Le tout couvre
environ 150 ha et appartient à plusieurs
cayolaristes, copropriétaires qui s'y relaient.

61

Poêle   table   lit   abri pour le bois

Âtre   Évier   Tabouret   Pièce pour le fromage

LA CABANE DU BERGER, L'OLHA ● 97

Elle mesure environ 6 m sur 6 m et se divise en deux parties.
D'un côté, la pièce principale avec un foyer pour cuisiner
et faire le fromage, trois ou quatre matelas, une table, jamais
de chaises mais toujours quatre tabourets que les bergers
ont fabriqués eux-mêmes, le chaudron et les ustensiles pour
le fromage. L'autre pièce est entièrement réservée
aux fromages qui y sont entreposés sur de grandes étagères.
Le cayolar est de préférence installé près d'une source.

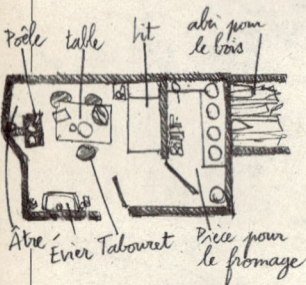

Kaiku

LA TRAITE
Levé vers 6 h,
le berger commence
sa journée par la
traite des brebis.
À 19 h, il recommence,
après que les bêtes
sont allées paître
sur les pâturages.
Il garde le lait du soir
au frais : il l'utilisera
pour le fromage
le lendemain.

LE CHIEN DU BERGER
À 8 h 30, le berger ouvre l'enclos et les brebis
partent vers les pâturages. Il les suit avec
le chien. L'après-midi, elles paîtront
plus près du cayolar.

2. Le caillé est brisé avec un fouet de houx ou de sapin et le chaudron remis à chauffer (38° C). Il faut remuer sans cesse pour séparer le petit lait du caillé.

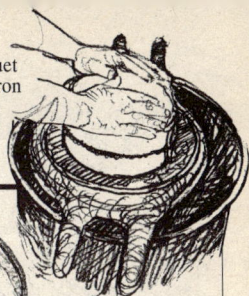

4. La masse est placée sur un plateau de bois *(txortxepekoa)* posé sur le chaudron puis divisée et moulée.

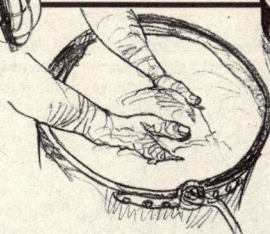

1. Pour faire les fromages «d'estive» dans les cayolars ou «de piémont», dans les fermes, selon la méthode traditionnelle, les bergers procèdent généralement de la sorte : le lait est passé, mis dans un chaudron de cuivre et tiédi (31-32° C). Puis on y ajoute la présure. En une demi-heure environ, le lait est coagulé et l'on obtient le caillé.

3. Après 1 h de repos, le caillé est amassé et tassé en le travaillant doucement à la main pour éviter son effritement.

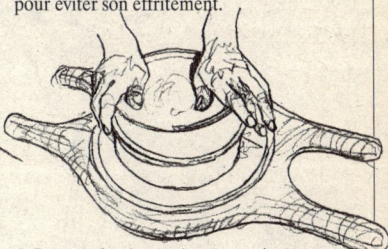

Plus on avance en date, moins les brebis ont de lait : le berger fait environ trois fromages par jour de mai à juin et n'en fabrique plus qu'un début juillet. À partir de la mi-juillet, il se consacre entièrement à la surveillance et aux soins du troupeau.

5. Les moules *(txortxa)* sont serrés par des tours de corde et le petit lait s'écoule dans le chaudron par des baguettes creuses de sureau plantées dans le caillé. Le berger presse le fromage à la main.

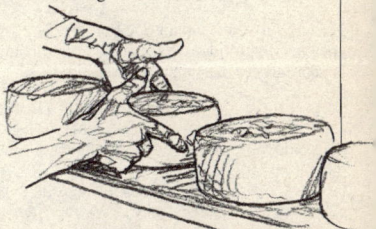

6. Les fromages sont mis sur des étagères et salés en surface. Chaque jour, pendant trois semaines, ils seront retournés et salés puis retournés et brossés une fois par semaine pendant deux ou trois mois.

Parfois le soir, les bergers de plusieurs cayolars se retrouvent pour dîner ensemble. Le berger se couche tôt, vers 21 heures.

63

BÉLIERS EN DUEL

Leur lutte pour les brebis est terrible : ils s'affrontent et se cognent la tête, parfois jusqu'à s'en casser les cornes. On les entend dans toute la montagne.

LA SAILLIE

Jusqu'au 20 juillet, on met aux béliers un sac en jute autour du ventre pour éviter qu'ils saillissent les brebis prématurément.

L'AGNELAGE

Les agneaux, conçus au mois de juillet, naîtront aux mois de novembre et de décembre.

SUR LE CHEMIN DU RETOUR

Le berger et son troupeau quittent les pâturages au mois de septembre, après cinq mois d'isolement en montagne. Au passage des premiers vols de palombes vers le sud, le berger songe au retour.

LA TONTE

Les brebis sont tondues entre le 20 et le 27 juillet. Elles sont passées à la tondeuse électrique mais quelques bergers utilisent encore des ciseaux de tonte traditionnels.

LA FOIRE DE TARDETS

Autrefois, les bergers descendaient leur production de fromages à dos de mulet. Les fromages sont vendus aux foires du mois d'août.

L'«ARTZANTIDIA»

Les cayolaristes règlent scrupuleusements la vie dans l'estive le jour des Rameaux dans un café de Tardets. Au cours de cette réunion, appelée l'*artzantidia*, on décide du roulement : qui monte le premier au cayolar, qui rentre le dernier, qui commence à faire le fromage, qui va prendre le chien...

64

ARTS ET TRADITIONS

LE MAKILA, *66*
JEAN-PAUL BOBIN
LE MOBILIER, *68*
DENISE GLÜCK
LE COSTUME, *70*
CLAUDE IRURETAGOYENA
LA PELOTE, *72*
JAKES CASAUBON
LA CHASSE À LA PALOMBE, *74*
DENYS POSE
MUSIQUE ET CHANT, *76*
MANEX PAGOLA
LES DANSES, *78*
JEAN-MICHEL GUILCHER
FÊTES ET CARNAVALS, *80*
THIERRY TRUFFAUT
LE «TTORO», *82*
MICHEL BARBEROUSSE
PRODUITS TYPIQUES, *84*
MICHEL BARBEROUSSE
LA TABLE BASQUE, *85*
MICHEL BARBEROUSSE

Aiguillon de berger ou arme de défense,
le *makila* est avant tout un bâton court, adapté
à la marche à petits pas propre au montagnard.
Sa mention apparaît pour la première fois
au Xe siècle, dans le récit du clerc poitevin
Aymery Picaud ● *34*, mais la tradition orale témoigne
d'une origine plus ancienne encore. La fabrication du makila,
durant un quart de siècle, reste un secret jalousement gardé.
Objet emblématique du Pays basque, symbole de puissance
et d'indépendance, cette tige de néflier «sculptée» par la nature
est un objet unique, personnel, qui ne
se donne pas. On a coutume de dire
qu'il est présent dans chaque
foyer et que le Basque
le garde derrière la
porte de sa chambre.

UN OBJET HONORIFIQUE
Si la fonction défensive
du makila s'est estompée,
à l'inverse, sa fonction
honorifique s'est développée.
Il est offert dans les moments
importants de la vie.

**LE SECRET
DU MAKILA**
Au bout
du makila,
une massue,
enrobée d'une
gaine de cuivre,
équilibre le bâton :
il doit être plus lourd
en bas de façon
à faciliter la marche...
Mais, sous le pommeau,
dans une virole de cuivre,
se cache une redoutable
pointe d'acier forgée.

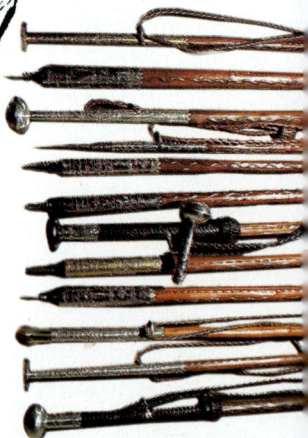

LA TRADITION DE LARRESSORE
Situé sur la route du pèlerinage de
Saint-Jacques-de-Compostelle, le
village de Larressore est célèbre
pour ses fabricants de makila.
L'essor de leurs ateliers
s'explique par le souci
des pèlerins de s'équiper
à la fois d'une canne
et d'une arme.
La tradition
de Larressore se
perpétue aujourd'hui.

«À LA MOINDRE DISPUTE, LES BÂTONS FERRÉS SONT EN L'AIR.
LES BASQUES EN ESCRIMENT AVEC UN ART QUI A SES RÈGLES
ET SES PROFESSEURS COMME LE SABRE ET L'ÉPÉE.»

M. DE JOUY

Au printemps, l'artisan sélectionne les néfliers,
les grave et les entaille sur pied. En cicatrisant
les incisions, la sève va sculpter le bois, créant
ainsi un objet absolument unique.

Quelques mois plus tard, généralement
en janvier, les tiges sont coupées et passées au
four pour en faire éclater l'écorce. Puis elles
sont redressées et sèchent pendant dix ans !

Cette période écoulée, la fabrication peut
réellement commencer. L'artisan choisit
minutieusement le bois qu'il va travailler
puis redresse les tiges avant de les teindre.

Chaque couleur est unique et naturelle.
Certains trempent la tige dans un bain de
chaux, d'autres la passent au feu puis la laissent
une quinzaine de jours sous un tas de fumier.

La virole de cuivre, préalablement gravée,
et la pointe d'acier sont brasées par l'artisan
à la forge à pédale. L'atelier des Bergara, à
Larressore, n'a pas changé depuis des siècles.

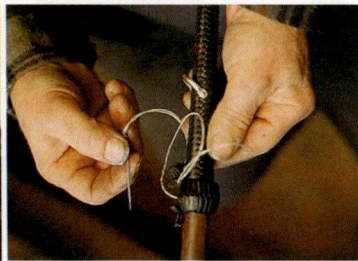

La virole est ensuite recouverte d'une gaine
en cuir tressé, entièrement faite à la main,
qui ne se détend jamais et doit être
immobilisée sur le bois.

Sur le pommeau sont gravés le nom
de l'artisan et l'année de la fabrication,
ainsi qu'une devise choisie par le propriétaire.

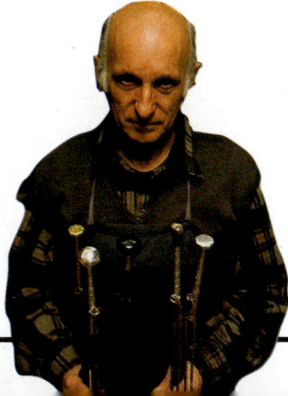

L'originalité du mobilier basque tient à l'usage de certains meubles spécifiques comme à la prédominance du répertoire géométrique dans l'ornementation, même lorsqu'il s'intègre aux styles historiques dont le Pays basque français a reçu l'influence, notamment ceux des XVIIe et XVIIIe siècles. Cette originalité est soutenue par une tradition de sculpture sur bois et sur pierre aux techniques simples. Les meubles les plus anciens sont en bois de chêne ou de châtaignier, mais la raréfaction de ces espèces a mis à la mode les bois fruitiers dans la seconde moitié du XIXe siècle.

LE COFFRE, «KUTXA»
Il témoigne de l'homogénéité de l'aire euskarienne qui rend difficile l'attribution des styles de ce meuble à l'un ou l'autre des versants pyrénéens. C'est sur ce type de coffre, sans doute du XVIIIe siècle, que l'on trouve la symbolique ornementale des croix discoïdales.

L'ARMOIRE, «HERMAIRU»
Il arrive qu'elle soit marquée par le style Louis XIII et présente les pointes de diamant que le Béarn a tant utilisées au XVIIIe siècle, mais en Pays basque le relief de ce motif est faible et c'est la forme crucifère ou radiée qui domine. On retrouve parfois le vocabulaire ornemental des styles du XVIIIe siècle : panneaux chantournés, pieds galbés et décor rustique, à base de feuillages et d'oiseaux.

L'ARMOIRE-COMMODE, «MANKA»

Cette armoire-commode est au XIXe siècle le meuble le plus original du Pays basque français. Elle connaît un développement exceptionnel en hauteur, un étage de tiroirs est adjoint au coffre à abattant et au corps de portes ; le décor sculpté multiplie rouelles, rosaces, rosettes, éventails et rinceaux stylisés, plus rarement oiseaux et parfois, en Soule, pointes de diamant. Le coffre supérieur est muni d'une serrure.

LA SALLE COMMUNE, OU CUISINE

La table, *mahai*, peut cacher la caisse d'un pétrin derrière sa ceinture chantournée et sculptée d'éventails ; elle est aussi parfois une solide table-huche à tiroir servant de garde-manger. Son piétement est toujours tourné et marqué par le style Louis XIII, comme le sont les bancs sans dossier et les chaises à assise de bois. Dans les maisons modestes une étagère-vaisselier supporte la vaisselle ordinaire, mais dans les maisons plus aisées, de larges vaisseliers exposent la vaisselle d'apparat.

LE BANC, «CICELÜ»

Souvent placé devant la cheminée, ce banc à haut dossier, le *cicelü* ou *zizelü*, est parfois doté d'une tablette pivotante, ce qui permet d'y prendre le repas près de l'âtre. Il est généralement réservé aux parents âgés. Cœurs, croix à virgules ou croix de Malte sont parfois aussi sculptés sur le contrecœur de la cheminée.

LE «LAUBURU»

Le motif de la virgule, dont l'origine est attestée dès le XVIIe siècle, a été anciennement utilisé en Basse Navarre et s'est largement répandu dans tout le Pays basque au XXe siècle. Associée à la croix grecque, la virgule forme le motif emblématique du Pays basque, le *lauburu*.

Au IVe siècle, Ammien Marcelin notait déjà que les «Aquitains» se distinguaient par l'élégance de leurs vêtements. Jusqu'au début du XIXe siècle, la laine, le chanvre et le lin, produits naturels d'un mode de vie essentiellement pastoral et agricole, ont été la base du vêtement traditionnel porté par les populations rurales. Ces costumes seront peu à peu abandonnés au XIXe siècle, en raison des progrès de l'industrie textile et de l'uniformisation des modes venues des grandes villes. De nos jours, les costumes de danse font revivre, le temps d'une fête, le faste d'autrefois.

LES COIFFES CORNIFORMES
Les femmes de Bayonne, de Biscaye et d'Asturies arborent, aux XVIe et XVIIe siècles, des coiffes étranges qui étonnent les voyageurs. Ces parures forment une curieuse corne que les veuves portent baissée et les femmes mariées, dressée.

UN COUPLE BASQUE

Le costume change à la fin du XVIIIe siècle. L'homme porte des pantalons, une veste en laine, un gilet de soie ou de velours et une ceinture de flanelle. La femme est vêtue d'une robe de flanelle ou de laine, d'un tablier d'apparat et d'un châle en cachemire. Son étrange coiffe est un foulard porté très haut, à la «mauresque», qui n'est pas sans rappeler les coiffes corniformes.

UNE JEUNE FEMME
Vêtue d'une jupe de laine, d'un gilet d'étoupe et d'un foulard d'épaules croisé sur sa poitrine, elle va souvent pieds nus, mais couvrira toujours sa chevelure d'un simple mouchoir.

LA «GONA GORRI»
Cette longue jupe rouge est typique de la partie du Pays basque placée sous influence atlantique. On la trouve également dans les Asturies, en Galice et au Portugal.

UN HABITANT DE LA BISCAYE

Cet élégant jeune homme porte
une chemise blanche sous un gilet
de couleur sombre,
une large ceinture
marquant
la taille, une culotte
de toile sombre
et des bas clairs.
Ce costume est déjà
très répandu
au XVIIIᵉ siècle.

LE FOULARD DE TÊTE ET LE CAPULET

Dans les vallées
pyrénéennes tournées
vers le Béarn
et la Bigorre, on porte
le capulet, ou *dabantal
de teste* (tablier
de teste), foulard ayant
l'aspect d'un sac fendu
sur un côté.

COSTUMES DE DANSE

Pour danser,
les hommes portent
quelquefois des
souliers plats lacés
sur d'épais bas
de laine.

LE BÉRET

À proximité de la mer, dans
les terres ou à la montagne, le béret
est le couvre-chef de tous les hommes
des pays pyrénéens. Il succède, au début
de la Renaissance, aux bonnets
à bords retroussés et aux chapeaux.
Alors orné de perles et de plumes,
il est méconnaissable.

La pelote puise ses racines dans les jeux de paume médiévaux. Les Basques l'ont transformée en un sport moderne grâce à des adaptations successives, dont l'utilisation du noyau de caoutchouc pour la confection des pelotes, l'invention du gant d'osier (le chistera, ou xistera) et l'érection d'un mur de frappe (le fronton, ou frontis). Le jeu se décline en multiples variantes suivant le terrain (il en existe trois types aux dimensions variables), l'instrument utilisé (de forme et de taille différentes) et même la pelote. Sport associant force et dextérité, la pelote occupe une place de choix dans la vie des Basques, comme en témoigne le fronton qui s'élève dans chaque village.

TENUE DE RIGUEUR
Le blanc est de rigueur pour les chaussures, le pantalon et la chemisette ; la ceinture enroulante peut être rouge, verte ou bleue, avec un pan flottant. Tel est l'habit de lumière du *pilotari*, qui confère à la beauté naturelle du geste une grâce incomparable.

JEUX DIRECTS ET INDIRECTS
Il faut distinguer les jeux anciens, jeux directs où les équipes se renvoient la balle d'un camp à l'autre, et les jeux modernes indirects, où les équipes, face au fronton, lancent la pelote contre le mur et la reprennent du premier bond ou de volée, à l'intérieur d'un terrain aux limites bien définies. Ci-contre : le *rebot*, jeu direct dérivé de la longue paume, opposant deux équipes de cinq joueurs.

En dehors du jeu
à main nue (ci-dessous),
jeu noble
et ancestral très prisé
des Basques, les joueurs
utilisent, en fonction
des spécialités,
des gants de cuir
(esku larru) ou d'osier
(chistera), des raquettes
en bois plein de divers
calibres *(pala),*
des raquettes à cordes
souples *(xare)* ou rigides
(frontennis).
Ci-dessus :
des chistera.

TROIS TERRAINS DE JEU

La *place libre,* en plein air avec fronton, est la plus
courante. Le *trinquet* est une salle rectangulaire à
quatre murs, dont un de frappe ; issue des anciens
tripots de courte paume, elle en a gardé les
multiples accessoires qui pimentent le jeu.
Le *mur à gauche* est un
fronton à trois murs.

73

Le pigeon ramier, marqué de blanc aux bords des ailes et au cou, prend, au sud de la Loire, le nom mythique de palombe. Véritable phénomène de société dans le Sud-Ouest, sa chasse attire irrésistiblement, à l'automne, les passionnés vers les grandes palombières, ces cabanes perchées, établies au meilleur point des cols. Entreprise collective, la chasse à la palombe réunit une vingtaine d'hommes qui se mobilisent sur les hauteurs entourant les cols empruntés par les oiseaux migrateurs. À la fin de l'hiver, entre la mi-février et la mi-mars, les palombes reviendront vers leurs quartiers d'été, en Scandinavie et dans les îles britanniques, mais nul filet basque ne tentera de s'opposer à leur vol.

UNE TECHNIQUE DE CHASSE

L'attaque de l'épervier (*apalatza*) est dirigée de bas en haut afin de saisir la palombe à la gorge. Les palombes ont deux moyens de contrer cette tactique, soit la fuite accélérée, soit une descente en rase mottes empêchant l'épervier de se glisser sous le vol. Cette dernière méthode, remarquée par les moines de Roncevaux, a inspiré une technique de chasse unique. Les chasseurs utilisent ainsi des palettes de bois peintes en blanc, les *karroteak*, sorte d'éperviers artificiels, destinées à rabattre les vols vers un col où des filets tendus les stopperont.

LE RABATTEUR

Les rabatteurs (*chatarlariak*) détournent les vols vers les filets à grand renfort de cris en s'aidant de chiffons blancs attachés à des bâtons et agités à bout de bras.

LA PALOMBIÈRE
Il existe actuellement neuf palombières au Pays basque et une en Béarn. Le nombre des chasseurs, filetiers, ou rabatteurs, oscille entre 10 et 20 par palombière.

LA PANTIÈRE
Au moment propice, les lanceurs de palettes (*abatariak*) font baisser les vols pour qu'ils s'engouffrent dans les filets ou pantières. Les filetiers (*sarazainak*) baissent leurs filets et dégagent les oiseaux le plus rapidement possible avec délicatesse. Ils remettent ensuite les filets à poste.

Une flûte taillée dans un os d'oiseau, retrouvée dans la grotte d'Isturitz et datant, selon toute vraisemblance, de l'époque aurignacienne, est l'un des premiers témoignages d'une pratique de la musique en Pays basque. Au Ier siècle de notre ère, le géographe grec Strabon décrira ainsi les Vascons, ancêtres des Basques, «dansant au son des flûtes et des trompettes». De nos jours, la musique et le chant participent de la vie même des Basques, que ce soit dans les galeries des églises, dans les tournois de pelote ou dans les cortèges musicaux qui, les jours de fête, mêlent aux instruments typiquement basques accordéons, violons, trompettes et clarinettes. Tradition et modernité coexistent avec bonheur et l'image de «ce petit peuple qui danse et chante au pied des Pyrénées» cher à Voltaire n'a rien perdu de sa vérité.

LES INSTRUMENTS TRADITIONNELS

La base de la mélodie basque est prodiguée par les deux instruments les plus anciens et les plus populaires dont les sons se complètent : le *txixtu* et le *soinua*. Le *txixtu* est une flûte à trois trous de taille variable ; la *txirula* et le *txixtu haundi* en sont dérivés. Le *soinua* est un tambourin à cordes que vient frapper en rythme un petit bâton. La province de la Soule a su le mieux maintenir l'usage de cet ensemble (ci-dessus), présent aussi bien dans les mascarades que dans les intermèdes des pastorales ▲ 256, ou théâtres chantés en plein air.

CHANTS ANCESTRAUX

Les plus anciennes mélodies basques sont des poèmes épiques (chant du Lelo, chant de Beotibar, élégie Alostorrea de la fin du Moyen Âge) ou, en Soule, de longues complaintes (*berterretxen kantoria*). Le chant choral est aussi très répandu : on dénombre une cinquantaine de chorales profanes dans les trois provinces du nord. Les cantiques sont entonnés avec ferveur par l'assistance lors des grandes fêtes liturgiques. Ci-contre, chanteurs basques à Larrau.

SONORITÉS BASQUES

La musique basque se caractérise par un rythme très martelé ; le rôle des percussions y est primordial. Ainsi, le *txalaparta*, formé de planches posées sur deux corbeilles que l'on frappe à l'aide de bâtons, rappelle le galop. Il était utilisé autrefois pour transmettre des messages d'une montagne à l'autre. Le *trikitixa* est un accordéon diatonique actuellement très en vogue.

CHANTEUR DE POINTS

Le chant est tellement ancré dans la civilisation basque que les résultats des parties de pelote sont psalmodiés selon une tradition inchangée depuis deux siècles. «*Jokoa !*»(jeu) ou «*bota !*» (but) annonce le chanteur de points.

LES «BERTSOLARI» OU L'ART D'IMPROVISER

Les *bertsolari* (chanteurs improvisateurs) perpétuent un art qui remonte au moins au XVIIIe siècle et consiste à redoubler d'imagination et de bons mots selon un thème choisi tout en se tenant à une mélodie et à une versification rigoureuse. Leurs joutes verbales attirent les foules.

L'expérience qu'ont de la danse les provinces basques de France s'est traduite jusqu'à nous par la coexistence aux mêmes lieux de deux répertoires distincts. L'un, à fin simultanément récréative et sociale, ouvert aux deux sexes en toute circonstance. L'autre, destiné à la représentation, enseigné à la jeunesse masculine par des maîtres autorisés. Ils comportent plusieurs genres inégalement répandus. Le saut basque a eu cours partout. Les danses de *kaskarot* caractérisent le Labourd et la Basse Navarre. La Soule a en propre des danses de la mascarade et des pastorales.

yrénées Illustrées.   787. — Le Saut Basque.

LE SAUT BASQUE
Contrairement à ce que son nom porte à croire, le saut basque n'est pas une danse sautée. Ces variétés, nombreuses, agencent différemment une douzaine de pas composés fondamentaux, sur la trame rythmique d'une marche bien suspendue.

«KASKAROT DANTZA»
En Basse Navarre et en Labourd, une technique rattachable à d'anciennes mauresques, réinterprétée de façons diverses, a trouvé des emplois multiples dans les fêtes, les manifestations du carnaval (*maska dantza, kaskarot martxa, bolantak dantza,* etc.) et les processions dansées de la Fête-Dieu. La photo, ci-dessous, prise dans le premier quart de notre siècle, représente, en position de départ, une de ces danses, exécutée pour une quête de carnaval dans une commune du Labourd.

de Biarritz. — Types de Danseurs Basques

LE «FANDANGO»
Passé des provinces d'Espagne en Labourd, vers 1870, le *fandango* s'est ensuite propagé vers l'est jusqu'à s'imposer à l'ouest de la Basse Navarre. Généralement mixte, il a aussi compté autrefois quelques formes masculines.

«DANTZA LUZIA», «DANTZA KORDA»

Mixte et collective, la danse en chaîne longue a longtemps été la danse par excellence. À de très rares exceptions près, elle a partout disparu devant des danses plus jeunes (quadrilles et danses pour couple fermé) inspirées des modes parisiennes successives et parfois remaniées par la pratique de l'endroit. Enrichie de pas plus savants, elle a quelquefois pris rang parmi les danses de scène (ci-dessus) et ainsi prolongé son existence.

«GODALET DANTZA»

La danse du verre, exécutée à tour de rôle par les «principaux» de la mascarade, est, avec le saut du branle (*brale jauztia*), l'épisode le plus attendu des connaisseurs.

En Soule, une technique savante, portée au cours du temps à des niveaux de plus en plus élevés de difficulté, vaut une réputation

particulière aux intermèdes dansés des pastorales (*satan dantza*) ainsi qu'à quelques épisodes majeurs : danses des barricades, saut du branle (*brale jauztia*), danse du verre (*godalet dantza*) des mascarades de carnaval.

Monde essentiellement rural,
le Pays basque est empreint
de croyances et de mythes
qui ont donné naissance
à une mosaïque de fêtes
dont certaines, jadis rituelles
et sacrées, ont été reléguées
au rang de fêtes profanes après
la christianisation, tardive
en Pays basque. Organisation
des réjouissances, répétition
du cérémonial, confection
des costumes et du décor :
la fête est l'occasion pour tout
un village de se retrouver
et de faire vivre un éblouissant
patrimoine de danses, musiques,
personnages et chants.

FÊTE-DIEU DANS LA VALLÉE DE LA NIVE ● 243
Soldats, sapeurs, tambour-major, suisse
d'église défilent en costume d'apparat
(ci-dessus)… Sans souci de fidélité historique,
la fantaisie compose avec la tradition. L'aspect
militaire de ces *besta berri* pourrait être
antérieur au milieu du XVIe siècle.

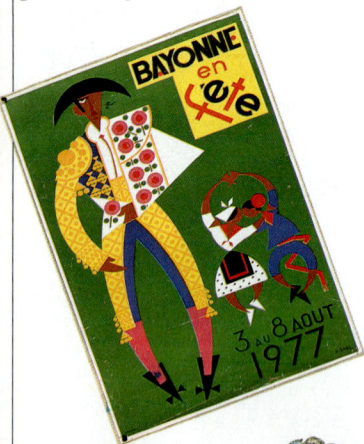

FÊTES DE BAYONNE
Grands moments
de liesse populaire,
ces fêtes recouvrent
toutes les facettes
festives basques
(musique, chant,
danse, pelote, courses
de vaches, corrida,
corso, défilés..)
Ces fêtes ont donné
naissance
à de nombreux
personnages
populaires dont
Raphaël Dachary,
immortalisé sous
le nom de Roi Léon.

L'OURS
Ancêtre des hommes (on l'appelait grand-père dans certaines zones) et libérateur des énergies, il est le

personnage central du carnaval basque. Il se réveille à la Chandeleur, le 2 février, et regarde le ciel : s'il est clair, il se rendort pour 40 jours, s'il est menaçant ou sombre, il sort. Ce réveil marque la fin de l'hiver ; tout sera mis en œuvre pour le faciliter : bruits de cloches ou éléments cherchant à faire croire à l'ours qu'il fait encore noir.

LA FÊTE-DIEU, «BESTA BERRI» À CIBOURE
Cette grande fête religieuse avec procession regroupait toute la communauté. Traditionnellement fête de fin de printemps, elle se déroulait également en janvier à Saint-Jean-de-Luz ou Ciboure car c'était la seule période de l'année où les hommes, marins, étaient présents.

UNE CAVALCADE
Certains carnavals nécessitent au moins trente personnes, comme la cavalcade bas-navarraise, véritable spectacle faisant l'objet d'une tournée dans le village avec danses et chants. Ci-dessus, un groupe au complet.

«KOTTILUN GORRI»
Ce personnage est l'un des plus importants du carnaval labourdin.

81

Héritage des marins-pêcheurs basques, qui le préparaient à bord avec des têtes de morues, le *ttoro*, soupe composée d'une seule sorte de poisson, était épaissi de pommes de terre et relevé d'ail, d'«herbes de sorcière» et d'«herbes de la Saint-Jean» : thym, basilic, laurier et romarin. Mais la pêche à la morue déclina après les guerres du XVIIIe siècle au profit de la pêche côtière : dès lors, le *ttoro* se transforma en soupe de merlu, améliorant ses qualités gastronomiques. On le déguste toujours au Pays basque, agrémenté de moules, de langoustines et de croûtons frits.

1. Laver et émincer finement la carotte et le céleri. Peler et hacher les oignons, écraser les gousses d'ail et faire revenir le tout dans 2 cuillerées à soupe d'huile.

2. Nettoyer les poissons. Réserver les corps et mettre les têtes dans une bassine d'eau : faire dégorger (10 min). Laisser suer les têtes à couvert à feu doux.

5. Faire revenir les poissons dans 4 cuillerées à soupe d'huile dans un poêlon. (Pour obtenir un bouillon limpide, retirer les branchies des têtes des poissons avant dégorgement.)

6. Demander quelques arêtes supplémentaires au poissonnier pour corser le bouillon. Faire frire les croûtons dans le reste d'huile : ils accompagneront le plat.

De simple soupe de poisson familiale, le ttoro, enrichi de crustacés et de poissons à chair fine, devint un mets de choix que l'on dégustait sur la table de l'impératrice Eugénie.

INGRÉDIENTS : 3 rougets grondins, 300 g de queue de lotte, 1 tête et 1 morceau de congre (500 g en tout), 8 grosses langoustines, 1 kg de moules de bouchot, 2 grosses têtes de poisson blanc, 1 branche de céleri,

1 carotte, 3 tomates, 1 poivron, 1 petit piment rouge fort, 2 petits oignons, 2 gousses d'ail, 1 bouquet garni, 1 bouquet de persil, 1 bouteille de vin blanc sec, huile d'olive, farine, sel, poivre, 1/2 baguette de pain.

3. Verser le vin et laisser réduire à découvert. Ajouter les tomates ébouillantées, pelées et découpées, le poivron égrainé et taillé en dés, le bouquet garni et le piment équeuté.

4. Mouiller le tout avec 1,5 l d'eau froide, saler, poivrer, couvrir et laisser frémir 45 min. Couper les poissons en tranches épaisses, ôter peaux et arêtes, puis essuyer et fariner chaque face.

7. Ajouter à la préparation les moules et les langoustines nettoyées. Verser le bouillon passé, couvrir, laisser frémir (10 min). Saupoudrer de persil et servir bien chaud.

LE PIMENT
Le piment d'Espelette ▲ 217 est un condiment à doser avec prudence. Le piment d'Anglet, vert et doux, est délicieux en salade et en omelette. Le *piquillo* est un petit piment rouge.

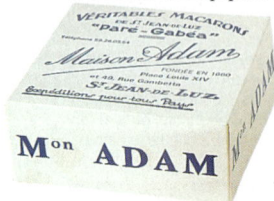

LE MACARON ● 88
Il fut créé à Saint-Jean-de-Luz au XVIIe siècle par le pâtissier Adam, qui régala le Roi-Soleil.

LE VIN
Les vins d'Irouléguy ▲ 228 sont des rosés secs et fruités ou des rouges corsés.

LE CHOCOLAT
Une académie vient d'être créée pour défendre la tradition du chocolat de Bayonne.

LE JAMBON DE BAYONNE
Sa réputation n'était déjà plus à faire au début du XVIIIe siècle : «Monseigneur, j'ai la plus grande vénération pour les jambons de votre diocèse», écrivait Piron à l'évêque de Bayonne.

Sablés de Saint-Pée-sur-Nivelle.

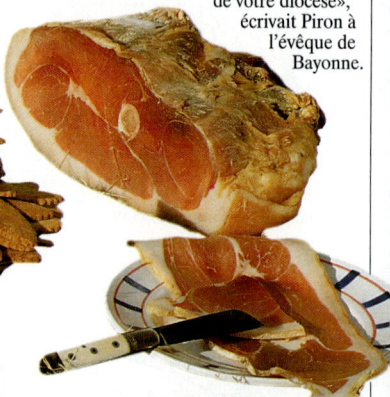

LE BÉRET BASQUE
Ce couvre-chef en laine tissée et feutrée, d'origine béarnaise, est devenu très tôt l'attribut par excellence des Basques ● 71.

LA PRESSE BASQUE
Les nombreux journaux et magazines en basque témoignent de la volonté qu'ont les Basques de s'informer dans leur langue et de faire vivre leur culture.

La Piperade

INGRÉDIENTS (pour 4 personnes) : 6 œufs, 4 grosses tomates, 3 gros piments rouges doux ou poivrons rouges, quelques petits piments verts, 1 morceau de piment fort, 1 gros oignon, 1 gousse d'ail, thym, laurier, graisse d'oie ou de porc, 4 tranches de ventrèche ou de chingar, sel. Préparation : 10 min. Cuisson : 15 min.

Passer les poivrons à la flamme afin que leur peau se boursoufle par endroits pour pouvoir les peler aisément. Les fendre en deux, les épépiner et les couper en lanières puis en morceaux. Les faire tomber à l'huile dans une poêle avec le piment fort coupé en morceaux. Ajouter l'oignon et l'ail pelés et émincés ; laisser sauter et à peine dorer. Pendant ce temps, peler et épépiner les tomates puis les couper en petits morceaux et les ajouter au contenu de la poêle ; parfumer de thym et de laurier, saler et faire cuire 5 min à découvert. Veiller à ce que le mélange ne se réduise pas en purée. Battre les œufs, saler à peine. Faire fondre doucement dans une seconde poêle un peu de graisse d'oie ou de porc. Attendre qu'elle soit bien chaude pour y jeter les œufs battus, laisser prendre un peu et verser sur les œufs le contenu de la première poêle. Faire cuire à feu moyen tout en remuant avec une spatule de manière à obtenir une brouillade. Le tout doit être bien moelleux. Servir dans un plat chaud avec une belle tranche de ventrèche ou de chingar légèrement poêlée.

Bakalao «Al Pil-Pil»

INGRÉDIENTS (pour 4 personnes) : 500 g de morue salée, 12 gousses d'ail, 1 ou 2 piments verts doux, 1 ou 2 piments rouges doux, huile d'olive. Préparation la veille : 5 min, le jour même : 20 min. Cuisson : 30 min.

La veille, mettre la morue à tremper dans une terrine en la recouvrant largement d'eau fraîche. La laisser ainsi pendant 12 h au moins, en changeant l'eau trois ou quatre fois. Rincer une dernière fois la morue sous un filet d'eau fraîche, puis la mettre dans une casserole et la recouvrir d'eau froide. Faire chauffer et, avant d'atteindre l'ébullition, goûter l'eau de cuisson : si elle semble trop salée, la vider, remettre de l'eau sur la morue et la faire de nouveau chauffer. Lorsque l'ébullition est sur le point de se manifester, réduire l'intensité de la flamme et faire pocher à découvert, sans bouillir, pendant 20 min environ, jusqu'à ce que la morue s'effeuille facilement à la fourchette. Égoutter le poisson puis émietter la chair tout en retirant la peau et les arêtes. Faire chauffer un verre d'huile d'olive dans un plat de terre, et y mettre la morue lorsque l'huile est chaude mais ne fume pas encore. Laisser mijoter pendant 20 à 30 min sans bouillir afin que la morue s'imprègne d'huile et devienne très moelleuse. Quelques minutes avant de servir, éplucher les gousses d'ail, les émincer très finement et les faire dorer dans une poêle avec de l'huile fumante. Laver les piments, les essuyer, les détailler en rondelles et les ajouter à l'ail lorsqu'il commence à dorer. Verser le tout très chaud sur la morue et servir sans attendre.

Le piment d'Espelette ▲ 217

Il existe quatre-vingts sortes de piments. Celui d'Espelette a été rapporté d'Amérique (presque comme tous les autres) par un moine voyageur. Ce piment n'est pas loin d'obtenir ses lettres de noblesse (AOC)... Pour ce qui est de la réputation, elle n'est plus à faire. Espelette, Ustaritz, Hasparren et Saint-Pée-sur-Nivelle en sont les producteurs principaux.

Baleine et morue ▲ 198

Il y a bien longtemps que la baleine n'apparaît plus sur les tables basques. Le chapitre de Bayonne appréciait tellement la langue de ce cétacé qu'il se l'octroyait d'office, d'autant plus que c'était une «viande de carême». C'est en poursuivant les baleines que les pêcheurs basques rencontrèrent les bancs de morues des eaux de Terre-Neuve.

TALOA

INGRÉDIENTS (pour 4 personnes) : 250 g de farine de maïs, 250 g de farine de blé, 2 ou 3 jaunes d'œufs, un peu de sucre, beurre, graisse ou huile. Préparation : 10 min. Cuisson : 15 min.

Mêler farine de maïs et farine de blé ; verser le mélange tout doucement dans une casserole emplie d'eau bouillante. Laisser épaissir en remuant sans cesse sur feu doux, puis ajouter le beurre, la graisse ou l'huile. Retirer la préparation du feu, ajouter les jaunes d'œufs et travailler à la cuiller jusqu'à ce que la pâte soit bien homogène. Façonner des petites galettes ou des boulettes, les fariner sans excès et les faire frire ou sauter dans de la graisse ou de l'huile bouillante. Il est possible, comme dans la région d'Itxassou, de les faire dorer devant le feu. Les *taloa* peuvent également se faire sans sucre. Il faut alors les saler modérément et les déguster avec du chingar sauté à la poêle ou fourrées de fromage frais de brebis ou de vache.

ZIKIRO, AGNEAU GRILLÉ

INGRÉDIENTS (pour 20 personnes) : 1 agneau « broutard », 6 gousses d'ail, vinaigre, huile, 1 ou 2 piments forts, gros sel. Préparation : 20 min, 1 h ou 2 h à l'avance. Cuisson : 1 h.

Préparer un grand feu, 1 h ou 2 h à l'avance, en le nourrissant de bois de chêne afin d'obtenir une bonne réserve de braises. Mettre dans un récipient 1 demi-litre d'eau, autant de vinaigre, les gousses d'ail émincées, les piments forts en petits morceaux, une poignée de gros sel et quelques cuillerées d'huile. Découper le mouton en quartiers : gigots, épaules, trains de côtes, etc. Planter sur trois côtés du feu des tiges de fer fourchues, supportant des tiges transversales situées environ à 80 cm de hauteur et à la même distance du feu. Suspendre les quartiers de mouton aux tiges transversales. Laisser la face tournée vers le feu commencer à dorer avant de retourner les quartiers, les enduire alors avec la sauce au vinaigre. Poursuivre la cuisson en retournant régulièrement la viande et en l'arrosant le plus souvent possible. Pour cela, se servir d'un chiffon attaché à une tige de bois. La cuisson doit être très vive au début, pour bien saisir la viande, puis de plus en plus lente. Il faut bien la doser car les gigots seront plus longs à cuire que les trains de côtes, par exemple.

MARMITAKO

INGRÉDIENTS (pour 4 personnes) : 750 g de thon, 750 g de pommes de terre, 3 piments rouges doux, 3 piments verts, 500 g de tomates, 1 gros oignon, 2 gousses d'ail, pain, sel, piment, huile. Préparation : 10 min. Cuisson : 45 min.

Passer les piments à la flamme afin de pouvoir les peler ; les épépiner et les couper en lanières. Éplucher les pommes de terre, les laver et les faire cuire aux trois quarts à l'eau salée. Faire chauffer de l'huile dans une poêle, y faire dorer une gousse d'ail et ajouter les lanières de piment ; laisser compoter sur feu doux. Dans une seconde poêle, faire sauter doucement à l'huile l'oignon pelé et émincé et l'autre gousse d'ail, émincée. Dès que le tout commence à dorer, ajouter une cuillerée de farine puis, 1 min après, les tomates pelées, épépinées et coupées en petits morceaux. Laisser compoter doucement un quart d'heure. Ôter la peau et les arêtes du thon et le couper en morceaux de la taille d'une bouchée, les saler. Couper les pommes de terre en rondelles. Rassembler dans une casserole de terre le contenu des deux poêles, les pommes de terre, les morceaux de thon, un peu de pain coupé en fines rondelles et un peu de piment fort. Mouiller d'un ou deux verres de cuisson des pommes de terre ou de bouillon. Laisser mijoter 5 à 7 min et servir.

THON GRILLÉ À LA BASQUAISE

INGRÉDIENTS *(pour 4 personnes) : 4 tranches de thon blanc épaisses d'un bon centimètre, 4 ou 5 tomates, 4 ou 5 poivrons, 1 gros oignon, 1 ou 2 gousses d'ail, thym, laurier, huile, sel, poivre.*
Préparation : 15 min. Cuisson : 10 à 15 min.

Peler et épépiner les poivrons et les tomates ; les faire tomber à l'huile dans une poêle. Peler et émincer l'ail et l'oignon. Les faire sauter et à peine dorer dans une seconde poêle. Verser sur l'ail et l'oignon les poivrons et les tomates ; ajouter le thym et le laurier ; saler et laisser compoter doucement pendant la préparation du thon ; il ne faut pas que le mélange se réduise en purée. Ôter la peau des tranches, les badigeonner d'huile et les poser sur le gril bien chaud. Faire doucement griller au-dessus d'une cendre chaude ou relativement loin de la salamandre du four. Retourner au deux tiers de la cuisson. Disposer les tranches de thon sur la sauce qui doit être abondante et épaisse, les saler et les poivrer.

UNE SAUCE PARFUMÉE
La piperade est l'âme du Pays basque, la rencontre du piment, de l'oignon et de la tomate, que l'on retrouve dans de nombreux mets dont le thon ou le poulet à la basquaise.

LE THON ● *58,* ▲ *200*
C'est un véritable spectacle de voir les petits thoniers verts ou bleus chasser la tache de graisse *(léguna)* qui irise la mer au-dessus du banc de thons et annonce la *balbaya,* frétillement à la surface indiquant une importante colonie. Le cri de *sardara* donne le signal de la pêche. Il faut alors mettre le bateau en panne, les lances en batterie et arroser la mer tout en jetant au milieu de cette pluie des poignées d'anchois pêchés peu auparavant. Les thons se précipitent sur ce qu'ils croient être des bancs d'anchois et se laissent prendre aux appâts accrochés au bout des lignes. Tous les thons ne partent pas vers les conserveries. Les étals des marchés de la Côte basque en proposent de très frais. Le thon blanc est plus savoureux que le rouge, mais sa saison est de courte durée.

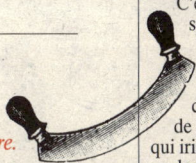

87

PALOMBES EN SALMIS (EN SAISON)

INGRÉDIENTS (pour 4 personnes) : 2 palombes, 2 carottes, 1 oignon, 1 gousse d'ail, 1 ou 2 échalotes, 1 bouquet garni bien fourni en «herbotte», quelques champignons, farine, bouillon, sel, poivre en grains, armagnac, vin blanc, pain rassis, huile. Préparation : 25 min. Cuisson : 30 min. Éplucher et nettoyer les carottes, l'ail et l'oignon ; les couper en très petits dés et faire rissoler cette mirepoix à l'huile. Ajouter une cuillerée à soupe rase de farine, laisser à peine roussir avant de mouiller avec un quart de litre de bouillon. Parfumer de deux grains de poivre concassés et du bouquet garni. Relever d'une pointe de sel et laisser mijoter à couvert. Pendant ce temps, faire rôtir les palombes en les gardant très saignantes. Emincer les champignons et les faire sauter. Découper les palombes en quatre sur un plat afin de recueillir le jus, dépouiller les morceaux libérés de la carcasse et les réserver au chaud dans un plat couvert. Flamber un peu d'armagnac, le verser sur les morceaux et ajouter les champignons. Récupérer tout ce que l'on peut sur les carcasses : cous, foies, peaux, etc. Incorporer le tout, ainsi que le jus, à la mirepoix et laisser mijoter encore 30 min. Entre-temps, faire réduire dans une petite casserole un verre de bon vin blanc, les échalotes finement hachées et une pincée de poivre concassé. Passer la sauce au chinois sur cette réduction. Verser le tout sur les palombes et réchauffer sans laisser bouillir. Servir avec des petits croûtons frits.

MACARONS ET MOUCHOUS

Il fallut qu'un sieur Adam travaille avec génie et opiniâtreté la pâte d'amandes, le sucre et le blanc d'œuf pour les transformer en un petit chef-d'œuvre de goût et de subtilité. Il en fit d'ailleurs hommage au jeune Louis XIV venu à Saint-Jean-de-Luz pour s'y marier. Celui-ci les trouva fort bons et eut la gracieuseté de le dire, ce qui ne manqua pas de les lancer immédiatement à la Cour et de provoquer leur succès. Succès si éclatant d'ailleurs que l'on considéra la formule d'Adam l'Ancêtre comme un secret de famille, et, de père en fils, de neveu en cousine, elle survit pour la satisfaction de tous. La pâtisserie Adam existe toujours à Saint-Jean-de-Luz et elle mérite le détour.

LA PALOMBE ● 74
«La palombe est belle dans les airs, plus belle sur la table», chante une célèbre complainte basque.

VIA L'ESPAGNE…
L'amandier entra sans doute en Espagne grâce aux cavaliers arabes, qui connaissaient aussi le sucre des «roseaux miellés». Il n'en fallait pas plus pour que pâtisseries et confiseries fleurissent et se propagent jusqu'au Pays basque.

TENDRES BAISERS
Les mouchous sont si exquis que rien ne leur est comparable, sinon les baisers dont ils portent le nom en basque. Ce sont des petits macarons légers accolés par deux. Ils ont été créés en 1972 par la pâtisserie Paries, présente à Saint-Jean-de-Luz, dans la rue Gambetta, et à Biarritz.

ARCHITECTURE

PROTOHISTOIRE, *90*
JACQUES BLOT
ANTIQUITÉ ROMAINE, *92*
JEAN-LUC TOBIE
LA MAISON BASQUE, *94*
MICHEL DUVERT ET CLAUDE LABAT
HABITAT RURAL, *96*
CLAUDE LABAT
HABITAT DE MONTAGNE, *97*
MICHEL DUVERT
ORGANISATION DE L'ESPACE, *98*
MICHEL DUVERT ET CLAUDE LABAT
LA STÈLE FUNÉRAIRE, *100*
CLAUDE LABAT
MATÉRIAUX DE CONSTRUCTION, *101*
DOMINIQUE DUPLANTIER
CHATEAUX ET MAISONS NOBLES, *102*
JEAN-LUC TOBIE
ARCHITECTURE RELIGIEUSE, *104*
OLIVIER RIBETON
MOBILIER RELIGIEUX, *106*
OLIVIER RIBETON
HABITAT URBAIN, *108*
DOMINIQUE DUPLANTIER
DIFFÉRENTS TYPES D'HABITATS, *110*
MICHEL DUVERT
ARCHITECTURE
DE LA CÔTE BASQUE, *112*
JEAN-CLAUDE LASSERRE
ARCHITECTURE NÉO-BASQUE, *114*
JEAN-CLAUDE LASSERRE

Au cours du IVᵉ millénaire av. J.-C., la chasse et la cueillette cèdent la place à l'élevage et à l'agriculture, le nomadisme à la sédentarisation alors qu'apparaissent les premiers mégalithes. L'activité agropastorale va dominer les millénaires suivants, tandis que se manifestent les débuts de la métallurgie. À l'âge du cuivre (2 500 av. J.-C.) et à l'âge du bronze (1800 av. J.-C.), l'inhumation est pratiquée essentiellement dans les dolmens. À l'âge du fer (700 av. J.-C.), les défunts seront incinérés, notamment dans les cromlechs. L'archéologie reconnaît une certaine unité culturelle à ces Aquitains («protobasques») au moment de l'arrivée des Romains.

DOLMEN DE GAZTEINIA (Mendive)
Les dolmens sont des monuments sépulcraux mégalithiques pouvant recevoir un ou plusieurs morts, et susceptibles d'être réutilisés plusieurs fois. Leur usage s'étend, en Pays basque, de la fin du Néolithique à l'âge de bronze, soit près de deux millénaires. Leur orientation vers le soleil levant évoque une espérance en l'au-delà.

VASE POLYPODE BICONIQUE AQUITAIN
(Saint-Michel)
Vase carêné de l'âge du bronze, avec décors à la cordelette très élaborée.

CROMLECH APATESARO 1 BIS
Les cercles de pierres (ou «cromlechs» ou «baratz») caractérisent le nouveau rite funéraire de l'incinération (âge du bronze, âge du fer). Monuments symboliques, plus cénotaphes que sépultures, ils ne contiennent que quelques charbons de bois et de rares fragments d'ossements humains calcinés.

**POINTE DE LANCE
EN FER** (Les Aldudes)
Arme de pasteur-
guerrier défendant
ses troupeaux.

**FRAGMENT DE PERLE
DE VERRE DE JATSAGUNE**
(Arnéguy)
Caractéristique des
productions d'Europe
centrale (âge du fer).

**MEULE DORMANTE
ET BROYEUR**
(Saint-Jean-de-Luz)
Premiers «moulins
à main» utilisés pour broyer les
céréales, dès le IVᵉ millénaire.

MONOLITHE DE GAZTENBAKARRE (Sare)
Ces blocs de pierre, plantés ou couchés,
tels qui se situent dans les pâturages
d'altitude, semblent devoir être considérés
plus comme d'antiques bornes pastorales
que comme des repères astronomiques.

LES «GAZTELUS»
Enceintes protohistoriques, points de défense fortifiés
plus ou moins permanents, lieux de repli. Il existe des
enceintes à gradins (ci-dessus, Abarratei), à parapet de
terre ou de pierres (ci-dessous, Lecumberry).

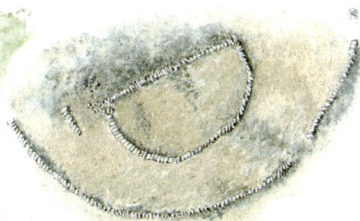

TERTRES D'IGELU
(Larrau)
Ces buttes de terre
ont probablement eu
un rôle de surélévation
protectrice vis-à-vis
des eaux de
ruissellement. Les
abris temporaires,
en peau ou en torchis,
qui ont pu être érigés
à leur sommet par
les bergers de la
protohistoire durant
leur séjour sur les
estives, étaient ainsi
hors de danger.

La présence romaine connaît deux temps forts au Pays basque. Le premier prend place au début de l'Empire, dans le cadre d'une exploitation intensive, mais de courte durée, des ressources minières, notamment des vallées de Baïgorry et des Aldudes, à partir d'implantations militaires, tel le camp de Saint-Jean-le-Vieux. Le second, à la période tardive (IVe siècle), correspond à la fondation de Bayonne. Il faut alors garantir le passage vers l'Espagne à travers un *Saltus Vasconiae* de plus en plus insécure. Il semble que la forte originalité protohistorique que l'on perçoit au début de la conquête, relatée par César, se trouve relayée par les traces du pouvoir romain.

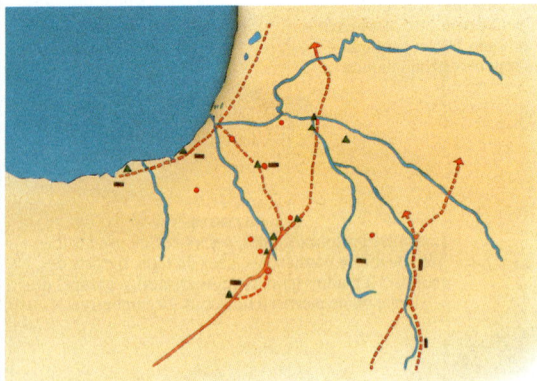

CARTE DES VOIES ROMAINES
Parcourue dès le premier millénaire, la route de Roncevaux apparaît comme la principale voie transpyrénéenne occidentale. Jouant un rôle apparemment modeste dans le réseau commercial terrestre sous l'Empire romain, ce passage aura surtout une importance stratégique. Si elle semble exister dès le début de la romanisation, la voie côtière, que contrôle Bayonne, n'aura, en venant déboucher sur le réduit montagneux de Guipuzcoa, qu'une importance secondaire.

LA TOUR D'URKULU
Elle a été identifiée comme le vestige d'une tour-trophée romaine qui marquait la frontière entre la Gaule et l'Espagne, et commémorait, sans doute, sur le passage montagneux de la voie romaine de Roncevaux, l'achèvement, victorieux pour Rome, des guerres contre les Aquitains et contre les Hispaniques du Nord-Ouest, vers 25 av. J.-C.

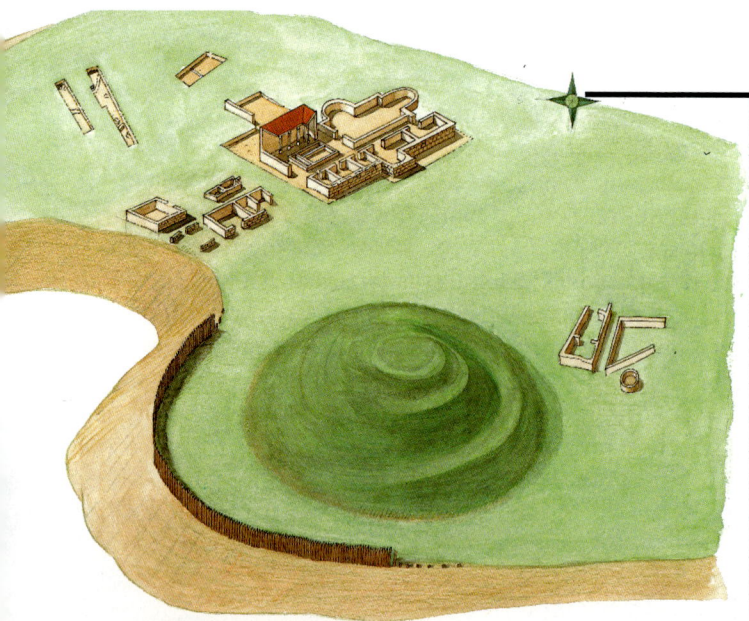

THERMES DE SAINT-JEAN-LE-VIEUX
Ils datent de la première moitié du Iᵉʳ siècle.
Leur disposition évoque le schéma thermal
pré-augustéen (vogue du modèle campanien) :
le *caldarium* (salle chaude) présente deux
absides qui abritaient les baignoires ; le
tepidarium (salle tiède) était doté d'une vasque
d'eau froide (*labrum*), dans une autre abside.
Le bain froid a conservé tommettes et escalier.

ÉPITAPHE DE GUÉTHARY
Découverte dans les
vestiges d'une «usine»
antique de salaisons,
au bord de l'océan,
elle date du début du
Iᵉʳ siècle et indique
que le nommé Caius
Julius Niger, un
affranchi qui dirigeait
peut-être l'usine, a fait
construire une tombe
pour lui et deux
membres de sa
famille, eux-mêmes
anciens esclaves.

BAYONNE ANTIQUE
Le *castrum* de
Lapurdum, création
stratégique du pouvoir
romain dans la
seconde moitié du
IVᵉ siècle, était destiné
à bloquer les invasions
barbares venues de
l'océan par l'Adour,
et à assurer la sécurité
des passages vers
l'Espagne. La muraille
était jalonnée de 24
tours semi-circulaires
et devait être percée
de trois portes.

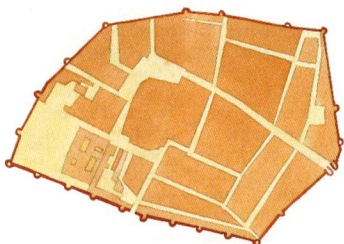

LA TOUR DU REMPART ROMAIN
Les tours ont un diamètre de 6,30 m.
À l'origine, elles étaient remplies de terre
jusqu'au chemin de ronde de la courtine.

● LA MAISON BASQUE

On connaît mieux l'architecture basque depuis qu'archéologie et ethnologie se sont unies pour étudier les types de maisons anciennes antérieures au XVe siècle. Fondamentalement, ce sont des maisons de charpentiers. L'habitat à structure de bois, construit par travées successives selon la technique dite des bois longs, est une architecture dynamique que l'on peut modifier suivant les besoins. À partir des XVe et XVIe siècles, le maçon marque définitivement l'architecture par l'emploi systématique de la pierre dans les constructions. Souvent, il édifiera les murs des maisons anciennes sans démolir la structure primitive.

UNE MAISON BASQUE

La maison est portée par des poteaux de bois, véritables troncs d'arbre érigés sur des socles de pierre, les fondations se limitant à combler les irrégularités du sol sur lequel la maison est posée. Le plan de ces maisons est simple : l'entrée, parfois située dans un porche *(lorio)* s'ouvre sur un vaste espace central *(eskaratze)*, lieu de travail et de stockage, qui dessert les autres pièces et qui est souvent prolongé par l'étable. La maison possède un ou deux étages en encorbellement sur la façade et un grenier couvert par le toit à double pente.

ÉVIERS ANCIENS

Ils sont encastrés dans la maçonnerie d'un mur. Une pierre plate, légèrement creusée et prolongée par un appendice qui recueille les eaux usées et les rejette à l'extérieur du mur. L'évier est situé dans une niche en général arrondie, garnie de deux supports de pierre pour recevoir les récipients servant à porter l'eau de la fontaine. Parfois une étagère relie les deux montants de la niche. Souvent, au sol, une autre pierre plate, plus large, communique avec l'extérieur.

SYMÉTRIQUE OU ASSYMÉTRIQUE ?

La maison traditionnelle possède deux pans de toit symétriques, souvent modifiés par des extensions latérales ; la symétrie réapparait parfois, à l'occasion d'un nouvel agrandissement.

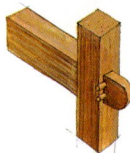

LE REMPLISSAGE DES CLOISONS

Les cloisons ne sont pas toujours solidaires des murs et peuvent donc être déplacées suivant les besoins. Pour cela, elles sont construites en matériaux légers : paille de céréales tressée sur claies de bois, puis recouvertes de terre et blanchies à la chaux, briquettes comme entre les colombages d'une façade.

Enduit, bois et terre.

Terre sur treillis de bois.

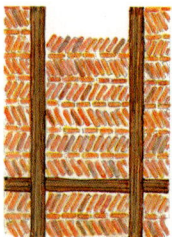

ASSEMBLAGE DE PIÈCES DE BOIS

Jusqu'au XVIᵉ siècle, les pièces de bois sont assemblées latéralement et réunies par des liens à queue d'aronde.

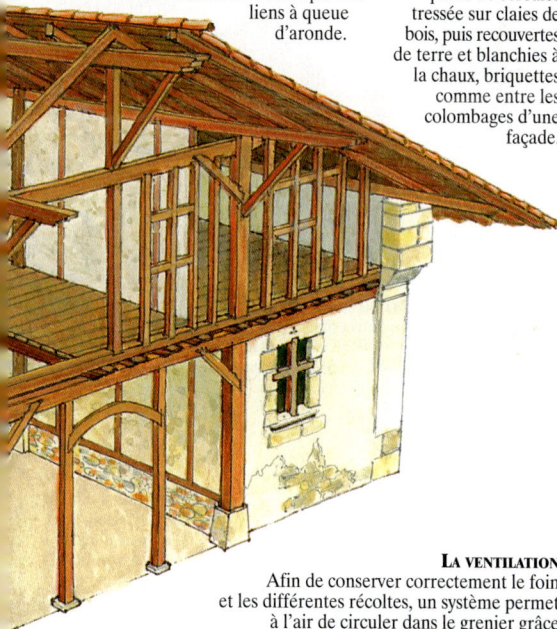

Briques appareillées en épis.

LA VENTILATION

Afin de conserver correctement le foin et les différentes récoltes, un système permet à l'air de circuler dans le grenier grâce à des ouvertures sur les façades.

Système d'évacuation.

LA CUISINE

L'évier est le seul point d'eau de la maison. Sous l'unique fenêtre se trouve souvent le potager (*auztegi*), petit fourneau utilisant les braises de la cheminée pour maintenir la soupe au chaud. Le four à pain est en général dehors. Une autre cuisine peut exister à l'étage quand maîtres vieux et maîtres jeunes cohabitent dans la maison.

Enduit et terre.

LA MAISON LABOURDINE
C'est elle qui a imposé le «style basque». Il est vrai qu'elle constitue un modèle d'intégration au paysage avec sa façade blanchie à la chaux faisant ressortir les pans de bois peint en rouge sombre et son vaste porche orienté vers le soleil levant.

LA «BOUTEILLE»
De nombreuses maisons bas-navarraises présentent un encadrement de pierre qui part de la porte d'entrée et englobe les ouvertures disposées sur l'axe de symétrie de la façade.

APPAREILLAGE EN GALETS

Disposés en épis dans les murs de clôture ou ceux des maisons, les galets constituent un élément original de l'architecture souletine.

LA MAISON BAS-NAVARRAISE
Plus massive, mais aussi plus noble et plus fière, elle met en valeur la pierre du pays tant dans les encadrements des ouvertures que dans les pierres d'angle des murs latéraux.

LA MAISON SOULETINE
Avec sa disposition en largeur et son toit d'ardoises dont la forte pente se termine en coyau, elle impose une silhouette qui évoque celle des vallées béarnaises voisines.

Un linteau richement décoré indique le nom de la maison, ceux du maître et de la maîtresse de maison, la date de construction et parfois le nom du maçon.

LES BORNES, DES DÉLIMITATIONS TRADITIONNELLES
Murs de pierres sèches, larges dalles ou fossés surmontés
de talus recouverts d'épineux servent à délimiter les
parcelles et enclos communautaires ou privés.

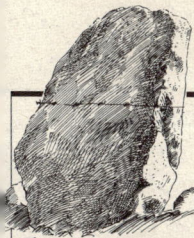

Deux ensembles distincts caractérisent l'habitat
en montagne. La moyenne montagne est l'étage
des bordaldi, équivalent de celui des granges
le long des Pyrénées. Ce sont de véritable têtes
de pont permettant à l'homme d'exploiter durablement puis
de coloniser la montagne. L'homme n'y compte guère que
sur ses seules ressources. À l'étage de l'estive, le cayolar offre
un pacage temporaire pour les ovins et les porcs puis les bovins
et enfin les chevaux que l'on monte en dernier.

**À L'ÉTAGE DE L'ESTIVE,
LE CAYOLAR ▲ 60**
Le cayolar est un mode
d'exploitation
temporaire de la zone
d'estive. Il se compose
d'une zone de pacage
et d'un complexe lié
à la cabane, ou *olha*,
où l'on peut trouver
un parc et deux enclos,
ou *korrale*, l'un sert
à la traite, l'autre
au regroupement
des brebis.
Le saloir se
trouve dans la
cabane ou dans
un petit bâtiment
annexe (*gasnatei*).

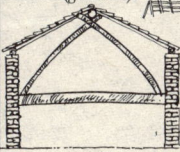

Charpente de borde

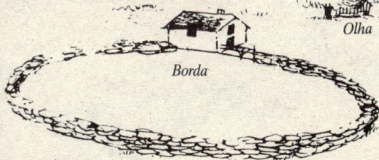

**À L'ÉTAGE DE LA MOYENNE MONTAGNE,
LE BORDALDI**
Le bordaldi est un mode d'exploitation
durable de la moyenne montagne.
À une prairie, le plus souvent arrondie,
sont associées une borde
(rez-de-chaussée pour animaux et étage
avec entrée indépendante, pour le foin)
et une *olha* où vit le bordier.
Ces bordes ont une charpente
remarquable ; elles ne doivent pas être
confondues avec des bâtiments
annexes ou des refuges pour les
brebis (*ardiborda*, ou *borda*).

Olha

Borda

**LES OUTILS
DE LA MONTAGNE**
En montagne,
on n'utilise guère
la traction animale,
tout est à la mesure
de l'homme et de
ses possibilités.
Dans le bordaldi, on
trouvera le *leatxunak*
(**1**), cadre pour porter
le foin ; la pioche le
râteau, et la fourche
sommaire ; la *laya* (**2**)
et le traîneau en
simples branches (**3**)
ou plus élaboré.

97

On a coutume de distinguer les styles architecturaux en Pays basque suivant le découpage géographique de trois provinces. Or, il est tout aussi pertinent et significatif d'inventorier les types d'habitat selon les modes d'activités. L'habitat basque change principalement suivant les types de ressources qui s'étagent selon l'altitude. Dès la fin de la préhistoire, ce pays est marqué par l'emprise de l'homme sur la montagne. Cette lecture de l'architecture traditionnelle, qui prend en compte le domaine agro-pastoral, a le mérite d'offrir un cadre cohérent à la découverte de la civilisation basque, tant pour la compréhension des pratiques et des modes de vie que pour l'exploration des mythes et croyances.

DANS LE BAS PAYS
On trouve les maisons des bourgs et des quartiers, puis les fermes, qui constituent un domaine à part, celui des maîtres de maison qui gèrent collectivement la vie de la vallée.

FAÇADES DES MAISONS ORIENTÉES VERS L'EST
Les intempéries venant de l'Atlantique mais aussi des impératifs cultuels imposent aux maisons traditionnelles leur orientation vers l'est.

À Sare, les constructions du quartier d'Ihalar (surnommé le «Petit Paris») respectent scrupuleusement ce principe : certaines maisons présentent donc leur façade à la rue tandis que les autres lui tournent ostensiblement le dos.

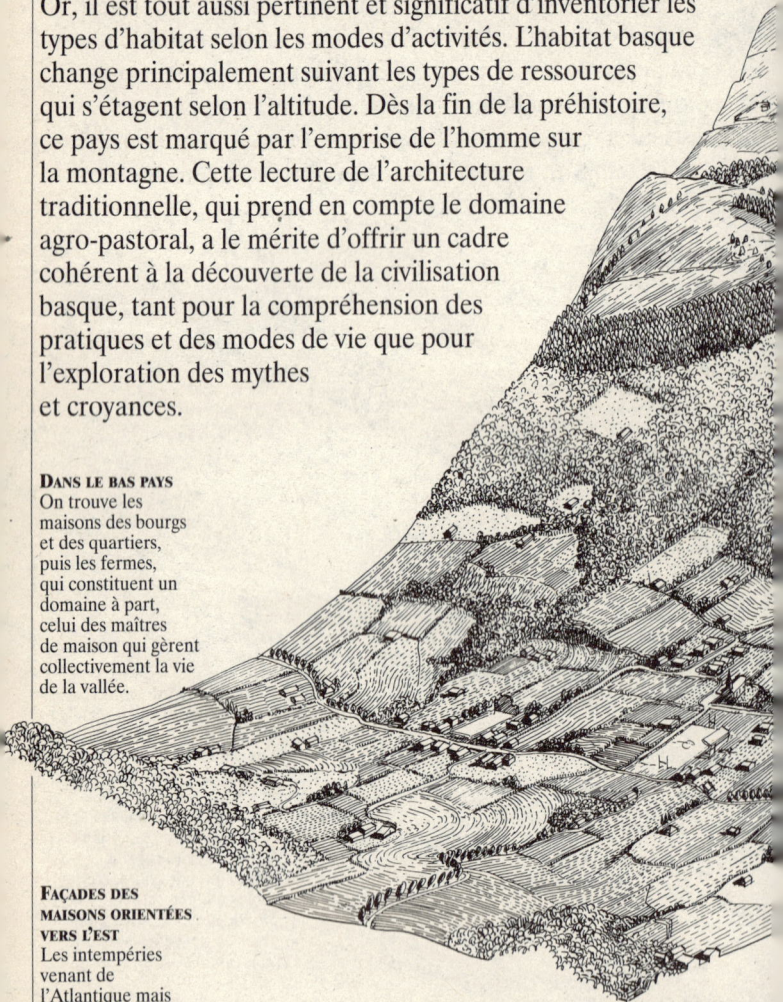

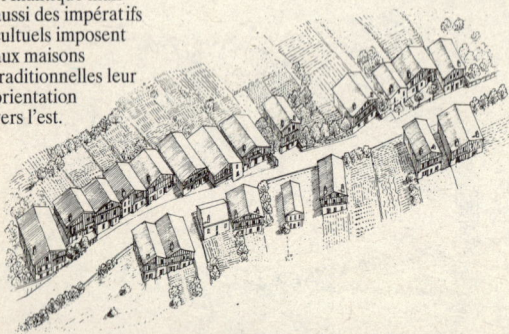

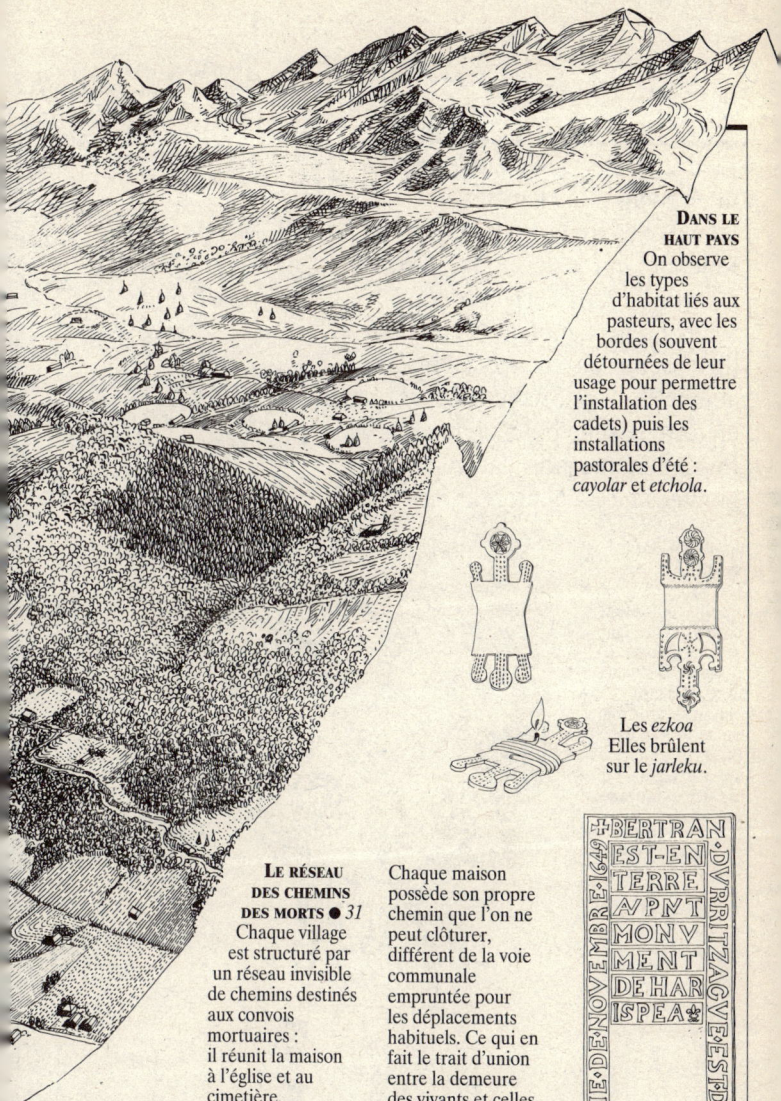

On observe les types d'habitat liés aux pasteurs, avec les bordes (souvent détournées de leur usage pour permettre l'installation des cadets) puis les installations pastorales d'été : *cayolar* et *etchola*.

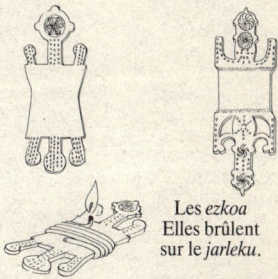

Les *ezkoa*
Elles brûlent sur le *jarleku*.

LE RÉSEAU DES CHEMINS DES MORTS ● 31

Chaque village est structuré par un réseau invisible de chemins destinés aux convois mortuaires : il réunit la maison à l'église et au cimetière. C'est le *hilbidea*.

Chaque maison possède son propre chemin que l'on ne peut clôturer, différent de la voie communale empruntée pour les déplacements habituels. Ce qui en fait le trait d'union entre la demeure des vivants et celles des morts d'une même lignée.

Le *jarleku* de l'église

La stèle ● 100 du cimetière

L'ÉGLISE, LIEU DES VIVANTS ET DES MORTS ● 31

À l'église, chaque «maison» dispose d'une sépulture, désignée par une pierre sculptée : le *jarleku* ● 106. Les femmes y prient pour les morts.

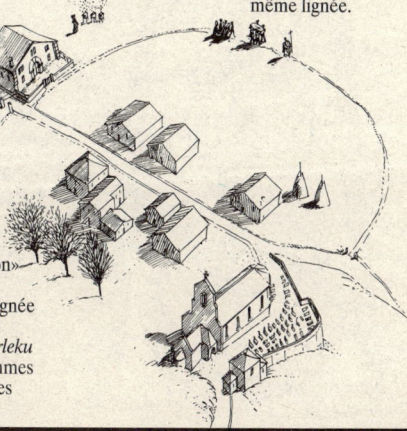

99

LA STÈLE FUNÉRAIRE

Les stèles discoïdales traditionnelles portent rarement le nom du défunt, parfois celui de la maison.

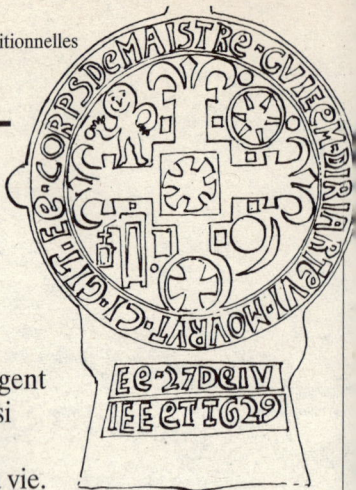

Le disque des vieilles stèles est un écho au soleil levant vers lequel elles sont orientées. Cet art funéraire qui se développe surtout à partir du XVIe siècle aurait pu tomber dans l'oubli avec l'arrivée des caveaux au XIXe siècle, mais aujourd'hui encore, les stèles s'érigent en terre basque pour signifier aussi fortement que jadis l'attitude des hommes face à la mort et face à la vie.

LE SOLEIL POUR SYMBOLE

Les symboles solaires (motifs tournoyant, croix dites «basques», rayonnements, rosaces) voisinent avec les signes chrétiens et offrent un univers complexe où le christianisme s'exprime autant que les vieilles croyances qui constituent le fonds religieux de l'humanité.

Stèle à Guiche

Stèle à Garris

Symboles chrétiens : croix et monogramme IHS.

Stèle à Halsou

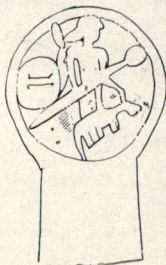

1733

Stèle à Macaye

Stèle à Méharin

Stèle à Arcangues

La brique, comme matériau de remplissage, est parfois disposée en «arête de poisson» et laissée apparente, en effet ornemental.

Les matériaux utilisés pour les murs proviennent de carrières locales ou, le plus souvent, du sol même de l'habitat en construction. Les plaques de calcaire gris, noir ou beige servent pour l'appareillage, les linteaux, la décoration et le dallage. Le flysch, facile à extraire, et le grès ocre, rose ou gris arment les murs des fermes du Labourd, de la Basse Navarre mais aussi de la Soule. Dans cette dernière province, les constructions des vallées des Gaves utilisent le galet et l'ardoise.

Calcaire gris

Calcaire beige

LES MATÉRIAUX DE COUVERTURE
Le plus courant en Labourd et en Basse Navarre est la lourde tuile canal. Certains bâtiments plus anciens sont couverts de bardeaux, de tuiles plates ou de dalles de lauze. L'ardoise est utilisée en Soule.

Tuile plate

Ardoise

Grès rose violacé

Lauze

Bardeau

Tuile canal

Grès gris vert

Ophite vert serpentine

LE PAN DE BOIS
Cette technique de construction ne se rencontre, en façade, qu'à l'étage, mais est fréquente pour les cloisons intérieures. Le matériau de remplissage est souvent du torchis mélangé à d'autres éléments (bouse de vache, petit gravier), puis recouvert de chaux. Par mesure prophylactique, les pans de bois apparents étaient peints en bleu vert, à partir de sulfate de cuivre, et en rouge sang de bœuf. Le vert dit néo-basque date du XIXe siècle.

Le bleu vert est la plus ancienne couleur utilisée au Pays basque

Rouge basque

Vert néo-basque

Schiste gris argenté

Pierre de Bayonne

Donjon du château
d'Ahaxe

Entre les pays gascons et les provinces basques du Sud, plusieurs influences paraissent avoir marqué successivement les petits châteaux. À l'époque féodale, celle des salles gasconnes, étroites et hautes, semble avoir prédominé, même si les constructions en bois, liées à des mottes, durent être fréquentes, même assez tard. Après les invasions espagnoles, l'influence ibérique, surtout celle de la Navarre, est dominante aux XVIe et XVIIe siècles, tant en Basse Navarre qu'en Labourd. Elle s'exprime surtout dans l'architecture des maisons des petits seigneurs, les «infançons». Après Henri IV, le style à la française apparaît dans quelques châteaux du XVIIe siècle.

Fronton triangulaire
brisé par un cartouche
inscrit, XVIIe siècle,
dorrea de Saint-
Esteben ▲ 245.

Fenêtre à meneau
simple et fronton
cintré brisé,
XVIIe siècle, château
de Maytie ▲ 255.

Fronton triangulaire
et pilastres, porte
du château de Garro
(vers 1700).

**CHÂTEAU D'APHAT,
BUSSUNARITS-
SARRASQUETTE ▲ 236**
Cité comme *palacio* en 1328 et seigneurie en 1360, il présente aujourd'hui un extérieur homogène : corps principal de plan à peu près carré, flanqué de quatre tours rondes de même hauteur, portant à leur pied des traces de bouches à feu. Le corps primitif (appareillé en grands moellons) n'aurait comporté que deux ou trois pièces par étage, comme beaucoup de salles féodales du Sud-Ouest, les «châteaux gascons». Le principal agrandissement eut lieu probablement dans la seconde moitié du XVIIe siècle. Ayant subi les influences gasconne puis navarraise, le château présente les caractéristiques de ce métissage.

ETCHAUZ ▲ 230
L'un des châteaux
historiques les
plus importants du Pays
basque. Reconstruit
vraisemblablement
vers 1555, il conserve
des parties médiévales.
La construction
actuelle garde encore
le principe de la
dorrea : corps massif,
cantonné
de tours ou
d'échauguettes.

**MAISON LOHOBIAGUE
(SAINT-JEAN-DE-LUZ) ▲ 194**
Bâti entre 1644 et 1648, c'est un
édifice Louis XIII, où se lisent
l'ancien schéma cubique
flanqué d'échauguettes et
de tourelles, et, sur
la façade méridionale,
la galerie des *palacios*
navarrais.

**CHÂTEAU DE MAYTIE
À MAULÉON**
Véritable château en
ville, construit dans
les premières années
du XVIIᵉ siècle, il est
composé d'un corps
de logis central
flanqué de trois tours
d'angle carrées ; la
quatrième ayant été
détruite. Son décor
est unique en Pays
basque : portail
à colonnettes,
gargouilles,
grotesques, escalier,
cheminées dont l'une
pourrait être inspirée
des modèles de
Cadillac en Gironde.
L'imposante toiture
béarnaise est
couverte en bardeaux
et en ardoises.

**DONAMARTIA
À LECUMBERRY ▲ 237**
Exemple d'une *dorrea*
(tour-salle) qui ne
devait pas porter,
comme cela se trouve
en Navarre,
une superstructure
en bois.

**OSPITALIA
À IRISSARRY ▲ 242**
Logement
du commandeur
de l'hôpital de Saint-
Jacques bâti entre
1605-1609, de plan
rectangulaire.
Les consoles d'angle
portaient quatre
échauguettes
importantes.
La couverture
a été modifiée.

**LARREA
À ISPOURE ▲ 240**
L'édifice est typique
des maisons nobles
de Basse Navarre du
début du XVIᵉ siècle.
Deux angles opposés
sont flanqués
d'une tour en grès
rouge : l'un renferme
un escalier en vis,
l'autre a conservé
ses embrasures de tir.

**ELIÇABEA
À IHOLDY ▲ 243**
Seules les
échauguettes, ici
réduites, aux quatre
angles, symbolisent
la prééminence
de la gentilhommière.

Le plan et les volumes des églises du Pays basque sont simples : grands parallélépipèdes (nef unique sans transept, ni bas-côtés) terminés à l'est par un chevet carré, semi-circulaire ou à pans coupés. À l'ouest, un mur, parallèle au mur de façade, protège le portail principal, servant d'assise soit à un porche, soit à une tour-clocher. La plupart des églises possèdent encore leur mur-pignon occidental d'origine, percé généralement de deux arcades abritant les cloches.

LA BRETÈCHE
La bretèche (construite en pierre sur la côte, en lambris à l'intérieur du pays) appuyée sur le pignon ou reposant sur le départ du toit de la nef, protégeait les cloches du vent.

LE MUR-PIGNON

En Soule, le mur-pignon faisant clocher est dit trinitaire : ses trois pointes en haut, évoquant le calvaire (ci-dessus, celui d'Assurucq). En Basse Navarre et en Labourd, il est arrondi (ci-dessous, celui de Bidarray), des courbes ou volutes complètent latéralement le pignon et des boules décoratives ponctuent les niveaux. On peut parfois apercevoir encore ces éléments malgré les modifications ultérieures de certains édifices.

VARIANTE
Le clocher de l'église de Cibits montre une variante architecturale située à mi-chemin entre le mur-pignon et la tour-clocher.

LA TOUR-CLOCHER

Le porche était parfois surmonté d'une salle abritant les réunions du conseil municipal ou du catéchisme, ce qui altérait assez peu la silhouette du mur-pignon. Aux XVIIe et XVIIIe siècles, les paroisses les plus riches dotèrent leur église d'une tour-clocher imposante et massive dont l'architecture carrée marque le paysage de plusieurs communes telles Espelette, Ascain, Louhossoa, et Sare (ci-dessus, à droite). Plus originaux sont les clochers avec un octogone surmontant le premier étage carré, et que l'on retrouve à Ainhoa, Saint-Jean-de-Luz et Ciboure.

PORTE D'ENTRÉE
Le porche abrite le portail d'entrée de l'église
(ci-dessus à Espelette). Le XVIIe siècle
s'inspire des modestes voussures médiévales
basque et les retranscrit avec faste en déposant
une succession d'arcs moulurés sur de
puissants piliers servant d'encadrement à la
porte magnifiquement sculptée. Une date
ou une inscription figure souvent sur
le linteau placé au-dessus du portail.

COLONNE-BÉNITIER
À l'entrée de la nef,
la première galerie ou
tribune est soutenue
par deux colonnes en
pierre qui font corps
avec le bénitier. Si
les plus harmonieuses
sont à Saint-Esteben,
la plus richement ornée
se trouve à Garris,
exemplaire unique
relégué sous le porche
après la destruction
malencontreuse
des galeries d'origine.

ORATOIRES DE MONTAGNE
Édifices très modestes, les oratoires de montagne, tel celui de Saint-
Sauveur-d'Iraty ▲ 237 (ci-dessous) sont les témoins des débuts de
la christianisation en Pays basque, certains remontant au XIIe siècle.
Ils ont souvent été élevés sur d'anciens lieux de culte païens.

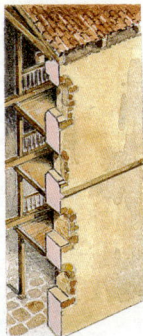

Coupe montrant
les galeries

● MOBILIER RELIGIEUX

A. Chœur
B. Sacristie
C. Autel
D. Nef
(espace femmes)
E. Galeries
(espace hommes)
F. Chaire
G. «Jarleku»
H. Fonts
baptismaux
I. Espace
pour les notables
J. Chapitre

Particularité unique en Europe, les églises basques de l'ancien diocèse de Bayonne (Labourd, Basse Navarre) présentent des galeries de bois à trois étages, disposées sur les deux côtés et le fond de la nef unique, elle-même couverte d'un lambris caréné et peint, cloué à d'énormes poutres parfois apparentes. Comme les balcons d'un théâtre, les galeries font face à l'autel surélevé. Ce système fonctionnel, conseillé par l'évêque de Bayonne dès 1556, répond aux besoins créés par les destructions des guerres de Religion, et à la faiblesse des moyens financiers.

«JARLEKU» ● *31, 99*
Une place était autrefois réservée aux femmes sur le *jarkelu* ou plate-tombe familiale. Il était le symbole de chaque maison au sein de la paroisse lorsqu'on enterrait les morts dans l'église.

STÈLE
Par manque de place, les sépultures ont émigré dans le cimetière autour de l'église où la stèle ● *30, 100* (discoïdale, tabulaire ou croix bas navarraise) reste attachée à l'*etche* (la maison) davantage qu'à une famille.

RÉPARTITION SPATIALE
Les hommes occupaient les galeries et suspendaient leurs bérets à des patères accrochées au mur de la nef (ci-dessous), derrière le banc inconfortable formé d'une simple poutre. Les femmes priaient en bas.

1. Tabernacle
2. Retable et autel
3. Contre-retable

DÉCORATION BAROQUE

Autant la décoration des galeries appartient à la tradition basque, autant celle des chœurs reprend les thèmes et les motifs du grand art catholique d'inspiration baroque.

CHŒUR

Lorsqu'on réaménage les églises basques, en pleine Contre-Réforme, les prescriptions du Concile de Trente et du concile provincial de Toulouse (1590), qui fait obligation de dresser le tabernacle sur l'autel, sont respectées à la lettre. L'autel, au fond du chœur, devient une construction monumentale, censée illustrer la hiérarchie entre le ciel et la terre. Cette mise en scène s'accompagne d'un répertoire architectural et décoratif très riche.

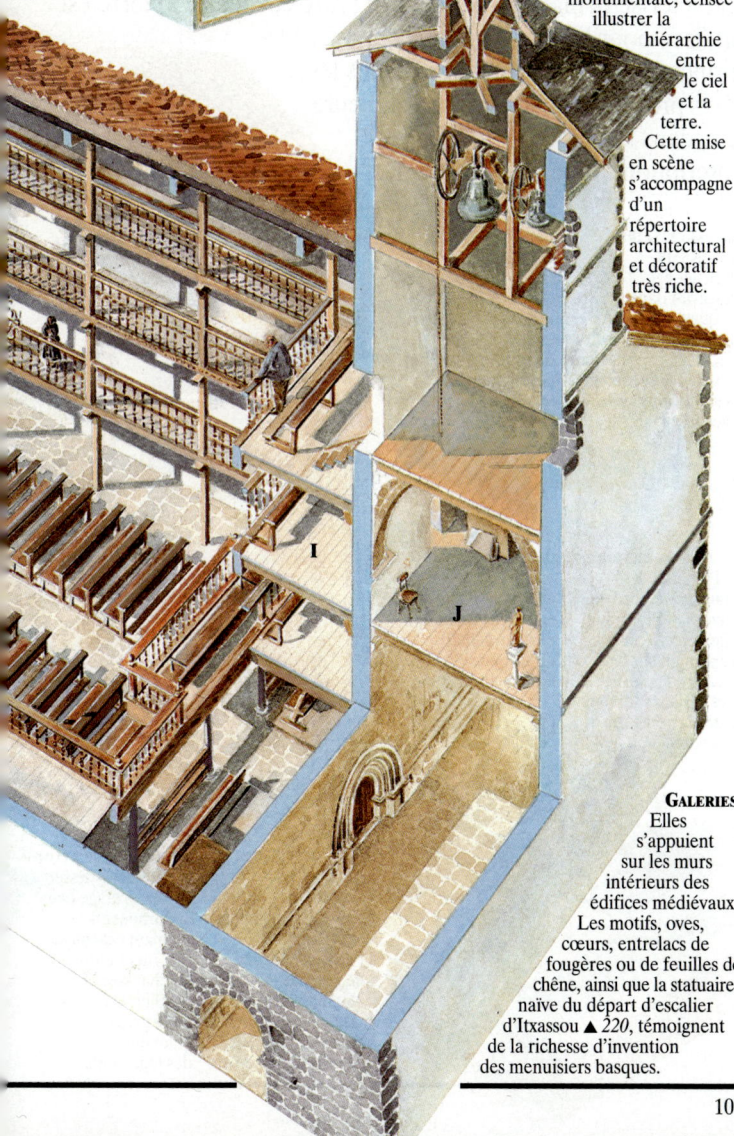

GALERIES

Elles s'appuient sur les murs intérieurs des édifices médiévaux. Les motifs, oves, cœurs, entrelacs de fougères ou de feuilles de chêne, ainsi que la statuaire naïve du départ d'escalier d'Itxassou ▲ *220*, témoignent de la richesse d'invention des menuisiers basques.

PORTAIL DE BAYONNE
L'ouverture au-dessus du portail aérait la cage d'escalier.

Les maisons des villes du Pays basque sont, en général, construites comme les maisons rurales, avec les mêmes matériaux, les mêmes techniques et par les mêmes artisans. En Soule, la maison urbaine est souvent petite et ramassée, à arcades et aux murs en cailloux du gave et toits d'ardoises. En Basse Navarre, la large façade est en grès rose ou gris ; la faible pente du toit permet l'emploi de la tuile creuse. De gros blocs taillés encadrent fenêtres et portes. L'emploi du bois caractérise la maison du Labourd ; rare et chère, la pierre est utilisée pour le rez-de-chaussée. La façade principale est en colombages. Dans les trois provinces, la décoration extérieure est, dans l'ensemble, très simple : inscriptions, linteaux, solives, etc.

LE PARCELLAIRE BAYONNAIS
Très allongé, il est construit dans sa quasi totalité. Tant dans le castrum que dans les quartiers neufs, il possède une certaine régularité, avec une majorité de parcelles très allongées (5 m sur 15 de profondeur environ). Pour des raisons d'éclairage et de longueur de toiture, le nombre des bâtiments augmente lorsque la parcelle s'allonge.

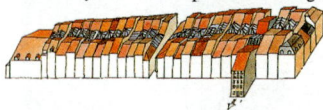

LA MAISON-ENTREPÔT
À Bayonne, les maisons au bord de la Nive sont bâties sur pilotis ; les étages s'appuient sur des arcades de pierre. Ces maisons servaient à stocker du grain. Les bateaux mouillaient entre le pont Mayou et le pont Pannecau, et étaient déchargés par une gabare ou galupe, qui pénétrait sous la maison-entrepôt.

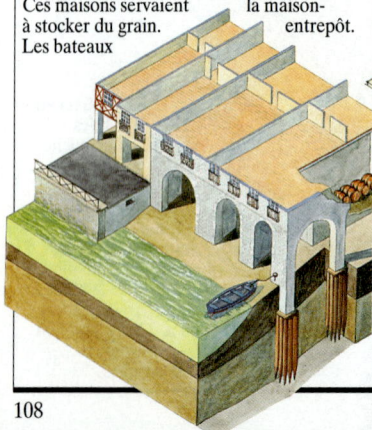

LA MAISON BAYONNAISE
Construite en général en hauteur et en profondeur, elle possède des colombages (souvent masqués par un crépis). Un escalier, souvent très imposant, situé entre deux corps de bâtiment, dessert à chaque étage deux appartements donnant chacun sur une rue. Le rez-de-chaussée abrite l'atelier, le magasin ou le garage, et les étages, des logements.

MAISONS À SAINT-PÉE-SUR-NIVELLE

Les façades à colombages sont exposées au soleil levant et tournent le dos aux pluies de l'ouest ; de l'autre côté de la rue, elles sont en général en pierre et forment le dos de la maison.

MAISONS DE LA SOULE (MAULÉON)

Isolées par des venelles, elles ont des toitures à quatre pans, couvertes d'ardoises, aux pentes raides qui se terminent en se relevant (toiture à coyaux). Les murs, blanchis à la chaux, sont en pierres et galets de rivière.

SAINT-JEAN-PIED-DE-PORT

Les pierres de la façade, roses et grises, forment un damier.

SAINT-JEAN-DE-LUZ

La maison de gauche, de 1690, est de type labourdin, à trois étages en encorbellement.

MAISONS DE TARDETS

Les toits sont en ardoises. Les balcons tournés vers le soleil sont utilisés en séchoir.

CAVES DE BAYONNE

Certaines maisons autour de la cathédrale possèdent des caves édifiées à partir de la fin du XIIIe siècle. Formées d'un vaisseau unique de deux à cinq travées, souvent voûté d'ogives, il semble que l'on y entreposait du vin, de l'huile, et autres marchandises.

SAINT-PALAIS

La maison de Jeanne d'Albret, en équerre, possède un porche et une cour arrière.

109

Le contrôle des voies d'accès, la pratique de la transhumance, les débouchés des vallées, les emplacements des marchés et, enfin, la nature même du relief ont favorisé des types de regroupements humains très variés. En montagne, les premiers habitats semblent s'être établis, individuellement, en petites unités, sur les espaces et les terres de meilleurs profits. C'est là l'origine des quartiers que viendront conforter les liens de voisinage et l'indispensable solidarité. La bastide, constitue une autre forme remarquable d'habitat, exprimant une volonté politique qui apparaît au Pays basque au XIIᵉ siècle. Enfin, le village basque représente surtout l'habitat du négociant, du bourgeois et de l'artisan.

LES BASTIDES
Les bastides ont été créées entre le XIIᵉ et le XIVᵉ siècles afin de répondre à des nécessités d'ordre démographique, commercial voire stratégique. Ce sont des fondations qui fixent une population en un lieu donné selon des normes préétablies. Elles reflètent un idéal que traduit un plan régulier où la place centrale à arcades ordonne le tracé de lots identiques attribués aux colons largement affranchis des servitudes du temps. L'église est édifiée à l'écart, le centre étant réservé aux lieux d'échange et de négoce. (Ci-dessus, La Bastide-Clairence ▲ 245)

UNE «BASTIDE-RUE», AÏNHOA, ▲216
Reconstruite au XVIIᵉ siècle, l'ancienne bastide d'Aïnhoa, datant du XIIIᵉ siècle, est construite comme un village-rue avec un parcellaire systématique en lanières : maisons très profondes séparées par des andrones, jardin à l'arrière des maisons, champs régulièrement répartis autour du village, église au nord. L'unique rue est dominée par ses maisons orientées est-ouest avec de vastes *lorios* pourvus d'anneaux pour attacher les mules (Aïnoha était un relai commercial).

LES QUARTIERS, UN HABITAT DISPERSÉ
Les premiers colons semblent avoir constitué de petites unités de quelques hectares au mieux, et distantes les unes des autres. L'habitat est donc constitué de petits domaines éparpillés dans les communaux, appartenant à des maisons (*etche*). Ces noyaux de peuplement appelés quartiers comptent une dizaine d'*etchalde* en moyenne. Ce n'est qu'après les XVᵉ et XVIᵉ siècles que se constitueront les paroisses avec la fondation des églises de village et de leurs cimetières.

UN VILLAGE BASQUE
L'organisation du village peut se faire, comme ici à Iholdy, autour de trois grands pôles : la maison noble, l'église entourée du cimetière, et le place entre le fronton et la grande croix. À Iholdy, c'est sur cet espace central que s'ouvrent les étranges galeries du flanc sud-ouest de l'église.

À la fin du XIXᵉ siècle, la Côte basque devient un véritable laboratoire d'innovations urbanistiques et architecturales dont bénéficieront édifices publics et constructions privées – adaptés aux réceptions et aux fêtes de la villégiature.

Blason du Musée de la Mer, Biarritz

Aux expressions de l'éclectisme – mélange de pittoresque et d'exotisme – et de l'académisme succède, dans l'entre-deux-guerres, une concurrence entre les propositions du modernisme tempéré de l'art décoratif et celles du régionalisme.

VILLA LEÏHORA (1926-1928)
Elle est caractéristique du style néo-classique épuré des années 1920 : décrochements symétriques, porche semi-circulaire, galerie du patio central, mâtiné d'art décoratif : ferronneries, verrières, sculptures.

HÔTEL DU PALAIS À BIARRITZ
Entouré de l'église orthodoxe et de la villa Cyrano construite en 1901 et influencée par le modern style, l'hôtel du Palais, transformé par Niermans, est représentatif des grands palaces de la Belle Époque. L'architecture renoue ici avec les styles du XVIIᵉ siècle – brique et pierre, à l'extérieur, font référence à la cour d'honneur de Versailles – et du XVIIIᵉ siècle pour la décoration intérieure du hall, des salons et de la salle des fêtes, traitée à la manière d'une galerie à la française.

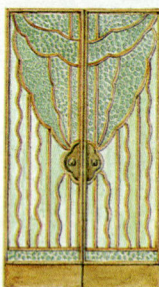

PORTE ARTS DÉCO
La salle de bains est une des pièces maîtresses de la villa Leïhora par la richesse et la perfection de son décor Arts déco : ferronneries de Schwartz, céramiques de Cazaux et petits pavés de verre de Daum.

CASINO D'HENDAYE

Bâti en 1884, aujourd'hui transformé, le casino est traité dans le style néo-mauresque (tours-minarets surmontées de petits dômes, arcs outrepassés, polychromie), fort en vogue à la fin du XIXᵉ siècle tant à Biarritz (Bains Napoléon, thermes salins) qu'à Salies-de-Béarn (établissement thermal).

Pilier décoré de mosaïques de Labouret de la galerie-promenoir de l'hôtel Plaza à Biarritz.

MUSÉE DE LA MER

Bâti entre 1932 et 1935, ce bâtiment de Hiriart, Lafaye et Laccourreyre utilise le béton armé et les revêtements granitiques, aujourd'hui peints. Il s'impose par le modernisme tempéré de sa construction : niveaux fortement soulignés et hiérarchisés, angles à pans coupés ou arronndis, larges baies horizontales, terrasses, le tout dominé par une tour-escalier dressée comme une proue de navire ou un signal marin face à la mer.

● ARCHITECTURE NÉO-BASQUE

Blason sur la façade de la villa Javalquinto

Avant le Première Guerre mondiale se forme, à partir de l'architecture basque rurale, un régionalisme à succès, bien typé. D'abord néo-labourdin, il emprunte, en les transposant et en les adaptant, les caractéristiques de la métairie du Labourd avec sa façade orientale à pans de bois. À partir des années 1920, il trouvera de nouveaux repères dans les constructions des autres provinces basques, françaises ou espagnoles. Toit débordant, ferronnerie, blason et large encadrement en sont les traits caractéristiques.

LA MAISON BASQUE
Édifiée, à Biarritz entre 1924 et 1927 par William Marcel, elle s'inspire, avec son blason et ses boiseries peintes, des maisons nobles du Pays basque espagnol.

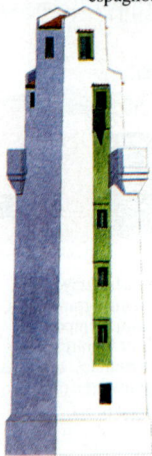

PHARE DE SAINT-JEAN-DE-LUZ
Avec ses lignes épurées et l'absence de décor, l'ensemble, inspiré d'un projet de monument à Christophe Colomb pour Saint-Domingue, tranche sur les productions pittoresques du néo-labourdin.

MAIRIE ET FRONTON DE GUÉTHARY
Cet ensemble de Brana, avec son ossature en béton armé et sa galerie-porche donnant accès sur le fronton, est un bon exemple de l'adaptation et de la transformation – ici les faux pans de bois sont en ciment – du modèle vernaculaire labourdin pour un édifice public.

L'ENTRÉE DU CLUB-HOUSE DE CHANTACO (1928)
Faite de briquettes, cette porte, due à Jean Walter, est une interprétation des larges encadrements à claveaux de pierre qui soulignent habituellement les baies des maisons rurales.

Le pays
vu par les peintres

Vincent Ducourau

Joseph Vernet obtint en 1753 la commande par Louis XV de peindre les ports de France. Arrivé le 9 juillet 1759 à Bayonne, il y resta deux ans pour réaliser non pas un, mais deux tableaux, à cause des difficultés à réunir en un seul point de vue le port, la ville et la citadelle. Dans *Première Vue de Bayonne prise à mi-côté sur le glacis de la citadelle* (page précédente), le peintre, tout en se livrant à une représentation réaliste, humanise le paysage. Il se dégage de ce tableau, qui n'omet aucun détail de la ville, un charme familier. Au cours de la seconde moitié du XIXᵉ siècle, l'iconographie du paysage s'enrichit de lieux nouveaux. S'inscrivant dans la lignée des paysagistes de l'école de Barbizon, qui préfèrent à l'aspect pittoresque du paysage romantique une vision plus proche de la nature, et à l'exemple des peintres attirés par la Bretagne et la Normandie, certains artistes découvrent la côte basque. Dans *Vue de Biarritz depuis le plateau de l'Atalaye* (1), de Julien Valette (né en 1840), le paysage apparaît dans sa nudité originelle : un village de pêcheurs de baleines qui se meurt à cause de la disparition des cétacés du golfe de Biscaye.

Pourtant dès 1800, le site exceptionnel de Biarritz attirait les visiteurs, qui vantaient le charme de la petite station balnéaire. La *Vue de Biarritz depuis la pointe Saint-Martin* (4), peinte par Lucien Joulin (né en 1843), montre l'expansion spectaculaire de Biarritz, mise à la mode par Eugénie de Montijo. Dans cette vision désormais traditionnelle de Biarritz, les éléments constitutifs du paysage (la Roche-Ronde, la Grande-Plage, la côte rocheuse jusqu'au rocher de la Vierge, les montagnes) ne sont qu'un prétexte au défi des nuances de bleu que la nature lance à l'artiste. Même recherche sur la capture de l'éphémère dans cette étude de Léon Bonnat (1833-1922) (3), *La Baie de Saint-Jean-de-Luz et la pointe Sainte-Barbe* (2), peinte avant l'allongement des jetées qui devaient protéger la baie des colères de l'Atlantique.

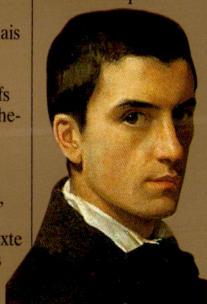

Atmosphère
de sérénité, de
grandeur et de poésie
simple dans *Maison
dans la campagne
de Sare* (2) : Georges
Bergès (1870-1934)
aime les jeux du soleil,
les verts profonds
de l'ombre,
la douceur du gris
bleuté des montagnes,
la blancheur de la
chaux de la maison.
Image emblématique
du Pays basque,
la maison rassemble
à la fois habitants,
bétail et récolte sous
le double versant d'un
unique toit de tuiles.

«ET D'AUTRES FOIS, CETTE MAISON BLANCHE LUI SEMBLAIT ÊTRE
UNE PERSONNE, [...] REGARDANT LE SOLEIL DE SES FENÊTRES
COMME AVEC DE GRANDS YEUX»

JEAN BARBIER

Ramiro Arrue (1872-1971) (3) est sans doute le peintre qui exprime le mieux le désir d'un retour aux sources des sociétés humaines, l'aspiration à la recherche du bonheur originel que caractérisent on ne peut mieux les activités à la fois maritimes et rurales des Basques. Dans ce tableau, *Groupe de personnages avec paysage de mer et quatre maisons* (1), il synthétise à merveille ce qui rend le Pays basque unique : la mer, les travaux des champs, la maison, et surtout la famille basque. L'harmonie du peuple heureux se décrit dans le silence de sa simplicité, dans la certitude mesurée de sa force, dans la présence discrète du vert des prairies soignées et de l'océan bienfaisant.

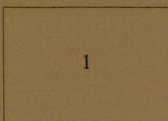

1	
2	3

La première partie
du XXᵉ siècle voit
se développer une
vision élégiaque
du Pays basque
par des artistes qui
en sont originaires.
Les images nées
dans l'enthousiasme
de la découverte
de cette région
se perpétuent
au-delà de 1900,
mais sous une forme
relativement nouvelle
par rapport à la
représentation qu'en
avaient donnée les
peintres jusqu'alors.
En effet, les artistes
excluent un trop
grand réalisme
ethnographique
et prônent un retour
aux sources qui tourne
le dos aux nouvelles

réalités de la civilisation moderne. Au Salon de 1924, Henri Zo (1873-1933) (3) expose *Paysage de la campagne basque, la journée finie* (2). L'artiste ne jouit plus seulement du spectacle : il se dégage de l'apparente simplicité du paysage, témoignage de la réalité, une émotion retenue et magnifiée. À partir d'un événement pieux, Raymond Virac, né à Madrid en 1892, donne dans *Procession au Pays basque* (1) une sorte de définition de la région : omniprésence

de la montagne, travaux des champs, église et maisons y apparaissent comme autant d'éléments emblématiques. Surtout, l'artiste a su capter cet air coloré, changeant, souvent bleu, parfois lilas, l'air particulier de ce pays où la mer est proche et où les rivières abondent.

1		3
2		

L'élément humain, qui ne jouait qu'un rôle de contrepoint plastique pour la génération des peintres de paysages romantiques, va devenir essentiel dans la quête de nouveaux artistes-voyageurs sur la route de l'exotisme espagnol. Gustave Colin (1828-1910), peintre d'Arras, (4) va se spécialiser dans les tableaux à sujets espagnols ou basques, et participera en 1863 au salon des Refusés avec un tableau sur le thème des joueurs de pelote. Son tempérament réaliste très marqué s'exprime dans *Partie de rebot sous les remparts de Fontarabie* (1), remarquable par sa composition et ses coloris mais dont le langage plastique ne réussit pas à se libérer du discours descriptif.

Une autre variante
des jeux de pelote est
représentée dans
cette peinture de
Saint-Germier (1860-
1925), *Le Trinquet de
Saint-Jean-de-Luz* (3),
où deux équipes,
séparées par un filet
assez haut,
s'affrontent au *pasaka*
(jeu dérivé
de la courte paume),
lançant à l'aide du
gant de cuir des balles
très volumineuses.
Autre archétype qui
se met en place à la
fin du XIXᵉ siècle :
la piété. Les Basques
apparaissent
comme des modèles
de ferveur religieuse.
Les grandes fêtes
de l'Église donnent
lieu à de solennelles
manifestations
en plein air, souvent
empreintes
d'un soupçon
de merveilleux païen,
comme le montre
ce tableau de Marie
Garay, *Procession de
la Fête-Dieu à
Bidarray* (2), peint en
1899.
Ici, les danseurs sont
habillés en sapeur
(tablier blanc et
bonnet d'ourson orné
de miroirs) et portent
d'énormes haches
sur l'épaule.

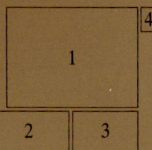

4
1

2	3

● LE PAYS VU
PAR LES PEINTRES

Parmi les peintres et illustrateurs du Pays basque, Pablo Tillac tient une place considérable. Excellent dessinateur, il ajoutait à la qualité artistique de ses œuvres une valeur documentaire, comme dans cette *Sortie de messe à Cambo,* où les hommes descendent des galeries qui leur sont réservées.

LE PAYS BASQUE
VU PAR
LES ÉCRIVAINS

GENS DE SOULE

Louis de Froidour (1625?-1685) fut le forestier le plus remarquable de l'Ancien Régime. Successivement conseiller lieutenant général des Eaux et Forêts, puis procureur du Roi pour la réformation des Eaux et Forêts de l'Île- de-France, c'est en tant que commissaire député pour la réformation générale des Eaux et Forêts de la Grande Maîtrise de Toulouse qu'il visite le Pays basque et nous laisse dans son rapport une description du pays de Soule au XVIIᵉ siècle.

❝ Les habitants y sont aussi tres sobres ; il ne sera pas difficile de le croire après ce que j'ay dit de la mauvaise chere que l'on y faisoit, mais je remarquerai de plus que la plus part des honnestes gens que j'ay veü dans ce pays m'ont assuré que les paysans les plus accomodez ne mengoient pas par année quatre boisseaux de bled, et le boisseau ne pese que quarante livres. Ils vivent la plus part du gros millet, dont ils font une espece de pain ou gasteau qu'ils appellent de la millasse ; le goust en est très bon, particulièrement quand il est paistry avec du lait, mais il est fort lourd sur l'estomac et il en faut manger tres peu pour en estre rassasié. Quoiqu'ils n'ayent point de beurre, ils consument tres peu d'huile et, en un mot, ils se passent de ce qu'ils n'ont ; pourveü qu'ils ayent de quoy menger, quoy que ce soit, ils sont contents. Ils ne sont pas plus delicats en fait de boisson ; lorsque le vin, le cidre et la pommade leur manquent, ils boivent l'eau facilement et sont aussi contents que s'ils avoient beu le meilleur vin du monde. Mais quelque disette qu'ils ayent, ils sont assez propres en leurs petits meubles, surtout en linge. [...]

La religion du pays est la catholique, sans aucun meslange de la huguenotte, du moins les Huguenots y sont en si petit nombre que ce n'est pas la peine d'en parler et le peu de gens qu'il y a qui la professent n'en sont pas originaires. Ils sont fort devots, à ce qu'on m'a dit ; leurs prestres neanmoins sont assez gaillards et si on en veut croire les moynes du Bearn et les capucins qui depuis peu se sont establis à Mauleon, il y a quantité de sorciers et sorcières, aussi bien qu'en Bearn. Leurs eglises se ressentent de la pauvreté de la contrée. Ils ont une coustume regulièrement observée partout : de mettre des croix de marbre brut ou d'autre pierre dure proche des fosses des morts. On voit par tous les cimetières de ces croix rengées par ordre, chasque famille ayant sa place. On y plante en outre de la sauge, comme si cette herbe avoit quelque vertu pour preserver les corps de la pourriture.

La langue vulgaire est la basque ; plusieurs neanmoins y parlent françois, gascon et bearnois et mesme quelques uns espagnol. [...]

Le peuple y est bien vestu : les hommes la plus part à la bearnoise, portant le berret, les cheveux courts, la petite fraise, les chausses froncées et la houpelande bearnoise, qui est une tunique à laquelle est attaché un capuchon a peu pres semblable à celui des capucins. ❞

BULLETIN DE LA SOCIÉTÉ DES SCIENCES, LETTRES ET ARTS DE BAYONNE, Nº 2, 1928, «LOUIS DE FROIDOUR EN PAYS BASQUE»

> «ILS (LES BASQUES) VONT VOLONTIERS LA NUICT
> COMME LES CHAHUANS ; AYMENT LES VEILLENT ET LA DANSE
> AUSSI BIEN DE NUJT QUE DE IOUR»
>
> PIERRE DE ROSTEGUY

DE PARIS À MADRID EN PASSANT PAR LE PAYS BASQUE

La comtesse d'Aulnoy (1650-1705), qui mena une vie aventureuse à travers l'Europe, vécut en Espagne. Comme beaucoup de ses contemporains, elle écrivit le récit de ses périples et elle ne manque pas de décrire ses impressions sur le Pays basque dans sa Relation du voyage d'Espagne.

❝ Sans sortir de Bayonne, je trouvai des Turcs et des Maures, et je crois même quelque chose de pis : ce sont les gens de la douane. J'avais fait plomber mes coffres à Paris tout exprès pour n'avoir rien à démêler avec eux : mais ils furent plus fins, ou pour mieux dire, plus opiniâtres que moi, et il leur fallut donner tout ce qu'ils demandèrent. J'en étais encore dans le premier mouvement de chagrin, lorsque les tambours, les trompettes, les violons, les flûtes et les tambourins de la ville me vinrent faire désespérer ; ils me suivirent bien plus loin que la porte Saint-Antoine, qui est celle par où l'on sort quand on va en Espagne par la Biscaye ; ils jouaient chacun à leur mode et tous à la fois sans s'accorder ; c'était un vrai charivari. Je leur fis donner quelque argent, et comme ils ne voulaient que cela, ils prirent promptement congé de moi. Aussitôt que nous eûmes quitté Bayonne, nous entrâmes dans une campagne stérile, où nous ne vîmes que des châtaigniers ; mais nous passâmes ensuite le long du rivage de la mer, dont le sable fait un beau chemin, et la vue est fort agréable en ce lieu.

Nous arrivâmes d'assez bonne heure à Saint-Jean de Luz. Il ne se peut rien voir de plus joli, c'est le plus grand bourg de France et le mieux bâti ; il y a bien des villes beaucoup plus petites. Son port de mer est entre deux hautes montagnes qu'il semble que la nature a placées exprès pour le garantir des orages ; la rivière de Nivelle s'y dégorge, la mer y remonte fort haut et les grandes barques viennent commodément dans le quai. On dit que les matelots en sont très habiles à la pêche de la baleine et de la morue. On nous y fit fort bonne chère et telle que la table était couverte de pyramides de gibier ; mais les lits ne répondaient point à cette bonne chère, il leur manque des matelas ; ils mettent deux ou trois lits de plumes de coq les uns sur les autres, et les plumes sortant de tous les côtés font fort mal passer le temps. Je croyais, lorsqu'il fallut payer, que l'on m'allait demander beaucoup ; mais ils ne me demandèrent qu'un demi-louis, et assurément il m'en aurait coûté plus de cinq pistoles à Paris. ❞

MADAME D'AULNOY, *RELATION DU VOYAGE D'ESPAGNE*, PLON, 1874

LIBERTÉ DE MŒURS DE LA FEMME BASQUE AU XVIIᵉ SIÈCLE

En fin d'année 1608, Pierre de Rosteguy, sieur de Lancre, reçut du roi de France Henri IV, en compagnie du président d'Espagnet, le pouvoir de procéder à l'entière instruction et au jugement des procès de sorcellerie «Jusques à jugemens définitifs de condemgnation à mort et exécution, d'icelle inclusivement, nonobstant opposition ou appelations quelconques» ▲ 213. Dans son ouvrage Tableau de l'inconstance des mauvais anges et démons*, où il est amplement traicté des Sorciers et de la Sorcellerie (1612), le conseiller de Lancre, obsédé du démon et hanté par sa haine des Basques, donne sa vision du Labourd et de ses coutumes.*

❝ Aquoy i'adiousteray l'habit des femmes & des filles, mesme leurs coeffures, lesquelles semblent aucunement impudiques. Ie parle de celles du commun, car la coeffure des femmes de qualité à Bayonne & les toiles pendantes, avec leurs ouvrages qui parroissent au dessoubs accompagnees de fraizes, & pieces oüvrees qu'elles portent sur la poitrine, sont fort honnestes mais penibles & de grand labeur

& despense. Elles m'ont confessé qu'il y faut la moitié du iour pour les bien blanchir, accommoder & agencer. Mais parmy les filles & femmes du commun, y comprenant Bayonne comme ville capitale dont tout le reste puize l'exemple, aucunes sont tondues, sauf les extremitez qui sont à long poil, d'autres, un peu plus relevees, sont à tout leur poil coüvrant à demy les ioües, leurs cheveux voletant sur les espaules & accompagnant les yeux de quelque façon qu'elles semblent beaucoup plus belles en cette naïveté, & ont plus d'attraict que si on les voyoit à champ ouvert. Elles sont, dans cette belle chevelure, tellement à leur avantage & si fortement armees que le soleil iettant ses rayons sur cette touffe de cheveux comme dans une nuee, l'esclat en est aussi violent & forme d'aussi brillans esclairs qu'il fait dans le ciel, lors qu'on voit naistre Iris, d'où vient leur fascination des yeux aussi dangereuse en amour qu'en sortilege, bien que parmy elles porter la perruque entiere soit la marque de virginité. Et pour le commun des femmes en quelques lieux voulant faire les martiales, elles portent certains tourions ou morions indecens, & d'une forme si peu seante qu'on diroit que c'est plustost l'armet de Priape que celuy du Dieu Mars, leur coeffure semble tesmoigner leur desir ; car les veüves portent le morion sans creste pour marquer que le masle leur deffaut. [...] Ce sont des Eves qui séduisent volontiers les enfans d'Adam, & nues par la teste, vivant parmi les montagnes en toute liberté & naïveté, comme faisoit Eve dans le Paradis terrestre, elles escoutent & hommes & Demons, & prestent l'oreille à tous serpens qui les veulent seduire & bien qu'elles frequentent iour & nuict les cemetieres, qu'elles coüvrent & entournent leurs tombeaux de croix & d'herbes de senteur, ne voulant pas même que l'odeur du corps de leurs maris leur sente au nez. **"**

PIERRE DE LANCRE, *TABLEAU DE L'INCONSTANCE*
DES MAUVAIS ANGES ET DÉMONS, OÙ IL EST AMPLEMENT TRAICTÉ
DES SORCIERS ET DE LA SORCELLERIE
JEAN BERJON, PARIS, 1612

LA LÉGENDE DE LA CHAMBRE D'AMOUR

Victor Joseph Étienne dit de Jouy (1764-1846) créa le personnage de l'Hermite, observateur de son temps aussi appelé «costumbriste», qui devient successivement L'Hermite de la Chaussée d'Antin, L'Hermite de Guyane, *et* L'Hermite en province *qui voyage en Pays basque entre mars et mai 1817.*

❝ Que le hasard eût conduit dans ce lieu sauvage un froid observateur, même un poète enthousiaste, ils n'eussent été frappés que de la grandeur des objets offerts à leurs yeux ; ce demi-cirque dont la mer paraît être la scène, cet amphithéâtre d'où il semble que Neptune ait voulu donner à l'homme le spectacle de ce vaste Océan qui baigne les deux hémisphères, auraient seuls arrêté leurs regards. Nos jeunes amans embellissent cette effrayante solitude de toutes les illusions où leur ame se noie : ces noirs rochers s'éclairent de tous les feux dont ils brûlent ; ce formidable Océan qui gronde au loin est une barrière que l'amour a mis entre eux et le reste du monde ; ces couches d'un sable fin, ces amas de coquilles brisées qui s'étendent en lits, qui s'élèvent en sièges, invitent Saubade et Laorens aux charmes d'un repos bientôt enivré de tous les songes de l'amour.

Dans cet oubli de l'univers, dans cette tourmente d'un sentiment qui leur révèle une existence hors de la nature, ils n'ont pas vu s'amonceler les nuages ; ils n'ont pas entendu les vents gronder sur les flots et les pousser sur ce rivage au-delà des limites où chaque jour ils s'arrêtent. La voix du tonnerre les avertit en vain du péril qui les menace. Laorens a frémi pour ce qu'il aime ; mais Saubade, tout entière à cette vie d'amour dont elle ne doit jouir qu'un moment, ne permet pas à un autre sentiment d'approcher de son ame : elle a pressé son amant sur son sein, elle ne connaîtra plus la crainte.

Cependant les vagues s'élèvent et se roulent avec fureur jusqu'à l'entrée de la grotte qui leur sert d'asile. «O ma bien-aimée ! (s'écrie Laorens en la portant sur un angle intérieur du rocher où l'eau ne pouvait encore atteindre) la mort t'environne, la tempête redouble, tout espoir est perdu. – Je n'ai jamais formé qu'un vœu (reprit la tendre fille en souriant du sourire des anges), celui de vivre et de mourir avec Laorens ; demain cet espoir m'eût été enlevé : aujourd'hui, je suis à toi, à toi pour toujours !...» Laorens s'était avancé à la nage vers l'entrée de la grotte, envahie par les flots, pour s'assurer s'ils pourraient encore s'y frayer un passage. Tout est submergé, partout la mer, la mer terrible, s'ouvre en abîmes ou s'élève en montagnes ; les flots le poursuivent et le rejettent avec fureur dans l'enceinte du rocher, qu'ils remplissent à hauteur de la pointe où la jeune amante le brave encore ; elle présente la main à Laorens pour remonter près d'elle, le serre contre son cœur, et l'embrasant de tout son courage. «Vois-tu, lui dit-elle, cette vague énorme qui s'avance en mugissant : c'est la mort... » Elle dit : leurs bras s'enlacent, leurs bouches s'unissent, et la mer a dévoré sa double proie.

Long-tems battus par les flots, qui ne purent les séparer, Saubade et Laorens furent rejetés sans vie près du rocher qui fut à-la-fois pour eux un temple et un tombeau. C'est depuis ce tems que cette grotte, consacrée par le souvenir de cet événement funeste, a reçu le nom qu'elle porte encore de *Chambre d'Amour.* ❞

DE JOUY, *L'HERMITE EN PROVINCE*,
CHEZ PILLET, PARIS, 1818

TEMPÊTE SUR LE ROCHER DE LA VIERGE

Après une enfance bretonne passée dans le milieu des marins pêcheurs, Louis Guillaume (1907-1971), amoureux de la mer, lui consacra une grande partie de ses écrits poétiques. Il choisit, à la fin de sa vie, de se retirer à Biarritz où l'océan lui fournit de nombreux thèmes d'inspiration qu'il exprime dans une langue épurée, évoquant son rêve d'union entre l'homme et les éléments.

Un bout d'arc-en-ciel
En suspens dans l'écume.
La vague explose. La falaise
Tremble. Ruissellement
De lait sur la croupe
Du roc. Parfois s'installe
Une accalmie, soupir bref
De la terre que le vent
Se hâte d'effacer.
De nouveau l'assaut. De nouveau
Entre enclume et marteau
La liberté des nuages.
L'homme n'est qu'un ressac
Entre autres, un regard pris
Dans les mailles du temps.
Un lisse vol incliné
Glisse sur la pente de l'air
Sans laisser de sillage.

LOUIS GUILLAUME,
AGENDA, JOSÉ CORTI ÉDITEUR, 1988

SAINT-JEAN-DE-LUZ DU TEMPS PASSÉ

Le romancier Joseph Peyré (1892-1968), natif des Pyrénées-Atlantiques et journaliste, ne cessera d'être fasciné par les civilisations fortes et l'aventure coloniale et d'être attaché à l'exaltation d'un certain humanisme conquérant. Il s'intéressa tout naturellement au Pays basque auquel il consacra plusieurs ouvrages, dont Jean le Basque (1953) *et* Le Pont des sorts (1959). *Dans ce texte, il rappelle la vocation maritime des habitants de la côte basque. Joseph Peyré fut lauréat du prix Goncourt en 1935 pour son roman* Sang et lumières.

❝ Basques français et Basques espagnols participent non seulement du même sang, mais de la même légende marine. Pour recevoir la vocation océanique, et découvrir les Amériques avant Colomb, il ne leur fut pas nécessaire, comme à la race armoricaine, de disposer d'une péninsule tout entière, avec son développement de côtes, sa multitude de caps, de havres, son essaim d'îles et d'écueils. Il leur suffit de leurs rias. Je m'enorgueillissais moi-même à la pensée que, pour se faire entendre des Peaux-Rouges de la côte occidentale de Terre-Neuve, jadis, il fallait leur parler basque, et que nos Luziens harponneurs de baleines étaient chez eux à Portuchua, havre basque de cette côte. Je m'attachai dès lors à ressusciter pour mon usage la Saint-Jean-de-Luz d'autrefois. Au lieu de n'y chasser que mes souvenirs, mes fantômes d'Espagne, j'y cherchai l'ancienne marine, qui hissait sa forêt de mâtures au-dessus de l'Urdassury – car ainsi s'appelait la Nivelle. Aucune de mes promenades à travers la ville n'alla plus sans se compliquer d'une évocation du passé, si bien que je pense être parvenu à vivre réellement dans la Saint-Jean-de-Luz du temps où les tempêtes ne l'avaient pas encore atteinte. Ce qui reste aujourd'hui de la ville, en bordure de la baie, n'est plus en effet qu'un vestige, dernier croissant d'une lune mangée par le dragon dévorant de la mer. Et, de fait, l'océan rasa et avala deux cents maisons, jadis, en une seule journée de tempête. Les ruines sont encore visibles sur la plage, contre la petite jetée, à la sortie de la Nivelle.

Au lieu de regarder la maison Esquerrenea comme une pièce de musée, j'imaginais le vieil armateur impotent en train de surveiller de sa fenêtre le retour de sa «Notre-Dame de la Mer» et de sa prise, une flûte hollandaise lourde de fanons de baleine, capturée sur la route du Groenland. Je voyais, je voyais vraiment la frégate de course fille des chênes de la Rhune, svelte et noire, et ceinturée de blanc sur ses sabords, portant à la poulaine sa madone, déborder la pointe de Sainte-Barbe, sous le pavillon rouge et noir luzien. La vie de l'ancienne marine réanimait pour moi les rues bruineuses. J'entendais les trompettes d'argent qui annonçaient l'approche du Hollandais, le tambour qui rappelait des tavernes du «Chat de Mer» ou des «Deux Baleines» les équipages des corsaires, le cri de la partance et la parade, fifres et tambours, de l'appareillage. **"**

JOSEPH PEYRÉ, *DE MON BÉARN À LA MER BASQUE*,
MARRIMPOUEY JEUNE, PAU, 1976

UN PEUPLE POUR DEUX PAYS

Victor Hugo (1802-1885) a fait deux voyages au Pays basque au cours de sa vie. Enfant – il avait sept ou huit ans –, il rejoignit en Espagne son père, le général Hugo. En 1843, c'est en compagnie de Juliette Drouet qu'il voyagea dans les Pyrénées. Lors d'une halte à Bayonne, il perçoit la profonde unité basque, qui existe en dépit de la frontière.

"Et puis les Français sont partout ; dans la ville, sur douze marchands tenant *boticas,* il y a trois Français. Je ne m'en plains pas ; je constate le fait. Au reste, à ne les considérer, bien entendu, que sous le côté des mœurs, toutes ces villes-ci, en deçà comme au-delà, Bayonne comme Saint-Sébastien, Oloron comme Tolosa, ne sont que des pays mixtes. On y sent le remous des peuples qui se mêlent. Ce sont des embouchures de fleuves. Ce n'est ni France, ni Espagne ; ni mer, ni rivière. Aspect singulier d'ailleurs et digne d'étude. J'ajoute qu'ici un lien secret et profond, et que rien n'a pu rompre, unit, même en dépit des traités, ces frontières *diplomatiques,* même en dépit des Pyrénées, ces frontières naturelles, tous les membres de la mystérieuse famille basque. Le vieux mot *Navarre* n'est pas un mot. On naît basque, on parle basque, on vit basque et l'on m e u r t basque. La langue basque est une patrie, j'ai presque dit une religion. Dites un mot basque à un montagnard dans la montagne ; avant ce mot, vous étiez à peine un homme pour lui ; vous voilà son frère. La langue espagnole est ici une étrangère comme la langue française. Sans doute cette unité vascongada tend à décroître et finira par disparaître. Les grands États doivent absorber les petits ; c'est la loi de l'histoire et de la

nature. Mais il est remarquable que cette unité, si chétive en apparence, ait résisté si longtemps. La France a pris un revers des Pyrénées, l'Espagne a pris l'autre ; ni la France ni l'Espagne n'ont pu désagréger le groupe basque. Sous l'histoire nouvelle qui s'y superpose depuis quatre siècles, il est encore parfaitement visible comme un cratère sous un lac. Jamais la loi d'adhésion moléculaire sous laquelle se forment les nations n'a plus énergiquement lutté contre les mille causes de toutes sortes qui dissolvent et recomposent ces grandes formations naturelles. Je voudrais, soit dit en passant, que les faiseurs d'histoires et les faiseurs de traités étudiassent un peu plus qu'ils n'en ont l'habitude cette mystérieuse chimie selon laquelle se fait et se défait l'humanité. 》

VICTOR HUGO, *LES PYRÉNÉES*,
ÉDITIONS LA DÉCOUVERTE, PARIS, 1984

ACCUEIL ET FRATERNITÉ

Au cours des guerres carlistes (1833-1839 et 1872-1876), lors de la guerre civile de 1936 et pendant la terrible répression franquiste, le Pays basque de France a servi de terre d'accueil aux réfugiés qui franchissaient la frontière. C'est ce que nous raconte Christian Rudel, qui fut grand reporter au journal La Croix, dans son premier roman, Les Guerriers d'Euskadi.

66 C'était l'heure de la traite matinale et les bergers chaussés de gros sabots de bois, accroupis derrière les bêtes, tiraient les petites mamelles et remplissaient, à petits coups rapides, les seaux de fer étamé qu'ils serraient entre leurs genoux. Sans cesser leur besogne, les deux bergers, par-dessus les dos du troupeau, jetèrent un coup d'œil au nouvel arrivant. Un coup d'œil rapide mais rempli d'interrogation et de méfiance. Que pouvait bien vouloir, que pouvait bien amener cet homme sorti du brouillard, à cette heure matinale où, par un temps pareil, aucun chrétien ne se promenait par les montagnes ? Un contrebandier égaré ? C'était peu probable, car ces hommes, même poursuivis, connaissaient assez le pays pour ne jamais se perdre.
– Agur *[Bonjour],* fit Piarres.
– Agur, répondirent ensemble les deux bergers, et la conversation parut avoir toutes les chances d'en rester à ces quelques syllabes. Un des bergers se leva, sortit de l'enclos rustique et vida le seau de traite dans un plus grand récipient. Piarres n'avait pas bougé, à quelque distance du troupeau parqué, et contemplait ce travail, nouveau pour lui. Des hommes ou des bêtes, aucun geste ne lui échappait. Il sourit au berger qui repassait près de lui, le seau vide à la main.
– Facile de perdre sa route, avec ce brouillard, fit-il prudent, ne sachant encore avec certitude de quel côté de la frontière il se trouvait.
– Et quand on n'est pas du pays, c'est encore plus facile, répondit le berger qui, à l'accent de Piarres, avait tout de suite senti un étranger. Non, pas un étranger puisque Piarres parlait basque, mais sans doute quelqu'un «d'en face», quelqu'un d'Espagne. Enfin, puisqu'on était entre Basques, on pouvait parler ; car le français était loin d'être son fort et quinze ans de montagne avaient presque complètement effacé jusqu'aux phrases mécaniques et aux réponses machinales, apprises pendant le service militaire.
– Du Pays basque si ! ne put s'empêcher de répondre Piarres. Mais pas d'ici, tout simplement. Là-bas, chez nous, il y a la guerre.
– Oui, dit le berger, je sais. La saison dernière, deux Espagnols étaient passés ici, qui lui avaient dit la même chose. Ils avaient encore une vague tenue militaire, des

brodequins et des pistolets, mais ils en avaient assez de se battre et, après avoir bu du lait et mangé une tranche de jambon, ils étaient partis vers la vallée. Et puis, l'hiver dernier, dans les foires de la région, on parlait souvent de cette guerre et des réfugiés basques qui s'installaient du côté de Saint-Jean-Pied-de-Port, d'Ustaritz, ou, plus loin encore près de Saint-Jean-de-Luz et d'Hendaye. Des gens souvent démunis de tout et qu'il fallait aider. Mais pour lui, la guerre s'arrêtait là et il eût été bien incapable de dire où en étaient les opérations, qui paraissait le vainqueur et le vaincu, qui avait raison en cette affaire ; et d'ailleurs, cette guerre, était-elle finie, ou bien continuait-elle ? Sans doute elle continuait, car d'habitude les guerres duraient longtemps, longtemps.

– Eh ! André ! cria-t-il, cet homme vient de la guerre, là-bas.

– C'est bien ce que je pensais, répondit le second berger. Cependant, pour André, comme pour Henri son compagnon, la guerre d'Espagne était quelque chose d'irréel, d'incompris, hors du temps, fabuleux, nébuleux ; mais quelques coups d'œil, à la dérobée, lui avaient déjà appris beaucoup de choses : que Piarres était jeune – sous ses traits tirés et sa barbe avancée –, qu'il avait marché toute la nuit, qu'il devait être fatigué et qu'au fond de la poche droite de sa veste, il y avait quelque chose de pas très catholique, un revolver sans doute. En fait, que peut-on cacher à l'œil d'un berger basque, habitué depuis l'enfance à compter ses brebis au loin, à repérer la bête malade ou fatiguée, à reconnaître ses agneaux égarés dans un troupeau voisin : un simple indice et la déduction pratique arrivait vite. Et la déduction vint vite :

– Attends un peu, dans une demi-heure la traite est finie, on va déjeuner tous ensemble.

– Merci, répondit simplement Piarres. **"**

CHRISTIAN RUDEL, *LES GUERRIERS D'EUSKADI*,
J.-C. LATTÈS, PARIS, 1974

LE RÊVE AMÉRICAIN

Beaucoup de Basques émigrèrent aux États-Unis entre 1946 et 1960 pour y travailler comme bergers. Cinq d'entre eux, originaires des Aldudes, se trouvaient dans l'avion dans lequel voyageaient le boxeur Marcel Cerdan et la violoniste Ginette Neveu et qui s'écrasa lors d'un accident. C'est l'aventure Jean le Basque *de Joseph Peyré.*

" Pour faire passer un film, fût-ce un court métrage le jour de la fête d'Artazu, et retarder d'autant la partie de pelote, il fallait les pouvoirs d'Oyamburu, dont l'agence ne cessait de prospérer, prenant le pas sur ses rivales, et embarquant pour l'Amérique du Nord des contingents de plus en plus nombreux de bergers basques. Oyamburu ne commandait-il pas à Artazu, aussi bien qu'à Bordeaux, à Paris ou au

133

Nevada ? Rentré lui-même de là-bas, et s'étant fait bâtir dans son village une maison
«d'Américain», il avait vu, comme tant d'autres, son capital fondre au soleil. Mais,
après avoir échoué dans le maquignonnage des agneaux, il avait renfloué sa barque,
et trouvé enfin la fortune dans le recrutement de jeunes bergers pour le Far West.
[...] Lorsqu'il montrait son film publicitaire, il était sûr d'émouvoir un instinct vivant
dans chaque Basque : celui du départ pour les Amériques. **99**

Joseph Peyré, *JEAN LE BASQUE*, Flammarion, Paris, 1953

RAMUNTCHO OU L'ESPRIT BASQUE

*Julien Viaud, connu sous le pseudonyme de Pierre Loti (1850-1923), officier
de marine, est nommé en 1891 commandant du stationnaire de la Bidassoa,
la canonnière Le Javelot, et s'installe à Hendaye. À 41 ans, écrivain célèbre,
nouvellement élu à l'Académie française, il tombe sous le charme du Pays
basque : il adopte le béret, joue à la pelote et suit ses amis contrebandiers, alors que sa
fonction lui commande de les pourchasser. Marié et père de famille, il est à tel point fasciné par la «race basque» qu'il désire y mêler son sang et choisit une jeune autochtone,
Crucita Gainza, comme génitrice. Il l'installe secrètement à Rochefort près du
domicile conjugal où elle vivra recluse, élevant les trois fils qu'elle eut de
l'écrivain, qui lui rendra régulièrement visite. Le succès de
Ramuntcho est considérable.*

66 Partout, dans la mouillure des feuilles jonchant la
terre, dans la mouillure des herbes longues et cou-
chées, il y avait des tristesses de fin, de muettes
résignations aux décompositions fécondes.
Mais l'automne, lorsqu'il vient finir les plantes,
n'apporte qu'une sorte d'avertissement lointain à l'homme un peu plus durable, qui résis-
te, lui, à plusieurs hivers et se laisse plusieurs
fois leurrer au charme des printemps.
L'homme, par les soirs pluvieux d'octobre et
de novembre, éprouve surtout l'instinctif
désir de s'abriter au gîte, d'aller se réchauffer
devant l'âtre, sous le toit que tant de millénaires amoncelés lui ont progressivement
appris à construire. – Et Ramuntcho sentait
s'éveiller au fond de soi-même les vieilles aspira-
tions ancestrales vers le foyer basque des campagnes, le foyer isolé, sans contact avec les foyers voisins ; il se hâtait davantage vers le primitif logis, où
l'attendait sa mère.
Çà et là, on les apercevait au loin, indécises dans le crépuscule,
les maisonnettes basques, très distantes les unes des autres, points
blancs ou grisâtres, tantôt au fond de quelque gorge enténébrée, tantôt sur
quelque contrefort des montagnes aux sommets perdus dans le ciel obscur ; presque
négligeables, ces habitations humaines, dans l'ensemble immense et de plus en plus
confus des choses ; négligeables et s'annihilant même tout à fait, à cette heure,
devant la majesté des solitudes et de l'éternelle nature forestière.
Ramuntcho s'élevait rapidement, leste, hardi et jeune, enfant encore, capable de
jouer en route, comme s'amusent les petits montagnards, avec un caillou, un
roseau, ou une branche que l'on taille en marchant. L'air se faisait plus vif, les alentours plus âpres, et déjà ne s'entendaient plus les cris des courlis, leurs cris de poulie rouillée, sur les rivières d'en bas. Mais Ramuntcho chantait l'une de ces plain-
tives chansons des vieux temps, qui se transmettent encore au fond des campagnes
perdues, et sa naïve voix s'en allait dans la brume ou la pluie, parmi les branches
mouillées des chênes, sous le grand suaire toujours plus sombre de l'isolement, de
l'automne et du soir. **99**

PIERRE LOTI, *RAMUNTCHO*, CALMANN-LÉVY, PARIS, 1897

LA PASTORALE SOULETINE

Retiré à Ciboure dans sa villa Allegria, Pierre Benoit (1886-1962), romancier fécond dont les œuvres obtiennent un grand succès, s'est penché sur le Pays basque, terre d'élection qu'il a aimée profondément. Dans un ouvrage intitulé Le Pays basque, *il en donne une description précise et chaleureuse et dresse un décor typique de village où se déroule une pastorale, représentation théâtrale imprégnée de tradition millénaire ▲ 256. Il souligne alors le caractère parfois facétieux des populations locales.*

❝ Donnez-vous la peine de prendre place, sur les bancs rugueux, face à la scène dressée sur des tréteaux ou des tonneaux. «Quel est ce village ?» demandez-vous. Tout bonnement le bourg royal de Larrau, antique site au fin fond de la Haute-Soule, dont le *port*, autrement dit le col, conduit à Ochagavia, en Navarre espagnole. La neige commence à tomber ici dès le début de novembre. Il est vrai que nous sommes déjà en mai. Sous le ciel d'une pureté merveilleusement nette se détache le romantique pic d'Orhy. En mai ? Très exactement le 5, anniversaire de la mort du Grand Empereur, qui vient d'être commémorée ce matin dans la chapelle des Invalides. Larrau n'a pas voulu être en reste avec Paris. On est allé quérir dans le vieux répertoire l'une des plus classiques pastorales : *Napoléon Ier*. Le voici, en personne, qui fait son entrée sur un cheval blanc, ayant troqué contre un mirifique uniforme, blanc également, son habit vert de colonel des chasseurs de la Garde. Il est précédé par les bergers en chamar menant leurs brebis, dans un immense tintamarre de sonnailles. L'accompagne le *pastoralier*, tout ensemble auteur, metteur en scène, chef d'orchestre, régisseur, maître à danser. Joséphine, plus modeste, vient ensuite, précédant le pape Pie VII. Le clergé local est là, au complet, pour saluer avec une bonhomie qui ne va pas sans quelque réserve le souverain de la chrétienté. [...]

Toute la journée, jusqu'à l'heure où le rouge soleil s'ébréchera derrière les montagnes, la pastorale va maintenant dérouler ses innombrables péripéties, danses, monologues, chansons, interventions sataniques ou divines, salmigondis à nul autre pareil, mais vivifié, mais animé, mais sublimisé par l'incomparable foi des acteurs, soutenus, transportés eux-mêmes par l'incomparable foi de l'assistance. [...] L'essentiel, le miraculeux, c'est cette conviction qui transporte véritablement les montagnes, les oblige à apporter leur collaboration, à servir de décor à ce qui, sans elles et ailleurs, ne mériterait pas plus d'être pris en considération qu'une vulgaire parade foraine. Là est la beauté. Là est le mystère. Mystère ? Mystères ? Comme le Moyen Âge a eu raison lorsqu'il a eu l'idée de réserver une telle dénomination à ce mélange unique de naïveté, de sainteté, de jonglerie dont le peuple basque est seul désormais à détenir – souhaitons que ce soit pour bien longtemps ! – le chaste et rayonnant monopole. ❞

Pierre Benoit, LE PAYS BASQUE,
Fernand Nathan, Paris, 1954

LE GOÛT DE LA CONTREBANDE

❝L'histoire n'est pas si vieille que cela, paraît-il. Un préfet des Basses-Pyrénées assez timoré – dans un tel département il y a parfois de quoi l'être ! – était en tournée d'inspection. Il fut prié à déjeuner chez un maire «frontalier», invitation qu'il accepta en se faisant d'autant moins prier que son hôte passait, sur ces questions, pour être doué d'une compétence très particulière. Après le plus cordial des repas, voici qu'ils décident, munis l'un et l'autre d'un excellent cigare, d'aller faire dans la campagne une petite promenade digestive. On s'abandonne plus aisément aux confidences loin des oreilles indiscrètes. «Le vent est muet», ainsi que le disait à Lucien de Rubempré le chanoine Carlos Herrera. Le préfet n'en démordait point. «Vous n'allez pas me soutenir, répétait-il à son nouvel ami, que si la douane faisait son service comme il faut, il lui serait si difficile d'empêcher les gens de par ici de franchir la frontière à tout propos !» – « Monsieur le Préfet, lui répliqua aimablement son hôte, il y a une chose dont vous me paraissez ne pas vous douter, c'est que depuis une dizaine de minutes, nous sommes en train de nous promener en Espagne.» Le préfet ne dit rien. Il se borna à considérer ce qu'il restait de son cigare, sans se croire obligé de demander à son compagnon où il avait été acheté.❞

PIERRE BENOIT, *LE PAYS BASQUE*, FERNAND NATHAN, Paris, 1954

CIMETIÈRE BASQUE

Francis Jammes, poète et romancier (1868-1938), passa une grande partie de sa jeunesse à Pau. Il vécut à Orthez où il se familiarisa avec la vie rurale. Après une vie intellectuelle et mondaine brillante, il s'installa à Hasparren dans une maison nommée Eihartzea ▲ 208 où il mourut en 1938. Il s'est fait le chantre du Pays basque et sa prose poétique se manifeste dans Le Mariage basque.

❝Le cimetière basque est si simple, si beau, qu'on ne saurait concevoir un lieu où les vivants communient davantage avec les morts. Là, rien ne cherche à masquer la vérité. La terre est celle du jardin d'à côté, seulement un peu plus fleurie. Les plus vieilles tombes sont surmontées de disques de pierre dont on dirait, à la nuit tombante, des têtes dressées hors du sol, image peut-être de la résurrection. Sur ces disques sont gravés des signes du zodiaque, signifiant sans doute le Ciel, et des objets ayant trait aux professions : un marteau, une quenouille, une arbalète, une pelote. Les sépultures les plus récentes, surchargées de lettres et d'ornements noirs, ressemblent à d'étranges faire-part. Ce peuple attend la renaissance

des cendres, plus fermement qu'il ne compte sur la poussée des chênes. Les inhumations ont lieu sans phrases. Les capes des affligés retombent sans qu'aucun geste en dérange les plis. Seule révèle quelque signe extérieur de sensibilité l'étroite caisse blanche à galons d'argent qu'un fossoyeur emporte sous le bras, telle qu'une boîte à dragées, et dans laquelle la jeune mère en pleurs a couché son enfant. Parmi les tertres, les cierges laissent ruisseler leur cire en cette fête des élus. Çà et là des sièges où les vivants continuent de causer avec ceux qui, fatigués du grand soleil, se sont étendus dans la nuit. **99**

FRANCIS JAMMES, *LE MARIAGE BASQUE*, LE DIVAN, PARIS, 1926

LA MAISON DE MON PÈRE

Le poète Gabriel Aresti (1933-1975) fait partie du mouvement de la renaissance de la littérature basque qui émergea après la Seconde Guerre mondiale, et s'exprima essentiellement à travers la poésie. Très attaché à sa région et à ses origines, il évoque ici la maison, symbole de la terre et de la patrie basques qu'il faut défendre et dont la permanence est assurée : «elle durera, debout».

NIRE AITAREN ETXEA

Nire aitaren etxea
defendituko dut.
Otsoen kontra,
sikatearen kontra,
lukurreriaren kontra,
justiziaren kontra,
defenditu
eginen dut
nire aitaren etxea.
Galduko ditut
aziendak,
soloak,
pinudiak ;
galduko ditut
korrituak,
errentak,
interesak,
baina nire aitaren etxea defendituko dut.
Harmak kenduko dizkidate,

LA MAISON DE MON PÈRE

La maison de mon père
je la défendrai.
Contre les loups
contre la sécheresse,
contre le lucre,
contre la justice,
je la défendrai,
la maison de mon père.

Je perdrai
mon bétail,
mes prairies,
mes pinèdes ;
j'y perdrai
les intérêts,
les rentes,
les dividendes,
mais je défendrai la maison
de mon père.

eta eskuarekin defendituko dut
nire aitaren etxea ;
eskuak ebakiko dizkidate,
eta besoarekin defendituko dut
nire aitaren etxea ;
besorik gabe,
bularrik gabe
utziko naute,
eta arimarekin defendituko dut
nire aitaren etxea.
Ni hilen naiz,
nire arima galduko da,
nire askazia galduko da,
baina nire aitaren etxeak
iraunen du
zutik.

On m'ôtera les armes
et je la défendrai avec mes mains
la maison de mon père.
On me coupera les mains
et je la défendrai avec mes bras
la maison de mon père.
on me laissera
sans bras,
sans poitrine
et je la défendrai avec mon âme
la maison de mon père.
Moi je mourrai,
mon âme se perdra,
ma famille se perdra,
mais la maison de mon père
durera debout.

GABRIEL ARESTI, *HARRI ETA HERRI* (*PIERRE ET PEUPLE*),
ITXAROPENA, ZARAUZ, 1964

LES ODEURS DE BAYONNE

L'écrivain Roland Barthes (1915-1980), natif de Bayonne, a conservé un vif souvenir des dix premières années de son existence, passées dans cette ville du Sud-Ouest. Il parvient, dans son autobiographie, à restituer l'atmosphère olfactive de la cité.

66 De ce qui ne reviendra plus, c'est l'odeur qui me revient. Ainsi de l'odeur de mon enfance bayonnaise : tel le monde encerclé par le *mandala*, tout Bayonne est ramassé dans une odeur composée, celle du Petit-Bayonne (quartier entre la Nive et l'Adour) : la corde travaillée par les sandaliers, l'épicerie obscure, la cire des vieux bois, les cages d'escalier sans air, le noir des vieilles Basquaises, noires jusqu'à la cupule d'étoffe qui tenait leur chignon, l'huile espagnole, l'humidité des artisanats et des petits commerces (relieurs, quincailliers), la poussière de papier de la bibliothèque municipale (où j'appris la sexualité dans Suétone et Martial), la colle des pianos en réparation chez Bossière, quelque effluve de chocolat, produit de la ville, tout cela consistant, historique, provincial et méridional. 99

ROLAND BARTHES, *ROLAND BARTHES PAR ROLAND BARTHES*,
Seuil, Paris, 1975

PARTIE DE PELOTE À MENDIONDE

*Né en Argentine de parents basques revenus au pays alors qu'il avait sept ans, Jean
Etchepare (1877-1935), après des études de médecine, s'installe aux Aldudes et plus
tard à Mendionde. Fidèle observateur des mœurs du Pays basque du début du
XX* siècle, il a rassemblé des articles publiés dans* Eskualduna, *hebdomadaire basque,
dans un ouvrage intitulé* Buruxkak.

❝Plazak arroltze bat iduri du, erdian zabal, bi muturretan hertsi, dena etxez ingu-
ratua. – Haukien artean hiru, lau, eskualdun egoitzaren kara dutenak, argamasak
ezagun dituztelakotz gorriz tindaturik. Ez da bat halere lorioa duenik ; arte harra-
sirik ez dute ageri ; gainek ez dakote zolari alazerik egiten, ez doazko gainka ; bi
aldetarat ixurkia berdin dute estalgiek. – *Ursuiak* maldatzen ditu ipar ala mendeal
haizetik.
Buru batean dago errebota, harri pikatuz eginik, harrasi batek zabaltzen duela eta
bertze batek goitizen. burdin sarea hegian ; Eskual-herri guzian 1870ez geroz aipa-
tua, armadetako aitzindari, *général* bat, bere zaldi xuriaren gainean herriko seme
batek tindaturik badaukalakotz. Plazari sahetsaz badago, hogoi ta hamar ixtapez
luze, ostatu bat gaitza.
Lau orenak irian agertu ziren Hazparne-Zelaitarrak, mutiko gazte xuhail batzu,
jaunxkila, erneak, neskato ile harrodun andana besoz beso zerakartelarik ; ausar-
tzia horren gatik aditu baitzituzten handik eta hemendik xixtu batzu saminak.
Bainan etziren ahalgetu ; eta, ostatuan sarturik, erauntzirik beren soinekoak, alda-
turik, huna nun ditugun ja plazan hiru pilotariak, xuritan jauntzirik, arin.
Ziri luze batzu eskuan, kaskatuz zango muturrak, oihuka, ukabil ukaldika, bizpalau
mutikok berehala husten dute plaza zola ; inguruan, bizpahiru lerrotan, gainka
elgarri, kokatzen dira behariak ; etxetako leiho guziak betetzen, haurrak igaiten

zuhamu ala teilatuetarat ; horra jujeak izendatuak, biga herri bakotxeko, bi bazterretan xutik baitaude, begia atzarrik ; hara kondazalea, ziri bat eskuan ; huna azkenean, nehor ez baitzizeien oraino ohartzen. Lekondar pilotariak.
Ixilka sartuak dira, uzkur hainbertze begien aitzinean agertzeko, ez jakin norat ibil, ez eta nun ezar beren eskuak. Hiru laborari ume azkarrak, gerruntze ala sorbaldak zabal, larrua beltzaan. Soinekoetarik ezagun bertzalde, ezen oro kolorezkoak dituzte, espartinetarik hasirik, eta botoin hori batek biltzen deie osoan, aitzinerat, ixtapeko galtza. 99

66 La place du village ressemble à un œuf, large en son milieu, étroite sur les deux extrémités, tout entourée de maisons. Parmi celles-ci il y en a trois ou quatre qui ont l'apparence de la demeure basque, reconnaissables au colombage peint en rouge. Pas une seule, cependant, qui ait le lorio *[vestibule extérieur]* ; on ne voit pas non plus de pierres d'angle ; les étages ne forment pas d'auvents aux rez-de-chaussée, ils ne les surplombent pas. Les toits ont une pente égale des deux côtés. Le mont Ursuia les protège des vents de nord et d'ouest.
Le fronton se trouve à une extrémité, construit en pierre de taille qu'un mur élargit et un autre agrandit, le treillis de fer sur le sommet ; il est renommé dans tout le Pays basque depuis 1870 parce qu'il possède une peinture d'un enfant du village représentant un officier de l'armée, un général monté sur son cheval blanc. Sur le côté du fronton se trouve une très grande auberge de trente pas de long.
Vers les quatre heures apparurent ceux de Hasparren-Celhay, des jeunes gens pâles, godelureaux, vifs, ayant à leurs bras une bande de jeunes filles aux cheveux ébouriffés : cette audace leur valut, de-ci, de-là quelques stridents sifflets. Mais ils n'en éprouvèrent aucune honte et, entrés à l'auberge, ayant ôté leurs vêtements, s'étant changés, les voici déjà sur le fronton les trois pilotaris, vêtus de blanc, légers.
De longs bâtons à la main, frappant les pointes des pieds, criant, donnant du poing, quelques jeunes vident le fond de la place ; tout à l'entour, sur trois ou quatre rangs, les uns sur les autres, se placent les spectateurs, les fenêtres des maisons se remplissent, les enfants grimpent aux arbres et sur les toits ; les juges sont nommés, deux de chaque village, qui se tiennent debout sur les côtés, l'œil en éveil, voilà le compteur, un bâton à la main, voilà enfin, alors que personne ne leur prêtait attention, les pilotaris de Mendionde.
Ils sont entrés furtivement, hésitant à paraître devant autant de regards, ne sachant où aller ni où mettre leurs mains. Trois solides fils de paysans de taille ou d'épaules larges, le teint hâlé. On les remarque aussi à leurs vêtements tous de couleur, à commencer par les sandales, et un bouton jaune noue les pantalons sur le devant. 99

JEAN ETCHEPARE, *BURUXKAK*,
NOUVELLE ÉDITION, ELKAR, BAYONNE,
SAINT-SÉBASTIEN, 1980.
TRAD. DE CE TEXTE :
JEAN HARITSCHELHAR.

ITINÉRAIRES EN PAYS BASQUE

BAYONNE, *148*
BIARRITZ, *180*
HASPARREN, *208*
SAINT-JEAN-PIED-DE-PORT, *224*
MAULÉON-LICHARRE, *254*

▲ Berger et son troupeau, Soule   Jour de marché, Saint-Jean-Pied-de-Port ▼

▲ Saint-Palais dans les brumes

Troupeau sur les pâturages d'Urkulu▼

▲ Front de mer, Saint-Jean-de-Luz

L'océan devant le fort de Socoa ▼

▲ Falaises, Biarritz

Façades des quais,Ciboure ▼

▲ Danseurs basques, Mauléon

Joueurs de pelote ▼

Bayonne
et le bas Adour

Josette Pontet-Fourmigué

Histoire, *148*
Urbanisme, *150*
Bayonne et l'Atlantique, *154*
Cathédrale Notre-Dame, *156*
Autour de la cathédrale, *158*
Nouveau-Bayonne, *162*
Quais de la Nive, *163*
*La Batellerie
de l'Adour et de la Nive, 164*
Petit-Bayonne, *166*
Musée Bonnat, 168
Vincent Ducourau
Quartier Saint-Esprit, *172*
La tauromachie à Bayonne, 174
Miguel Darrieumerlou
Mouguerre, *176*
Lahonce, *176*
Briscous, *177*
Urt, *177*
Bidache, *178*

ESCRIPTION EXACTE ET PARTICVLIERE

«Bayonne ne saurait être qu'une sorte de ville hanséatique, n'appartenant ni à l'Espagne, ni à la France, ne faisant partie ni de la Navarre, ni de la Gascogne, ni du Béarn et conservant même sous la domination anglaise le caractère de commune indépendante. **»**
   M. Cenac-Mongaut,
   Voyage archéologique et historique dans le Pays basque, le Labourd et la Guypuscoa

La rue Poissonnerie au XIXᵉ siècle.

LA REDDITION DE BAYONNE
Le 20 août 1451, alors que les troupes françaises investissent les faubourgs, les habitants aperçoivent une croix blanche au-dessus de la cité ; c'est pour eux un signe du ciel : «Il plaisait à Dieu qu'ils fussent Français». Une plaque, dans une chapelle du collatéral nord de la cathédrale, commémore ce «miracle».

HISTOIRE

UN CASTRUM ROMAIN. Il n'y a guère de vestiges d'une occupation humaine du site de Bayonne avant le IVᵉ siècle de notre ère. Le choix de l'implantation romaine dans la seconde moitié de ce siècle est avant tout militaire ; le castrum, établi au sommet de la ville haute, servait de camp à la cohorte de Novempopulanie et avait sans doute pour objet de contrôler les passages vers l'Espagne à une époque troublée.

DE LAPURDUM À BAYONNE. *Lapurdum* désigne la tribu, peut-être le castrum et vraisemblablement la cité, qui n'apparaît que sous les Mérovingiens. C'est aussi le siège d'un évêché, créé vers 830. Mais la ville ne sort réellement des ténèbres qu'au XIᵉ siècle, sous le nom de *Baiona*, à l'étymologie douteuse. Comme l'ensemble de l'Aquitaine, elle est sous l'autorité du roi d'Angleterre entre 1151 et 1451.

UNE VILLE DE COMMUNE. En avril 1215, Jean sans Terre accorde à Bayonne une charte de commune, calquée sur celle de Rouen. Les institutions municipales sont composées d'un maire, de vingt-quatre jurats et d'une cour de cent pairs, d'où émanent les instances dirigeantes du corps de ville. L'autorité du prince est représentée par le prévôt, nommé par lui, mais les pouvoirs du maire restent très larges.

L'ÂGE D'OR ANGLAIS. La ville, qui fut l'un des pivots du duché d'Aquitaine, prospère au Moyen Âge. Les privilèges octroyés par le duc Richard (futur Richard Cœur de Lion) favorisent l'essor des activités commerciales ▲ *154*. Mais, dès la fin du XIVᵉ siècle, elle connaît des troubles politiques. À partir de 1428, le souverain tente de reprendre la ville en main et confie les charges principales, dont la mairie, à des Anglais. Assiégée en août 1451 par les troupes du roi de France et de ses alliés, Bayonne se rend et achève ainsi de perdre son autonomie : ses institutions sont réorganisées, et le roi fait élever le CHATEAU-NEUF pour protéger la ville et tenir ses habitants en respect.

FIN DE LA PROSPÉRITÉ. La reconquête française porte un coup aux échanges dans lesquels l'Angleterre occupait une grande place. Plus grave, l'embouchure de l'Adour, de plus en plus difficile à pénétrer, s'est déplacée vers le nord, à hauteur de Port-d'Albret entraînant le déclin du port. Les fréquentes inondations des terres basses et les épidémies de peste, qui ravagent la population à quatre reprises dans la première moitié du XVIe siècle, sont autant de préjudices que compense mal l'octroi de deux foires annuelles par Louis XI en 1462.

UNE PLACE FORTE. La vocation militaire de Bayonne, affirmée dès le XVIe siècle, s'est renforcée au fil des ans pour aboutir à une ville forteresse à la fin du XVIIe siècle. En trente ans, le système médiéval des tours et des barbacanes a évolué vers des ouvrages bastionnés ou prébastionnés, typiques de la Renaissance. Toutefois le système défensif demeure inachevé ou incomplet : des travaux importants sont entrepris de 1638 à 1670 par Vauban, donnant à la ville l'aspect d'une forteresse.

UNE CROISSANCE COMMERCIALE MODÉRÉE. Bayonne s'est peu investie dans le trafic avec les Antilles ou dans la traite négrière ; elle est restée axée sur les échanges avec l'Espagne, alors que se développait un protectionnisme espagnol qui la desservait. Aussi, dans les années 1770-1780, elle connaît une réelle dépression économique et démographique.

LA RÉVOLUTION À BAYONNE. À la Révolution, l'étroite oligarchie municipale de notables qui contrôlait la gestion de la ville est sévèrement attaquée par les corps de métiers, exclus des instances locales (hôtel de ville, chambre de commerce, bourse). Mais il n'y a pourtant pas de véritable révolution municipale et la radicalisation des événements ne trouve qu'un écho limité dans la population. Cependant, le commerce souffre et la franchise est supprimée. De plus, Bayonne est pénalisée par la réorganisation administrative de la France : elle n'a pas de fonctions importantes et se trouve coupée de l'ensemble du territoire par la limite départementale qui repousse Saint-Esprit dans les Landes.

LA VIE POLITIQUE. Le ralliement à la monarchie libérale des Bourbons ne pose pas de problème. Bayonne s'affirme républicaine même si l'adhésion définitive de la ville à la république ne date que des années 1873-1874. Les républicains modérés emportent les élections jusqu'aux années 1905-1906, qui marquent le triomphe des radicaux.

UNE CAPITALE RÉGIONALE. Aujourd'hui simple sous-préfecture, Bayonne, point de convergence du Pays basque et des pays landais, exerce cependant des fonctions administratives étendues. Elle est située au centre du district urbain Bayonne-Anglet-Biarritz qui compte environ 120 000 habitants. C'est une ville de commerce et de services. La création d'une université de plein exercice reste un des objectifs actuels.

L'AFFAIRE STAVISKY
Créé en 1931, le Crédit municipal de Bayonne fut le lieu d'un scandale politico-financier. Monsieur Alexandre, de son vrai nom Stavisky, bien connu des milieux financiers et politiques, fit placer pour 200 millions de faux bons de caisse dans les banques ou sociétés d'assurances. Le 24 décembre 1933, l'escroquerie est découverte et Stavisky est trouvé mort. La ville dut assumer jusque dans les années 1950 les remboursements du quart des fonds détournés.

Grisette de Bayonne au XIXe siècle.

LE SITE

Bayonne est située au confluent de la Nive et de l'Adour, à l'endroit où la vallée principale se rétrécit, permettant un franchissement aisé du fleuve, sur un promontoire dominant d'une dizaine de mètres les terres basses et inondables, les barthes, conquises progressivement.

UN URBANISME DE MARCHANDS

Les quais de l'Adour sont doublés de belles allées plantées d'arbres, les allées Marines. À l'entrée de la ville, les allées

Boufflers ont été redessinées, alors que le long des remparts ont été tracées les allées Paulmy.

URBANISME

LE MOYEN ÂGE, UNE EXPANSION URBAINE SPECTACULAIRE. Bayonne est en grande partie une ville neuve du XIIe siècle. La ville haute se construit selon un parcellaire assez régulier ; la vieille enceinte romaine est percée pour permettre l'extension des constructions sur les terres basses, vers la Nive ; des quartiers neufs s'édifient sur les terres marécageuses, entre Nive et Adour, le Borc Nau et Pannecau. Métiers du port et de la mer s'y regroupent (galupiers, tilloliers, marins, portefaix, tonneliers...), tandis que la ville haute concentre orfèvres, faures, marchands drapiers et merciers, bouchers... À la fin du XIVe siècle, la superficie de la ville *intra-muros* a plus que doublé. Il s'y ajoute de grands faubourgs, Saint-Léon, Tarride, Mousserolles, Saint-Esprit, sur la rive droite de l'Adour, sans doute presque aussi peuplés que la ville, qui devait compter environ 7 000 habitants.

STABILITÉ URBAINE ET CHANGEMENTS. Sous l'impulsion des négociants, Bayonne s'oriente vers l'aménagement des quais de l'Adour. Jusqu'au début du XIXe siècle, la ville reste figée dans ses remparts, les servitudes militaires s'étant encore renforcées durant la Restauration. Mais sous le Second Empire, Bayonne se donne une politique de grands travaux : organisation d'un réseau de communications sur la Nive, reconstruction des quais en pierre (1857-1867), installation de halles Baltard sur la rive gauche de la Nive, travaux d'assainissement. L'arrivée du chemin de fer à Saint-Esprit impose le rattachement du bourg à Bayonne (1857) et encourage l'éclosion d'un nouveau quartier.

L'OUVERTURE DE LA VILLE. Depuis 1870, la ville a lutté pour obtenir la suppression de l'enceinte fortifiée. Le déclassement général est obtenu en 1907, mais ce n'est qu'en 1921 qu'intervient la cession officielle des 76 ha de l'enceinte fortifiée et du camp de Marracq. Les constructions au-delà des remparts et des glacis donnent à la ville sa physionomie actuelle : villas édifiées au milieu de parcs sur les allées Paulmy, le Nouveau-Bayonne, centré sur l'avenue Foch, pavillons de Marracq de style néo-basque, lotissement de Beyris.

L'EXPLOSION DE L'ESPACE URBAIN. Ce n'est qu'à la fin de la Seconde Guerre mondiale que la population de la ville, restée longtemps stagnante, s'accroît. L'urbanisation s'accélère avec la création à la périphérie, et surtout à Saint-Esprit et à Sainte-Croix, sur la rive droite de l'Adour, d'une ZUP et d'immeubles HLM, qui abritent 8 000 habitants. Le vieux Bayonne amorce une dépopulation qui ne fera que s'accentuer au profit des nouveaux quartiers ou des communes du district B-A-B (Bayonne-Anglet-Biarritz).

LE CLOÎTRE GOTHIQUE
Construit aux XIIIᵉ et
XIVᵉ siècles, enrichi de trois
élégantes rosaces, il est éclairé
par des doubles baies géminées.

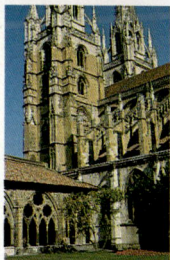

Les toitures ont été refaites durant les années 1980. Une nouvelle campagne de travaux a commencé en 1991, ayant pour objet de lutter contre les infiltrations d'eau, de nettoyer les maçonneries et de restaurer les peintures et les vitraux. Achevée à la fin de 1992, elle a redonné à la cathédrale tout son éclat et sa luminosité.

Dessin de la restauration du transept sud, 1853.

CATHÉDRALE NOTRE-DAME ♥

Sainte-Marie ou Notre-Dame de Bayonne, qui éblouissait dès le XIIIᵉ siècle les pèlerins en route vers Compostelle, est l'une des cathédrales gothiques françaises les plus méridionales sans toutefois en présenter les caractéristiques puisque ses références sont essentiellement champenoises.

UNE LONGUE ÉDIFICATION. Notre-Dame s'élève sur le site d'une cathédrale romane en place dès 1125-1130, qui fut ravagée par un incendie en 1258. Le moment essentiel de la construction se situe dans la seconde moitié du XIIIᵉ siècle, époque à laquelle sont élevés le chevet, une partie du transept et le cloître. Durant le XIVᵉ siècle, l'édification de la nef se poursuit et la dernière travée est achevée en 1404. Les vitraux apparaissent au cours des XVᵉ et XVIᵉ siècles, où sont également élevés le mur et le portail ouest. Lorsque les hommes du roi de France entrent dans la cathédrale en 1451, la plus grande partie de l'édifice est achevée.

L'INSPIRATION CHAMPENOISE. Le chœur, éclairé à la fois par des hautes fenêtres et un triforium à claires-voies, révèle l'inspiration champenoise des bâtisseurs, comme la disposition des chapelles à pans coupés de l'abside, le voûtement du déambulatoire ou les chapiteaux du chœur. Il se serait cependant écoulé plus d'un demi-siècle entre l'élévation du chœur de la cathédrale de Bayonne et ceux de Soissons (1212) ou de Reims (1242).

LES CHAPELLES. À la fin du XVᵉ siècle, des chapelles latérales sont aménagées entre les contreforts du côté nord pour de riches familles bayonnaises. Dans la CHAPELLE SAINT-JÉRÔME, de style gothique rayonnant, se trouve le plus beau vitrail de la cathédrale, datant de 1531, *La Guérison de la fille de la Cananéenne*, don de la famille Ducasse. Sur le bas-côté sud, la CHAPELLE DE LA VIERGE, de style flamboyant, servait de sacristie au XVIᵉ siècle. La CHAPELLE DES FONTS BAPTISMAUX, ancienne chapelle Sainte-Élisabeth, possède une fresque de la fin du Moyen Âge représentant la Crucifixion.

L'AMÉNAGEMENT INTÉRIEUR. Vers 1760-1775, l'église reçoit une décoration néo-classique et l'autel, orné d'un polyptyque en bois doré du XVᵉ siècle, est remplacé par un autel en marbre. L'édifice subit de

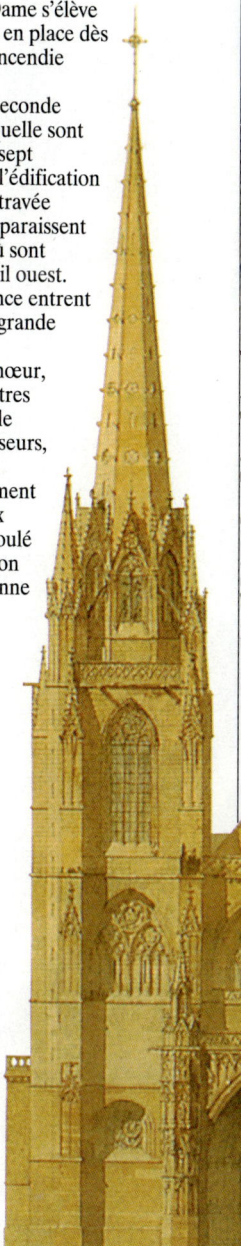

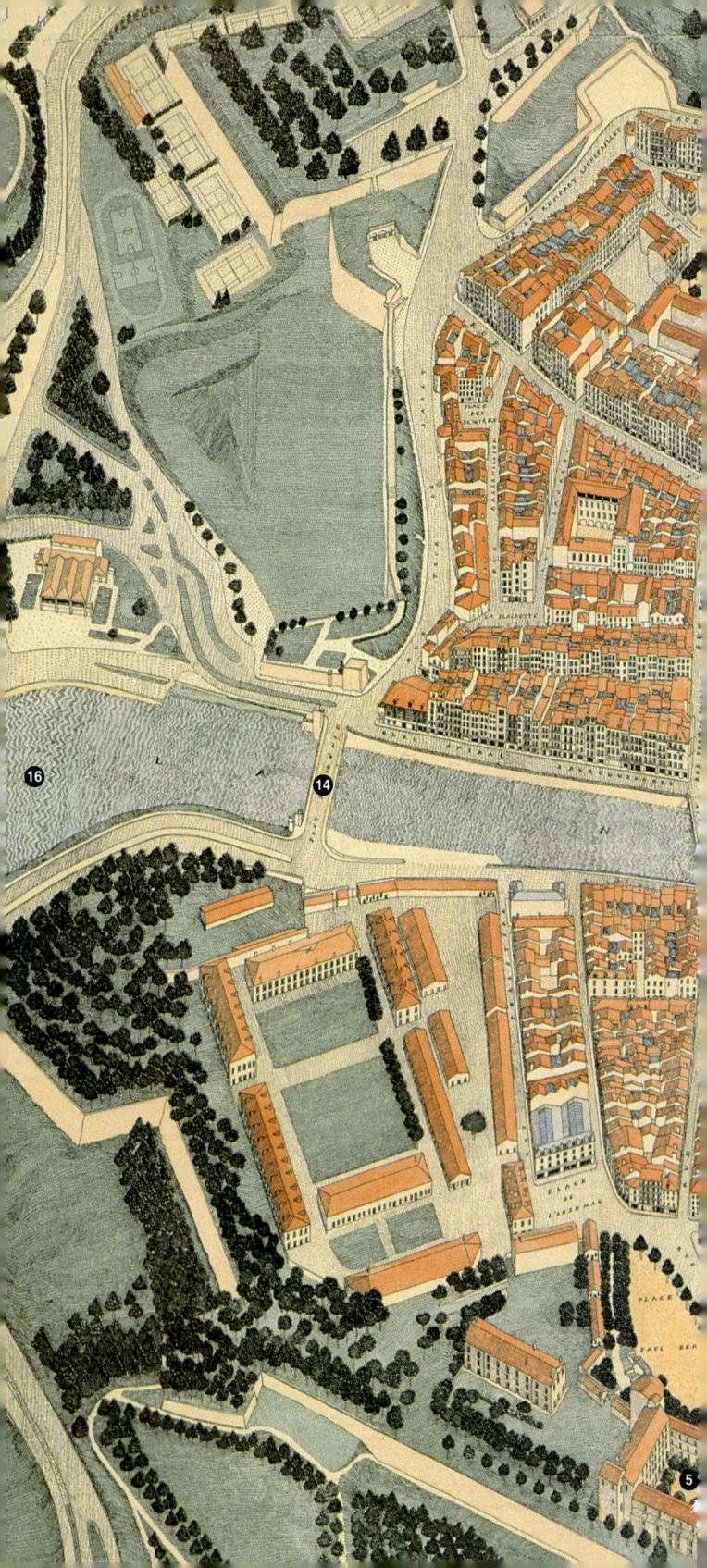

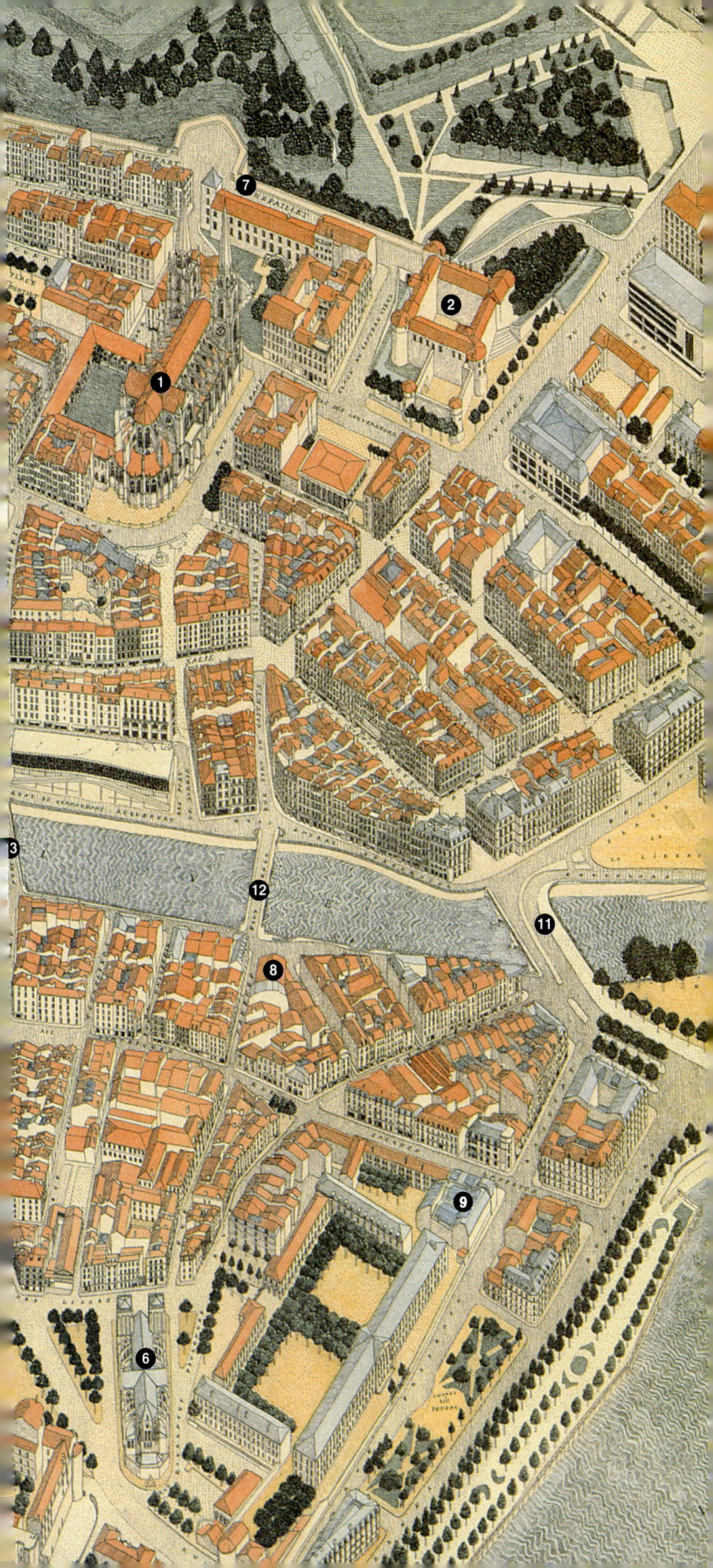

IHOLDY

BOÏNA VASCO
D'ORIGINE

D'APRÈS
P. JAILLET

Bakarra

Chirola

VERITABLE
FOULARD BASQUE
MARQUE
DÉPOSÉE

RAHNA

COTE BASQUE

MIARKA

RENTERIA

VRAI BASQUE

GIDARIA

Déposé

Select

Sevilla

ADIGA

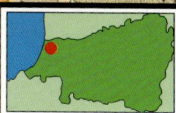

1. CATHÉDRALE
SAINTE-MARIE ET
CLOÎTRE
2. CHÂTEAU -VIEUX
3. HÔTEL-DE-VILLE-
THÉÂTRE
4. PLACE DU GÉNÉRAL
DE GAULLE
5. CHÂTEAU -NEUF
6. ÉGLISE
SAINT-ANDRÉ
7. REMPART
LACHEPAILLET
8. MUSÉE BASQUE
ET DE LA TRADITION
BAYONNAISE
9. MUSÉE BONNAT
10. PONT
SAINT-ESPRIT
11. PONT MAYOU
12. PONT MARENGO
13. PONT PANNECAU
14. PONT DU GÉNIE
15. L'ADOUR
16. LA NIVE

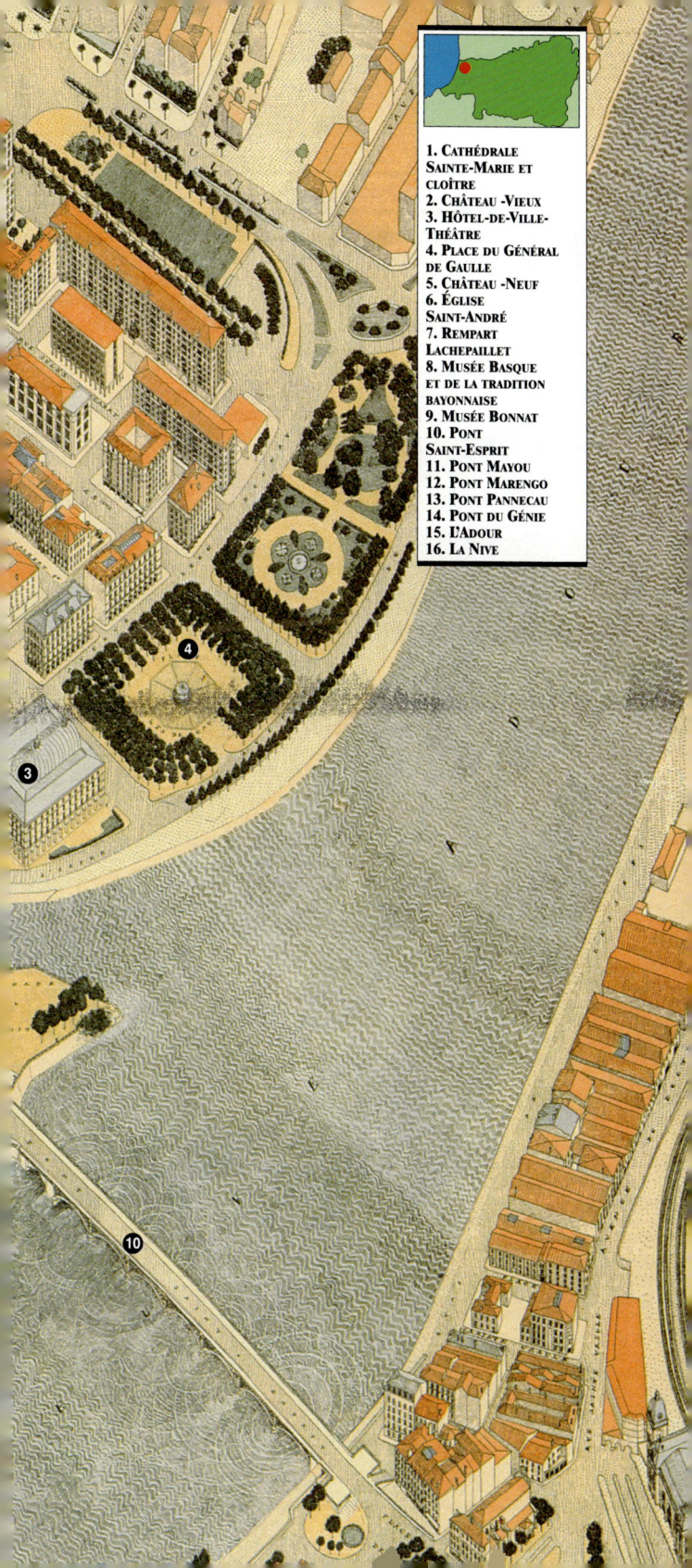

BAYONNE ET L'ATLANTIQUE

UNE RÉPUBLIQUE MARCHANDE PROSPÈRE. Au Moyen Âge, Bayonne réussit à étendre son influence économique sur son arrière-pays, qui fournit les matières premières (bois pour les navires et la tonnellerie, tan, fer, cuir, laine) pour l'industrie ou le commerce. Des chantiers navals, actifs et réputés, sont établis sur la Nive et l'Adour au Bourgneuf. La flotte bayonnaise participe au commerce des vins de Bordeaux, mais peut aussi être armée en guerre par le roi-duc. Enfin, Bayonne tient une grande place dans le commerce atlantique, la ville ayant tissé des liens serrés avec la Saintonge, l'Ouest français, la Flandre ou l'Angleterre. **UN NOUVEL ESSOR.** Le commerce bayonnais connaît une reprise spectaculaire à la fin du XVIe siècle, favorisée par la conjoncture politique et les exemptions fiscales que lui vaut sa situation aux portes de l'Espagne. La pêche à la baleine et à la morue se développe, alors que s'ouvrent de nouveaux horizons : Canada, Antilles. L'axe du commerce bayonnais reste cependant tourné vers l'Espagne, d'où viennent laines, piastres et métaux précieux. Bayonne est alors une place commerciale de première importance.

LE PROBLÈME DE LA BARRE. À l'entrée de l'embouchure de l'Adour s'est formée une barre sableuse qui rendait l'approche de l'estuaire délicate, le chenal ne cessant de se déplacer. Un programme d'endiguement de l'estuaire fut lancé par la monarchie à partir des années 1730. À la fin de l'Ancien Régime, un ouvrage remarquable fut réalisé pour un investissement considérable de 4 millions de livres, mais resta inachevé ; l'estuaire est stabilisé, la passe approfondie, mais toujours difficile à pratiquer.

LA CRÉATION D'UN NOUVEAU BOUCAU. La survie du port passait par le rétablissement de l'Adour à proximité de la ville. Cet objectif est atteint le 28 octobre 1578, jour béni de la Saint-Simon-et-Jude, commémoré jusqu'à la Révolution par une grande procession. C'est l'œuvre de Louis de Foix, l'ingénieur qui ouvrit à nouveau Bayonne sur l'océan.

VERS UN PORT FRANC. À partir de 1730, les fermiers généraux engagent une attaque contre les privilèges bayonnais et diverses exemptions fiscales. Le commerce du tabac et des sucres est désormais lourdement taxé et connaît une baisse sensible. La situation devenant de plus en plus difficile, les négociants bayonnais demandent une classification du statut du port qui devient un port franc en 1784. Les échanges avec l'étranger sont stimulés, mais le commerce avec la France doit se faire au bourg Saint-Esprit et le Labourd est partagé en deux. Ce nouveau statut est loin de faire l'unanimité.

XIXe SIÈCLE : UN DÉVELOPPEMENT CONTRASTÉ. Dans la première moitié du XIXe siècle, le trafic portuaire a du mal à reprendre, et le second Empire inaugure une période de longue stagnation : l'industrie de la construction navale s'effondre après 1857, concurrencée par le chemin de fer. À partir des années 1880, l'implantation des Forges de l'Adour à Tarnos entraîne un renouveau économique spectaculaire et la naissance d'un port industriel dont Boucau est le centre. À ce glissement du port vers l'estuaire s'ajouteront le remplacement des voiliers par des vapeurs, le dragage du bassin et la transformation des jetées, qui atténueront le problème obsédant de la Barre. À l'aube du XXe siècle, Bayonne devient un port moderne.

«La cathédrale de Bayonne est une assez belle église du quatorzième siècle couleur amadou et toute rongée par le vent de la mer»

VICTOR HUGO

graves dégradations pendant la Révolution : seul le portail sud, du XIIIe siècle, avec la Vierge et le Christ en majesté, est épargné, sans doute protégé par les bottes de foin empilées dans le cloître, sur lequel il ouvrait. Très endommagée, l'église fit l'objet de restaurations importantes au XIXe siècle.

LE NÉO-GOTHIQUE DU XIXe SIÈCLE.

L'effondrement de la voûte du bras droit du transept et le cloître menaçant de tomber en ruine décident Mgr Lacroix, alors évêque, à agir. À partir de 1858, une opération d'envergure est menée par un disciple de Viollet-le-Duc, Boeswillwald, qui procède à la restauration de la tour sud, supprime le dôme et fait élever les deux flèches, dont la seconde en 1873. Boeswillwald donnera à la cathédrale l'allure élancée qu'on lui connaît. La chapelle paroissiale Saint-Léon et la sacristie, qui renferme désormais le portail sculpté du XIIIe siècle, sont également édifiées. La décoration intérieure renoue avec le gothique : le maître-autel est orné de panneaux de vermeil repoussé, le tabernacle surmonté d'un dais en marbre blanc, un immense ciborium couvre le maître-autel (1855) et les chapelles du déambulatoire s'ornent de peintures de Steinhel dans le style du XIVe siècle. Dallage du chœur et trône épiscopal complètent l'ensemble. Les vitraux sont remis en place ; la grande rosace ne date que du début du XXe siècle.

LES ARMOIRIES DE LA NEF.

À la croisée du transept, trois léopards d'or, armoiries du roi d'Angleterre, duc d'Aquitaine, évoquent la période anglaise de la ville ; en revanche, à la première travée, les lys de la couronne de France sont unis aux léopards (rappelant qu'Henri VI, roi d'Angleterre, fut couronné roi de France en 1431) ; enfin, les lys apparaissent seuls sur la façade, après la prise de Bayonne par le roi de France.

LE CLOÎTRE ♥.

Le cloître était un lieu de réunion et de rencontre pour les métiers ou le corps de ville, mais aussi un lieu de sépulture réservé aux dignitaires : dalles funéraires et enfeus de tombeaux du XIVe au XVIe siècle témoignent de cette fonction.

LA NEF BAYONNAISE
Sous la clé de voûte du bras sud du transept vogue la fameuse Nef bayonnaise avec son gouvernail d'étambot, ou timon «à la bayonnaise». L'identité maritime de la ville s'y exprime.

FLEURS DE LYS ET LÉOPARDS
Composée de sept travées, longue de 46 m, la nef dégage une impression d'ampleur et d'harmonie. Elle abrite les armoiries, suspendues aux clés de voûte, qui rappellent l'histoire médiévale de la cité.

AUTOUR DE LA CATHÉDRALE

PLACE PASTEUR, ANCIEN CŒUR DE LA CITÉ. C'est l'ancienne place publique, ou place Notre-Dame, cœur de la cité jusqu'au XIXᵉ siècle. Face au chevet de la cathédrale, contre lequel étaient adossées depuis la fin du XVIᵉ siècle diverses loges ou maisons, s'élevait l'hôtel de ville médiéval, gothique, avec son beffroi et sa cloche. La fontaine a été édifiée à l'emplacement du pilori où criminels et délinquants étaient attachés, un carcan au cou, et exposés à la vue de la population.

BIBLIOTHÈQUE MUNICIPALE. Elle occupe une partie des bâtiments restaurés du palais épiscopal médiéval, qui fut agrandi et transformé au XVIIᵉ siècle par les évêques successifs. La tour carrée, qui fut reconstruite entre 1639 et 1642, est l'œuvre de François Fouquet, frère du surintendant des Finances, dont il partagea la disgrâce après 1665. À la fin du XVIIᵉ siècle, les dimensions du palais épiscopal le désignaient pour recevoir les hôtes de marque, fort nombreux dans cette ville-étape sur la route de l'Espagne. Désaffecté à la Révolution, longtemps dégradé, le bâtiment est aujourd'hui restauré.

RUE MONTAUT. Elle perpétue le souvenir de la reine Marie-Anne de Neubourg (ci-contre), en exil à Bayonne de 1706 à 1738, à la suite de la guerre de Succession d'Espagne. Elle vécut avec sa cour dans une maison noble située rue Montaut, qui a totalement disparu ; seule une plaque atteste actuellement son existence passée.

RUE DES FAURES. La puissante corporation des forgerons (les «faures», en gascon) s'installa dès 1204 dans cette rue qui retentit, tout au long du Moyen Âge, du martèlement assourdissant des enclumes. La corporation regroupait à l'époque moderne tous les métiers du fer (cloutiers, cuirassiers, fourbisseurs et taillandiers) et tenait son influence du monopole qu'elle exerçait sur la fabrication des armes et des ouvrages de fer pour la construction navale. Ainsi privilégiés, les faures jouissaient d'un droit de préemption sur les maisons.

RUE DES PRÉBENDÉS. La maison du chapelain majeur, curé de la cathédrale, située à l'angle de la rue des Faures, possède une élégante façade de pierre, rythmée par des balconnets de fer forgé dans le goût bayonnais du XVIIIᵉ siècle. À l'angle de la rue des Prébendés et de la rue Montaut se trouve une des plus belles caves voûtées de la ville ● 109.

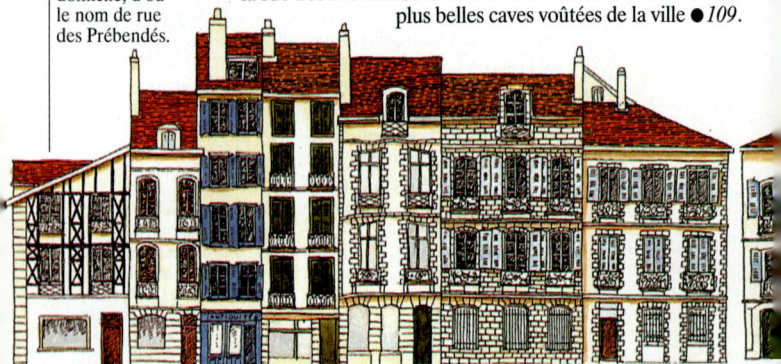

LA BAÏONNETTE
On prête aux couteliers de la rue des Faures l'invention de la baïonnette, qui porta d'abord le nom de «couteau bayonnais».
«La baïonnette est à peu près de la longueur d'un poignard. Elle n'a ni garde ni poignée, mais seulement un manche de bois de la longueur de 8 à 9 pouces ; la lame est pointue et taillante longue d'un pied et large d'un bon pouce.»
Traité des Armes,
1678

L'ANCIENNE RUE DES CHANOINES
Les chanoines et les autres membres du chapitre, qui recevaient tous une prébende, c'est-à-dire une part de la mense capitulaire, y élisaient domicile, d'où le nom de rue des Prébendés.

PORTE DU COUVENT DES CLARISSES
Elle est surmontée d'une décoration sculptée de deux têtes sur des chapiteaux à feuilles d'acanthe.

RUE SABATERIE. Les cordonniers et savetiers, qui s'y regroupaient au XIIIᵉ siècle, ont donné son nom à cette rue sombre et étroite. Au XVIIᵉ siècle, deux couvents s'y installent : celui de Sainte-Claire, vers 1680, et celui des Dames de la Foi, peu après, dont il ne reste rien.

RUE DES GOUVERNEURS. Descendant de la cathédrale vers le Château-Vieux, cette rue évoque le souvenir des gouverneurs qui se succédèrent à Bayonne depuis la seconde moitié du XVᵉ siècle jusqu'à la Révolution. Face au Château-Vieux s'élevait, au XVIIIᵉ siècle, l'hôtel du lieutenant du roi, commandant militaire de la place, dont il ne subsiste plus aujourd'hui que les guérites des corps de garde et le décor d'une ancienne porte. Une plaque rappelle que Napoléon y reçut les souverains espagnols Charles IV et Marie-Louise. Au nᵒ 5 de la rue se trouve une superbe cave ogivale ● *109*.

LE CHÂTEAU-VIEUX ♥. Bel exemple de l'architecture militaire médiévale à Bayonne, cette forteresse à peu près carrée s'élève à l'angle nord du castrum, s'appuyant sur deux tours du rempart romain puissamment renforcées. Le vicomte de Labourd, Bertrand Raymond de Sault, fit ériger en son centre un donjon de dimensions impressionnantes, la TOUR DE FLORIPES, démolie par Vauban en 1680. Au XVIIᵉ siècle, la forteresse quadrangulaire, cantonnée de grosses tours rondes, a été fortifiée du côté de la ville par les Gramont, gouverneurs de Bayonne, afin de maintenir celle-ci sous la menace. Son caractère imposant était accentué par la présence de fossés, aujourd'hui comblés. Résidence du gouverneur, le Château-Vieux mérita son nom après la construction, dans la seconde moitié du XVᵉ siècle, d'un nouveau château au Petit-Bayonne. Il accueillit nombre d'hôtes illustres, de Du Guesclin à Louis XIV, ainsi que Louis XI, François Iᵉʳ, Charles IX. Napoléon Iᵉʳ avait envisagé sa démolition dans son plan d'urbanisme de 1808 ; il est resté, fort heureusement, dans le patrimoine urbain et constitue un conservatoire des différents matériaux utilisés depuis l'époque romaine.

JEAN DU VERGIER DE HAURANNE
Ce célèbre abbé de Saint-Cyran, grande figure de la Contre-Réforme, naquit dans la rue Vieille-Boucherie en 1581.

Fils de marchand, il étudie à Louvain puis à Paris. Vers 1609, il se lie à Cornélius Jansen, dit Jansénius, et l'invite à Bayonne, où ils étudient les œuvres de saint Augustin. En 1635, Saint-Cyran est confesseur et directeur spirituel de l'abbaye de Port-Royal. Arrêté en mai 1638 sur ordre de Richelieu, il ne sera libéré qu'après la mort du cardinal, en février 1643 ; il s'éteint à Paris le 31 octobre 1643.

LES CHOCOLATIERS DE BAYONNE ● *84*
Le chocolat fut sans doute introduit à Bayonne par les Juifs de Saint-Esprit, qui en avaient connu l'usage en Espagne. Ils faisaient le chocolat à la pierre et le travaillaient à façon chez les épiciers ou chez les particuliers, portant avec eux leur outillage.

BOULEVARD LACHEPAILLET. Construit au XVIe siècle sur l'emplacement des anciens fossés de l'enceinte médiévale, il permet de découvrir l'ensemble du système défensif de la ville : à gauche, la vieille enceinte de la ville romaine et médiévale, ainsi que les vestiges des anciennes portes de la ville ; à droite, les fossés et les fortifications du XVIIe siècle. Les propriétaires des maisons n'ont obtenu qu'après 1760 le droit d'ouvrir des fenêtres dans leurs façades, et bien plus tard encore des portes.

RUE TOUR-DE-SAULT. Sur la gauche se trouvent les maisons construites sur l'enceinte et deux belles tours, bien conservées et restaurées, vestiges de l'ancien système de défense de la ville qui avait réutilisé les fondations romaines. La seconde en descendant est la TOUR DU BOURREAU : il y avait sa résidence.

RUE D'ESPAGNE. Cette ancienne grande artère commerçante a gardé beaucoup de charme. Ses maisons de quatre ou cinq étages, aux façades étroites, sont caractéristiques du parcellaire bayonnais ● *108*. Les balcons en fer forgé et les heurtoirs ouvragés leur confèrent une élégance certaine.

RUE ARGENTERIE. Ancienne rue des Argentiers, devenue rue Argenterie dans les années 1650, elle regroupait la puissante corporation des orfèvres et des changeurs. Leur production était réputée et l'argenterie du XVIIIe siècle au poinçon de Bayonne est toujours très recherchée. Au no 5, un immeuble abrite un bel escalier en bois du XVIIe siècle.

RUE ORBE. Elle a été gagnée sur l'ancien fossé de la ville asséché au XIIe siècle. Au no 9, la MAISON DE SORHAINDO, austère bâtisse du XVIe siècle, porte le nom des lieutenants de mairie qui la firent construire. Elle accueillit, entre autres, Louis XIV, en route pour se marier à Saint-Jean-de-Luz.

RUE THIERS. C'est l'ancienne rue des Tanneries, dont les maisons possèdent encore dans leurs fondations des fosses de tanneur. Elle devint place d'armes en 1677 et l'un des lieux de promenades et de loisirs de la ville ; plusieurs maisons de jeu s'y élevaient, dont le jeu de paume de Niert. Elle est bordée de belles maisons de pierre avec balconnets en ferronnerie.

LE CARREFOUR DES CINQ-CANTONS AU XXe SIÈCLE
Ci-contre, affiche publicitaire pour *La Belle Jardinière*, célèbre magasin de Bayonne.

HÔTEL DE VILLE-THÉÂTRE. Dû à l'ingénieur Nicolas Vionnois, ce bâtiment carré, entouré d'arcades et construit sur pilotis, fut inauguré en janvier 1842. Le sol du péristyle est en pierre de Bidache, les murs en pierre de taille de Laas. La salle de spectacle, circulaire au centre et couverte d'une coupole métallique, est précédée d'un grand vestibule. La décoration intérieure a été conçue dans le style italien.

PLACE DE LA LIBERTÉ. Autrefois appelée place de Piémont, puis place Gramont, c'est l'une des plus anciennes places de Bayonne, où s'élevaient, à la fin du XVIe siècle, la première bourse et son palais de l'audience. Son pavage actuel reproduit les armes et la devise de la ville, *Nunque polluta,* les armes d'Aquitaine, de Gascogne, du Labourd et de Saint-Esprit.

RUE PORT-NEUF. Cette rue, une des plus pittoresques de Bayonne, fut construite au XVIe siècle, sur l'emplacement d'un ancien canal. Sur le côté gauche, les maisons ont conservé leurs arceaux, à l'abri desquels se trouvent aujourd'hui la plupart des chocolatiers de la ville ● *84.*

RUE DE LA SALIE. Cette vieille artère commerçante suit le tracé de l'ancien fossé de la ville. Là se concentraient, sous l'Ancien Régime, les marchands drapiers et épiciers. Au n° 8, l'HÔTEL DE BELZUNCE possède sur cour une des rares façades de la fin du XVIe ou du début du XVIIe siècle existant encore à Bayonne.

MAISON BRETHOUS. À l'angle de la rue Victor-Hugo et du quai, cet hôtel construit en 1730 pour Léon Brethous, riche négociant qui fut maire de la ville, sur les plans du dessinateur parisien J.-A. Meissonnier, spécialiste du style rocaille, tranche par son architecture et sa décoration avec les demeures bayonnaises, généralement plus sobres. Bien que modifiée au XIXe siècle, l'ordonnance de sa façade, aux proportions harmonieuses, avec ses balcons ornés de ferronneries, ses mascarons, ses angles arrondis, reste belle et imposante.

LE SIÈGE DE 1523
Aujourd'hui promenade agréable, le rempart de Lachepaillet (ci-dessous) aurait été le théâtre de combats sanglants lors du siège de Bayonne en 1523. Durant le conflit qui opposa Charles Quint à François Ier, Bayonne, clé du passage occidental des Pyrénées, devint un enjeu stratégique. La ville fut donc attaquée et assiégée par les Espagnols le 17 septembre 1523. L'histoire locale a fait de la résistance de la ville l'un des hauts faits de l'histoire bayonnaise. En réalité, l'épisode fut plus modeste, même s'il sema la peur dans la population.

LE CARREFOUR DES CINQ-CANTONS EN 1820
Situé à l'emplacement de la porte orientale de l'enceinte romaine, ce carrefour fut longtemps une véritable bourse en plein air où se retrouvèrent jusqu'au XIXe siècle courtiers, changeurs ou banquiers. Aujourd'hui, ce carrefour est toujours un lieu animé de la ville.

RUE DES AUGUSTINS. Cette rue est l'une des plus étroites de la ville. On y pénètre par un passage voûté et l'on y voit les vestiges de l'ancienne enceinte romaine, ainsi qu'une tour bien conservée. La place qui lui fait suite permet d'apprécier le lacis de rues médiévales, étroites et sombres, bordées de hautes façades. Tout le quartier fait actuellement l'objet d'opérations de restauration ou de réhabilitation.

RUE DES BASQUES. Parallèle à la Nive, gagnée sur les alluvions de la rivière, c'est par cette rue et la porte Saint-Simon qu'entraient les transporteurs qui venaient du Labourd. Les chaînes qui fermaient la rivière le soir y prenaient appui. Un immeuble à colombage ● 108 servit de grenier à blé et fit probablement aussi office de raffinerie au XVIIIe siècle : sa présence rappelle que les sucres étaient déchargés sur le QUAI DES BASQUES.

NOUVEAU-BAYONNE

L'extension de ce quartier est liée à l'autorisation de dérasement partiel de l'enceinte en 1897 puis au déclassement général de la place en 1907 : 40 ha furent ainsi libérés dans le Grand-Bayonne.

PLACE DE-GAULLE. Établie sur l'ancienne place d'armes, installée sur les bords de l'Adour en 1832, elle témoigne de l'ouverture décisive de la ville sur le fleuve. Un kiosque à musique, construit en 1891, est animé par l'harmonie municipale, qui y donne des concerts chaque jeudi soir en été.

MONUMENT AUX MORTS. Adossé à la contre-garde du Château-Vieux, ce magnifique monument est dû aux architectes Mulinié, Nicot et Pothier, ainsi qu'au sculpteur Brasseur.

ALLÉES PAULMY. Les belles allées plantées d'arbres, créées de 1754 à 1773 grâce à l'autorisation du ministre de la Guerre, le marquis de Paulmy, furent urbanisées dans les années 1920. Derrière la PLACE DES BASQUES, trois édifices des années 1930 (le garage Nivadour, le bureau de poste et les immeubles des frères Soupre) témoignent du style Arts déco à Bayonne.

JARDIN BOTANIQUE. Aménagé en 1990 dans les remparts, il abrite plus de mille espèces et variétés.

ALLÉES MARINES. Des magnifiques allées du XVIIIe siècle qui donnaient sur un quai encombré de bateaux, il ne subsiste que

le nom. Deux édifices importants y ont été élevés :
la sous-préfecture, due à André Pavlovsky, et le bâtiment des
Ponts et Chaussées et des Douanes, dû à Benjamin Gomez.
Ce dernier présente deux portiques symétriques encadrés
de colonnes engagées, dont les parties supérieures, sculptées
de feuilles, rappellent les chapiteaux classiques.

QUAIS DE LA NIVE ♥

QUAI AMIRAL-JAUREGUIBERRY. Il fut construit de 1715 à 1744,
au moment où les propriétaires firent réédifier les façades
de leurs maisons, qui présentent ainsi une belle unité.
QUAI DES BASQUES. Il était voué au séchage des morues et des
sucres et n'a été ouvert à la circulation qu'à la fin du XIXᵉ siècle.
QUAI DE LA GALUPERIE. Dans ce quartier de marins et de
pêcheurs, fut resconstruit, dans les années 1720-1730,
un quai en maçonnerie bordé de maisons à arcades sur pilotis.

QUAI DUBOURDIEU. Ancien quai
du Pont-Majour, il a été construit
dès 1719 puis régularisé en 1730. Toutes
les maisons des négociants de la rue
du Pont-Majour (aujourd'hui rue Victor-
Hugo) y avaient une entrée. C'était
le point de débarquement de toutes
les marchandises qui transitaient
par Bayonne. Sous le second Empire,
l'ensemble fut restructuré.

QUAI AUGUSTIN-CHAHO. L'ancien quai
des Cordeliers doit aujourd'hui son nom
à l'écrivain et journaliste souletin qui
s'illustra dans la défense du carlisme. Mal
stabilisés, les quais de la Nive furent
emportés à plusieurs reprises avec
les maisons qui les bordaient. Aussi
les riverains entreprirent-ils en 1739
la construction de ce quai en pierre
de Bidache et y élevèrent-ils des maisons
en fermant les arceaux sur lesquels elles
étaient établies. C'est une des principales
réalisations urbanistiques privées bayonnaises du XVIIIᵉ siècle.
RUE PORT-DE-BERTACO. Bordée de maisons à arcades, elle est
aujourd'hui fermée. Au n°1, la MAISON MOULIS – belle
bâtisse divisée en deux corps de logis à façades de pierre
à meneaux surmontées d'un fronton triangulaire sculpté
au dernier étage – présente au centre et en retrait
des charpentes croisées en sautoir peintes en rouge.

LES PONTS
La ville haute, avec ses
prolongements vers
la Nive, a été, dès le
lotissement des terres
entre Nive et Adour,
reliée au Petit-
Bayonne par le pont
Pannecau (pont
«traversant») et par le
pont Mayou (Majour)
qui assurait aussi
les communications
avec le Nord.
Au XIXᵉ siècle,
le pont Marengo fut
construit, simple
passerelle en bois,
puis en fer, enfin en
maçonnerie en 1864.

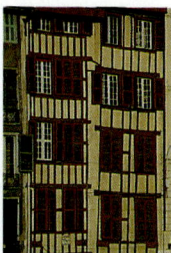

MAISONS DES QUAIS
● *110*
Construites sur pilotis,
elles se composent de
deux corps de logis
et d'une courette
centrale éclairée par
une verrière.

163

Bayonne, située au confluent de l'Adour et de la Nive, est dès le Moyen Âge, un carrefour fluvial essentiel. Par l'Adour, une batellerie considérable achemine les grains, eaux de vie, vins, résines, goudrons, planches et autres produits des Landes, de la Chalosse, de l'Armagnac et du Béarn. Par la Nive, les chalantiers apportent laines d'Espagne, cannes et boulets de Baïgorry, et rapportent sucre, cacao, épicerie, toile et drap. Ce trafic considérable déclina au XVIIIe siècle ; le glissement du port vers le Boucau, après 1880, et la concurrence du rail firent disparaître peu à peu le monde des bateliers de la Nive et de l'Adour.

LE COURALIN DE PÊCHE
À fond plat, il est utilisé pour mouiller et pour relever les filets.

LE DRAGUEUR
C'est une variante de la tilhole mais de dimensions plus importantes. Il a disparu au milieu du XIXe siècle.

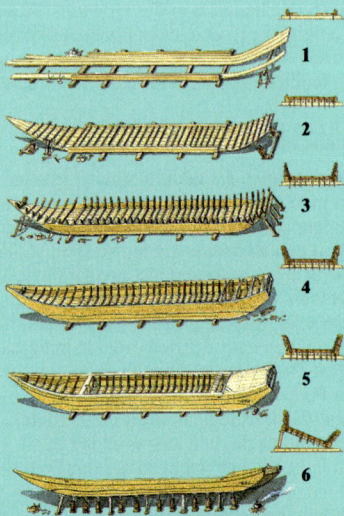

LE CHALAND
Il assurait le transport des marchandises et servait également d'allège dans les ports de l'Adour.

MISE EN CHANTIER D'UNE GALUPE
Les îles sont placées et les varangues fixées avec des chevilles d'acacia (1) ; l'avant et l'arrière sont relevés au cric (2). Les bordées sont posées (3 et 4). La préceinte, le banc du mât, la passerelle et le gouvernail sont placés Les fentes des bordées sont bridées grâce à la pose de queues d'arronde (5). La galupe est basculée sur le côté et désolidarisée du chantier (6).

LA GALUPE
Un aviron de queue située à l'arrière permettait des déplacements latéraux. Un système de perches fixées par butage à l'avant gouvernait la galupe.

Sur les premiers chalands, la proue et la poupe, monoxyles, étaient creusées à l'herminette. Mais les troncs d'arbres de taille suffisante se faisant de plus en plus rares, et les hommes devenant plus ingénieux, les chalands sont construits avec des planches assemblées. Seules les extrémités de la proue et de la poupe restent monoxyles et sont parfois sculptées.

LE COURAU

C'est l'un des plus anciens types de bateaux naviguant sur l'Adour. De faible capacité de charge et de grande aisance dans les manœuvres d'embarquement

et de déchargement, on l'utilisait pour les services de bac et d'allège dans le port de Bayonne.

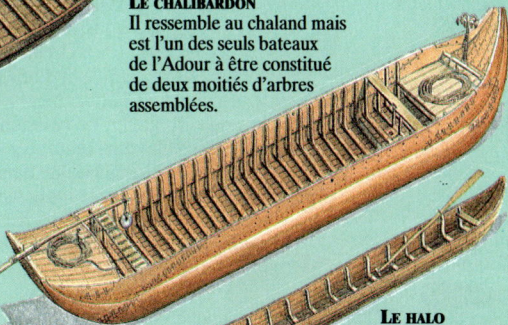

LE CHALIBARDON

Il ressemble au chaland mais est l'un des seuls bateaux de l'Adour à être constitué de deux moitiés d'arbres assemblées.

LE HALO

Bateau caractéristique de la Nive, il se distingue par son étroitesse (1,20 m maximum). Les halos étaient monoxyles ou assemblés.

LA TILHOLE

Cette petite embarcation de 5 m sur 2 m, à fond plat, se reconnaît à ses extrémités relevées en pointe. Les tilholiers formaient au Moyen Âge une corporation très influente, qui recrutait ses hommes presque exclusivement parmi les Bayonnais.

PETIT-BAYONNE

MUSÉE BASQUE. Il est établi dans l'imposante MAISON DAGOURETTE, construite, avec ses entrepôts portuaires, par un négociant bayonnais à la fin du XVIe siècle. La façade aux belles fenêtres à meneaux donnant sur le quai vient d'être restaurée. La bâtisse fut occupée au XVIIe siècle par un couvent de visitandines, puis, à partir de 1689, par un hôpital, qui y demeura jusqu'au second Empire. Sur la façade de la rue Marengo se trouve le tour où étaient déposés les enfants abandonnés aux XVIIIe et XIXe siècles. Acquis par la ville, l'immeuble qui abrite le Musée basque et de la Tradition bayonnaise fut ouvert en 1924. Les collections (tableaux, dessins et photos, mais aussi maquettes, meubles, objets cultuels, outils agricoles et artisanaux) donnent une vision riche et variée des multiples aspects de la civilisation basque et de son évolution. Elles sont actuellement présentées au Château-Neuf à l'occasion d'expositions temporaires. Après travaux, la Maison Dagourette ouvrira en 2001.

LE CHÂTEAU-NEUF. Bâtie sous le règne de Charles VII après la reconquête française d'août 1451, dont la facilité avait montré les insuffisances des fortifications, cette forteresse exprime la volonté royale de soumettre les Bayonnais, nouveaux sujets de la couronne de France. Achevée en 1462, la construction a essentiellement consisté en l'érection de deux grosses tours circulaires commandant la ville et d'une courtine au sud reliant l'enceinte urbaine. Le Château-Neuf a ainsi la forme d'un quadrangle irrégulier. Le bâtiment abrite un IUT. d'informatique installé dans deux ailes datées de 1830 et une extension du Musée basque dans deux autres ailes, plus anciennes, qui donnaient sur la vieille ville.

La partie médiévale, avec ses tours rondes, est occupée par les salles d'expositions temporaires du musée.

PORTE ET REMPARTS DE MOUSSEROLLES. Élevée après le Château-Vieux, cette porte fut déplacée au XVIIe siècle en ces lieux et fut modifiée au XIXe siècle. Les remparts ont été aménagés en 1982 en aires de jeux et en promenade. L'impressionnant boulevard Notre-Dame, tracé dans les années 1520, est le plus grand de France. L'ensemble a été remanié à l'époque de Vauban.

PLACE SAINT-ANDRÉ. Haut lieu des fêtes de Bayonne, elle accueille les fameuses courses de vaches ◆ 278 alors que le soir, orchestres, *bandas* et buvettes assurent l'animation.

ÉGLISE SAINT-ANDRÉ. Pendant l'Ancien Régime, il n'y eut à Bayonne qu'une seule paroisse, aussi les habitants du Petit-Bayonne avaient-ils pris l'habitude de suivre les offices dans

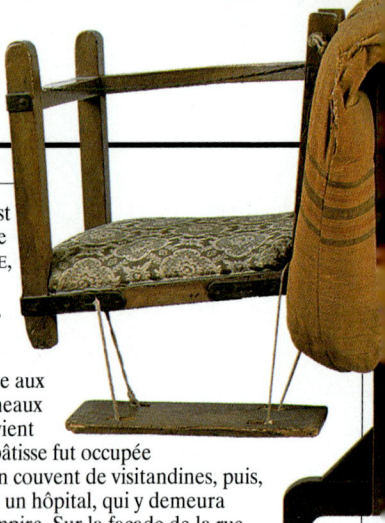

les églises des couvents, qui, pour la plupart, disparurent à la Révolution. La nécessité de construire une grande église paroissiale apparut alors, mais elle ne fut satisfaite que sous le second Empire. L'église Saint-André fut érigée de 1856 à 1869, dans le style néo-gothique, grâce au legs du banquier bayonnais Lormand. Les flèches ont disparu : les fondations étant insuffisantes, on décida, en 1900, de les démolir, à grands frais. L'église célèbre aujourd'hui nombre d'offices en basque ; elle est également réputée pour ses chœurs.

RUE DU TRINQUET. Au n° 8, l'ancien jeu de paume, devenu un trinquet, est le haut lieu de la pelote basque. Il a gardé sa *cancha* ● *73* et ses galeries.

RUE PANNECAU. C'est l'une des rues les plus vieilles et les plus animées du Petit-Bayonne grâce à ses cabarets et ses auberges. On remarquera le parcellaire serré et dense, qui se caractérise par des maisons hautes et des façades étroites.

RUE BOURGNEUF. Elle constitue l'épine dorsale du nouveau quartier implanté au début du XIIe siècle sous l'impulsion de l'évêque Raymond de Martres. Cette rue étroite et fraîche, bordée de maisons anciennes, reconstruites pour la plupart au XVIIIe siècle, fut le lieu de résidence de nombreux négociants.

PLACE DU RÉDUIT. Elle fut aménagée, en 1908, sur l'espace occupé jusque-là par le système défensif des XIIe et XIIIe siècles (intégrant la porte Saint-Esprit). LA PORTE DU RÉDUIT, au décor sculpté, a été reconstituée au pied du Château-Vieux, à l'emplacement de la porte de la ville.

LES HALLES. Celles de la place publique étant insuffisantes, des halles Baltard furent élevées entre les rues Bertaco et Port-de-Suzée entre 1860 et 1866. Ce fut l'occasion de construire le quai qui manquait. L'édification des nouvelles halles, à charpente métallique, a nécessité la démolition d'une trentaine de maisons. Détériorées depuis 1945 sous le poids de chutes de neige exceptionnelles, les halles furent rasées et remplacées en 1968 par un marché-parking en béton qui défigurait la façade des quais. Démoli à son tour en 1991, il fut remplacé par un marché léger et une place d'agrément en 1995.

MUSÉE BONNAT. Son histoire débute en 1885, lorsque la municipalité de Bayonne fait édifier un bâtiment à colonnades pour abriter ses collections de peinture. En 1896, la construction d'un édifice à la fois Musée des Beaux-Arts, bibliothèque et Muséum d'histoire naturelle est confiée à l'architecte Planckaert. Le musée est financé par la municipalité et Léon Bonnat ● *116*. Ce dernier, reconnaissant envers sa ville natale qui lui avait octroyé une bourse pour suivre les cours de l'École des beaux-arts à Paris à partir de 1854, et qui l'avait envoyé de 1858 à 1861 étudier à Rome, prit la décision, en 1891, de lui léguer ses collections.

LE CACOLET
Ci-contre, le cacolet (ou bât de transport) d'Hector Etcheverry, représentant du peuple à l'Assemblée constituante en 1848, conservé au Musée basque.

Entrée du trinquet Saint-André (ancien jeu de paume).

LÉON BONNAT
Né à Bayonne en 1833, c'est à Madrid, dans la librairie de son père, qu'il fait son éducation artistique (au Prado et auprès de Federico Madrazo à l'académie San Fernando en 1847). À partir de 1861, il se consacre à l'art du portrait. Celui d'Adolphe Thiers, exposé au Salon de 1877, connaît un grand succès et lui ouvre une carrière officielle. De 1880 à 1900, il collectionne inlassablement antiquités, peintures, sculptures et dessins, qu'il entasse dans son hôtel particulier de la rue Bassano, à Paris.

La visite du musée Bonnat vaut, à elle seule, un voyage à Bayonne. Autour du fonds municipal et du fonds Bonnat ont été rassemblées, à la suite de legs ou d'achats, des œuvres prestigieuses issues des écoles flamande, espagnole, italienne, allemande, anglaise, hollandaise (XVIIᵉ siècle) et française (du XIIIᵉ au XIXᵉ siècle). Récemment, la donation Howard-Johnston (1988) et le legs Petithory (1992) ont enrichi les collections du musée, et plus particulièrement un cabinet de dessins d'une splendeur inouïe, témoin de la place essentielle de ce genre au musée Bonnat.

«SAINT MARTIN»
L'artiste, anonyme, est appelé le «Maître de Bonnat» parce que le *Retable de Saint-Martin*, son œuvre la plus importante, se trouve dans la collection Bonnat. Dans le style aragonais de la fin du XVᵉ siècle, le tableau évoque davantage un espace mystique qu'une représentation de la réalité.

«**LE RETOUR DU CHASSEUR**». La collection du musée Bonnat s'enrichit en 1983, avec l'acquisition des terres cuites de la collection Paul-Cailleux. Dans *Le Retour du chasseur* de Clodion, l'étude des antiques annonce le grand style néo-classique, auquel se rallient la plupart des artistes de la fin du XVIIIᵉ siècle marqués par les idées nouvelles de la Révolution.

«TÊTE DE CERF»
L'école allemande est essentiellement présente à travers les œuvres d'Albrecht Dürer (1471-1528). Cette *Tête de cerf* (vers 1503) exprime le goût très allemand pour l'observation des beautés de la nature, que l'artiste étudie et copie fidèlement dans un style graphique d'une exceptionnelle précision.

«PORTRAIT DE MME LÉOPOLD STERN»
Après le succès foudroyant du portrait de Thiers en 1877, Léon Bonnat (1833-1922) va demeurer obstinément fidèle au genre du portrait, recherchant avant tout la représentation exacte d'une ressemblance. Ces portraits sont réunis dans le patio du musée. Parmi eux, le *Portrait de Mme Léopold Stern*, peint en 1877, la même année que celui de Victor Hugo, exclut tout décor, cadre de vie ou mobilier. Bonnat juge que l'anecdote n'ajoute rien à la ressemblance essentielle.

«LA BAIGNEUSE»
Une salle du musée est exclusivement consacrée aux œuvres d'Ingres (1780-1867), que Bonnat collectionna avec passion (dix tableaux et quatre-vingt-quinze dessins), fasciné sans doute par cet art de l'arabesque, que l'on retrouve, très pur, dans *La Baigneuse*.

«PORTRAIT DE DON FRANCISCO DE BORJA TELLEZ GIRON, DIXIÈME DUC D'OSSUNA»
Ce tableau de Goya (1746-1828), exécuté vers 1816, rappelle l'importance de la peinture espagnole dans l'éducation artistique de Bonnat ▲ *167* et, par conséquent, dans sa collection personnelle.

169

ÉTUDE POUR LA VIERGE ET L'ENFANT AVEC UN CHAT
Les collectionneurs du XIXᵉ siècle ainsi que les artistes de cette époque (traditionnellement formés en Italie), avaient en commun le goût de l'art italien. Ainsi, les grandes écoles de Venise et de Florence (la peinture mais surtout le dessin) sont largement représentées dans les collections du musée Bonnat. Vers 1478, Léonard de Vinci (1452-1519) exécuta ce dessin à la plume, témoin d'un projet de tableau qui ne fut jamais réalisé : *La Madonna del Gatto*.

«DEUX HOMMES ET QUATRE CHATS» (DÉTAIL)
Les artistes français occupent une place de choix dans les collections du musée Bonnat, certaines œuvres témoignant des premiers siècles de formation de l'art français. Inspiré des épisodes de la vie quotidienne, ce dessin de Jean-Antoine Watteau (1684-1721) caractérise le goût délicat et intime du début du XVIIIᵉ siècle.

«ADAM ET ÈVE»
Ce dessin de Michel-Ange (1475-1564) est le premier dessin acheté par Bonnat, en 1880. Il occupe ainsi une place particulière dans une collection marquée par le goût des œuvres de la Renaissance italienne.

«ÉNÉE ET DIDON À CARTHAGE»
Claude Gellée, dit le Lorrain (1600-1682), issu de l'école française du XVIIᵉ siècle, mêle, dans cette étude, peinture de paysage et peinture d'histoire. Il s'inspire ici d'un épisode de *L'Énéide*, le séjour d'Énée chez la reine Didon, à Carthage.

«ÉTUDE DE CHEVAL POMMELÉ» (1), «ÉTUDE POUR NAPOLÉON Ier À CHEVAL» (2), «ÉTUDE DE CHEVAL» (3), «TÊTE D'HOMME AU GRAND CHAPEAU» (4)
Bonnat appréciait particulièrement la peinture de Jean Louis Ernest Meissonier (1815-1891), qui, à l'instar des peintres de l'école française du XIXe siècle marqués par les événements de l'après-1789, recherche dans le Moyen Âge et le XVIIe siècle ses racines et sa modernité.

«FÊTES DE LA PAMPERRUQUE, à l'occasion de la naissance de Monseigneur le Dauphin, donnée par la nation juive et ses syndics, dans la place Saint-Esprit, près Bayonne, le 12 décembre 1781.» Cette gouache de 1782 montre que les Juifs de Bayonne sont alors assez bien intégrés : ils prient pour la santé du roi, adhèrent aux loges maçonniques et participent aux états généraux en avril 1789.

QUARTIER SAINT-ESPRIT

Après la construction du grand pont en bois sur l'Adour en 1125, le bourg de Saint-Esprit devint une véritable tête de pont bayonnaise et une halte pour les pèlerins en route pour Compostelle. Cependant, il n'entra jamais durablement dans la juridiction de la ville. Ainsi, il dépendait sous l'Ancien Régime du diocèse de Dax ; à la Révolution, il est intégré au département des Landes et ne sera rattaché à Bayonne qu'en 1857. Le bourg a gardé une forte identité liée à la présence d'une communauté juive depuis le XVIIe siècle.

LA «NATION PORTUGAISE DE SAINT-ESPRIT». La date d'arrivée des premiers Juifs séfarades à Bayonne est difficile à préciser. Les lettres patentes d'Henri II, de 1550, autorisèrent les marchands et autres Portugais appelés «Nouveaux Chrétiens» à s'installer dans le gouvernement de Bayonne, avec leurs familles. Si le terme «nouveaux chrétiens» disparaît petit à petit, ainsi que la fiction de leur conversion, le terme «portugais» devient le terme générique pour les désigner, quelle que soit leur origine, en réalité espagnole pour la plupart d'entre eux. Jusqu'à la fin de l'Ancien Régime, on parle de «nation portugaise de Saint-Esprit». Le corps de ville, faute de pouvoir obtenir le départ de ces nouveaux venus, leur interdit de résider ou de tenir boutique dans la ville. Lorsqu'ils sont reconnus comme citoyens en juillet 1790, c'est la fin de la «nation portugaise» en tant que telle, c'est aussi la fin de leur isolement à Saint-Esprit : la ville leur est alors ouverte.

PLACE DE LA RÉPUBLIQUE. C'est le cœur du quartier. Parmi les maisons élevées au XVIIIe siècle, la MAISON BRANDON,

au n° 2, abrita un temple jusqu'en 1872, et l'HÔTEL LOUSTAU,
sur le quai, fut construit dans les années 1780 par le négociant
Suarez, surnommé le Milord à son retour d'Amérique.

FONTAINE SAINT-ESPRIT. Jusqu'au milieu du XIXᵉ siècle,
servantes et porteurs d'eau s'y approvisionnaient pour assurer
l'alimentation de Bayonne, qui n'avait pu résoudre
le problème de l'adduction d'eau dans la ville.

ÉGLISE SAINT-ESPRIT. L'église, érigée en collégiale par
Louis XI en mai 1464, a été considérablement remaniée.
Au milieu du XVIIᵉ siècle, un retable baroque en bois sculpté
y est installé et, au XVIIIᵉ siècle, elle fait l'objet de nombreuses
réparations. L'abside du chœur, carré à deux travées, est
de style roman, tandis qu'autour du chœur les voûtes d'ogive
sont du XVᵉ ou du XVIᵉ siècle. Son plus bel ornement est une
sculpture en bois polychrome représentant *La Fuite en Égypte*.
Le groupe date sans doute du début du XIVᵉ siècle ; il est
dans une niche, sur le bas-côté gauche de la nef.

LA CITADELLE. «Un ouvrage incomparable en Europe», comme
la qualifiait Vauban, qui la fit construire dans les années 1680
sur les hauteurs de Castelnau. L'ouvrage, qui domine la ville
et la campagne environnante, comprenait, à l'abri des bastions,
demi-lunes, cavaliers et courtines, magasin à poudre, salle
d'armes, logement, ainsi qu'une chapelle de taille très
modeste. Elle abritait une garnison de neuf cents hommes.

RUE MAUBEC. C'est la principale artère du quartier. La grande
synagogue, exécutée par l'architecte Faulat, fut inaugurée
en septembre 1837 par toute une communauté en fête. Sur
la droite partent l'étroite rue Tombeloli, puis, plus loin, l'escalier
de Saint-Simon, qui monte sur le site du premier cimetière juif.

CIMETIÈRES DES ANGLAIS. Ils sont érigés sur le champ de
bataille où périrent le 14 avril 1814 soldats et officiers anglais.
Un obélisque a été élevé à la mémoire des capitaines tombés
au champ d'honneur. Les cimetières ont été aujourd'hui
remis en état et offrent au promeneur un cadre mélancolique.

**LES JUIFS ET L'ESSOR
DE BAYONNE**
En dépit des conflits
et des procès, les Juifs
prennent une part
importante à l'activité
économique
de Bayonne. Passant
outre aux interdits,
ils louent boutiques
et échoppes.
Les chocolatiers
ou les apothicaires
fournissent
les Bayonnais. Quant
aux négociants,
banquiers
et changeurs,
dont l'activité
est reconnue,
ils apportent leurs
capitaux et leur
réseau londonien
ou hollandais
au négoce bayonnais,
participent aux
armements et sont
engagés dans le trafic
avec la péninsule
Ibérique (cacao,
tabac, toiles et cuirs).

OBJETS CULTUELS
Page ci-contre,
tableau pour la
supputation de
l'Omer (XVIIᵉ siècle).
Il sert au calcul des
jours entre Pâques
et la Pentecôte.

Arênes Bayonnaises

Première ville de France à avoir présenté la corrida espagnole au nord des Pyrénées, Bayonne compte sept siècles de tradition taurine. Une ordonnance de 1289 interdit aux bouchers de faire courir vaches et taureaux dans les rues de la ville sans l'autorisation des édiles, témoignant ainsi de l'existence d'une première forme de tauromachie qui consiste à jouer avec un bétail dangereux que l'on conduit à travers rues. De ce lâcher de rue descend sans conteste l'actuelle corrida, qui, de jeu informel, va peu à peu se structurer et se ritualiser, pour offrir le spectacle que l'on connaît.

LA PREMIÈRE CORRIDA

Le 17 janvier 1701, Philippe d'Anjou, futur Felipe V, part prendre possession du trône d'Espagne. Pour lui rendre hommage, les Bayonnais lui offrent le spectacle d'une course de taureaux à la mode espagnole. Cette course est la première donnée en France avec des toreros professionnels et du bétail sauvage ibérique. On y utilisait déjà les banderilles et les capes, et l'on tuait l'animal à l'épée. Fixées au milieu du XVIIIe siècle, les règles fondamentales de la corrida varieront peu jusqu'à nos courses actuelles.

L'OR DE LACHEPAILLET

La liste est longue des toreros venus trouver la gloire ou la blessure sur le sable des arènes de Bayonne. Parmi eux, Juan Belmonte, Joselito, El Cordobès et la «déesse blonde», Conchita Cintron.

FESTIVITÉS BAYONNAISES

Plusieurs corridas, souvent des *novilladas* (courses de jeunes taureaux), ont lieu durant la *feria* ◆ *278*.

LES ARÈNES DE SAINT-ESPRIT
Le 21 août 1853, devant un parterre de journalistes et de célébrités, y fut donnée la première corrida intégrale de l'histoire de la tauromachie en France.

LA «PLAZA DE TOROS»
Les arènes de Lachepaillet, crépies d'ocre et de style néo-mauresque, furent inaugurées en 1893.

RITES DE LA CORRIDA ◆ *278*
L'un des rites les plus poignants de la corrida est le *toreo de muleta*. L'étoffe rouge (la *muleta*), repliée sur un bâton, attire le taureau et précède la mise à mort.

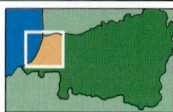

1. BAYONNE   2. L'ADOUR   3. CROIX DE MOUGUERRE   4. CHÂTEAU D'AGUERRIA   5. MOUGUERRE   6. LAHONCE

⏱ 1/2 journée
🚗 30 km

Cet itinéraire suit la rive gauche de l'Adour, que Roland Barthes aimait «pour ce dosage de noblesse et de familiarité propre au Sud-Ouest». La basse vallée fluviale est composée de terres humides et inondables, les barthes, parsemées de peupliers. Les exploitations agricoles des barthes de l'Adour sont de grandes fermes d'élevage où seule la partie gauche de l'étage sert de logement, le reste étant occupé par greniers et fenils.

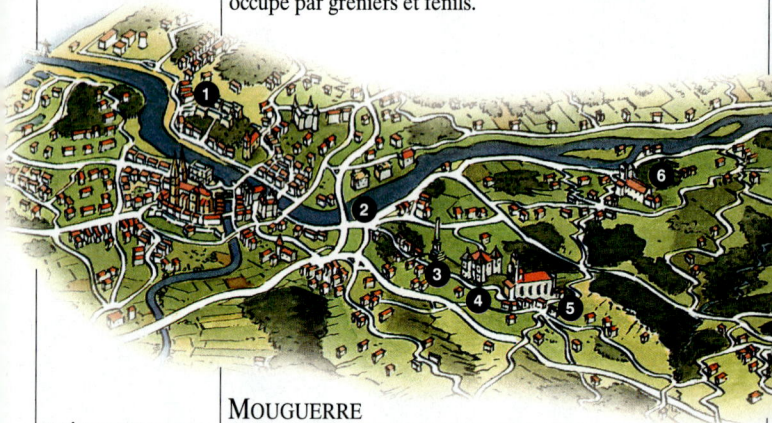

MOUGUERRE

Située sur les coteaux qui dominent la rive gauche de l'Adour, Mouguerre, autrefois Saint-Jean-de-Vieux, conserve une église du XVIe siècle, naguère dépendance de l'abbaye de Lahonce. De la D 712, le point de vue sur les montagnes de la Rhune et des Trois Couronnes est magnifique.

L'ÉGLISE. Du bâtiment initial subsistent le clocher, le mur, le porche et des éléments du décor intérieur.

CROIX DE MOUGUERRE. À proximité de la Croix de Mouguerre fut érigé en 1917 par le Souvenir français un monument destiné à commémorer la campagne de l'armée des Pyrénées du maréchal Soult au Pays basque. Le combat de Mouguerre a été un épisode de la bataille de Saint-Pierre-d'Irube en 1813, alors que les affrontements avec les troupes de Wellington se succédèrent jusqu'à l'abdication de Napoléon en avril 1814.

CHÂTEAU D'AGUERRIA
Non loin de Mouguerre, l'édifice présente un corps de logis assez étroit, renforcé par trois pavillons d'angles. Cette bâtisse ancienne a été fortement remaniée au XVIIIe siècle mais a conservé son aspect imposant.

Gabarres amarrées devant les barthes de l'Adour.

LAHONCE

ABBAYE DE LAHONCE. Fondée au XIIe siècle, elle accueillait des religieux de l'ordre des Prémontrés. L'abbaye connut des jours assez difficiles aux XVIe et XVIIe siècles et ne comptait plus que six religieux dans les années 1760. Elle joue cependant toujours un rôle important : elle dessert sept cures du Pays basque et est la seule à former des curés en langue basque. Il ne reste pratiquement rien des bâtiments conventuels, détruits à la Révolution.

L'ÉGLISE ♥. Cette superbe église, dominée par un clocher-calvaire, possède un chevet et un portail romans. Sous le

porche, des pierres tombales gravées d'inscriptions en basque
évoquent le souvenir de la benoîte de l'église. Les murs, en
calcaire friable, présentent des motifs décorés. On peut
admirer l'ossuaire des religieux de l'abbaye.
L'intérieur du sanctuaire est constitué
d'une nef unique, longue, sans
transept, d'où se dégage
une impression de
grande sérénité.

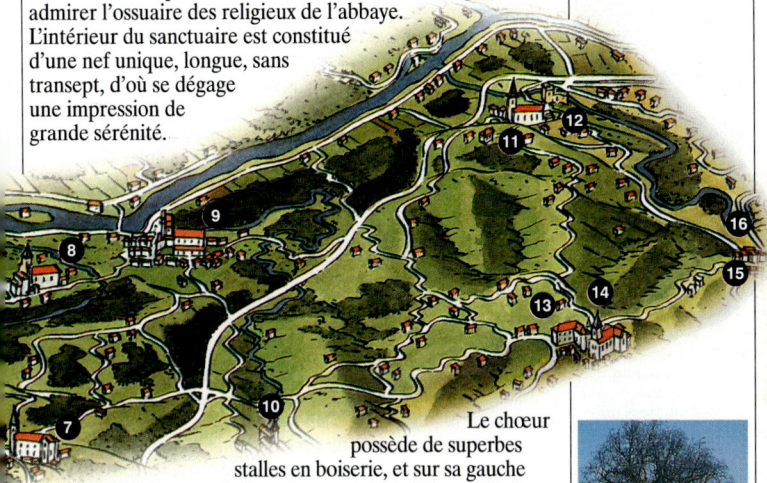

Le chœur
possède de superbes
stalles en boiserie, et sur sa gauche
se trouve un bel autel consacré à la Vierge. L'église
abrite également de remarquables galeries latérales et une
importante tribune dotée d'un magnifique lutrin.

L'ADOUR
❝Et parfois,
dans une échappée,
le fleuve très large,
très doux...❞
Roland Barthes

BRISCOUS

Le village est célèbre pour l'exploitation de ses salines
et l'extraction du sel gemme et de la soude. L'industrie du sel
a favorisé au XIXᵉ siècle le développement des salaisons
dont Bayonne assurait l'exportation ; Briscous alimentait
également en sel les thermes de Biarritz pour le salage
de leurs eaux. Le cœur du village, sur une hauteur escarpée
dominant les environs, se compose de maisons reconstruites
ou restaurées aux couleurs gaies et fort bien entretenues.
ABBAYE DE BELLOC. Sur la route allant de Briscous à Bardos,
l'abbaye de Belloc, fondée en 1875, est un centre de liturgie
en langue basque mais aussi une coopérative fabriquant
des fromages de lait de vache et de brebis réputés.

URT ♥

Ce bourg rural aux maisons typiques des
bords de l'Adour a fondé sa prospérité sur
ses activités fluviales et portuaires : des
ateliers de constructions navales s'y sont
installés au XVIIIᵉ siècle. Il faut se promener
sur le chemin de halage, d'où l'on peut voir
la belle demeure d'été des Roll-Montpelier,
riche famille de notables bayonnais.
ROLAND BARTHES À URT. « La campagne
[de mon enfance] c'est toujours l'arrière-
pays bayonnais, réseau d'excursion, de
visites et de récits. » Dans *La Lumière du
Sud-Ouest* ● *138,* Roland Barthes (ci-contre)
évoque ainsi le village d'Urt et la maison Carboué,
où il passait ses vacances. Il est enterré au village.

BIDACHE

Les ruines majestueuses du château des seigneurs de Gramont veillent encore sur ce bourg dont le destin est lié depuis l'époque moderne à cette illustre famille. Bidache, capitale de la souveraineté des Gramont, connut au XVIe siècle une intense activité. Auxiliaires de justice, fermiers des souverains, nobles de bandes gramontoises y côtoyaient tailleurs de pierre réputés, bateliers et marchands. Une communauté juive, protégée par les Gramont, s'y était implantée, mais elle déclina après 1750 alors que les ducs n'étaient plus guère présents sur leurs terres.

LE CHÂTEAU ♥. Du château primitif des XIIIe et XIVe siècles, édifié sans doute par le premier seigneur de Bidache, Brun de Gramont, et complété par son successeur, ne subsiste plus que l'appareil défensif enfoui sous la terrasse du château actuel. Détruit très largement en 1523, le château médiéval fut reconstruit par Charles de Gramont. Les influences de la Renaissance classique apparaissent dans les détails sculptés : consoles à volutes, cannelures et acanthes, lucarnes, frontons triangulaires... À l'intérieur, deux belles cheminées Renaissance témoignent de ces décors. Durant les guerres de Religion, Antoine Ier fait entourer le château de remparts à l'italienne, dont on peut voir des vestiges aux extrémités sud et nord du bâtiment. Puis Antoine III fait ériger de nouveaux pavillons encadrant la cour d'honneur et un superbe escalier, sur le modèle de celui du château de Blois, dont il ne reste rien. L'ensemble, complété par de magnifiques jardins en terrasses, est achevé en 1654 et séduit Mazarin, qui y séjourne en 1659. Mais l'âge d'or du château de Bidache était déjà terminé, car les Gramont, attirés par Louis XIV à Versailles, délaisseront peu à peu le domaine. Le dernier chantier d'envergure à être entrepris sera la construction de la nouvelle porte, au XVIIIe siècle.

**LA PÊCHE
À LA PIBALE**
C'est en plein hiver, de nuit, à la lueur des torches électriques, que se pratique la pêche à la pibale. La chair de ces jeunes anguilles qui peuplent l'Adour régale les gastronomes qui la cuisinent en court-bouillon ou en cassolette avec de l'ail et des petit piments. La difficulté de cette pêche explique le prix élevé des pibales.

**ANTOINE III,
DUC DE GRAMONT
(1604-1678)**
Il connut, à l'instar d'Antoine Ier, son grand-père, et d'Antoine II, son père, une brillante destinée. Nommé maréchal de France en 1641, il devient gouverneur et lieutenant général de Bayonne, du Béarn et de la Navarre, et suivra également une carrière de diplomate. Dans l'église Saint-Jacques, à Bidache, une dalle noire recouvre le tombeau des Gramont ; Antoine III fut le dernier à y être enterré.

La Côte basque

Jean-Claude Lasserre

Biarritz, *180*
Histoire, *180*
De la pointe Saint-Martin
au casino Bellevue, *182*
Le littoral, *185*
La villégiature, 186
Jean-Claude Lasserre
Anglet, *191*
Bidart, *192*
Arcangues, *192*
Guéthary, *193*
Saint-Jean-de-Luz, *194*
La pêche, 198
Itsas Begia
Ciboure, *202*
Urrugne, *203*
Les corsaires basques, 204
Georges Pialloux
Hendaye, *206*

1. PHARE
2. POINTE SAINT-MARTIN
3. MIRAMAR
4. PLAGE MIRAMAR
5. GRANDE PLAGE
6. ROCHE PLATE
7. HÔTEL DU PAL...

🕐 1 jour

SCEAUX DE BIARRITZ

LA FIÈVRE DE BÂTIR
À partir de 1840,
les pouvoirs publics
s'empressent de doter
la ville d'équipements
adaptés à une
clientèle mondaine :
établissement
de bains sur la plage,
premier casino
Bellevue, etc.
Le village se fait ville.
Les premières
grandes villas sortent
de terre et la station
déploie désormais
tous les attributs
de la villégiature. Elle
s'agrandit de manière
anarchique au rythme
des séjours des
princes et des rois. La
fièvre de bâtir qui la
saisit ne sera même
pas interrompue par
le désastre de 1870.

HISTOIRE DE LA VILLE

Il semble que deux
agglomérations bien
distinctes
fusionnèrent
pour former
le premier
Biarritz : l'une à
l'intérieur des terres,
groupée autour de l'église Saint-
Martin, déjà mentionnée en 1150,
composée peut-être de Basques
agriculteurs ; l'autre autour du port (actuel
port Vieux) avec une population de pêcheurs
– vraisemblablement plus gasconne.

UN PORT DE PÊCHEURS. Biarritz, dont le site fut
occupé depuis l'époque préhistorique, était à l'origine
un petit port de pêcheurs installé dans l'anse aujourd'hui
nommée plage du Port-Vieux (l'actuel port des pêcheurs
ne sera aménagé qu'en 1790). C'est au XIIe siècle que s'établit la
notoriété de Biarritz avec la prestigieuse et lucrative chasse à
la baleine ▲ *198* dans le golfe de Gascogne. Son déclin entraîne
peu à peu celui de la ville jusqu'à ce que la vogue des bains de
mer, apparue à la fin du XVIIIe siècle, révolutionne le pays.
VILLÉGIATURE IMPÉRIALE. À partir de 1840, la municipalité
organise le tourisme à Biarritz. La venue du couple impérial
en 1854 et la construction de la villa Eugénie, résidence
d'été de Napoléon III et Eugénie de Montijo, assurent
définitivement le succès de la station balnéaire sous
le second Empire. Le quartier des thermes salins
se développe à la fin du XIXe siècle autour de
l'établissement thermal Biarritz-Salins, construit dans
le style néo-mauresque. Devenue le rendez-vous de
l'aristocratie européenne, la ville est, jusqu'en 1914,
un immense chantier en perpétuelle transformation.
UN URBANISME ANARCHIQUE. Le développement
rapide allié à la topographie accidentée de la ville n'a pas
permis la réalisation d'un urbanisme rationnel. Mais c'est
justement de ce perpétuel contraste d'échelles et de styles que
la ville tire son charme. Dans le centre ville, le lotissement
du Helder, quatre îlots d'immeubles en continu, donne à
l'agglomération un caractère urbain indéniable. En revanche,
le Port-Vieux et les alentours de Saint-Charles ont gardé leur
pittoresque configuration de bourg. Quant à la qualité
architecturale, elle témoigne du savoir-faire des
entrepreneurs locaux qui utilisent un vocabulaire éclectique

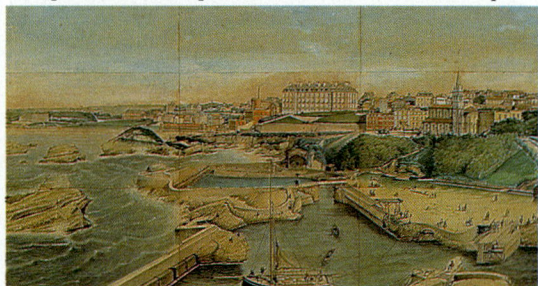

8. Casino municipal
9. Casino Bellevue
10. Musée de la Mer
11. Rocher de la Vierge
12. Port-Vieux
13. Villa Belza
14. Côte des Basques
15. Plateau de l'Atalaye
16. Port des Pêcheurs
17. Église Sainte-Eugénie
18. Halles
19. Jardin public

avec une sobriété parfois un peu triste, accentuée par l'utilisation de la pierre de Bidache qui donne cependant à la ville une harmonie d'ensemble.

L'ENTRE-DEUX-GUERRES. Hormis les années de crise entre 1932 et 1935, l'entre-deux-guerres est une période de prospérité pour Biarritz, ville «locomotive» de la Côte basque. D'innombrables constructions voient le jour, vouées au plaisir et à la détente : installations hôtelières et villas pour une clientèle cosmopolite et fortunée où s'expriment à satiété toutes les tendances de l'architecture – modernisme tempéré, néo-basque labourdin, néo-espagnol épuré et décoratif.

L'APRÈS-GUERRE. Biarritz, qui a été occupée par les Allemands et bombardée par les Alliés en mars 1944, renaît de ses ruines. La station est relancée : l'institut de thalassothérapie Louison-Bobet succède aux anciens thermes salins et une série de festivals (dont celui du film ibérique) attirent une clientèle nouvelle. Aujourd'hui, malgré de nombreuses erreurs architecturales, Biarritz, dont l'activité essentielle reste le tourisme, affiche sa volonté d'harmoniser respect des formes du passé et innovation contemporaine. La rénovation du casino municipal et l'inscription de certaines villas au titre de monument historique en témoignent.

L'IMPÉRATRICE EUGÉNIE
"Aucun de ses portraits ne donne une idée exacte de ce qu'elle est. Elle est plus jolie, plus belle, plus gracieuse, plus vivante qu'aucun de ceux que j'ai vus."
Docteur Barthez

181

LE PHARE
En 1904, son feu
à éclats réguliers
alternativement
blancs et rouges est
remplacé par un feu
à éclats blancs. On

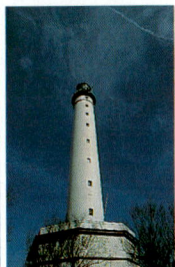

raconte que ce
changement de feu
fut la cause indirecte
du naufrage du trois-
mâts *Le Padosa*,
le 14 décembre 1907.

LA VILLA IMPÉRIALE
Les travaux de la
«villa» débutèrent dès
octobre 1854 et furent
conduits avec une
telle rapidité que le
couple impérial,
accompagné d'une
suite peu nombreuse,
put l'habiter
le 24 juillet 1855.
«L'ensemble
s'inspirait du "style
Louis XIII" ;
la brique et la pierre
y mélangent
harmonieusement
leurs tons, sur
lesquels les rafales
de l'océan ont
imprimé des nuances
sombres.»
Biarritz illustré

DE LA POINTE SAINT-MARTIN AU CASINO BELLEVUE

LE PHARE. Située sur la pointe Saint-Martin, cette tour ronde
de 44 m de haut émit ses feux pour la première fois le
1er février 1834. Du phare, le panorama sur Anglet et Biarritz
est splendide. En contrebas, de petits escaliers descendent
à la plage par une succession de terrasses rocheuses.

ETCHEPHERDIA ♥. Au pied du phare, la villa Etchepherdia
jouit d'une vue imprenable sur la baie. Construite aux alentours
de 1900 par l'architecte Henri Tétard (1868-1922), elle
constitue un bel exemple de chalet régionaliste, à l'architecture
sévère et de qualité où la pierre bleue d'Hendaye est utilisée
en bossages rustiques pour les encadrements des fenêtres.

HÔTEL DU PALAIS ♥ ● 112. Vers 1854, le couple impérial
acheta, face à la mer, des hectares de dunes au lieu-dit Lou
Sablacat, traversé par le ruisseau des Aygues (à l'emplacement
de l'actuelle avenue de la Reine-Victoria). Le terrain fut
aménagé de façon à créer un véritable domaine avec parc,
bois, potager, étang, pavillons de garde (aujourd'hui détruits),
casernements, écuries, ferme et demeure estivale. À partir de
1855, la villa prit sa forme définitive en forme de E : un long
corps de bâtiment principal avec trois ailes perpendiculaires,
la dernière, plus courte que les deux autres, formant une
grande cour d'honneur. En 1867, la villa fut haussée d'un
étage et transformée pour acquérir la forme que nous restituent
les photographies des années 1900. À son décès, l'empereur
laissait à Eugénie le domaine de Biarritz. Ne souhaitant pas
revenir au Pays basque, l'impératrice le vendit en 1880 et la
villa impériale fut transformée en hôtel-casino sous le nom de
Palais-Biarritz, inauguré le 14 juillet 1881. En 1903, un violent
incendie ravagea l'édifice qui fut aussitôt reconstruit, et rouvrit
ses portes le 20 mars 1905. Le programme, établi par des
professionnels de l'hôtellerie, prévoyait la conservation des
murs extérieurs en bon état, la création de trois cents chambres
et de vastes salons et salles de restaurant destinés à donner
à l'établissement l'aspect d'un palace international. Malgré
quelques transformations, notamment dans la salle à manger,
qui a perdu sa superbe verrière, l'ensemble est resté presque
intact. On remarquera surtout le grand hall aux colonnes de
marbre coloré et la salle des fêtes traitée comme une galerie
à la française, décorée par des peintures murales de Paul Gervais
(1859-1944) illustrant le thème de Jason et de la Toison d'or.

LE CARLTON. Édifié en face du palais, cet ancien palace a été
vendu par appartements. Construit en 1910, il fut agrandi et
surélevé en 1926-1927 par   l'architecte Cazalis dans
le goût néo-Louis XVIII et   présente encore une
entrée monumentale (située   au n° 3 de l'avenue
de la Reine-Victoria)

**RÉNOVATION
DE L'HÔTEL DU PALAIS**
Il revint à l'architecte
des palaces Édouard
Niermans (1837-1928)
de concevoir le nouvel
hôtel, élaboré entre
1903 et 1905, dans le
style néo-Louis XIII.

L'ossature en béton
armé permettant
les surélévations est
camouflée par un
décor plaqué brique
et pierre, agrémenté
de bustes sculptés,
dans des niches
(Gaston de Foix, saint
Vincent de Paul,
le cardinal Fesch,
le maréchal Lannes),
et de médaillons
en relief.

décorée de dauphins et de guirlandes. À l'intérieur,
on retrouve des éléments d'un décor de prestige : hall
à colonnade, grand escalier, grande salle avec vue sur la mer.
ÉGLISE ORTHODOXE SAINT-ALEXANDRE-NIEVSKI ♥.
Récemment restaurée, sa coupole centrale d'un bleu éclatant
surprend dans l'environnement en demi-teintes que donne
la pierre de Bidache utilisée dans la plupart des constructions
avoisinantes. Œuvre de l'architecte Oscar Tisnès, elle fut
édifiée entre 1890 et 1892 grâce aux souscriptions de la colonie
russe qui, de septembre à octobre, se pressait à Biarritz.
VILLA CYRANO, OU MAISON LABAT ♥. Cette villa est le chef-
d'œuvre de l'architecte Gustave Huguenin (1838-1939),
qui, en 1901, s'inspira d'un hôtel particulier édifié à Paris
par l'architecte Charles Plumet.
PLAGE MIRAMAR ♥. Anciennement plage Bernain, elle
changea de nom quand fut construite, en 1927, l'imposante
masse de l'hôtel Miramar (Duhayon et Jullien architectes)
aujourd'hui remplacé par l'institut de thalassothérapie
Louison-Bobet. Un bel ensemble de villas borde la plage, dont
la magnifique VILLA BÉGONIA, œuvre de W. A. Destailleurs.
Maurice Rostand (fils d'Edmond) y joua des scènes de *L'Aiglon*
et Rosemonde Gérard ▲ *210* y lut
des vers. Plus haut, dans la
VILLA LES VAGUES, édifiée
vers 1900, le préfet Deux
recevait les écrivains
Pierre Loti, Pierre
Benoit et Claude
Farrère.

**VILLA CYRANO,
OU MAISON LABAT ♥**
Construite sur le site
de l'actuel hôtel
Carlton, elle fut
ensuite démontée
pierre par pierre
en 1909, pour être
reconstruite à son
emplacement actuel.
Arcatures, bretèches,

lucarnes effilées
reliées entre elles
par des arcs de pierre
évoquent le style néo-
gothique, tandis que
le décor sculpté et
les grilles des balcons
s'inspirent de l'Art
nouveau. De récentes
découvertes ont
d'ailleurs montré
que son architecte,
Gustave Huguenin,
était en relation avec
des créateurs
de Barcelone
et Bruxelles,
importants foyers
du modern style.

**LE PORT
DES PÊCHEURS**
À l'origine le port
ne comptait qu'une
cale pavée sur
laquelle étaient
hissées les barques
à l'aide de cabestans
en bois. Un décret du
23 mai 1863 autorisa
la création d'un port
à Biarritz, mais la
réalisation ne fut
pas à la hauteur
des projets.

UN SAUVETEUR
Célèbres pour
leur courage, les
sauveteurs étaient
des figures populaires
de Biarritz.

GRANDE PLAGE. Dite autrefois plage des Fous, elle
est encadrée par le casino Bellevue et l'hôtel du Palais.
En face émergent le Grand Rocher et la Roche plate.
ÉGLISE SAINTE-EUGÉNIE. Inachevée, l'église actuelle fut
construite entre 1898 et 1905 au-dessus du port des pêcheurs
et remplaça la chapelle érigée en 1856 à l'initiative de
l'impératrice Eugénie. La façade s'orne d'un
tympan sculpté, représentant Notre-Dame du
Bon-Secours. Le chemin de croix fut commandé
par le chanoine Gaston Larre (1853-1936),
premier curé de Sainte-Eugénie et bâtisseur de
l'église. À l'intérieur, on notera le bel ensemble
de verrières et les orgues du facteur Merklin.
CASINO MUNICIPAL. Cœur mythique
de la station, il a échappé à la démolition
et fait l'objet d'une spectaculaire
restauration destinée à lui rendre
son lustre d'antan. Situé au centre de
la plage, il fut édifié en 1924 sur les plans
d'Alfred Laulhé, dans le style Arts déco.
Il ouvre sur la plage par un portique abritant
cafés et boutiques et est recouvert d'un toit
en terrasse. Au premier étage, un vestibule
en passerelle mène à une longue galerie
desservant salles de jeu et de spectacle.
CASINO BELLEVUE. Inauguré en 1858,
il fut incendié en 1886, puis agrandi et décoré
à neuf en 1902 par Niermans qui associa
style second Empire et Art nouveau sous la
direction du décorateur Westermann et du
peintre Le Quesne, ce dernier multipliant
les scènes de plage biarrottes. Le casino fut
remanié en 1928 : Alfred Laulhé supprima
la terrasse, fit construire la rotonde,
transforma la grande galerie intérieure et
modifia l'escalier. Rouvert après la Seconde
Guerre mondiale, il sera surélevé dans
les années 1950 et son intérieur
transformé dans les années 1980.

LE LITTORAL

PLATEAU DE L'ATALAYE ♥.

Un monument aux morts aux statues réalisées par le sculpteur Real del Sarte et un monument à la mémoire des victimes civiles de la guerre et du bombardement de 1944 se dressent sur ce promontoire d'où la vue sur toute la côte est splendide. Un ensemble de villas intéressantes, dont la VILLA LE GOÉLAND (n° 12), se situe également sur ce plateau.

ROCHER DE LA VIERGE ♥.

L'esplanade de la Vierge conduit, par la passerelle métallique issue des ateliers de Gustave Eiffel, au célèbre rocher dit de la Vierge. La statue, œuvre des ateliers Ducel, fut achetée à l'exposition franco-espagnole de Bayonne et installée en 1865.

MUSÉE DE LA MER ♥.

Le marquis Léopold de Folin est le père spirituel du musée de la Mer. Officier de marine et naturaliste autodidacte, il mena, de 1881 à 1883, les premières campagnes océanographiques françaises à bord de l'aviso *Le Travailleur* et de l'escorteur d'escadre *Le Talisman*. Le 10 août 1933, le musée a été ouvert au public. La décoration intérieure contraste avec l'austérité de la façade ● 113 : mosaïques bleu et doré du mosaïste Lizier, fresques murales représentant des compositions d'animaux marins et de la flore aquatique, œuvres du peintre A. Sauvage, et, à l'entrée de l'aquarium, une fontaine ornée d'un grand panneau décoratif en céramique due à Édouard Cazaux (1889-1974), céramiste et sculpteur issu d'une lignée de potiers landais installée à Biarritz. En 1992, le musée a été entièrement rénové : refonte totale de l'aquarium, création de nouveaux bassins aux décors réalisés à partir d'empreintes prises sur le littoral, équipements techniques perfectionnés améliorant la stabulation des animaux, mais aussi désembuage des parois offrant une parfaite qualité de vision, agrandissement du bassin des phoques et création d'une grotte à requins avec, dans les deux cas, vision à l'air libre depuis la terrasse et vision subaquatique de l'intérieur du musée. Les galeries d'exposition ont également été réaménagées. Le musée offre à présent un double visage : musée au riche patrimoine et aquarium débordant de vie, il permet une découverte active et dynamique de l'océan.

VILLA BELZA ♥

Elle se dresse sur l'un des rochers dits Cachaous, véritable emblème du paysage biarrot, et vient d'être restaurée. Œuvre de l'architecte Alphonse Bertrand (1880-1895), elle fut réaménagée par R. Larrebat Tudor vers 1925 alors qu'elle devenait le Château basque, célèbre restaurant russe des années folles biarrottes.

UN CACHET ARTS DÉCO

Sa cure de jouvence de 1992 a conservé à cette «vieille institution» biarrotte son cachet Arts déco tout en la dotant d'une muséographie résolument moderne.

185

Durant l'entre-deux-guerres, la Côte basque devient un lieu de rendez-vous obligé de l'Europe aristocratique, des artistes, de la haute société cosmopolite et du monde des affaires. Édifices clefs de cette vie de plaisir, les casinos de la Côte sont sans cesse transformés pour être remis au goût du jour, et les villas, qui rivalisent par leur diversité architecturale, leurs dimensions et leur luxe, illustrent parfaitement cette atmosphère de fête perpétuelle que dépeint Pierre Frondaie dans son roman à succès *L'Homme à l'Hispano*.

«LA ROSERAIE» DE BIDART (1925-1926)
Établi sur la colline d'Ilbarritz, dans un parc dessiné par Vacherot, cet hôtel-casino fut conçu par l'architecte Joseph Hiriart (1888-1946). Haut de cinq étages, il présente un plan en V largement évasé ; son casino à péristyle fut salué comme l'une des réalisations Arts déco les plus réussies de la région. Il était décoré de verrières à motifs géométriques de Jacques Gruber et de nombreux décors muraux évoquant les charmes du Pays basque.

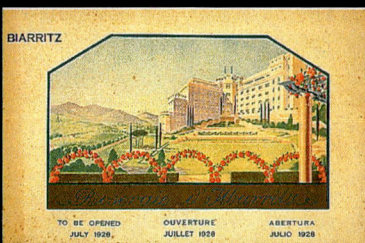

BIARRITZ

TO BE OPENED   OUVERTURE   ABERTURA
JULY 1928   JUILLET 1928   JULIO 1928

L'HEURE DU BAIN EN 1930
La mer est calme, le sable est brûlant et la foule dense sur la Grande Plage de Biarritz devant le casino municipal et l'hôtel Plaza, nouvellement construit. Là, à l'heure du bain qui précède une nuit de fête, s'accomplissent «les ébats maritimes et les cures de soleil» (A. Lichtenberger) et se déroule, sous le pinceau complice de Hemjic, l'élégante parade des garçons de la plage, épaules hâlées et peignoirs chamarrés.

HÔTEL-CASINO DE SAINT-JEAN-DE-LUZ

Ci-dessus, dernière esquisse réalisée en 1927 pour l'ensemble casino, hôtel, théâtre et salle des fêtes. Elle servira de base au travail de Robert Mallet-Stevens (1886-1945) qui en conserva le plan et les volumes. Il utilisa la palette exubérante des Arts déco (notamment les ferronneries et les vitraux) qu'il conjugua avec la pureté des lignes du style moderniste international.

VILLA LEÏHORRA (1926-1928)

Réalisée pour madame Signoret par Joseph Hiriart (1880-1946) aidé de Georges Tribout et de Georges Beau, la villa s'articule autour d'un vaste patio à ciel ouvert entouré d'une galerie couverte.

Elle se présente comme un témoignage privilégié de l'art de vivre au bord de la mer et comme un véritable manifeste Arts déco : verreries de Gruber, ferronneries de Schwartz, céramiques de Cazaux ▲ 185 et pâtes de verre de Paul Daum.

VILLA NATACHA (1907)

Chef-d'œuvre d'Henri Sauvage (1873-1932) et Charles Sarazin (1873-1950), cette villa, construite pour l'agent de change Albert-Guillaume Leuba, conjugue avec habileté éléments néo-basques et Art nouveau.

La composition s'organise autour d'un grand hall à l'anglaise avec cheminées, galerie, frise peinte de Franck Brangwyn (aujourd'hui disparue) et superbe ensemble de verrières à décor végétal.

LA RÉSERVE DE CIBOURE
Situé le long de la route de la corniche, entouré d'une ceinture de végétation, l'ensemble s'ouvrait sur la baie de Saint-Jean-de-Luz. Haut lieu de la vie nocturne, animé par Charles Cerruti et fréquenté assidûment par Alphonse XIII, roi d'Espagne, ce restaurant-dancing des années folles fut une halte obligée des noctambules en perpétuelle errance qui aimaient à venir y danser les nuits d'été, sous les tamaris et dans le bruit des vagues.

ÉLÉGANCES...
Décolletés, perles et mousselines pour une soirée au Pavillon royal ▲ 192. Joailliers et grands couturiers se disputent une riche clientèle cosmopolite. Si les hommes s'habillent chez Old England à la Maison basque ● 114, ▲ 190, les femmes se partagent entre Poiret, Worth, Lanvin, Hermès, Molyneux, Chanel et Patou.

«EFFET DE NUIT»
Avant d'être achevé dans le style international par Mallet-Stevens, c'est à l'architecte local William Marcel (1879-1971) que fut confiée, dès 1923, l'étude d'un projet de grand hôtel face à la terrasse de l'ancien établissement de bains. Ce projet, déjà ambitieux, s'élargit durant l'année 1924 et un casino-hôtel, une piscine, des magasins et un garage s'y ajoutent. Véritable entreprise d'embellissement du quartier des Bains, ce projet prend alors les allures d'une grandiose rêverie dans le style minéo-basque, minéo-espagnol comme en témoigne cet *Effet de nuit* réalisé en 1925 par William Marcel. Ce dernier y travaillera quatre ans avant d'être dessaisi du projet qui échoira à Mallet-Stevens.

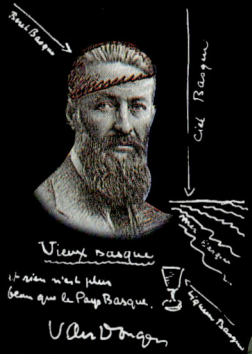

COCO CHANEL
En 1916, Chanel ouvre à Biarritz une boutique et des ateliers.

KEES VAN DONGEN
Se représentant en vieux Basque, le béret en goguette, Van Dongen (1877-1968), qui fut aussi le peintre des célébrités du monde et du demi-monde, fut un facétieux et tonitruant animateur des nuits biarrottes.

RUSSES BLANCS
Après la Révolution russe, la station deviendra le rendez-vous des Romanov en exil. Ci-dessous, les princes Nikita et Théodore de Russie.

ANCIENNE GARE DE BIARRITZ-VILLE
Elle fut inaugurée le 11 février 1911. La façade monumentale en pierre d'Arudy a perdu sa grande marquise. Elle abrite aujourd'hui le palais des Congrès.

CHAPELLE IMPÉRIALE NOTRE-DAME-DE-GUADALUPE
Édifiée sur le domaine impérial, la chapelle fut construite en brique et en pierre. L'intérieur, à nef unique et abside en cul-de-four, est très richement traité : plafond peint avec poutres apparentes sur le modèle de celui de la cathédrale Messine ; azulejos de la manufacture de Sèvres à hauteur d'appui. Notre-Dame de Guadalupe est représentée parmi les fleurs de lys, des roses, des lauriers et des feuillages.

PLACE CLEMENCEAU. Il ne subsiste qu'une aile de l'ancien GRAND HÔTEL au toit d'ardoise néo-XVIIᵉ siècle. Fermant la place, la BANQUE INCHAUSPÉ s'est installée dans la boutique du couturier Jean Patou, aménagée par Louis Süe en 1925 à l'emplacement de l'ancienne mairie. La PÂTISSERIE MIREMONT, avec son décor intact, est une halte obligée de l'estivant.

AVENUE ÉDOUARD-VII. Longeant la mer, cette avenue est bordée de belles réussites architecturales, dont la VILLA BELLAIRS (1867), à l'allure de forteresse, impression que vient renforcer l'utilisation de la pierre de Bidache.

HÔTEL PLAZA. Il est situé en face de l'actuelle mairie avec laquelle il formait un bel ensemble architectural Arts déco. Les deux bâtiments furent réalisés successivement en 1828 et 1829 et reposent sur des galeries-promenoirs aux robustes piliers décorés de mosaïques. Malgré quelques transformations, l'hôtel a conservé la répartition primitive des chambres autour de vastes couloirs et une partie de son décor Arts déco.

MUSÉE DU VIEUX-BIARRITZ ♥. Situé rue Broquedis, ce petit musée abrite une riche et émouvante collection de gravures, dessins, photos et lettres qui racontent le passé le la ville.

LA MAISON BASQUE. De style néo-régionaliste ● *114*, elle fut élevée entre 1924 et 1927. D'abord hôtel, abritant la maison Old England, c'est un lieu symbolique de Biarritz qui s'impose par ses dimensions, ses boiseries peintes et son écusson en façade.

ÉGLISE SAINT-CHARLES. Inaugurée le 28 août 1898, elle fut construite pour satisfaire la demande des clients des thermes salins, de style néo-mauresque, aujourd'hui détruits. Les vitraux de Mauniégeau et les orgues de Cavaillé de cet édifice néo-gothique à nef et bas-côtés valent la visite.

ÉGLISE SAINT-MARTIN. Construite dans le style gothique tardif, au centre du village primitif, cette église est mentionnée pour la première fois dans les années 1150-1170. À l'intérieur, la date de 1541 est portée sur un pilier.

CHÂTEAU GRAMONT. Au milieu d'un parc intact, cet ouvrage dû à Alphonse Bertrand (1860) est un bel exemple d'architecture tricolore. En 1854, son propriétaire

Eugène Labat y reçut le couple impérial avant la construction de la villa Eugénie.

Château Boulart. Cette bâtisse néo-Renaissance de Joseph Louis Duc (1802-1879) fut édifiée de 1827 à 1883. Elle a perdu son parc immense mais a gardé son plan centré autour d'un patio et son bel escalier à colonne de marbre.

ANGLET

Situé entre Bayonne et Biarritz, Anglet occupe un territoire qui va de l'Adour au phare de Biarritz, de la côte aux collines d'Arcangues et de Bassussary et ne fut longtemps qu'un petit village avant de bénéficier du succès de Biarritz et des retombées de la vogue de la villégiature. Anglet s'organise autour de trois pôles : l'embouchure de l'Adour où se concentrent les activités commerciales et maritimes, le couvent du Refuge fondé dans la seconde moitié du XIXe siècle par le révérend père Cestac, et les vastes espaces boisés de l'arrière-pays où se regroupèrent les grandes propriétés.

La Mairie ♥. Magnifique exemple d'architecture néo-espagnole, édifiée entre 1935 et 1939, elle présente des volumes simples et épurés, groupés autour d'un patio et d'une entrée dont le large auvent est supporté par deux volumes cylindriques. Quelques éléments décoratifs néo-espagnols (azulejos, grilles en fer forgé, céramiques) tempèrent sa rigueur architecturale. La salle des mariages présente les œuvres de José de la Peña (1886-1961), artiste peintre d'Anglet.

Château de Brindos. Transformé aujourd'hui en hôtel, ce vaste ensemble a été édifié aux alentours de 1930 par William Marcel. Il a fort heureusement conservé son décor intérieur.

La piscine de la Chambre d'Amour
En 1925, le golf de Chiberta, associé à un grand programme immobilier, est créé à Anglet. Il attira, dès son inauguration, en 1927, une foule cosmopolite et fortunée que l'on retrouvait aussi autour de la piscine en plein air de la Chambre d'Amour, photographiée ci-dessus par Jacques-Henri Lartigue. La légende de la Chambre d'Amour ● 129 donna naissance à une littérature et une iconographie variées et attira les visiteurs.

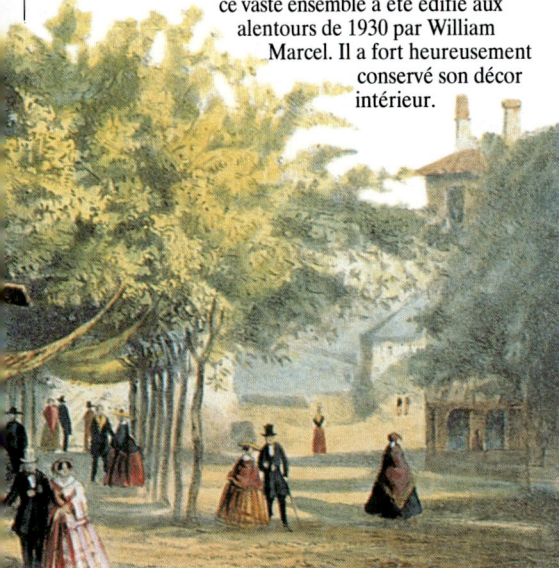

1. BIARRITZ 2. ANGLET 3. BIDART 4. ARBONNE 5. GUÉTHARY

BIDART

⏱ 3 jours
🚗 30 km

LE SURF
C'est grâce au tournage, à Biarritz en 1957, du film *Le soleil se lève aussi*, tiré d'un roman de Hemingway,

Dès le début du XXᵉ siècle, cet ancien port de chasseurs de baleine voulut s'agrandir afin d'accueillir les estivants qui se pressaient sur la Côte basque. C'est ainsi qu'en 1928, la ville se dota d'un plan régulateur destiné à englober le village ancien dans un système audacieux d'avenues et de places, mais la crise venue, ce projet mégalomane ne fut plus qu'un rêve de papier. Le bourg, malgré un urbanisme galopant, a conservé sa place traditionnelle où se serrent la mairie de style néo-basque,

que le surf arriva en France. Le scénariste américain, Peter Viertel, découvrant les vagues de Biarritz lors du tournage, se fit envoyer de Californie une planche de surf, alors qu'il n'avait jamais chevauché une vague de sa vie. Sport ancestral des Polynésiens d'Hawaii, le surf est sorti, au fil des années 1980, de la marginalité dans laquelle il s'était confiné dans les années 1970 et est devenu un sport à part entière.

le fronton et l'église du XVIᵉ siècle, qui abrite une statue en bois de saint Jacques (XVIIᵉ siècle) vêtu en pèlerin et des fonts baptismaux offerts par la reine Nathalie de Serbie.
PALAIS SACHINO. Situé dans une vaste prairie, le palais Sachino (hôtel Castel Biarritz, puis Pavillon royal) rappelle la tragique destinée de Nathalie de Serbie, qui y vécut ▲ *188*.

ARCANGUES

L'histoire de ce petit bourg labourdin est étroitement liée à celle de la famille des seigneurs d'Arcangues, connue depuis le XIIᵉ siècle, marquis d'Iranda depuis le XVIIIᵉ siècle, qui administra la localité de 1540 à 1749. Poète et romancier de talent, Pierre d'Arcangues fit de son village le lieu de rencontre obligé du gotha international, ainsi qu'un brillant cénacle

6. SAINT-JEAN-DE-LUZ **7.** CIBOURE **8.** URRUGNE **9.** HENDAYE **10.** CHÂTEAU D'ABBADIA **11.** IRUN **12.** FONTARABIE

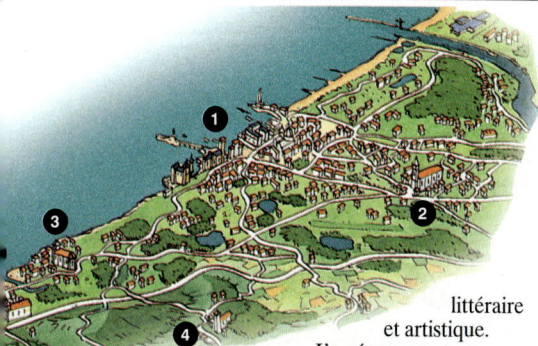

littéraire
et artistique.
L'aménagement
du village est marqué par sa volonté
de mettre en scène, élégamment, les éléments
attendus d'un village basque mythique. Ainsi, autour
du fronton de pelote et de l'église, se côtoient la mairie et
les écoles, l'auberge avec ses tables de schiste, le presbytère
et la maison des servantes de Marie, le cimetière enfin où se
trouve une belle collection d'art funéraire basque. La tombe
de Luis Mariano (1914-1970) rappelle le souvenir du célèbre
chanteur d'opérette dont le buste, œuvre de Paul Belmondo,
s'élève à l'entrée du village.

CHÂTEAU D'ARCANGUES. Dressé sur une colline au milieu d'un
vaste parc préservé, il fut reconstruit aux alentours de 1900
sur l'emplacement de la vieille maison noble. L'intérieur
s'agence autour d'un vaste hall à l'anglaise, avec grande
cheminée et galeries en bois ▲ *189*.

GUÉTHARY

Avant d'être terre d'accueil pour de nombreux artistes et
écrivains, Guéthary fut un village de pêcheurs. La découverte,
en 1948, des vestiges d'une «usine» à garum et à salaisons en
face du port actuel atteste l'installation des Romains durant
le Ier siècle après J.-C. Dans le sillage de Biarritz, Guéthary
devint, dès le XIXe siècle, une élégante station balnéaire.
À 1 km du rivage, le petit village, haut
perché, se groupe autour de l'église Saint-
Nicolas et son cimetière à terrasses.

ÉGLISE SAINT-NICOLAS. L'édifice du
XVIIe siècle présente à l'intérieur trois
étages de superbes galeries d'une facture
homogène datés de 1636.

VILLA SAROLÉGUINEA, MUSÉE MUNICIPAL
(J.-F. Cazalis architecte, 1909). De style
néo-labourdin, cette villa abrite œuvres
et archives du sculpteur roumain Georges
Clément Swiecinski (1878-1958) et des expositions d'art
contemporain. Swiecinski s'installa à Guéthary en 1922 et y
reçut Paul Valéry, Pierre Drieu La Rochelle, Francis Jammes,
et Paul-Jean Toulet, qui vivait dans la maison voisine d'Etché-
Berria et dont il sculpta le buste.

HÔTEL-CASINO ITSASOAN. Inauguré en 1926, il est relié à une
terrasse panoramique par un pont sculpté d'Henri Godbarge.
Bien que défigurés et transformés, les bâtiments gardent encore
toute leur charge émotionnelle, évocatrice d'une folle époque.

CHÂTEAU D'ILBARRITZ
Sa silhouette
fantomatique et
désolée se dresse au
sommet d'une falaise
battue par les vents.
Il fut conçu entre
1895 et 1912 par
l'architecte Gustave
Huguenin ▲ *183* pour
l'extravagant baron
Albert de l'Espée,
passionné de musique
et d'orgue, qui fit
édifier, au centre d'un
domaine de 60 ha
en bordure de mer,
une vaste demeure
destinée à servir
d'écrin à un salon
de musique où trônait
un gigantesque orgue
Cavaillé-Coll,
aujourd'hui au Sacré-
Cœur de Paris.

HÔTEL GUÉTHARIA
(Hiriart, Tribout
et Beau architectes).
La richesse décorative
(ferronneries
attribuées à Jean
Schwartz, verrières
de Gruber) le dispute
à la singularité
des façades régulières
en béton banché.

193

1. ÉGLISE SAINT-VINCENT 2. QUAI MAURICE-RAVEL 3. PORT DE PLAISANCE 4. LE PORT 5. COUVENT DES RÉCOLLETS 6. MAISON DE L'INFANTE 7. RUE MAZARIN 8. PLACE LOUIS-XIV 9. HÔTEL DE VILLE 10. MAISON LOUIS-XIV 11. RUE GAMBETTA 12. RUE DE LA RÉPUBLIQUE 13. ÉGLISE SAINT-JEAN-BAPTISTE

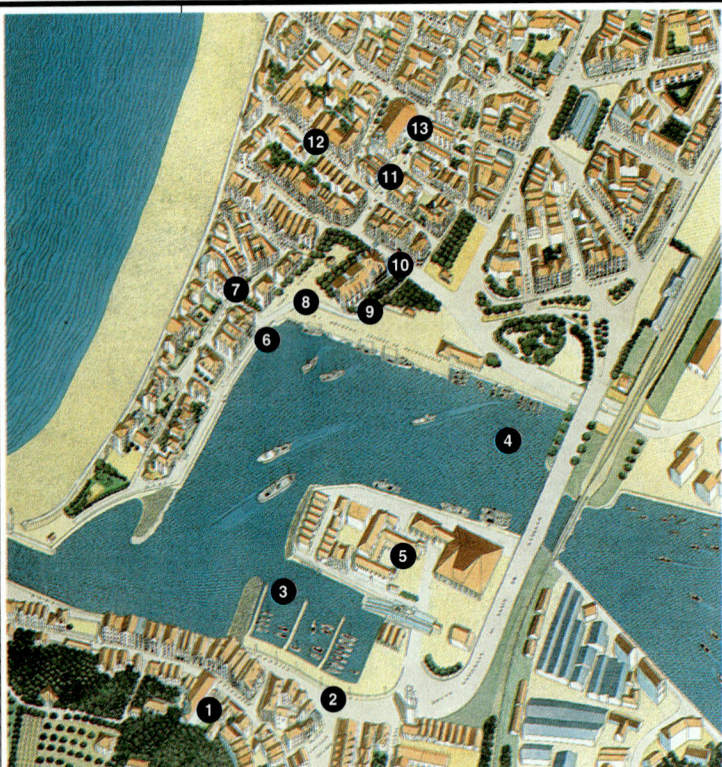

🕐 1 journée

SAINT-JEAN-DE-LUZ ♥

HISTOIRE. Située aux portes de l'Espagne, ouverte sur l'océan, halte obligée des marchandises mais passage inévitable des envahisseurs, Saint-Jean-de-Luz a toujours eu un rôle historique. Cet important port de pêche, aujourd'hui bien à l'abri dans une baie fermée par des digues, eut un peuplement très ancien : dès la préhistoire, ses occupants vivaient de la pêche et plus tard, au XIᵉ siècle, la chasse à la baleine ▲ *197* assura la prospérité de la cité et fit la réputation de ses pêcheurs. De la ville historique, il ne

UN MARIAGE ROYAL
Saint-Jean-de-Luz connut son heure de gloire lors du mariage de Louis XIV. Les cérémonies s'y déroulèrent selon un calendrier précis. 8 mai 1660 : entrée du roi, d'Anne d'Autriche, du cardinal Mazarin et de la cour ; 25 mai : reconduction par le roi des privilèges accordés à la ville ; 6 juin : entrevue dans l'île des Faisans ; 9 juin : noces à l'église Saint-Jean-Baptiste.

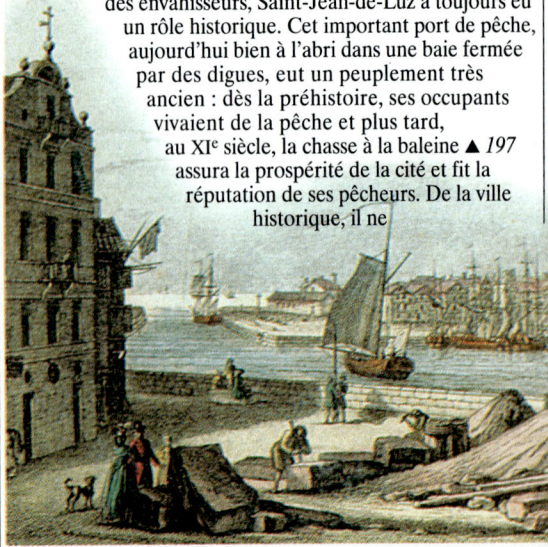

subsiste qu'une partie, le reste ayant été englouti lors des tempêtes catastrophiques survenues aux XVIIe et XVIIIe siècles. La ville doit sa survie à la construction, à partir de 1827, du «seuil de garantie», de deux digues et du brise-lames de l'Artha. À la fin du XIXe siècle, elle devient, dans le sillage de Biarritz, une station balnéaire et climatique renommée, moins cosmopolite cependant que sa voisine, mais sachant préserver son patrimoine ancien tout en intégrant les créations de l'architecture de l'entre-deux-guerres. Reliée à Ciboure par un pont qui donnait directement accès au couvent des Récollets, elle perdra cette liaison en 1962 lorsque sera construit le nouveau passage en prolongement du boulevard Passicot.

PLACE LOUIS-XIV. Elle est entourée de superbes demeures et ses nombreux petits restaurants en font l'un des lieux les plus animés de la ville. En été, bals, *toro de fuego* et concerts, donnés par l'orchestre de l'harmonie municipale dans le kiosque, confèrent à la place un air de fête.

MAISON LOUIS-XIV, OU MAISON LOHOBIAGUE. Encadrée de tourelles en encorbellements, elle présente une belle façade en pierre parée de balcons de pierre aux balustrades en fer forgé. Bâtie en 1643 par l'armateur Johannes de Lohobiague, elle abrita le jeune Louis XIV lors de son mariage en juin 1660. Un spectaculaire escalier de bois conduit aux étages, où l'on découvre un salon orné de portraits de famille et une salle à manger aux boiseries peintes. De la galerie, la vue s'étend sur Ciboure et jusqu'aux Pyrénées.

MAIRIE (HERRIKO ETXEA). Elle fut construite entre 1656 et 1657 par le baile Jean de Casabielhe et affecte une forme en U encadrant la statue équestre de Louis XIV, reproduction d'une œuvre de Girardon. L'ensemble fut restauré dans les années 1960 par l'architecte Maurice Darroquy.

LE PORT. Il charme par son animation et le pittoresque de ses bateaux de pêche en bois peint de couleurs vives. Il ne fut édifié qu'au XIIe siècle, lorsque l'ensablement de l'Adour réduisit de façon considérable les activités du port de Bayonne ▲ *154*. Saint-Jean-de-Luz fut, dans les années 1950, le premier port sardinier et thonier de France. Les maisons qui longent ses quais sont de style labourdin.

> **"**La situation de Saint-Jean-de-Luz est extrêmement agréable. On trouve dans la grande place une belle église bâtie à la moderne. L'on passe en ce lieu la rivière de la Nivelle sur un pont de bois d'une extraordinaire longueur. Il y a là des péagers qui font payer le droit des marchandises et des hardes que l'on porte avec soi. Ce droit n'est réglé que par leur volonté, et il est excessif quand ils voient des étrangers.**"**
>
> Comtesse d'Aulnoy

UN SITE EXCEPTIONNEL
La baie de Saint-Jean-de-Luz s'ouvre sur l'océan avec en toile de fond les montagnes du Labourd et du Guipuzcoa. Seule échancrure de la côte entre Arcachon et Hendaye, cette anse fut très tôt le domaine des pêcheurs dont elle protégeait les bateaux. Cela ne l'empêcha pas d'être victime des fureurs de l'océan : les raz de marée qui ravagèrent la ville en 1680, 1749 et 1782 décidèrent les habitants à s'abriter derrière des digues et, en 1827, ils bâtirent le «seuil de garantie», perré arc-bouté dominant la plage que les Luziens appellent la «jetée» et qui est devenu leur lieu de promenade.

195

Le photographe
Jacques-Henri
Lartigue (1894-1986),
habitué des lieux
de villégiature, aima
beaucoup le Pays
basque. Il sut saisir
dans ses photos
l'atmosphère de
plaisir et de détente
qui caractérisait
la Côte basque
au début des années
1930. Ci-dessous,
Renée devant le
casino flambant neuf.

MAISON DE L'INFANTE. Cet édifice, appelé également MAISON
JUANOENIA (ci-contre), abrita Anne d'Autriche
et l'infante Marie-Thérèse lors des cérémonies du mariage
de cette dernière, en juin 1660. Il fut construit par Johannot
de Haranéder, armateur fortuné. Sa façade rosée, en brique
et en pierre, lui donne l'air charmant d'un palais italien.

RUE MAZARIN. La vaste MAISON GRANGA BAÏTA (n° 2)
accueillit Napoléon Ier avant de devenir, au cours de l'année
1814, le quartier général du duc de Wellington. Plus loin,
la MAISON dite des TROIS CANONS (n° 10) tient son nom
de ses gouttières en forme de canon.

RUE DE LA RÉPUBLIQUE. On remarquera la MAISON
ESQUERRERA (n° 17), du XVIe siècle, dont la façade est percée
de belles fenêtres à meneaux.

RUE GAMBETTA. Artère principale de la ville, cette rue était
autrefois la route qui reliait Bayonne à l'Espagne. Bordée
de nombreux commerces, elle est devenue piétonne et l'on
peut ainsi se promener en admirant les magnifiques demeures
anciennes parmi lesquelles la MAISON GORRITIENEA
(n° 20). Cette dernière, bâtie au XVIIe siècle, possède
de remarquables encorbellements ouvragés et appartint
au célèbre corsaire ▲ 204 Joachim Labrouche, armateur
et maire de Saint-Jean-de-Luz.

ÉGLISE SAINT-JEAN-BAPTISTE. L'édifice eut une histoire
agitée : cité à la fin du XIIe siècle, il fut brûlé en 1419 lors
des incursions espagnoles, puis reconstruit par étapes.
C'est là qu'eut lieu la cérémonie du mariage de Louis XIV
avec l'infante Marie-Thérèse d'Autriche.
La partie la plus ancienne de l'église
date du XVe siècle. La plupart
des transformations eurent lieu
au XVIIe siècle : création de chapelles
latérales, élargissement du chœur,
ouverture du grand portail (1664-1666),
obturation de la porte Louis-XIV (1669),
par laquelle était sorti le couple royal,
et enfin surélévation du clocher (1685).
Ce dernier fut incendié au XVIIIe siècle ;
à la même époque fut commencée
la construction de l'escalier sud.
Au XIXe siècle, le portail principal
fut restauré. L'intérieur, spectaculaire,
se compose d'une nef unique et s'orne
de trois étages de superbes galeries
de bois ● 104, 106. Le chœur polygonal
fut surélevé et rendu accessible par
un large escalier qui s'élève au-dessus
de la sacristie. La pièce maîtresse
de l'église est assurément son grand
retable du XVIIe siècle, le plus célèbre
des retables du Pays basque nord.
Œuvre de l'atelier du sculpteur Martin
de Bidache, il se compose de trois
registres ornés d'une profusion de statues
nichées entre des colonnes torses ornées
de pampres. Les quatre autels latéraux
abritent des tableaux du chevalier Michel
Etchegaray (1825-1828). Les deux lutrins
de cuivre, dans le chœur, datent du

XVIIe siècle. Les orgues
ont été restaurées sur les
conseils de l'architecte
Boeswillwald en 1857.
Dans la nef,
on s'attardera devant
le socle sculpté de
monstres de la chaire
monumentale.

LE FRONT DE MER.
Il s'étire le long
du «seuil de garantie»,
où des passerelles
permettent d'accéder
aux maisons de styles
divers, jusqu'à
Sainte-Barbe : villas
balnéaires, grands hôtels et petites pensions, comme
la pension Maïtagarria, tenue par les sœurs Passicot,
où descendaient écrivains et artistes.

LE CASINO. Il a perdu depuis 1950 le cachet moderniste que
lui avait donné l'architecte parisien Robert Mallet-Stevens.
À partir du plan initial de William Marcel, Mallet-Stevens,
utilisant le béton armé, imposa une architecture
internationale, bien loin de l'esthétique régionaliste. Son
programme comprenait quatre niveaux : au sous-sol, un accès
direct à la mer ; au rez-de-chaussée, les entrées de l'hôtel et
du casino, la promenade couverte, les boutiques ; au premier
étage, le casino et le restaurant ; au dernier étage, l'hôtel.
Sur la rue, la façade au dessin compliqué – traces de l'ancien
projet – s'orne d'une rotonde éclairée par des vitraux de Paul
Barillet. Les sculpteurs Joel et Jan Martel créèrent une série
de bas-reliefs pour la décoration des murs de la salle de jeu.
L'édifice fut surélevé en 1950 pour recevoir des appartements.

CHANTACO. La Côte basque fut un lieu privilégié
d'implantation de terrains de golf ; celui de Chantaco, établi
face à la Nivelle dans le vieux bois de Fagosse, fut réalisé
en 1926 par Alison Colt à la demande de René Thion de
La Chaume, président de la banque d'Indochine. Le *club-house*
de Jean Walter fut achevé deux ans plus tard. À proximité,
l'ancien moulin à marées de Billitorte est devenu la demeure
du sculpteur Real del Sarte (1888-1954).

**RETABLE DE L'ÉGLISE
SAINT-JEAN-BAPTISTE**
Cet immense retable
est surmonté par la
figure du Père Éternel
au-dessus duquel
un pélican déploie
ses ailes. Au centre
du premier registre,
un superbe tabernacle
polygonal se détache
sur un ciel peuplé
d'anges. Au milieu du
registre central s'élève
la statue du patron
de l'église, saint Jean-
Baptiste, accompagné
de l'agneau, et enfin,
au dernier registre,
règne la Vierge
en Ascension.

Vues des ports
de Saint-Jean-de-Luz
et de Ciboure

197

Baleine, morue, sardine et thon ont fait la réputation des pêcheurs basques. La chasse à la baleine, pêche mythique, s'organise au IXᵉ siècle et devient un pilier de l'économie locale. À la fin du Moyen Âge, les cétacés se raréfiant dans le golfe de Gascogne, les Basques les poursuivront jusqu'au Grand Nord.
Le XVIIIᵉ siècle voit la fin de la chasse à la baleine et un net déclin de la pêche morutière ; la pêche à la sardine, en revanche, est alors en plein essor ; elle sera détrônée vers 1950 par la pêche au thon.

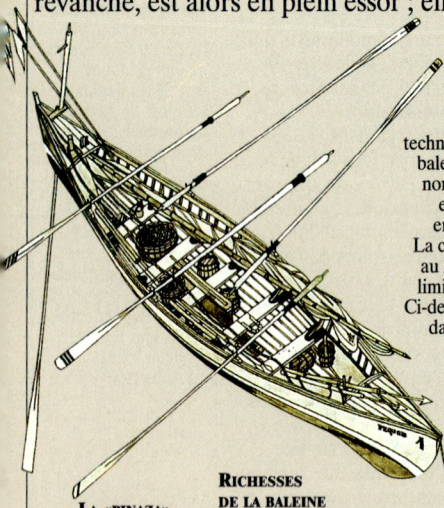

LES CAMPAGNES DE PÊCHE
Dès le Moyen Âge, l'évolution des techniques navales permettent des expéditions baleinières et morutières éloignées (Galice, nord de l'Europe puis Amérique du Nord et Grand Nord). Les baleinières sont embarquées sur des navires de charge. La chasse à la baleine connaîtra son apogée au XVIᵉ siècle. Le traité d'Utrecht (1713), limita de façon notoire les zones de pêche. Ci-dessous, une vision de la chasse à la baleine dans l'esprit romantique du XIXᵉ siècle.

LA «PINAZA»
Les Vikings, présents sur la Côte basque entre 844 et 1023 enseignèrent aux Basques leurs techniques de pêche et de construction navale. La *pinaza*, barque baleinière de 8 à 10 m, en est un exemple. Légère et maniable, elle permettait de se déplacer rapidement.

RICHESSES DE LA BALEINE
Tout est exploité dans la baleine : les fanons sont utilisés pour réaliser les corsets ; le gras, fondu et filtré, sert à fabriquer l'huile de lampe et le savon ; le squelette fournit des pièces de clôture et de charpenterie. Ci-dessous, dépeçage de baleine dans l'iconographie du XVIᵉ siècle.

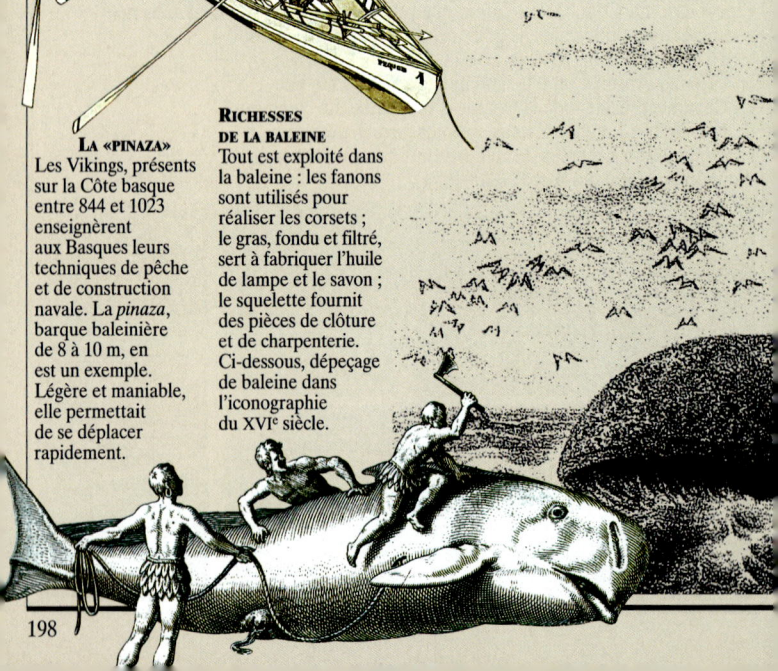

**LA PÊCHE
À LA SARDINE**
La chasse à la baleine
étant seule tenue
pour noble, la pêche
à la sardine fut
longtemps peu prisée
des Basques.
Ci-dessus,
déchargement
des sardines
à Hendaye.

LA BALEINE FRANCHE NOIRE
Pendant tout le Moyen Âge, les Basques
chassèrent la baleine franche noire
(ou de Biscaye) qui, de novembre
à mars, venait mettre bas dans les eaux
tempérées du golfe de Biscaye.

LA CHASSE À LA BALEINE
Sceaux et armoiries des
villes de la Côte basque
témoignent de la place
que tint la chasse à la
baleine dans la société
basque. Des harpons
en os et en bois de renne
découverts dans la grotte
de Lumentxa à Lekeitio
révèlent la pratique de la
pêche depuis des temps
immémoriaux.

L'«ATALAIAK»
Du haut de ces tours
des guetteurs
signalaient
les cétacés.

Thon rouge

UN DUR MÉTIER
Une trainière, utilisée au XIXᵉ siècle
pour pêcher la sardine, affronte la temp
dans le golfe de Gascogne.

Germon

Bonite

THONS DU GOLFE DE GASCOGNE
Le golfe de Gascogne
accueille plusieurs
espèces de thonidés
migrateurs : le thon
rouge, le thon blanc
(ou germon),
la bonite.

LA PÊCHE AU THON
● 58, 87
Il y a plus de trois
cents ans, les Basques
pêchaient déjà le thon
sur leurs côtes, et, de
façon occasionnelle,
lors de campagnes
à Terre-Neuve.
Dans les années 1950,
l'utilisation d'appâts
vivants donnent
à cette pêche une
formidable impulsion.
Saint-Jean-de-Luz-
Ciboure devient
le premier port
thonier de France.

ASSEMBLÉE DE PÊCHEURS EN 1925
Face aux difficultés,
les pêcheurs se sont
organisés
en associations
d'entraide, telle
la *kofradia* ● 32.

LA PÊCHE À LA MORUE
Pratiquée par les Basques en même temp
que la chasse à la baleine, elle connaît
son apogée au XVIᵉ siècle.

Itsasoko ekanako tresnak

1 Suesta
2 Sukalaya
3 Induak
4 Bubuak
5 Brajuñak
6 Olzaria
7 Olzara-ba
8 Bolsa
9 Kantzera
10 Ogija
11 Kabra-tina
12 Atabakia
13 Kutxilua
14 Koniasa
15 Parola
16 Erlojua
17 Ama Birjiña
18 Eskatulin
19 Baldia

**LA PÊCHE
À LA SARDINE**
Il faut attendre
le XVIIIe siècle pour
qu'elle soit reconnue
comme source
de gain. Vers 1920,
la généralisation
de la bolinche fait
de la sardine
la principale pêche
jusqu'en 1948, année
où elle est détrônée
par la pêche au thon.

**AQUARELLE DU
MARQUIS DEL SACCORI**
La tenue du marin-
pêcheur et les objets
indispensables
à la vie à bord.

RÉPUBLIQUE FRANÇAISE

15ᶠ +5ᶠ
Maurice RAVEL
1875-1957

CIBOURE

MAURICE RAVEL (1875-1937)
Né à Ciboure, dans la maison Irribaren, il vivait à Montfort-l'Amaury, mais revenait souvent au «pays».

Ci-dessous, le fort de Socoa au soleil couchant ; ci-contre, canonnières sur les quais.

Édifiée à l'extrémité du pont de la Nivelle, Ciboure est remarquable par la beauté de son site, entre océan et colline de Bordagain, et le pittoresque de la façade de ses quais. Son nom basque, Zubiburu, signifie «tête de pont». À l'origine, l'agglomération était un quartier d'Urrugne.

COUVENT DES RÉCOLLETS. Dédié à Notre-Dame de la Paix, il est installé sur un îlot, qui occupait autrefois le centre de la rivière qui sépare Saint-Jean-de-Luz de Ciboure. Fondé en 1611, il est composé d'une église, d'un cloître en partie conservé et de logis d'habitation. En 1660, le cardinal Mazarin fit édifier dans le cloître une citerne avec une fontaine, toujours intacte, de plan carré et flanquée de quatre colonnes doriques. Le pont qui réunissait les Récollets à Ciboure et Saint-Jean-de-Luz fut supprimé en 1962 et relégua le couvent derrière de vastes entrepôts.

QUARTIER DE L'HÔTEL DE VILLE. De belles maisons entourent la mairie, édifiée en 1720. Sur la petite place, la fontaine date de 1676. Il faut emprunter la tortueuse rue de la Fontaine, bordée de magnifiques demeures anciennes.

L'ÉGLISE. Une croix monolithique du XVIIIᵉ siècle se dresse sur son parvis.

Construite en 1575, l'église fut agrandie au XVIIe siècle. Elle est dotée d'un beau clocher octogonal dominé par une structure en bois, qui ne présente aucun équivalent au Pays basque. L'édifice avait à l'origine une fonction défensive, ce qui explique son aspect massif. À l'intérieur, trois étages de galeries en bois englobent le buffet d'orgues. Le chœur surélevé abrite un autel à colonnes torses ● *104, 106.*

Tour de Bordagain. Il ne reste guère de l'église fortifiée qui s'élevait en ces lieux que cette tour, haute de 82 m, qui servit longtemps de poste de guet.

Les villas. Un bel ensemble de villas construites face à la mer témoigne des folles années de la Côte basque : villa Leïhorra (1927) ● *112,* ▲ *187,* villa Itzala (1926), villa Lehentokia (1926), aux beaux vitraux de Jacques Gruber et au jardin en forte pente.

Socoa. C'est le quartier des restaurants et des chantiers navals. La route sur la digue conduit au fort, construit selon le vœu d'Henri IV. L'ingénieur François Boucher fut chargé des travaux, qui commencèrent en 1627. Durant son occupation par les Espagnols, en 1636, l'ouvrage fut transformé. On remarquera le bel ensemble de digues face à Sainte-Barbe. Le chemin de retour par le quartier de l'Untxin passe au pied du beau cimetière où est enterré l'écrivain Pierre Benoit.

URRUGNE

Il semble que, primitivement, Urrugne, «dont le nom rauque à la rime répugne» (Théophile Gautier), fut l'une des plus importantes paroisses du Labourd. En face de l'ancien relais de poste se dresse une belle église fortifiée de style guipuzcoan, à l'aspect austère. Elle fut édifiée au milieu du XVIe siècle. Le clocher, remanié au XIXe siècle, s'élève au-dessus d'un porche. Au sud, un beau portail sculpté est orné des représentations du Bon Pasteur et de l'Eucharistie (tympan), de saint Vincent, Laetus et saint Jacques en pèlerin (linteau), d'Adam, Ève et sainte Madeleine (sur les côtés). À l'intérieur, la nef unique a conservé ses galeries ● *104, 106,* son plafond de bois et son chœur voûté d'ogives.

Château d'Urtubie. C'est l'un des principaux châteaux du Pays basque. Il fut fortifié en 1341, avec l'autorisation du roi d'Angleterre. Louis XI, venu négocier avec le roi de Castille, y séjourna en 1463. Rasé par Marie d'Urtubie en 1493, il fut reconstruit de 1505 à 1533, puis remanié en 1745. À l'étage, deux grandes pièces exposent les tapisseries offertes par la suite royale lors des noces de Louis XIV.

Chapelle Notre-Dame de Socorri. Située à 2 km d'Urrugne, elle est entourée d'un cimetière dont les tombes rappellent les victimes du choléra qui ravagea la région en 1833 et en 1855. La vue sur la Rhune y est splendide.

La Croix-des-Bouquets. Ce petit col fut l'un des sites les plus disputés lors des guerres de la Révolution et de l'Empire.

menant à une terrasse. À l'ouest, le corps du bâtiment, doté de tourelles sur encorbellement aux angles, est un témoin de la reconstruction du XVIe siècle. Le corps de l'est, en l'état actuel, date du XVIIIe siècle. Une tourelle d'axe relie ces deux parties.

Affiche évoquant la naissance du tourisme balnéaire.

203

Qui avait été volé d'un bateau était habilité à s'indemniser en saisissant un navire du même port ou du même armateur : le droit de poursuite existait dès le Moyen Âge. Au XVIIe siècle, ce droit fut codifié par les gouvernements à leur profit et la «course» devint un acte de guerre astucieusement doublé d'un acte de commerce. Du XVIe au XIXe siècle, les corsaires basques firent du golfe de Gascogne un véritable «nid de vipères», au dire des Anglais. Ils connurent leur âge d'or pendant les guerres des règnes de Louis XIV et Louis XV.

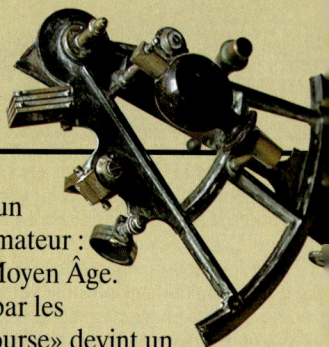

DES MARINS HORS PAIR
La «course» exigeait une parfaite maîtrise de la navigation. Ci-dessus : sextant.

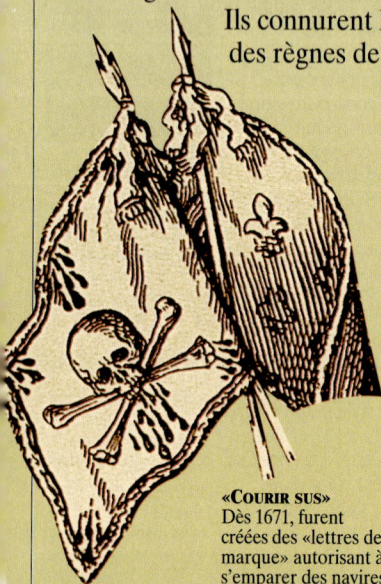

ILLUSTRES CORSAIRES
Les corsaires Cépé et d'Elissagaray furent reçus et félicités par le Roi-Soleil, qui anoblit Haraneder. Jean d'Albarrade termina sa carrière ministre de la Marine en 1794. Le dernier corsaire en date, Pellot Montvieux, dit le Renard Basque (ci-dessous), s'est éteint en 1856.

«COURIR SUS»
Dès 1671, furent créées des «lettres de marque» autorisant à s'emparer des navires de commerce ennemis, même ceux arborant un pavillon neutre, et à les déclarer de «bonne prise». Les prisonniers étaient échangés et les marchandises équitablement réparties entre l'amiral de France, l'équipage et l'armateur. Celui-ci devait posséder une flottille et une grosse fortune. Il existait aussi des sociétés par actions ouvertes au public. La «course» coûtait cher : seule l'artillerie était à la charge de l'État et il fallait verser une caution de 15 000 livres pour couvrir les exactions possibles de l'équipage.

LES HOMMES

Les armateurs se disputaient les meilleurs capitaines, qui se décidaient en fonction du navire proposé et veillaient au recrutement de l'équipage. Les hommes venaient de tout le Labourd. Parmi eux, nombreux étaient les pêcheurs qui, en période de guerre, ne pouvaient plus pêcher à Terre-Neuve, ni même sur les côtes. Ci-contre, le célèbre corsaire Coursic (XVIIIe siècle).

À L'ABORDAGE !

Au moment de l'abordage, les corsaires saisissaient pistolets, haches, sabres et mousquets, placés dans des barils.
Ci-dessus : pistolet de corsaire.

LES RISQUES DU MÉTIER

Les registres du canton de Saint-Jean-de-Luz, Ciboure et Urrugne font état, de 1678 à 1792, de 3 477 disparus en mer et de 423 prisonniers. À titre de comparaison, en 1797, il y avait à Bayonne 31 navires corsaires employant 5 825 marins et 14 à Saint-Jean-de-Luz pour 1 379 hommes.

LES NAVIRES

La faveur allait aux brigantins, aux frégates, aux goélettes et aux caravelles pour les «courses» lointaines, tandis que chaloupes, lougres et pinasses gardaient les côtes. Le dernier navire lancé à Bayonne et payé par les dames de la Cour fut *L'Invincible Napoléon*. Le combat le plus célèbre fut celui de *La Bayonnaise* contre la frégate anglaise *L'Embuscade* le 29 décembre 1798 (ci-contre). Le traité de Paris, signé en 1850, mit un terme aux «courses».

HENDAYE

ANTOINE D'ABBADIE D'ARRAST (1810-1897)
Savant bascologue et grand voyageur, il séjourna au Brésil et en Éthiopie. Selon ses dernières volontés, le château d'Abbadia devint à sa mort propriété de l'Académie des sciences, à laquelle il appartenait.

CHÂTEAU D'ABBADIA
Il fut construit vers 1870 par Eugène Viollet-le-Duc et Edmond Duthoit pour Antoine d'Abbadie d'Arrast. Édifié dans un parc face à la mer, ce château est à la fois une résidence castrale et un lieu de travail (observatoire). Magnifiquement meublé et décoré, il célèbre la rencontre du néo-gothique national et de l'Orient éthiopien. D'étranges statues monumentales figurant des animaux (crocodile, chien), à l'extérieur, veillent sur la demeure.

HISTOIRE. Petit hameau situé sur la rive droite de l'estuaire de la Bidassoa et ouvert sur une baie magnifique, donnant sur l'océan et la montagne, Hendaye fut une étape importante sur le chemin de Compostelle. Il dut à sa position frontalière d'être ravagé à diverses reprises (le fort de Gaztelu-Zahar, face à Fontarabie, bien qu'aménagé par Vauban après 1685, fut dévasté en 1793). En 1864, l'ouverture de la gare internationale et la construction de deux ponts routiers accélérèrent l'extension de la ville aux dépens d'Urrugne. Hendaye devint alors un lieu de villégiature réputé dont le casino de style néo-mauresque atteste l'importance.

ÎLE DES FAISANS. D'abord nommée île de l'Hôpital, elle devint célèbre sous le nom d'île des Faisans ou île de la Conférence. C'est ici, notamment, que furent signés le traité des Pyrénées, en 1656, et, l'année suivante, le contrat de mariage de l'infante Marie-Thérèse avec Louis XIV.

HENDAYE-VILLE. Elle se groupe autour de la place de la République et de l'église Saint-Vincent. Cette dernière fut plusieurs fois ravagée puis reconstruite. L'intérieur a été remanié en 1954. On retiendra surtout, dans la chapelle de la Vierge-de-Lourdes, une mosaïque des Maumejean, *L'Ensevelissement du Christ*, due aux artistes hendayais, maîtres verriers et mosaïstes renommés. De la place du Vieux-Fort, d'où la vue sur Chingoudy et Fontarabie est magnifique, on gagne le quartier des pêcheurs et la MAISON BAKHARETCHEA (maison du solitaire), où Pierre Loti s'installa en 1891, quand il fut nommé commandant du *Javelot* ● *134*. Il y mourut le 10 juin 1923.

HENDAYE-PLAGE. Cette flèche littorale bordée de plages de sable fin est protégée des vents d'ouest par le Jaizquibel (448 m). Face au casino, le GRAND HÔTEL ESKUALDUNA est une variante néo-basque des grands palaces internationaux. Parmi les belles maisons, celles de l'architecte Edmond Durandeau (1872-1960) gardent encore le souvenir de ce que fut le grand rêve du promoteur : édifier entre océan et Bidassoa une oasis de paix, de luxe et de beauté. Du boulevard, on rejoint la route de la corniche qui conduit au château d'Abbadia.

Le Labourd
Intérieur

MARIE-FRANCE CHAUVIREY

HASPARREN, *208*
CAMBO-LES-BAINS, *208*
VILLA ARNAGA,
MUSÉE EDMOND-ROSTAND, 210
JEAN-CLAUDE LASSERRE
JATXOU, *212*
USTARITZ, *212*
SAINT-PÉE-SUR-NIVELLE, *213*
ASCAIN, *214*
LA RHUNE, *214*
SARE, *215*
AINHOA, *216*
ESPELETTE, *217*
LA CONTREBANDE, 218
ITXASSOU, *220*
LOUHOSSOA, *221*
MACAYE, *221*
MENDIONDE, *222*

1. HASPARREN 2. CAMBO-LES-BAINS 3. JATXOU 4. USTARITZ 5. SAINT-PÉE-SUR-NIVELLE

🕐 1/2 journée

LE PATRIARCHE D'HASPARREN
Barbe blanche et béret basque, chasseur et pêcheur, Jammes sillonnait la campagne avec son chien. À Eyhartzea, l'été ramenait les fidèles pour des goûters rustiques : Milhaud, Mauriac, Valéry, Martin du Gard...

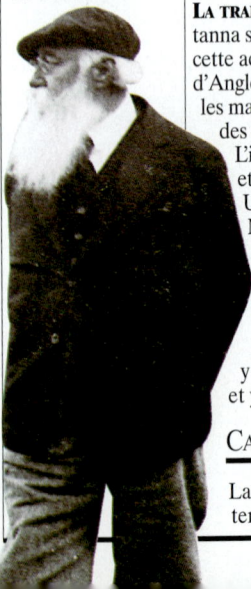

HASPARREN

Hasparren s'ouvre à la Basse Navarre plutôt qu'au Labourd et parle le bas navarrais occidental. La commune, très dispersée, se situe au centre d'un ensemble d'enceintes protohistoriques. En 1665, on découvrit dans les fondations du maître-autel de l'église une pierre gravée portant une inscription du IIe ou du IIIe siècle (visible sur le côté droit extérieur du sanctuaire), laissant à penser que les Romains eurent ici un centre administratif, économique et religieux.

LA COLÈRE DES FEMMES. En 1784, les Haspandar, exclus de la franchise de Bayonne, redoutent une possible extension de la gabelle. Les femmes du village se révoltent, s'arment de fourches et de faux et, au son du tocsin, marchent contre les dragons du roi, les obligeant à reculer. Le clocher de l'église est abattu en représailles. Hasparren demeurera sans cloches jusqu'en 1816.

LA TRADITION DU CUIR. Hasparren, riche en chênes tauzins, tanna sans doute le cuir dès le Moyen Âge. Au XVIIIe siècle, cette activité était telle que l'on importait des peaux d'Angleterre et d'Amérique du Nord pour alimenter les manufactures. De leur côté, les buranguiers fabriquaient des étoffes. Mais la franchise frappa l'économie locale.

L'industrie de la chaussure remplaça peu à peu la tannerie et employa jusqu'à trois mille ouvriers au début du siècle. Une centaine encore s'y consacre dans deux entreprises.

MUSÉE FRANCIS-JAMMES ♥. EYHARTZEA est la première maison à droite dans le bourg en venant de Bayonne. Un ruisseau borde son jardin, aujourd'hui public, et ses murs blancs à volets verts abritent désormais le musée Francis-Jammes.

Le poète, qui repose au cimetière d'Hasparren, y passa les dix-sept dernières années de sa vie et y composa ses dernières œuvres ● *136*.

CAMBO-LES-BAINS

La station thermale et climatique est bâtie sur une terrasse haute de 50 m dominant la vallée de la Nive.

6. ASCAIN
7. LA RHUNE
8. SARE
9. AÏNHOA
10. ESPELETTE
11. ITXASSOU
12. LOUHOSSOA
13. MACAYE
14. MENDIONDE
15. SAINT-JEAN-DE-LUZ
16. CIBOURE

HISTOIRE. Un gisement préhistorique, découvert en 1913 au lieu dit Olha, et un camp, dit de César, attestent l'ancienneté du site. La qualité de son microclimat et la présence de deux sources sulfureuses et ferrugineuses lui valent, dès le XVIᵉ siècle, de devenir une station réputée dans le traitement des maladies pulmonaires.

ÉGLISE SAINT-LAURENT. Entourée d'un jardin abritant quelques discoïdales, l'église, maintes fois remaniée, garde un beau retable du XVIIᵉ siècle orné d'un tableau représentant le martyre de saint Laurent.

LES THERMES. Le premier établissement thermal, édifié à partir de 1874, fut remplacé en 1927 par un élégant bâtiment présentant tous les traits du néo-classicisme des années 20 et la luxuriance des arts associés (mosaïques ou ferronneries). Transformé et agrandi, l'établissement actuel utilise une eau à 22 °C sulfuro-calcique, riche en magnésium, pour le traitement des rhumatismes et des affections des voies respiratoires.

THERMALISME À CAMBO-LES-BAINS
Au début du siècle, vastes sanatoriums, confortables hôtels de cure et villas cossues se multiplient à Cambo.

CHIQUITO, AMI DES ROIS
Les exploits du célèbre *pilotari* Joseph Apesteguy (1881-1950) dit Chiquito de Cambo (ci-contre, à droite, se désaltérant après une partie de pelote), attiraient les têtes couronnées en villégiature sur la côte. Ainsi Édouard VII d'Angleterre vint souvent l'applaudir à Cambo-les-Bains.

Au cours de l'automne 1900, Edmond Rostand, ivre du triomphe de *Cyrano de Bergerac* (1897) et de celui de *L'Aiglon* (mars 1900), vint à Cambo afin d'y soigner une sérieuse pleurésie. Séduit par le pays camboar, le poète décide de s'y installer et fait bâtir une demeure à la mesure de ses rêves. C'est sur un vaste plateau boisé, face à la montagne, près du ruisseau de l'Arraga, dont il changera une seule lettre, qu'il inventera l'immortelle villa Arnaga.

LA SALLE DE JEUX. Ses peintures murales du dessinateur Georges Delaw (1874-1929) illustrent de vieilles chansons françaises.

MME ROSTAND (1854-1913) «Ne pourriez-vous pas faire que la salle, au lieu d'être de théâtre, fût de quelque palazzo de rêve où il pourrait y avoir des escaliers, des loggias, et autant de couleur orangée · et de lustres que dans un théâtre ?» Ainsi Rosemonde Gérard (ici posant devant son portrait peint par Henry Caro-Delvaille) donnait-elle au peintre Gaston Latouche quelques suggestions pour la décoration du grand hall. Épouse et muse du poète, poétesse elle-même, elle seconda Rostand dans l'élaboration d'un art de vivre inimitable. C'est dans une atmosphère théâtrale, dans un tourbillon de fêtes incessantes, qu'elle reçut à Arnaga Cocteau, D'Annunzio, Paul Fort et Anna de Noailles.

LE GRAND HALL. Inspiré de l'architecture domestique d'outre-Manche, le hall, ample et fastueux, est le point fort de la distribution.

LA SALLE À MANGER. Elle a conservé sa décoration d'inspiration néo-classique.

Edmond Rostand (signature)

UN PALAIS NÉO-BASQUE

Édifiée entre 1904 et 1906 par l'architecte Joseph-Albert Tournaire (1882-1958) sous la surveillance et les propositions constantes du poète, la villa s'inscrit dans la lignée de ces édifices qui, depuis la fin du XIXe siècle, cherchent dans l'architecture traditionnelle – ici labourdine – des modèles d'inspiration et de référence. La demeure utilise l'archétype vernaculaire mais le transforme avec hardiesse et élégance en conservant, dans la composition fortement hiérarchisée de la façade, certains traits d'écriture directement issus de l'École des beaux-arts.

« POÈME DE PIERRE ET DE VERDURE »

Edmond Rostand dirigea personnellement la construction d'Arnaga, depuis les plans jusqu'aux moindres détails de la décoration.

LE JARDIN

Le grand jardin « à la française » est axé sur une succession de pièces d'eau et se divise en trois parties séparées par de larges allées : un parterre, autour d'un bassin circulaire, un grand canal, et les boulingrins encadrant le petit canal qui conduit au bassin en hémicycle dans lequel se mire une pergola imitée de celle de Schönbrunn. Une large allée transversale mène à l'orangerie édifiée en pierre de taille traitée en bossages rustiques. Le tout est cerné par un massif boisé qui confère à l'ensemble son caractère sauvage.

JOSEPH-DOMINIQUE GARAT ● *20*
Opposé à la condamnation à mort de Louis XVI, Garat dut lui lire sa sentence, ce qui fut le drame de sa vie. Député du Biltzar délégué aux États généraux, il devint ministre de la Justice, après Danton, puis ministre de l'Intérieur et membre de l'Académie française. Une chapelle s'élève au-dessus de sa tombe, à l'entrée du cimetière. Un de ses neveux, musicien de Marie-Antoinette, transposa dans le langage des Incroyables le «r» doux de la phonétique basque. De ce grasseyement, la mode fit le «garatisme».

MAISONS D'USTARITZ
Ustaritz dut longtemps sa prospérité à l'activité portuaire, et ses demeures, parmi les plus belles du Labourd, aux gens de robe gravitant autour du bailliage.

JATXOU

ÉGLISE SAINT-SÉBASTIEN. Érigée au Moyen Âge, agrandie aux XVIIe et XVIIIe siècles, l'église est entourée d'un cimetière aux superbes stèles discoïdales. Le plafond peint, les galeries sculptées, l'admirable retable de Saint-Sébastien confèrent au sanctuaire une atmosphère chaleureuse. Le Christ du XVe siècle est l'un des plus beaux du Pays basque et la cuve monolithe servit sans doute, jadis, de fonts baptismaux. À côté de l'église, la maison de la benoîte ● *30* est une miniature de maison labourdine à encorbellement.

CHAPELLE SAINT-SAUVEUR-DE-FALDARCON. En partie médiévale, elle s'élève sur un plateau, au milieu des bois, et surprend par son décor intérieur naïf aux couleurs franches. Le culte chrétien y succéda probablement à un culte païen et l'«abbadie de Jathsu» est mentionnée dès 1253. Le pèlerinage du lundi de Pentecôte pour les enfants attardés, avec messe et procession, inclut l'absorption d'un verre de l'«eau miraculeuse» qui sourd à proximité, sous les chênes.

USTARITZ

Établie au meilleur point du cours navigable de la Nive, Ustaritz connut un peuplement très ancien et fut l'un des premiers foyers labourdins de christianisation.

LA CAPITALE DU LABOURD. Vers 1170, Arnaud-Bertrand, vicomte du Labourd, est chassé de Bayonne par Richard Cœur de Lion pour s'être soulevé, avec d'autres seigneurs aquitains, contre la prise de possession de leurs territoires par le roi d'Angleterre. Il s'installe à Ustaritz, au CHÂTEAU DE LA MOTTE (emplacement de l'actuelle mairie), au-dessus du principal port fluvial de l'époque. La ville devient alors capitale du Labourd ; elle le restera pendant six siècles. Mais très vite, des baillis représentant le duc d'Aquitaine, puis le roi de France, à partir de 1450, évincent les vicomtes. Face à eux se tenait l'assemblée du Biltzar ● *21*.

LES QUARTIERS ♥. On s'attardera surtout à BOURG SUZON, autour de la mairie, pour admirer les magnifiques demeures de notables édifiées du XVe au XVIIIe siècle, et à HIRIBÉHÈRE, au nord, qui garde un cachet médiéval et où se dresse la maison Sorta, datée de 1224, parfait exemple de maison forte avec sa belle fenêtre à meneaux, ses meurtrières à mousquet et sa porte primitive à l'étage. Les «châteaux» néo-Renaissance et rococo furent élevés à partir du XIXe siècle par les émigrés de retour au pays ; LOTA, face à l'église, en est l'image type. Sur la colline se dressent le CHÂTEAU DE HAITZE (ne se visite pas), remanié aux XVIe et XIXe siècles, et le petit séminaire Saint-François-Xavier, érigé en 1926 grâce aux subsides des Basques d'Europe et d'Amérique ● *36*.

Saint-Pée-sur-Nivelle ♥

Saint-Pierre d'Ivarren (Ibarron) est mentionné dès le XIIIe siècle. L'église, surélevée en 1606, est pavée de remarquables dalles funéraires, dont l'une porte la date de 1507. Sa voûte nervurée et son retable, peut-être du XVIe siècle, retiendront l'attention. Parmi les belles demeures des XVIIe et XVIIIe siècles bordant la rue principale, ALÇOA (1676) frappe par ses proportions imposantes et ses colombages sang de bœuf. IBARRON, à l'ouest, noyau primitif de la paroisse, séduit par son calme : un fronton, de jolies maisons labourdines, le pont que franchissaient les pèlerins de Saint-Jacques... À AMOTZ s'élèvent une chapelle très ancienne où l'on vient demander la guérison des eczémas, et un plaisant trinquet. C'est un enfant du pays, Gantxiki Harotcha, qui inventa le chistera vers 1857 ● 72.

LE CHÂTEAU DES SORCIÈRES. Il doit son nom aux procès de sorcellerie qui y furent instruits au début du XVIIe siècle : hostiles au particularisme local, les fonctionnaires royaux font appel, sur dénonciation, au parlement de Bordeaux, qui, en 1608, envoie Pierre de Lancre ● 127, obsédé du diable et haïssant les Basques. Tortures et exécutions sur le bûcher ont lieu par centaines. Par crainte d'émeutes de Lancre fut rappelé le 1er décembre 1609.

Linteau de granit à Ustaritz.

" Puis ce fut la campagne, verte, ondulée, et une route qui montait tout le temps. Nous croisâmes beaucoup de Basques, avec des bœufs et autres animaux qui traînaient des charrettes sur la route. Il y avait de jolies fermes, blanchies à la chaux, avec des toits qui descendaient très bas.**"**
    Ernest Hemingway

BOIS DE SAINT-PÉE
Ils conservent de nombreux chênes têtards. Ces arbres majestueux et torturés, souvent séculaires, sont typiques du Pays

basque, où ils couvrent encore 3 500 ha. Jusqu'aux années 30, la tradition voulait qu'on les écimât tous les dix ou quinze ans à une hauteur de 3 m environ, afin de laisser les grosses branches à fructification importante hors d'atteinte des brebis, et de concilier ainsi nourriture du bétail, récolte de fougère et combustible. Malheureusement la taille effrénée a mis ces arbres en péril en accélérant leur vieillissement et en interdisant leur renouvellement annuel.

213

UNE EXCURSION À LA MODE

Au siècle dernier, il était de bon ton de faire l'ascension de la Rhune. Pauline de Metternich a raconté la sienne, en cacolet, avec l'impératrice Eugénie et la cour, habituées de chaque année : « On est fort mal assis, les pieds ont à peine de quoi se poser, puisque la corbeille (ou le fauteuil) n'a qu'une petite planchette vacillante attachée moyennant deux ficelles...»
La montée est grisante, la descente plus que difficile avec «ces maudits mulets qui prennent un malin plaisir à longer toujours à l'extrême lisière des sentiers de montagne déjà si étroits, ce qui fait qu'on est suspendu au-dessus des précipices».

ASCAIN ♥

PORTUA est peut-être le plus charmant quartier du village. La marée remonte la ria de la Nivelle jusqu'à l'embarcadère où longtemps accostèrent les gabares apportant des denrées de Saint-Jean-de-Luz et remportant dalles, bois, sable et produits agricoles. Les ateliers de construction navale y furent très actifs et, aujourd'hui encore, de nombreux Askandar sont marins-pêcheurs. Non loin de l'ancien chemin de halage, Churchill vint à plusieurs reprises planter son chevalet.

LA PLACE. Elle semble immuable avec son fronton fréquenté par les meilleurs *pilotari* et le souvenir des parties qu'y défendit Jean-Pierre Borda, dit Otharré. Ce dernier, ami de Loti, l'initia à la contrebande et servit de modèle pour l'Arrochkoa de *Ramuntcho* ● 134 – sa sœur, Gracieuse, entrée au couvent après des amours contrariées, inspirant le personnage féminin. La majeure partie du roman fut écrite dans la chambre que Loti occupait, face à l'église, au deuxième étage de l'*Hôtel de la Rhune*.

L'ÉGLISE. Elle conserve de l'époque médiévale la base du mur nord avec la porte des Cagots. Son puissant clocher-donjon date de 1626. Agrandie et haussée au XVIIe siècle, elle fut alors dotée de trois étages de galeries, imposées par l'essor démographique. Des colonnes dorées articulent de façon originale le retable du XVIIIe siècle. De grandes pierres tombales dallent le sol. L'excellente acoustique est due à son plafond de bois.

LA MAIRIE. Bâtie en belle pierre de taille et tout en profondeur, elle est de style Louis XIII. Le pont du XVIIe siècle, dit romain, s'est malheureusement effondré en 1993. À côté, l'étrange maison EARLE, sorte d'immense blockhaus à minarets que les gens du pays appellent «la maison du fou», tient bon depuis 1931.

ASKUBEA (Ne se visite pas). Située sur la route des carrières, cette demeure fut une maison noble avant d'être rebâtie par Joannes de Sossiondo, évêque de Bayonne de 1566 à 1578 et probable initiateur des galeries dans les églises labourdines. Les blocs de pierre taillée presque dorée, le donjon, le toit à double versant, le portique à boules et à boudin sculpté sont caractéristiques du manoir basque, imposant mais sans faste inutile.

LA RHUNE ♥

Dernier sursaut des Pyrénées vers le littoral atlantique, la montagne mythique des Labourdins arrache au sol hercynien ses 900 m et s'accommode du relais

de télévision qui la coiffe. C'est un lieu «chargé»... que fréquentèrent indifféremment les chasseurs du néolithique, les pasteurs (*larrun* signifie «bon pâturage») et les génies. On y voit encore des dolmens et des cromlechs très endommagés, des grottes de Mari ● *90,* une redoute napoléonienne. Des *pottok* ▲ *218,* des brebis, des chèvres et des troupeaux de *betiso* paissent sur ses versants herbeux que survolent des vautours fauves. L'ermitage et la chapelle qui, dès le XIVe siècle, étaient censés éloigner les sorcières n'existent plus, hélas. Mais d'aucuns pensent toujours qu'à date fixe la pierre d'Ametzia sue du sang. Le sommet de la Rhune est un but de promenade dominicale des Saratar, Askandar, Urrugnarak ou gens de Vera qui, levés à la pointe du jour, savourent en haut l'omelette de 10 heures. À l'arrivée, une table d'orientation permet de déchiffrer un prodigieux panorama sur 360°.

SARE ♥

Situé à 13 km de l'océan, Sare, l'éden décrit par Loti sous le nom d'Etchezar, est classé parmi les cent vingt-cinq plus beaux villages de France. Jusqu'à la Révolution, la république de Sare jouissait de privilèges dont les «faceries» restent le seul témoignage. Une inscription à la mairie rappelle que Louis XIV donna des armoiries au village en 1693, les Saratar ayant repoussé une attaque des Navarrais. Décrétée «commune infâme» en 1794, sa population fut déportée vers le Sud-Ouest français. Sare fut toujours terre d'accueil pour ses frères exilés du Sud, après les guerres carlistes comme après la guerre civile de 1936. Il faut flâner dans ses quartiers : à IHALAR, peut-être le noyau primitif de la paroisse (il aurait été rebaptisé «Petit Paris» après une visite d'Eugénie) dont les belles demeures datent parfois du XVIe siècle ; à LEHENBIZKAI, riche en grandes bâtisses à lorio ● *94...* Le fronton de Sare, témoin de parties mémorables, accueillit le roi Édouard VII en 1900 qui remit un chistera à Chiquito ● *72.*
L'ÉGLISE. Édifiée au XVIIe siècle, elle est l'une des plus belles églises du Labourd. Son clocher carré à cinq étages porte un cadran solaire avec une devise en basque : «Toutes les heures blessent, la dernière envoie au tombeau». On retiendra le Christ médiéval, les peintures de la chaire (XVIIe ou XVIIIe siècle), les tribunes sur potences inclinées, l'enfeu gravé de deux colombes et les dalles des tombes qui marquent le sol.

● 94

PLACE DE SARE
Aménagée sous la Restauration, elle ne comptait qu'une vingtaine de maisons au début du XIXe siècle. Parmi celles-ci, la mairie, avec son lorio ● 94 à cinq arcades, est l'une des plus anciennes.

Les pêcheurs de morue ont édifié aux XVIIe et XVIIIe siècles, en ex-voto, la plupart des douze chapelles et oratoires qui jalonnent les chemins : Saint-Isidore et Saint-Michel, à LEHENBIZKAI ; Sainte-Catherine, à IHALAR (clef au presbytère) ; Sainte-Croix, au MONT OLAIN...

PIERRE AXULAR (1556-1644). Navarrais d'Espagne, il obtint la cure de Sare aux dépens du titulaire français nommé par l'évêque de Bayonne et souleva l'église dans laquelle il est enterré. Ardent défenseur de la langue basque, il reste vénéré

GROTTES DE LEZEA
Les eaux les creusèrent dans le calcaire de l'Atxuria il y a plus de 3 millions d'années. Au XIXe siècle, un gisement solutréen et magdalénien y fut ravagé. Accueillantes aux contrebandiers, elles abritèrent aussi durant les guerres carlistes, une infirmerie et un dépôt de munitions.

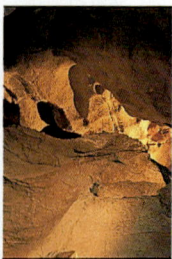

pour son seul écrit, le *Guero* (Après [la mort]), aux intentions patriotiques et religieuses. Une plaque à sa mémoire fut apposée dans la nef de l'église par Louis-Lucien Bonaparte, l'un des premiers bascologues. L'inscription en basque s'achève ainsi : «Il n'y a pas de repos ni de jour sans nuage, si ce n'est dans le ciel. 1865».

AINHOA ♥

HISTOIRE. Au XIIIe siècle, bien avant que Ainoha fut ravagée par les guerres franco-espagnoles, les prémontrés d'Urdax, dont elle était vicariat, y avaient établi un péage pour accueillir pèlerins et marchands, et avaient décidé de son plan en bastide. Du château – Gaztelu Gaina – édifié sur l'éperon nord ne reste que le nom, attribué au fronton de pelote qui a pris sa place.
LES MAISONS. Relais commercial sur la route Bayonne-Pampelune après 1636, Ainhoa se dota de larges demeures dont les grands lorios ● 94 conservent encore les anneaux d'attache pour les mulets ; à l'étage, leurs vastes salles pouvaient faire office de taverne. L'argent rapporté des Indes occidentales permit souvent le rachat et l'embellissement des anciennes maisons, telle GORRITIA : doubles encorbellements, sablières richement ornées de rosaces, d'entrelacs et de virgules. Les plus belles façades regardent vers l'est ; les autres réservent leurs colombages aux arrière-corps.

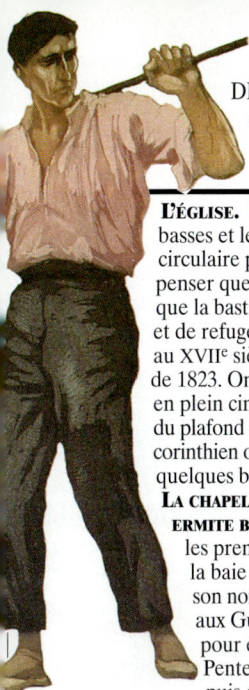

L'ÉGLISE. Les pierres de taille des parties basses et les murs épais de l'abside semi-circulaire percée de meurtrières laissent à penser que l'église fut élevée en même temps que la bastide et servit à la fois de sanctuaire et de refuge. Elle fut remaniée au XVIe et au XVIIe siècle, mais sa flèche ne date que de 1823. On appréciera le monumental portail en plein cintre, les magnifiques boiseries du plafond à caissons, des galeries et du retable corinthien or et pourpre, et, dans le cimetière, quelques belles discoïdales et tabulaires.

LA CHAPELLE D'ARANZA ET LE DERNIER ERMITE BASQUE. Elle domine le pays depuis les premiers villages navarrais jusqu'à la baie de Saint-Jean-de-Luz et doit son nom au sanctuaire d'Aranzazu, cher aux Guipuzcoans. On y monte toujours pour écouter la messe du lundi de Pentecôte. Démolie à la Révolution puis de nouveau au cours des guerres impériales, elle fut rebâtie deux fois par Jean de Berecochea qui en était l'ermite avant même d'avoir vingt ans et vécut dans le clocher. Il consolait les peines, instruisait les petits bergers et mourut vénéré de tous.

DANCHARIA ET DANCHARINEA. Dancharia, quartier d'Ainhoa, et Dancharinea, quartier d'URDAX, semblent n'être qu'un même hameau coupé par le LAPITZURI, affluent de la Nivelle qui marque la frontière. Les deux noms viennent de DANÇARIARENEA, la maison du Danseur (toujours visible près du poste de douane), édifiée en 1733 par Joannes de Quirno, de retour au pays après s'être enrichi comme harponneur de baleines ▲ 198. Jeune, il avait été un danseur célèbre et s'était produit devant le duc d'Anjou à Saint-Jean-de-Luz. Tout près, à TAMBOURINEA, la maison du Tambourinaire, Napoléon III et Eugénie vinrent visiter leur filleule, née le même jour que le prince impérial.

ESPELETTE ♥

UNE FAMILLE, UN CHÂTEAU. D'une vaillante lignée remontant au moins au XIe siècle, les Ezpeleta furent *ricombres* à Pampelune et barons d'Espelette par la volonté de Louis XI. Richelieu leur confisqua la seigneurie au profit du roi de France. Les habitants brûlèrent alors le château, simple maison forte à grosse tour, peut-être médiévale, qui sera reconstruite au XVIIe siècle. L'ultime héritière, morte sans descendance en 1700, laissa, peu rancunière, ses biens, ses titres et ses droits aux Ezpeletar. Ainsi, jusqu'à la Révolution, les magistrats municipaux portèrent-ils le titre de baron. Les mines de fer et de kaolin sont depuis longtemps fermées, mais le village tanne encore le cuir et s'enorgueillit de ses *pottok* et de ses piments.

LE CHÂTEAU. Érigé sur un éperon dominant le Laxa, joliment restauré, il abrite désormais la mairie. On se doit d'en gravir le bel escalier afin d'en observer les salles aménagées et meublées avec goût.

ELIZAMBURU
Ce fils de Sare... et d'un douanier sera capitaine des grenadiers mais, surtout, un très grand poète en langue basque. Sa poésie, faite, comme le veut ici la coutume, pour être chantée, applique une versification traditionnelle à des musiques parfois antérieures. Puisant son inspiration dans la terre, la maison, la foi, il fut tôt reconnu. On le chante encore.

UNE BASTIDE ● *110*
Ainhoa offre depuis trois siècles le même parfait décor de son unique rue.

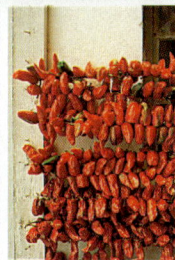

LE PIMENT
Séché en guirlandes pourpres aux façades blanches des maisons, le piment d'Espelette est commercialisé en poudre, en sauce-condiment ou en bocaux. On le fête chaque dernier dimanche d'octobre ● *84*.

En 1717, le déplacement des douanes espagnoles de l'Èbre à la frontière politique marqua la fin de la franchise dont jouissaient les Basques en vertu de leurs *fueros*. Ceux-ci éludèrent alors souvent le poids de l'impôt en recourant à la contrebande. Les marchandises les plus variées passèrent ainsi la frontière à l'insu des douaniers : vin, tabac, sucre, café, chocolat, mais aussi chevaux et bétail. Connaissant parfaitement la montagne, les contrebandiers furent des passeurs d'hommes émérites pendant la dernière guerre.

LE PASSAGE DE LA DOUANE
Il règne un consensus : sauf exception rarissime, le douanier ne s'en prend jamais au passeur : ce dernier lui abandonne sa charge. Prises et amendes assurent ainsi une bonne coexistence.

LA PETITE CONTREBANDE
Indispensable aux humbles et à leurs familles, la contrebande permet d'assurer l'équilibre de l'économie domestique en même temps qu'elle satisfait à l'atavique esprit d'aventure.

LA GRANDE CONTREBANDE
Dès la première guerre carliste (1833-1839), elle s'organise autour de la politique dans l'espoir de retrouver les libertés perdues. Des deux côtés de la frontière, l'accord est total pour fournir à don Carlos, prétendant au trône et défenseur des *fueros*, hommes, bêtes et armes... Les ramifications de cette gigantesque entreprise s'étendent jusqu'à Londres, Paris et Vienne. Organisée et hiérarchisée sur tout le marché commercial, la grande contrebande est gérée avec une «honnêteté» scrupuleuse. Ses chefs sont connus et fiables. D'ailleurs, on ne fraude pas : on refuse la rigueur des règlements qui interdisent toute forme d'exportation et l'action douanière, qui favorise les seuls riches affairistes et grands industriels.

LE CONTREBANDIER DE JADIS

Il n'a rien d'un brigand. Dix lieues, la nuit dans la montagne, ne l'effraient pas. Chaussé d'espadrilles, il relève ses cheveux sous le béret, se ceint la taille d'une large étoffe et conjure le froid de l'hiver avec la blouse en laine brune des pasteurs ou une peau de mouton noir. Jamais ne le quittent son makila ● 66 ni son couteau à longue lame. Il vieillit vite et abandonne généralement la contrebande vers 40 ans.

À Espelette, la Foire au *pottok* des 26 et 27 janvier est un événement régional ◆ *278*.

LES CERISES D'ITXASSOU
La *Xapata* n'a jamais existé qu'à Itxassou, la *Peloa* fut rapportée jadis d'Amérique par un certain Pelo, la *Genezi beltxa* se raréfie...

Mille trois cents cerisiers fleurissent encore, mais il y en avait naguère bien davantage. Il faut déguster des cerises juteuses et sucrées le jour de la fête paroissiale, fin mai ou début juin, ou en confiture – avec le fromage de brebis (ci-dessus).

L'ÉGLISE. Avec son massif clocher-porche et ses contreforts épais, cet édifice bâti au XVIIᵉ siècle a l'air d'une forteresse. On admirera les robustes galeries, le retable du XVIIᵉ siècle, mais surtout, dans la chapelle des Ezpeleta, un retable du XVIᵉ siècle, d'inspiration sans doute flamande. Le cimetière conserve d'intéressantes tabulaires des XVIIᵉ et XVIIIᵉ siècles. Plus haut, ETCHECHURRIA (la Maison blanche) s'orne d'un claveau où est gravé 1507 et de belles fenêtres à meneaux. Elle fut jadis chapelle et presbytère.

LE «POTTOK». Endurant, doux, rapide et maniable, le *pottok* (petit cheval) du Pays basque descend de ceux que les chasseurs magdaléniens peignirent sur les parois d'Isturitz ▲ *244*, il y a environ dix mille ans. Vivant à l'état sauvage dans les montagnes du Labourd, il tira les wagonnets dans les mines et fournit la viande de charcuterie, jusqu'à la création en 1971 d'une association pour la sauvegarde et l'amélioration de la race.

LE PÈRE DAVID. Ce lazariste, né en 1826 à Espelette où son père était médecin, juge de paix et maire, fut le plus grand voyageur naturaliste du XIXᵉ siècle. Il dota le Muséum national d'histoire naturelle de plus de quatorze mille spécimens d'animaux et de plantes rapportés de Chine, du Tibet et de Mongolie. Ses herbiers de flore chinoise font encore référence. On lui doit la découverte du grand panda, de la grande salamandre tibétaine, du crossoptilon blanc, et surtout, celle du cerf du père David (qui tient à la fois du cerf et du renne), qu'il sauva de l'extinction.

ITXASSOU ♥

Traversé par la Nive, le village, qui s'étage sur les terrasses et dans les gorges, regroupe ses deux quartiers principaux autour de la place du fronton et de sa superbe église, parfait exemple d'église basque ● *106*. En 1963, le mouvement nationaliste basque Enbata, partisan d'un fédéralisme européen, choisit Itxassou pour son premier congrès, et y planta, près des chênes séculaires de l'église, un surgeon de celui de Guernica. Les membres du mouvement Enbata, interdit onze ans plus tard, érigèrent une stèle commémorative rappelant les droits de la nation basque.

MONT ARTZAMENDI. La «montagne de l'ours», ou «montagne des bergers», est accessible en voiture par le Pas de Roland ou à pied depuis le pont du Laxia ; son sommet offre, à 926 m

> «NON, JE NE TE RÉPUDIERAI POINT PROVINCE FAROUCHE
> QUI FAIS LA CONTREBANDE SUR TES MULETS
> ET L'AMOUR DANS TES RAVINS. »
>
> FRANCIS JAMMES

d'altitude, un incomparable panorama sur les Pyrénées.
L'occupation de ce lieu par les Basques à la protohistoire
est confirmée au col de Mehatze (716 m) par la présence d'un
extraordinaire ensemble funéraire, qu'ont hélas détérioré les
engins motorisés et les fouilles sauvages. Enclos et bergeries
attestent l'importance de l'activité pastorale en cet endroit.

MONT URZUMU. Une table d'orientation, une statue
de Notre-Dame-des-Victoires et un touchant monument érigé
à la mémoire d'un jeune Bayonnais, champion de pelote
et héros de l'escadrille Normandie-Niémen, qui était passé
par Itxassou pour rejoindre le général de Gaulle, y voisinent,
sur un beau plateau, avec un centre de vol à voile.

LOUHOSSOA

Aux confins du Labourd et de la Basse
Navarre, le village naquit du
peuplement, à partir de la fin du
XVIe siècle, de terres communes
de Macaye et de Mendionde.

L'ÉGLISE. Élevée au XVIIe siècle
sur un terrain de pacage indivis,
elle est d'un style labourdin
très pur : clocher-fronton
carré, chevet plus large que
la nef, couverture de tuiles
rondes. Rutilant de
pourpres et d'ors, son beau
retable capte le regard.
Le cimetière conserve de
nombreuses stèles discoïdales et
une superbe croix de 1672.

LES MINES. Des gisements
de feldspath et de kaolin
furent découverts en 1834
à l'ouest du bourg ; une
usine s'installa, qui fournit
les porcelainiers de Limoges
et d'Espagne jusqu'en 1960.

MACAYE

ETCHEHANDIA. Les seigneurs
de Belzunce, batailleurs et fins
politiques, furent vicomtes
de Macaye du XIIe ou XIIIe siècle
jusqu'en 1640. Leur maison forte
ayant été détruite au XVIe siècle, ils se
partagèrent un temps entre Méharin ▲ 243
et Etchehandia, qui s'élève au bord de la route,
à la limite de la commune avec Louhossoa. Bien que
défiguré, l'édifice reste caractéristique de la maison noble
du XVIIe siècle ● 102. Il garde, au sud, un portail et une porte
Renaissance ainsi qu'une élégante fenêtre à meneaux
et à encadrement sculpté.

LA MAIRIE. Située dans le quartier de la place, la mairie fut,
comme souvent, à la fois auberge et maison commune.
Elle présente un linteau original : un personnage tenant
un verre dans une main, une bouteille dans l'autre.

**PHILOSOPHES
À ITXASSOU**
Un chêne géant, hélas
abattu depuis,
se dressait à côté
de l'auberge Teillerie
quand Jean-Paul
Sartre et Simone
de Beauvoir y
séjournèrent en 1938.

Celle-ci l'évoque dans
La Force de l'âge : «On
avait construit parmi
les feuillages une
plate-forme où Sartre
s'installait pour
travailler pendant que
je courais les collines
des environs».

LE PAS DE ROLAND
Du bourg d'Itxassou
vers l'Artzamendi,
une petite route
sinueuse, jadis chemin
muletier, longe les
gorges d'Ateka Gaiz
(le Mauvais Passage).
Son tracé obligea le
percement d'un gros
rocher dont la
mémoire populaire fit
le Pas de Roland (ci-
contre). Les légendes
abondent sur son
origine – y compris
celle d'un berger
amoureux d'une voix
féminine entendue
derrière le roc et qui
aurait gratté, gratté...
afin d'en retrouver
la propriétaire.

Blason des Belzunce.

221

GANIX DE MACAYE
▲ 218
Contrebandier
d'honneur, il se mit au
service de don Carlos.
D'une magnanimité
proverbiale et d'un
courage à toute
épreuve, il passa,
après cigares et
dentelles, généraux et
marquis travestis en
muletiers, bergers ou
moines. Et, surtout, la
princesse de Beira,
fiancée du prétendant
au trône d'Espagne,
pour la prise de
laquelle la reine
Christine avait promis
50 000 francs. À la
gloire succéda l'oubli,
et Ganix finit ses jours
dans un quasi-
dénuement.

L'église de Macaye
par Pablo Tillac
▲ 124.

L'ÉGLISE. Depuis le XVIIᵉ siècle, elle se dresse tel un navire au milieu d'un cimetière en balcon surplombant les montagnes. On notera son clocher-fronton incurvé à pinacle et à boules, les marches ajourées de son escalier montant aux galeries ▲ 104 et les deux angelots rustiques qui sonnent de la trompette de part et d'autre du Père Éternel. Le porche, dallé de pierres tombales, abrite le monument aux morts.

MONT URZUIA. Facile d'accès, il offre un vaste et beau point de vue sur le Baigoura et sur la côte. Il conserve des vestiges protohistoriques de camps retranchés et d'ouvrages de défense : enceintes à parapet et enceintes à gradins.

MENDIONDE

L'ÉGLISE. On y accède par la délicieuse petite place du quartier LEKORNE. Son surprenant plafond peint du XXᵉ siècle évoque naïvement les travaux des quatre saisons dans un paysage local encore idyllique.

MAISON LEIZARRAGUE. Au bord de la route, cette maison sans doute édifiée au XVIIᵉ siècle s'enorgueillit d'un bel appareillage de pierres sculptées avec mascaron au-dessus de la porte d'entrée. Dans le jardin, une ancienne borne de chemin porte les distances en lieues.

CHÂTEAU DE GARRO. Dressé sur un éperon rocheux, il est constitué d'un grand corps de logis encadré de deux ailes. Sa reconstruction aux XVIIᵉ et XVIIIᵉ siècles, après un incendie, a escamoté la tour carrée médiévale, devenue cage d'escalier. Vassaux des rois de Navarre puis barons sous Louis XIV, les seigneurs de Garro commandèrent les milices du Labourd. Leur château abrite aujourd'hui l'Institut agricole basque.

QUARTIER GRÉCIETTE. Les magnifiques linteaux de ses maisons bâties au XVIIIᵉ siècle valent le détour. Après avoir gravi la pente, on admirera la vue sur l'ensemble composé par un petit fronton rose vif et une église blanche qui se détachent sur le vert des montagnes. La nef conserve un curieux bénitier de marbre.

BASSE NAVARRE

Les Amis de la Vieille-Navarre
Jean-Luc Tobie
Clément Urrutibéhéty

Saint-Jean-Pied-de-Port, *224*
Le vignoble d'Irouléguy, 228
Michel Barberousse
Saint-Étienne-de-Baïgorry, *230*
La vallée des Aldudes, *230*
Saint-Michel, *232*
Estérençuby, *232*
Tour d'Urkulu, *233*
Enceinte de Zerkupe, *233*
Redoute de Château-Pignon, *234*
Arnéguy, *234*
Valcarlos, *235*
Roncevaux, *235*
Saint-Jean-le-Vieux, *236*
Vers la forêt d'Iraty, *237*
Les chapelles de Bascassan
et d'Alciette, 238
Olivier Ribeton
Ispoure, *240*
Bidarray, *240*
Ossès, *240*
Irissarry, *241*
Iholdy, *242*
Hélette, *243*
Saint-Esteben, *243*
Saint-Martin-d'Arberoue, *245*
Labastide-Clairence, *245*
Lacarre, *246*
Ostabat-Asme, *247*
La chapelle d'Harambels, 248
Saint-Palais et la colline de
Saint-Sauveur, *250*
Garris, *251*
Viellenave-sur-Bidouze, *251*

1. HÔTEL DE VILLE
2. NOTRE-DAME-DU-BOUT-DU-PONT
3. RUE DE LA CITADELLE
4. PRISON DES ÉVÊQUES
5. RUE D'ESPAGNE
6. LA CITADELLE
7. LA NIVE

🕐 1/2 journée

HISTOIRE

Saint-Jean-Pied-de-Port doit son nom à sa situation au pied du port (ou col) de Roncevaux. L'un des premiers édifices de la ville fut l'église Sainte-Eulalie, élevée au XIIᵉ siècle non loin du gué de la Nive ; on peut encore voir son portail roman, bien conservé, sur la façade de la maison de retraite Toki Eder, dans le quartier Ugange. Sur la colline dominant la ville, se dressait le château de Mendiguren, dont il est fait mention dès 1191.
SANCHE LE FORT. Au pied du château, Sanche le Fort, roi de Navarre, construisit au début du XIIIᵉ siècle une ville fortifiée, entourée de remparts aux portes ogivales, encore visibles de nos jours, ainsi qu'une église, incluse dans le système défensif de la place. Sanche le Fort fut l'un des principaux acteurs de la victoire remportée sur les Maures en 1212, à Las Navas de Tolosa. Les chaînes représentées sur les armes de la Navarre en perpétuent le souvenir : elles évoquent la fameuse capture de l'émir Miramamolin et de sa troupe d'élite composée de combattants noirs.

LA CITADELLE
Munie de quatre bastions, elle fut édifiée au XVIIᵉ siècle par le chevalier Deville puis remaniée par Vauban (plan du XVIIIᵉ siècle).

LE «JARDIN DE NAVARRE». La région navarraise située au nord des Pyrénées prend le nom de Merindad de Ultra-Puertos, avec pour capitale Saint-Jean-Pied-de-Port ; ses paysages toujours verdoyants lui valent le surnom de «Jardin de Navarre». Sa situation privilégiée lui permet de profiter pleinement de la période florissante que connaît la Navarre au Moyen Âge. En 1329, Philippe III de Navarre

lui accorde ses fors, chartes régissant le système administratif progressiste dont s'est dotée la Navarre au XIe siècle : elle peut organiser en ses murs, foires et marchés, et devient un centre commercial important, étape obligée des voyageurs et des pèlerins de Compostelle sur la route de Pampelune. Les rois de Navarre y font de fréquents séjours et, fait important, au XVe siècle, l'évêque schismatique de Bayonne y réside.

LA GUERRE DE NAVARRE. En 1512, Ferdinand le Catholique, roi de Castille et d'Aragon, enlève la Navarre à ses souverains légitimes, Jean et Catherine d'Albret, qui se réfugient en Béarn. Saint-Jean-Pied-de-Port devient un enjeu important dans le conflit. La ville passe d'une main à l'autre, non sans subir d'importants dommages. En 1530, Charles Quint l'abandonne aux Foix-Albret-Navarre. La partie nord de la Navarre devient alors la Basse Navarre par opposition à la Haute Navarre. C'est pourquoi Henri IV, lorsqu'il accédera au trône, se fera appeler roi de France et de Navarre, titre que ses successeurs porteront jusqu'à Charles X. Les guerres de Religion ruinent le pays. La ville est incendiée, ravagée.

LA FIN DES PRIVILÈGES. Réunis à Saint-Jean-Pied-de-Port en 1789, les États de Navarre, déclarant que les Navarrais ne sont pas Français, refusent d'envoyer des députés aux États généraux (comme en 1649). La demande qu'ils font à Louis XVI d'être maintenus dans la jouissance de leurs fors reste vaine : leurs privilèges sont abolis dans la nuit du 4 août 1789. La Basse Navarre, avec les deux autres provinces basques du Nord, est rattachée au Béarn pour former le département des Basses-Pyrénées. Les guerres de la Révolution et de l'Empire épargnent la ville. Cependant en 1793, début de la guerre entre la Convention et l'Espagne, la place forte, rebaptisée Nive-Franche, joue un rôle important dans la défense du territoire, notamment avec les «chasseurs basques».

L'INVASION ANGLAISE. En 1813, la contre-attaque des armées napoléoniennes commandées par Soult pour tenter de délivrer Pampelune, assiégée par Wellington et ses alliés, part de Saint-Jean-Pied-de-Port. Elle se solde par un échec, la France est envahie. Le général espagnol Mina est chargé de faire le siège à distance de la ville, qui ne se rendra qu'à Louis XVIII, après l'abdication de Napoléon Ier. Le chemin de fer, qui arrive en 1898, désenclave la cité mais ne parvient pas à enrayer l'inexorable déclin démographique des XIXe et XXe siècles.

UNE PETITE CITÉ DE CARACTÈRE. Derrière ses remparts, Saint-Jean-Pied-de-Port a su préserver un patrimoine qui rappellera au visiteur la place qu'elle eut dans l'histoire de la Navarre. Les foires et les marchés lui conservent son rôle traditionnel de carrefour commercial.

FAÇADES DE GRÈS ROSE
Il faut absolument gravir la pente raide de la rue de la Citadelle, bordée de façades en grès rose, parfois alternées de grès gris. Les pierres dessinent encore les encadrements des anciennes échoppes, serrées les unes contre les autres et abritées sous les auvents protecteurs. Les splendides linteaux de porte ciselés arborent, entre des motifs décoratifs, le nom de la maison, la date de sa construction, le nom des premiers propriétaires et parfois même leur profession. Le promeneur attentif peut y lire l'histoire de certaines familles de la ville ● 28.

Femmes à la rivière au début du siècle.

VISITE

Du pont Neuf, on peut admirer tout à loisir les maisons anciennes baignant dans la Nive, avec leurs balcons de bois, le vieux pont Notre-Dame et les contreforts de l'église se détachant sur le rideau d'arbres qui couvre la colline escarpée de la citadelle.

MAISON MANSART. Situé sur la place du Marché, ce vaste hôtel de style Louis XIV, à la façade classique et symétrique, abrite l'hôtel de ville. Majestueux, il est construit en pierre de taille et percé à l'étage par six grandes fenêtres à croisées de pierre. De belles lucarnes s'ouvrent dans le grand toit d'ardoises. Face à lui se dresse un pan de la muraille qui enserre la vieille ville. La partie inférieure, du XIIIe siècle, en pierres bien appareillées, a été surélevée tardivement par une maçonnerie plus grossière sur laquelle apparaissent des meurtrières ainsi que d'élégantes échauguettes et bretèches.

ÉGLISE NOTRE-DAME-DU-BOUT-DU-PONT. La porte de Navarre conduit au parvis de l'église. Sur la gauche, un escalier mène au chemin de ronde que l'on peut emprunter sur la quasi-totalité du rempart de la rive droite de la Nive et d'où l'on découvre une vue magnifique sur le bassin du pays de Cize. La maison qui jouxte le clocher a abrité durant des siècles l'hôpital Sainte-Marie-des-Pèlerins-de-Compostelle. En face se dresse le mur-pignon triangulaire de Notre-Dame-du-Bout-du-Pont avec son oculus. Le tympan a été martelé pendant les guerres de Religion ou pendant la Révolution. La partie supérieure du portail a été maladroitement restaurée. Bâtie en style gothique rayonnant, l'église présente une nef à deux bas-côtés, deux étages de tribunes, des piliers élancés, sans autre décor que la recherche de la ligne et un chœur polygonal.

RUE DE LA CITADELLE. Cette pittoresque rue mérite que l'on s'y attarde. Au nº 32, la maison ARCANZOLA, datée de 1510, se signale par son étage à pans de bois et à remplage de brique en arêtes de poisson. Plus loin, se trouve la maison natale de Charles Floquet (nº 33). Au nº 39, la maison à encorbellement connue sous le nom de «maison des Évêques» laisse apparaître un moellon portant en relief la date de 1584, indiquant une reconstruction puisque le dernier des trois évêques schismatiques de Saint-Jean-Pied-de-Port rejoignit Bayonne en 1418. Le jardin de cette maison communique avec la fameuse prison des Évêques.

PRISON DES ÉVÊQUES. Ce nom a succédé à ceux de «maison de ville», de «maison d'arrêt» puis de «dépôt de sécurité». Le bâtiment, dont l'origine médiévale ne fait pas de doute, s'appuie sur une muraille où l'on devine une porte à gonds de pierre ainsi que des archères. L'intérieur est constitué d'un corps de garde et d'anciennes cellules disciplinaires aux fenêtres à barreaux de fer et aux portes épaisses munies de lourds verrous et d'énormes serrures. Ces cellules, ainsi que la grande salle basse, furent utilisées comme prison municipale en 1795, puis comme cachots militaires. Enfin, durant l'occupation allemande, nombreux furent ceux qui y furent enfermés après avoir été arrêtés dans leur fuite vers

PONT NOTRE-DAME
Également appelé pont Sainte-Marie, cet ouvrage fut construit sur le gué qui menait à l'église.

PORTE NOTRE-DAME
Curieusement ouverte dans le clocher de l'église, elle donne d'un côté sur la rue de la Citadelle, de l'autre sur le pont Notre-Dame. Sa herse et ses impressionnants vantaux de bois sont bien conservés. Au-dessus de la porte est nichée une copie de la Vierge à l'Enfant qui, lors des guerres de Religion, trouva refuge en Haute Navarre et ne fut jamais restituée.

l'Espagne. La curieuse salle du bas est faite d'une seule voûte en berceau, renforcée par deux arcs-doubleaux à bandeau plat ; dans un coin, quatre chaînes avec colliers de fer sont scellées au mur. Au Moyen Âge, cette pièce a pu servir d'entrepôt ; elle n'a sans doute jamais eu le rôle de prison des évêques, lesquels n'avaient aucune prérogative en matière de justice. Celle-ci était rendue, pour tout le pays de Cize, par le maire de Saint-Jean-Pied-de-Port. La rue s'achève à la PORTE SAINT-JACQUES, que les pèlerins venant d'Ostabat ▲ 247 empruntent pour entrer en ville et qui appartient désormais au patrimoine mondial par décision de l'UNESCO.

LA CITADELLE. Une rampe d'accès permet de l'atteindre. De la demi-lune ouest, le panorama s'ouvre sur la ville et le bassin de Cize. Récemment restaurée, la citadelle fournit un bel exemple du système défensif des places fortes «à la Vauban», avec glacis, fossés, murailles flanquées de bastions et garnies de meurtrières, bouches à feu, ponts dormants, ponts-levis et herses. La forteresse, occupée par un collège, ne peut être visitée. Autour de la cour intérieure et contre le rempart, construits au-dessus de casemates souterraines voûtées, se serrent les casernes, le pavillon du gouverneur et sa chapelle, les poudrières et le puits.

RUE D'ESPAGNE. Ses auvents, larges et richement sculptés, annoncent déjà l'Espagne toute proche ; des linteaux portent des inscriptions originales et parfois même des enseignes de métiers ciselées dans la pierre (maisons de serrurier au nº 30 et de barbier au nº 45). Au nº 9, des têtes et des virgules ornent les poutres et une inscription indique sur le linteau «1789 LE FROMENT FT A 15L» : le froment fut à 15 livres (sous-entendu la conque). La maison des États de Navarre, au nº 23, possède deux portes en plein cintre et un écusson martelé. C'est ici qu'eut lieu la dernière session des États de Navarre du 19 au 22 septembre 1789.

Saint-Jean-Pied-de-Port et ses environs.

CHARLES FLOQUET
Né à Saint-Jean-Pied-de-Port en 1828, cet avocat républicain fit une carrière brillante (il fut notamment président du Conseil en 1888). On se souvient surtout du cri qu'il lança au tsar Alexandre II en visite à Paris : «Vive la Pologne, Monsieur», et de la blessure qu'il infligea au général Boulanger dans un duel célèbre.

Un jour de marché vers 1910.

La tradition viticole autour de Bayonne date du Moyen Âge, le vin figurant en bonne place dans le trafic portuaire. Ce sont les moines de Roncevaux qui, au XIe siècle, plantèrent les premiers pieds de vigne sur les pentes d'Irouléguy et d'Anhaux, situées près de leur monastère en Basse Navarre. Ils produisaient un vin destiné aux relais ouverts aux pèlerins en route pour Saint-Jacques-de-Compostelle. Le vignoble prospéra jusqu'à l'épidémie de phylloxéra au début de ce siècle et connaît aujourd'hui un second souffle.

HÉRITAGE VITICOLE
La plupart des maisons rurales étaient fières de boire le vin, souvent un peu vert, de leur propre récolte. Si certains terroirs (Chalosse et Béarn) ont disparu, le vignoble d'Irouléguy perpétue la tradition.

CINQ CÉPAGES
Tannat, cabernet franc et sauvignon donnent un vin rouge ou rosé. Courbu et manseng sont réservés au blanc.

LA VINIFICATION
Réalisée à Baïgorry ▲ 230, la vinification exige une durée de cuvaison qui varie en fonction de l'origine du cépage et du produit à obtenir : dix heures suffiront pour les rosés, qui sont des «vins d'une nuit», quatre à six jours pour les rouges de base qui, toutefois, s'exprimeront mieux dans les six années de garde, et dix jours pour les domaines rouges élevés en fûts de chêne. Les rosés ont un goût sec et fruité, plus léger que les rouges, au caractère corsé et généreux.

ARGI d'ANSA 1992
IROULÉGUY
APPELLATION D'ORIGINE CONTRÔLÉE

DOMAINE
ITURRITXE
1991
IROULÉGUY

DOMAINE
BRANA
IROULÉGUY
1989

ANSA MENDI
1991
IROULÉGUY
APPELLATION CONTRÔLÉE

CESTA PUNTA
IROULÉGUY
APPELLATION CONTRÔLÉE

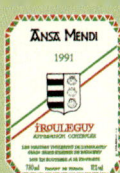

UN PAYSAGE SÉCULAIRE

Ces vignes, situées au pied du col d'Ibañeta et que la déclivité des pentes oblige à aménager en terrasses, constituent le plus petit vignoble de France et semblent inchangées depuis l'époque des moines de Roncevaux.
Ces augustins approvisionnaient leur abbaye-hôpital grâce aux établissements qu'ils avaient essaimés dans la région. L'altitude de l'abbaye (1 000 m), ne permettait pas d'y planter de la vigne et les moines durent chercher un site voisin plus propice. Ils jetèrent leur dévolu sur les vallons de Baïgorry, d'Anhaux et d'Irouléguy.
De nos jours, les viticulteurs perfectionnent leurs techniques de culture : augmentation de la densité de plantation, consolidation des terrasses, utilisation de tracteurs adaptés au relief du terrain, taille des souches en V afin d'améliorer l'activité photosynthétique.

LA COOPÉRATIVE

Les petits producteurs des communes d'Anhaux, Ascarrat, Bidarray, Ossès, Irouléguy, Ispoure, Jaxu, Saint-Étienne-de-Baïgorry, Saint-Martin-d'Arrossa, qui réunissent les 170 ha du vignoble, ont développé leur production qui atteint aujourd'hui 55 000 hl par an.

LA TRADITION DES MAÎTRES VIGNERONS

Lorsque, en 1607, Henri IV annexa la Basse Navarre, le monastère de Roncevaux se trouva séparé de ses vignes par la frontière. Les familles locales en reprirent l'exploitation, développant le vignoble, dont la réputation ne tarda pas à s'étendre. Certains vignerons et négociants s'enrichirent et construisirent de belles demeures. Une grande partie de la récolte est encore ramassée à la main, à cause de la déclivité du terrain.

⏱ 1 journée
🚗 25 km

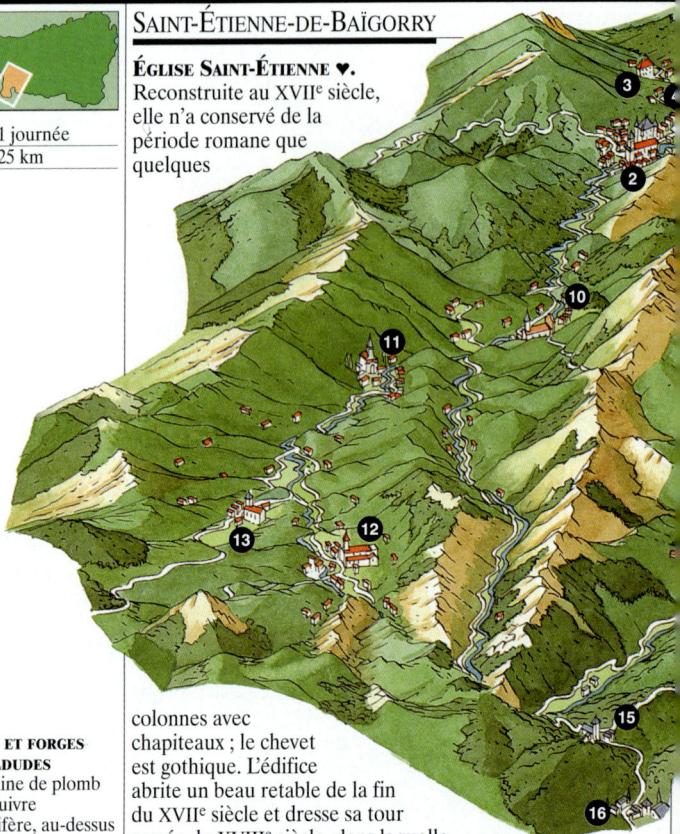

Saint-Étienne-de-Baïgorry

Église Saint-Étienne ♥.
Reconstruite au XVIIᵉ siècle,
elle n'a conservé de la
période romane que
quelques colonnes avec
chapiteaux ; le chevet
est gothique. L'édifice
abrite un beau retable de la fin
du XVIIᵉ siècle et dresse sa tour
carrée du XVIIIᵉ siècle, dans laquelle
s'ouvre la porte des Cagots.

Château d'Etchauz. Mentionné au XIIᵉ siècle, incendié
en 1567 lors de la révolte des nobles de Navarre contre
Jeanne d'Albret, il fut restauré avant la fin du XVIᵉ siècle.
L'édifice présente quatre tours d'angle : celles du nord
semblent être d'origine médiévale ; les échauguettes, au sud,
sont de style Renaissance. Au bord de la Nive, à 2 km en amont
du village, se trouvent les ruines de la forge d'Etchauz.

La vallée des Aldudes ♥

**Mines et forges
des Aldudes**
Une mine de plomb
et de cuivre
argentifère, au-dessus
du village d'Urepel,
était déjà exploitée
par les Romains
au Iᵉʳ siècle apr. J.-C.
Le cuivre et l'argent
firent la réputation de
Banca au XVIIᵉ siècle
(ci-dessous : l'usine de
Banca sur une gravure
du XIXᵉ siècle).
Quant au traitement
du minerai de fer,
la forge la plus
célèbre du

Pays
basque
au XVIIIᵉ siècle
est celle d'Etchauz
à Saint-Étienne-
de-Baïgorry.

Au sud de la vallée de Baïgorry, très encaissée,
s'ouvre soudainement une vaste plaine
verdoyante, bordée à l'est et à l'ouest
de montagnes au relief peu prononcé.
Le pays Quint. La plaine et les montagnes
des Aldudes, que l'on appelait «pays Quint»,
n'étaient autrefois qu'une réserve de pâturages
commune à des éleveurs navarrais : ceux
des vallées aujourd'hui françaises de Baïgorry
et espagnoles de Valcarlos, Baztan et d'Erro. On ne s'y
installait pas à demeure ; à la belle saison, quelques bergers
et vachers y séjournaient dans des *cayolars* ● 61. Ce pâturage
indivis a toujours été la source de conflits entre ses utilisateurs.

Après la division de la Navarre entre la France et l'Espagne au début du XVIᵉ siècle, ces conflits acquirent un caractère international. Vers la fin du XVIIᵉ siècle, des cadets de Baïgorry commencèrent à s'implanter aux Aldudes et à coloniser le «pays indivis», suscitant la colère et la réprobation de tous les éleveurs. Cette implantation entraînait l'appropriation individuelle de parcelles de terre, parmi les meilleures, ainsi soustraites à l'exploitation commune. L'établissement de la frontière franco-espagnole à la fin du XVIIIᵉ siècle ne fit qu'aggraver la situation. Le traité de Bayonne, en 1856, ramena enfin la paix et les usages pastoraux perdurèrent : les troupeaux de la vallée de Baïgorry vont toujours paître sur les terres du pays Quint aujourd'hui espagnoles et toujours navarraises.

BANCA. On peut encore voir les vestiges du haut fourneau et du corps d'usine qui, du XVIIIᵉ siècle jusqu'en 1914, servirent à exploiter le cuivre. Les mines de cuivre étaient rares en France et la célébrité de Banca s'étendait sur tout le territoire. Les visites des grands du royaume (princes, ministres, savants et intendants) s'y succédèrent. Le projet d'y créer une école des mines fut même évoqué à plusieurs reprises.

LES ALDUDES. Ce fut le premier village de la vallée dont il prit le nom. En 1717, une conférence internationale sur la «question des Aldudes» s'accorda pour reconnaître les Aldudiens comme des «hommes sans culture […] n'observant pas les préceptes de l'Église». On leur affecta les services d'un prêtre permanent : ce fut le début de la reconnaissance des Aldudes comme communauté distincte et cela leur permit de s'ériger en paroisse quelques années plus tard. L'église de la fin du XVIIᵉ siècle fut détruite à la Révolution ; l'édifice actuel date du XIXᵉ siècle. Le presbytère abrite le chapelet d'or de Maximilien d'Autriche qu'un Aldudien offrit à la paroisse. Les maisons, de style haut-navarrais, sont en grès rouge.

UREPEL. La localité fut longtemps un quartier des Aldudes. Ses habitants, désireux d'affirmer leur identité, édifièrent une église et obtinrent, en 1840, la création d'une paroisse. Chaque année, c'est à Urepel que le bétail de la région est marqué ● 60.

CHAPELLE D'ESNAZU. Construite à la fin du XIXᵉ siècle, elle possède une statue et un retable du XVIIᵉ siècle.

SUR LA ROUTE DE COMPOSTELLE
Le chemin qui menait les pèlerins à Saint-Jacques par la vallée des Aldudes et le col d'Urquiaga était moins fréquenté que celui du col de Roncevaux.

BAÏGORRY ET SES QUARTIERS
Il faut se rendre à Urdos pour voir la maison noble «Jauregia» ; à Occos, où se trouve la maison infançonne d'Auzkié ● 102 ; au quartier de Guermiette et de Leispars pour admirer les maisons anciennes aux magnifiques linteaux sculptés et gravés. Un pont «romain» (en réalité du XVIIᵉ siècle), formé d'une superbe arche unique, enjambe la Nive (ci-dessous).

XALBADOR
Urepel est le village natal du poète Ferdinand Aire, plus connu sous le nom de Xalbador, qui fut l'un des plus grands *bertsolari* (conteurs improvisateurs) du Pays basque ● 76.

⏱ 1 journée
🚗 60 km

Saint-Michel

Ce village était l'une des principales étapes sur l'ancienne voie de Compostelle, reliant directement Saint-Jean-le-Vieux aux ports de Cize sans passer par Saint-Jean-Pied-de-Port. À partir du XIIIᵉ siècle, il perdra de son importance au profit de Saint-Jean-Pied-de-Port. Il compta deux paroisses avec deux églises : Saint-Michel-l'Archange et Saint-Vincent. À l'emplacement de l'actuelle maison Arbelaenea, qui porte encore sur son linteau les armes de Roncevaux, s'élevait un autre hôpital avec un oratoire dédié à saint Barthélemy.

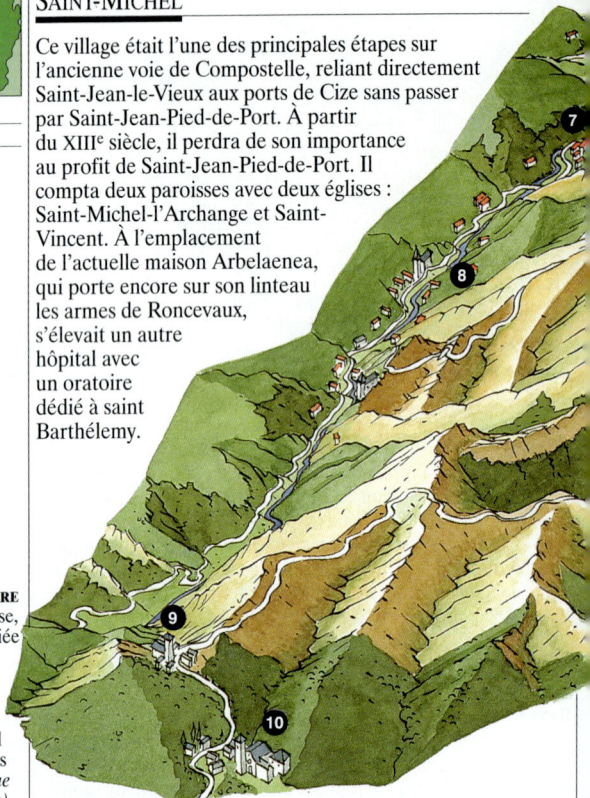

Bernard Dechepare
Sur le mur de l'église, une plaque est dédiée à ce curé de Saint-Michel qui fut le premier auteur à être édité en basque. Son recueil de poèmes profanes et religieux (*Linguae Vasconum Primitiae*) parut en 1545 ● *25.*

Estérençuby

Passé les gorges de Soussignaté et Estérençuby, on parvient à Béhérobie, situé à un quart d'heure de marche des sources de la Nive. La route s'élève dans la forêt d'Orion jusqu'au col d'Orgambidé ● *57.* Tout autour, les pâturages d'Iropile conservent des vestiges de tertres d'habitats, plusieurs cromlechs et un dolmen ● *90.* À partir du col d'Orgambidé, la route suit vers l'ouest la lisière supérieure de la forêt d'Orion à travers un relief karstique.

Tour d'Urkulu ♥

Située sur une crête rocheuse qui culmine à 1 420 m, elle est construite en roche calcaire (le front de carrière

Vers les pâturages
Estérençuby est le point de départ des chemins de transhumance vers les pâturages de cette zone montagneuse.

… est encore visible à moins de 10 m au nord), avec un remplissage intérieur de déchets de taille. Son élévation maximale actuelle est de 3,60 m. Le parement externe est un appareil irrégulier dont certains blocs atteignent des dimensions respectables (135 cm sur 60 cm). Les hypothèses formulées sur la date et la fonction de cette tour étaient nombreuses mais insatisfaisantes : tour protohistorique de type nuragique, sanctuaire d'Hercule, base de la *crux Caroli,* ancienne redoute. En 1976, une étude plus poussée a proposé d'y voir un trophée-tour romain d'époque augustéenne érigé, comme le trophée de Saint-Bertrand-de-Comminges, pour commémorer la fin des guerres contre les Aquitains et contre les Ibères du Nord-Ouest, vers 25 av. J.-C. Les fouilles ont révélé sur le replat en contrebas, à l'est, autour des ruines d'une ancienne *casa fuerte* de la fin du XVIIIe siècle, les vestiges d'un vaste enclos de 20 m de côté, à l'intérieur duquel a été repérée une structure qui pourrait avoir été utilisée lors de la consécration du monument.

Enceinte de Zerkupe

Cette spectaculaire enceinte se dresse à 1 085 m sur le sommet d'un rocher, à 500 m environ au sud de Château-Pignon. Invisible de la route, elle apparaît du sommet de Château-Pignon, des abords du col d'Arnosteguy et de la tour d'Urkulu. Elle est difficile d'accès, surtout à l'ouest et au sud, où les parois sont abruptes. Des murs de pierres sèches protègent les faces nord et est, plus vulnérables. Le mur nord est percé d'une ouverture étroite précédée par une plate-forme taillée dans le roc à laquelle on accède, en venant de la base du rocher, par une faille étroite prolongée par une corniche de très faible largeur. Ce lieu naturellement fortifié a servi longtemps, mais épisodiquement, de place forte ou de refuge. Le site semble avoir été occupé dès l'âge du

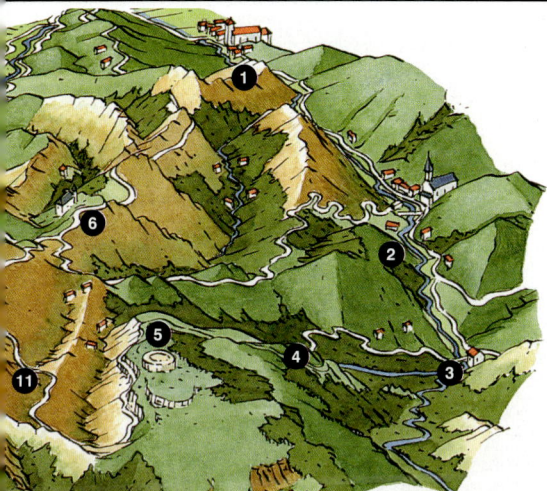

Un emplacement stratégique
La tour d'Urkulu semble avoir été érigée en fonction du système protohistorique de communication à travers la chaîne, encore utilisé lorsque surviennent les forces romaines. Elle surplombe les cols d'Arnosteguy et de Soroluze, et se trouve

symboliquement placée à proximité du carrefour de cette dernière piste venant de l'ouest et de celle qui vient par Iropile, le col d'Orgambide et Aspegui pour gagner Orbaiceta et Espinal. Son relatif oubli, peut-être dès l'époque romaine, mais aussi son exceptionnelle conservation, la tour d'Urkulu les devrait à l'abandon de ce tracé primitif au profit du parcours plus rectiligne que l'histoire va imposer par les cols de Bentarte, de Lepoeder et d'Ibañeta, vers Roncevaux.

233

Charlemagne découvrant le corps de Roland (enluminure tirée de la *Chronique de saint Denis,* XIIIe siècle).

LE MONASTÈRE DE RONCEVAUX
Étape importante sur le chemin de Saint-Jacques ● *33,* il fut bâti au XIIe siècle par les rois de Navarre. Il possède une belle chapelle gothique et un cloître, reconstruit au XVIIe siècle. Ci-dessous : blason du monastère.

Bronze ancien, mais le sommet n'a été aménagé qu'entre 1512 et 1521, lorsque les Espagnols construisirent Château-Pignon, peut-être comme défense avancée de la forteresse et plus vraisemblablement pour abriter les ouvriers qui la bâtissaient et les soldats qui la gardaient alors.

REDOUTE DE CHÂTEAU-PIGNON

Les ruines de la forteresse, démantelée par les troupes espagnoles du général Caro en juin 1793, occupent le sommet d'une éminence (1 177 m) ; le panorama, spectaculaire, permet de distinguer l'antique chemin de Saint-Jacques vers les ports de Cize. La redoute fut construite en 1512, lorsque Ferdinand le Catholique s'empara de la Navarre. La petite forteresse est constituée de deux parties différentes : un polygone de 100 m de périmètre cerné par un rempart et deux saillants accolés, probablement destinés à renforcer la défense de l'ouvrage. La place fut à maintes reprises disputée entre Français et Espagnols, notamment en mai et juin 1521, puis en 1793. Autour du site, Français et Anglais s'affrontèrent lors de l'offensive déclenchée par Soult le 25 juillet 1813, en direction de Roncevaux et de Pampelune.

ARNÉGUY

Le 28 février 1876, à la fin de la dernière guerre carliste, le roi Carlos VII traversa le pont international d'Arnéguy. Il s'exilait en France, suivi de cinq mille hommes : «*Volvere* (je reviendrai)», proclama-t-il... il ne revint jamais. La route

carrossable d'Arnéguy à Roncevaux n'a été achevée qu'en 1883 ; l'antique voie des ports de Cize fut alors délaissée. L'église d'Arnéguy, bâtie en 1656, fut remaniée en 1867.

VALCARLOS

La ville s'appelait Luzaide (nom conservé en basque) avant de prendre, au XIIe siècle, le nom de Valcarlos, «val de Charlemagne». Deux relais-hôpitaux y sont mentionnés dès 1271 : Saint-Jean-d'Irauzketa, près de l'église actuelle, et Gorosgarai, plus haut dans la montée. En 1366, il est fait mention d'une tour fortifiée Erredorea qui ne devait laisser passer aucun étranger, fût-il pèlerin.

RONCEVAUX ♥

Le 15 août 778 eut lieu la bataille de Roncevaux où Roland, comte de la marche de Bretagne et lointain parent de Charlemagne, trouva la mort. Cette célèbre embuscade est relatée par un écrit d'Eginhard et par le premier grand texte littéraire français, *La Chanson de Roland* – issue de fragments remaniés, postérieurs de plus de trois cents ans aux événements. Plusieurs hypothèses localisent la bataille vers l'ancienne voie romaine venant de Pampelune, entre les cols de Bentarte et d'Ibañeta. Selon R. H. Bautier : «L'armée carolingienne a emprunté cette section de voie, venant du col d'Ibañeta, dont la pente n'est que de 12 %. L'attaque aurait eu lieu sur les flancs de l'Altobiszcar, peu avant le col de Lepoeder. Là, sur près de 700 m, le chemin presque horizontal borde le précipice du Barranco Urdanchaio, en un à-pic de·300 à 400 m, tandis qu'il est lui-même dominé par la partie supérieure de la montagne. Lieu idéal pour une surprise : les montagnards pouvaient, d'un coup, attaquer toute l'arrière-garde et la faire basculer dans le ravin sans possibilité de défense.» En outre, il était aisé d'isoler l'arrière-garde du gros de l'armée qui, déjà engagé au-delà de Lepoeder, n'avait aucune visibilité arrière en raison de l'épingle que forme la voie. Les Basques, qui appuyaient alors les Arabes, soucieux de récupérer les chefs pris en otages à Saragosse par l'armée carolingienne, considèrent toujours cet épisode comme une grande victoire.

LA ROUTE DES CRÊTES
Elle correspond à l'ancien chemin de Saint-Jacques
● 33. Depuis Hontto et Orisson, la route traverse un paysage majestueux. Un segment de voie romaine intact passe par les deux brèches de Leizar Atheca, se dirige vers le col de Bentarte puis s'engage dans une belle forêt.

PÈLERINAGE À RONCEVAUX
❝Ce sont des croix comme celles du Calvaire, que des pénitents portent sur le dos […] en étendant les bras dans des poses de suppliciés.❞
Pierre Loti

1. SAINT-JEAN-LE-VIEUX
2. BASCASSAN
3. AHAXE
4. ALCIETTE

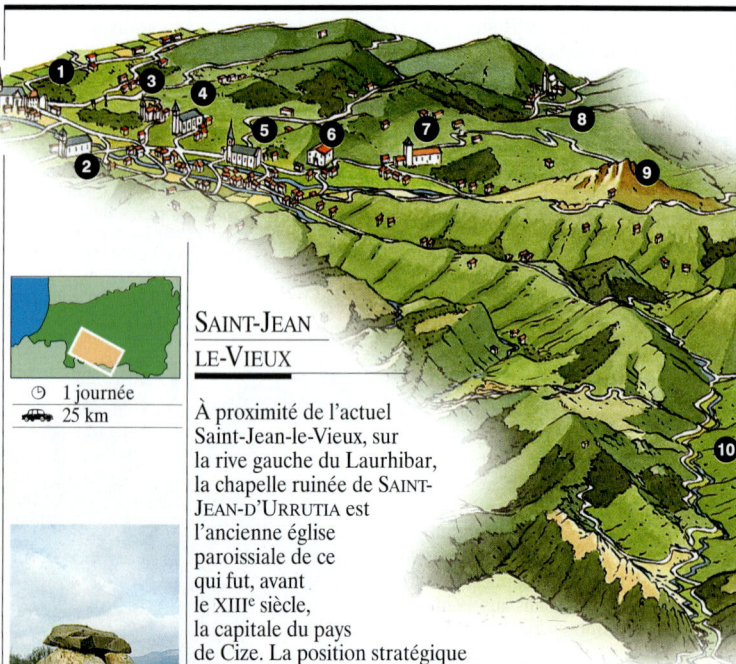

⏱ 1 journée
🚗 25 km

LE DOLMEN DE GAZTEINIA
La légende veut que ce soit une femme, Mairu (géante de la mythologie basque), qui ait porté sur sa tête l'imposante pierre qui couvre le dolmen de Gazteinia (Mendive), tout en filant la quenouille. La vallée recèle de nombreux vestiges protohistoriques : dolmens (Buluntza, Armiaga, Xuberaxain, Harria), cromlechs (Okabe) et enceintes défensives (Gaztelu de Lecumberry) ● 90.

SAINT-JEAN-DE-CIZE
Tel était le nom de Saint-Jean-le-Vieux jusqu'au XIIIᵉ siècle. La ville profitait alors de sa position sur la voie romaine allant de Dax vers Pampelune.

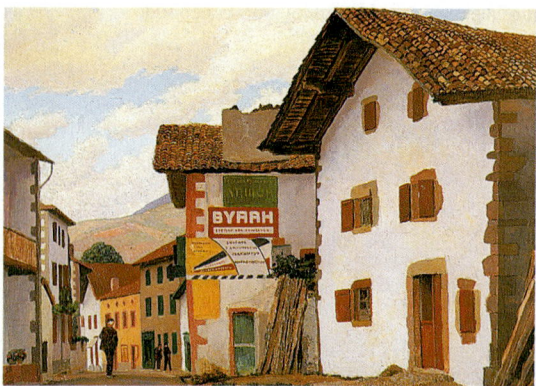

SAINT-JEAN LE-VIEUX

À proximité de l'actuel Saint-Jean-le-Vieux, sur la rive gauche du Laurhibar, la chapelle ruinée de SAINT-JEAN-D'URRUTIA est l'ancienne église paroissiale de ce qui fut, avant le XIIIᵉ siècle, la capitale du pays de Cize. La position stratégique du lieu y avait fixé les Romains dès la fin du Iᵉʳ siècle av. J.-C. D'abord militaire, cette première implantation se transforma avec la paix romaine en une bourgade civile, étape sur la route d'Espagne, au rôle sans doute administratif, peut-être douanier. Les lieux de culte des pèlerins de Saint-Jacques, les auberges et hostelleries y furent particulièrement nombreux ; il en subsiste quelques-uns. Outre la modeste chapelle de Saint-Jean-d'Urrutia, on visitera SAINT-PIERRE D'USACOA, l'actuelle église paroissiale, avec son portail roman, SAINT-NICOLAS-D'APHAT-OSPITAL ▲ 246 ainsi que l'église de la Madeleine ou «Récluse», située sur les bords du Laurhibar en allant vers Saint-Jean-Pied-de-Port. Aux confins des territoires d'Urrutia et d'Aincille, le petit CHÂTEAU D'HARIETA est une demeure noble et ancienne qui, dans sa forme actuelle, date des XVIᵉ et XVIIᵉ siècles ● 102.

VERS LA FORÊT D'IRATY

MAISON ETXEPAREA (Sarrasquette). Dans cette noble demeure serait né le célèbre poète Bernard d'Etchepare ● *29*.

CHÂTEAU D'AHAXE. Brûlé par les protestants en 1569, il n'en reste que les ruines du donjon et des remparts ● *102*.

CHÂTEAU DONAMARTIA (Lecumberry). Récemment restauré, cette belle construction en pierre grise date du Moyen Âge ● *102*.

ÉGLISE SAINT-VINCENT (Mendive). L'édifice possède un beau portail roman ; une croix de carrefour très raffinée a été curieusement réutilisée dans la fenêtre supérieure du presbytère.

BEHORLEGUY ❤. Ce petit village est accroché au flanc de la montagne dans un paysage merveilleux. La croix de pierre du cimetière, à côté de l'église, est remarquable ; non loin, une croix de chemin est ornée de têtes semblant soutenir les bras de la croix. Pour se diriger vers la forêt d'Iraty ● *44,* il faut revenir à Mendive en empruntant le versant sud du pic de Behorleguy, qui offre une belle vue sur la chaîne des Pyrénées, le MASSIF DES ESCALIERS et le RAVIN D'ILUNATZE. Au pied de la montée qui commence à Mendive s'élève la MAISON LAURHIBARREA, ancienne dépendance d'Aphat-Ospital ▲ *246*. De là partait le chemin qui menait à Saint-Sauveur-d'Iraty puis, par la forêt d'Iraty, en Haute Navarre, à Ochagavia ou à Orbaiceta. L'ascension permet d'admirer la vue sur le pic de Behorleguy, la vallée d'Ergarai et le bassin de Saint-Jean-Pied-de-Port. Du COL D'HALTZA, on découvre le sommet d'OKABE, les rochers escarpés d'Irau et, dans le fond du cirque, la riante vallée pastorale de Gasnategi avec ses enclos et ses bordes.

CHAPELLE SAINT-SAUVEUR-D'IRATY. Située au milieu d'un pâturage à 900 m d'altitude, c'est une construction de forme allongée, au toit bas, aux fenêtres étroites et à l'abside de type roman du XIIe siècle. Cette chapelle, que l'on appelle aussi Saint-Sauveur-des-Ports ou Saint-Sauveur de Mendive, est entourée d'un chemin de croix à colonnes de pierre. Sur la façade ouest, une plaque commémore un réseau belge qui passait des clandestins vers l'Espagne durant la dernière guerre. À l'intérieur, on admirera l'énorme et curieux chandelier en fer forgé. Hélas, un beau saint Michel terrassant le dragon, en bois polychromé, a été volé. À l'extérieur, dans un petit bâtiment, était vénérée une statue rustique de 50 cm de haut appelée Xaindia ; elle est conservée de nos jours en lieu sûr. Elle représente une servante qui, pour dix sous, alla chercher en pleine nuit une houe oubliée dans les champs. Le diable s'empara d'elle et la tua mais le Sauveur lui apporta le salut éternel. L'ascension se poursuit par le col de Burdincurutcheta (1 100 m) jusqu'à la forêt d'Iraty.

CHAPELLE SAINT-SAUVEUR-D'IRATY ● *105*
Elle abrite un chandelier légendaire qui n'a jamais pu être déplacé, même par des vaches. Il s'est noirci lors d'un incendie, mais nul ne doute qu'il est en or. On raconte qu'un domestique le déroba à une *basandere* (dame des bois) dont les cris alertèrent le *basajaun* (seigneur des bois). Effrayé, le domestique implora Saint Sauveur : «C'est pour vous que je l'ai pris. De grâce, ayez pitié de moi !» La cloche de la chapelle se mit alors à sonner seule et le *basajaun* renonça à le châtier.

Berger de la vallée du Laurhibar.

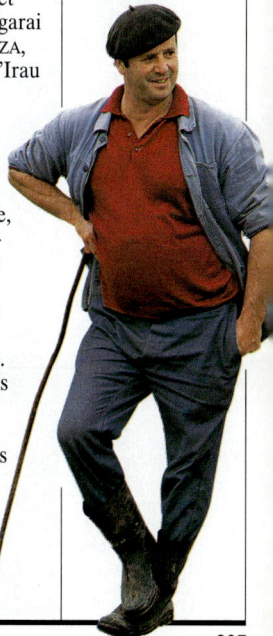

237

Au Pays basque, les édifices religieux vont souvent par paire.
C'est le cas des curieuses chapelles jumelles de Bascassan
et d'Alciette, distantes de quelques kilomètres, et demeurées
«absolument sœurs quant à la construction
et à la décoration» (Gil Reicher).

SAINTE-CROIX D'ALCIETTE

L'originalité de son retable repose sur l'opposition entre architecture classique et peintures naïves «attachantes par la fraîcheur de l'inspiration et l'harmonie des couleurs» (Eugène Goyeneche). Au-dessus du maître-autel, une peinture à six personnages figure la *Présentation au temple* ; les grands apôtres sont peints dans les travées latérales. Sur les côtés l'architecture met en valeur deux grands tableaux représentant sainte Catherine d'Alexandrie et saint Michel l'Archange.

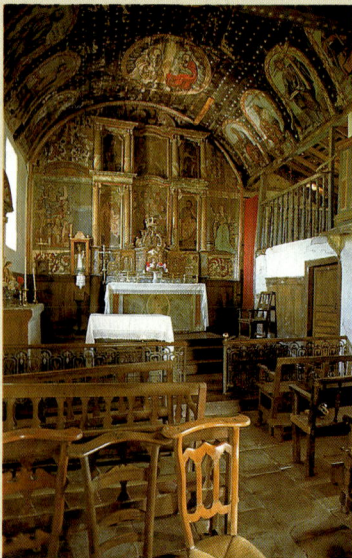

LA VOÛTE D'ALCIETTE

Les planches de bois courbées, jointées et clouées sous la charpente, ont donné au plafond la forme d'une carène renversée. Sa décoration peinte exprime toute la vigueur d'un art naïf et simple. Autour d'une voûte étoilée, des tableaux du XVIIIe siècle représentent les apôtres dans un paysage agreste. On reconnaît saint Simon et sa scie, saint Jacques le Majeur, avec le bourdon et la coquille, et saint Marc évangéliste et le lion (ci-dessus).

SAINT MICHEL L'ARCHANGE

On retrouve à Bascassan les peintures de sainte Catherine d'Alexandrie et de saint Michel l'Archange (ci-dessous), mais dans une position exactement inversée par rapport au retable d'Alciette.

"D'une gloire en bois sculpté, Dieu (le Père) sort à mi-corps s'avançant dans l'église presque horizontalement. Il tient d'une main le globe terrestre. Sa figure est extraordinaire. Ses yeux ronds vous fixent avec violence...**"** Gil Reicher

SAINT-ANDRÉ DE BASCASSAN

Derrière le maître-autel se déploie un retable quasi identique à celui d'Alciette mais dont l'architecture est décalée sur la droite. Les peintures hagiographiques sont plus nombreuses qu'à Sainte-Croix d'Alciette. On y voit saint Léon, l'évangélisateur de Bayonne, décapité.

▲ Saint-Jean-Pied-de-Port
vers La Bastide-Clairence

1. Saint-Jean-Pied-de-Port **2.** Ispoure **3.** Saint-Martin-d'Arossa **4.** Bidarray **5.** Ossès

⏱ 1/2 journée
🚗 35 km

ISPOURE

MAISON LAUSTANIA. Cette maison «infançonne» ● *102*, mentionnée en 1388, barrait le défilé qui fermait le pays de Cize sur la Nive. Elle présente un magnifique appareil de grès rose. La légende raconte que des *laminak* (lutins) auraient construit l'édifice en une nuit.

MANOIR DE LARREA À ISPOURE
Au pied des vignes de l'Arradoy, ce manoir a été admirablement restauré. Grand bâtiment rectangulaire à deux tours d'angle, il présente une façade avec fenêtres à meneaux et bouches à feu, comme aux deux tours. Il fut la résidence des Larrea, qui furent capitaines-châtelains de la citadelle de Saint-Jean-Pied-de-Port pendant plusieurs générations.

BIDARRAY ♥

Son prieuré, dépendant de Roncevaux au Moyen Âge, fut cédé en 1665 aux cadets d'Ossès. Le cimetière possède des discoïdales et des croix navarraises remarquables. Le pont Onddo, ou Noblia, à trois arches, permettait aux pèlerins de traverser la Nive pour recevoir l'hospitalité du prieuré avant de gagner la vallée du Baztan. À 5 km, difficile d'accès, une grotte abrite *Harpeko Saindua* (le «saint de la grotte»), stalagmite de forme humaine dont les «sueurs» guériraient les maladies de peau.

OSSÈS ♥

De Bidarray, la route suit la pittoresque vallée de la Nive jusqu'à Ossès (Orzaize en basque). Le pays d'Ossès constituait l'un des fondements des «terres d'outre-ports» du royaume de Navarre, au même

titre que la vallée de Baïgorry ou le pays de Cize. La première mention de la vallée d'«Ursaxia» remonte au Xᵉ siècle. Au XIVᵉ siècle, on y dénombre sept maisons infançonnes. Outre l'église Saint-Julien, il y avait l'église Saint-Christophe et l'église Saint-Martin, cellule mère de la future commune Saint-Martin-d'Arossa. Ossès possède de nombreuses maisons rurales, très intéressantes par leur variété : on y décèle les influences du Labourd (colombages) et de la Basse Navarre (grands auvents, murs gouttereaux, en avancée sur les côtés de la façade). Plusieurs de ces maisons sont citées dès le Moyen Âge comme maisons nobles. Les portes sont en plein cintre au XVIIᵉ siècle et à encadrement rectangulaire de pierre aux XVIIIᵉ et XIXᵉ siècles ▲ 242.

MAISON ETCHEVERRIA. Elle possède un cadran solaire avec une inscription en basque *Orhoit hilcia* (souviens-toi de la mort) et en latin *Memorare novissima tua et non peccabis* (souviens-toi de ta mort et tu ne pécheras pas).

MAISON APALATZIA. Datée de 1635, elle est remarquable par ses linteaux, ses encadrements de pierre rouge et ses fenêtres à meneaux. En allant vers le bourg Ibarrondua, on découvre une maison noble du Moyen Âge avec colombages et beau linteau portant le nom des propriétaires et du maçon tailleur ; la date de 1839 indique une rénovation.

MAISON HARISMENDIA. Citée comme maison noble au Moyen Âge, elle possède des colombages, une porte gothique et des fenêtres à meneaux. Mgr d'Olce ▲ 242 y serait mort.

MAISON SASTRIARENA. Ancienne maison de campagne des évêques de Bayonne, c'est l'une des plus belles demeures du village. Elle se rattache au style labourdin par ses colombages sculptés et ses encorbellements. Le rez-de-chaussée est en pierre de taille de grès rose. Un mur en saillie soutient un grand auvent. Le linteau porte une inscription difficilement

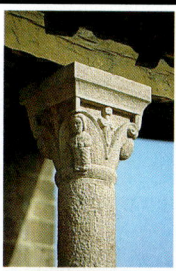

ÉGLISE DE BIDARRAY
La construction actuelle correspond à la chapelle de l'ancien prieuré. Bâtie en grès rouge, elle possède une nef unique non voûtée et fut agrandie à partir de 1625 ● 104.
Ci-dessus : chapiteau sculpté du porche.

LE CHRIST DE BIDARRAY
Joseph Mattenotte, surnommé la Victoire, fut élu capitaine par les Chasseurs basques lors des guerres de la Convention (1793-1795).
Un jour, il ordonna à ses hommes de tirer sur le Christ de l'église de Bidarray. Tous refusèrent, sauf un. Le lendemain, le général la Victoire fut blessé au ventre, à l'endroit même où la statue du Christ avait été atteinte. Il ne survécut pas à sa blessure.
Ci-dessous : partie de pelote à Bidarray.

COMMANDERIE D'IRISSARRY
Elle a l'aspect sévère des *casas torres* de Navarre. Ci-dessous, à droite : la porte.

ÉDIFICES D'OSSÈS
Au-dessus des portes ou des fenêtres des maisons, de magnifiques linteaux (au-dessus, à gauche) indiquent le nom des propriétaires et la date de construction. Mentionnée dès le XIIe siècle, l'église (ci-dessus) fut reconstruite en 1566 et restaurée par la suite.

CIMETIÈRE D'ASCOMBÉGUY ♥
Il abrite de remarquables stèles discoïdales.

lisible (*esta es la casa i armas de Guillantena Aguila*) et un écusson daté de 1628 représentant un aigle aux ailes déployées.
ÉGLISE SAINT-JULIEN. En grès rouge, elle possède un clocher polygonal à alternance de lits de pierre blancs et rouges. Le portique est néo-classique, l'intérieur Renaissance.

La voûte en pierre rouge du chœur, en forme de coquille, est exceptionnelle ; l'édifice lui doit sans doute son excellente acoustique. Comme toutes les églises du Pays basque à partir du XVIIe siècle, elle a été dotée de galeries en bois destinées aux hommes ● *104*.

IRISSARRY

L'hôpital et l'oratoire d'Irissarry sont mentionnés en 1194. L'ensemble s'enrichira d'une tour au XIVe siècle. L'hôpital proprement dit ● *103,* sera reconstruit en 1607, après avoir été incendié en 1569 par les troupes de Jeanne d'Albret. C'est un immense édifice avec des corbeaux pour bretèches aux quatre angles. Son très beau linteau armorié témoigne des travaux qui furent effectués.
L'ÉGLISE. Peut-être bâtie sur l'emplacement de l'oratoire, elle fut également incendiée lors des guerres de Religion. L'édifice, pavé de dalles funéraires, fut profondément transformé en 1860.

IHOLDY ♥

MAISON NOBLE D'OLCE. Citée comme *palacio* en 1385, elle appartenait à la famille d'Olce, la plus illustre de la ville. Jean d'Olce, évêque de Bayonne, célébra le mariage de Louis XIV. Au pied de la colline sur laquelle se dressait la maison familiale, il édifia ce château au somptueux décor intérieur.
CHAPELLE D'OXARTY. Construite en 1594, elle est dédiée à saint Blaise, réputé pour ses pouvoirs guérisseurs. Un pèlerinage y a lieu le jour de sa fête, le 3 février, et le lundi de Pentecôte.
CHÂTEAU D'ARMENDARITZ. Connu en 1383, il a acquis son état actuel aux XVIIe et XVIIIe siècles. Armendaritz est le village natal d'Élissagaray ▲ *204*.

HÉLETTE

Mentionné en 1245, ce village possède une jolie place bordée d'auberges aux linteaux sculptés.

L'ÉGLISE. Elle possède des galeries de 1695 et une remarquable statue de saint Jacques en pèlerin.

LA FÊTE-DIEU ♥ ● 80. Elle revêt à Hélette l'aspect étonnant d'une parade militaire. Les jeunes hommes du village, en tenue de «garde nationale», exécutent dans l'église et au cours de la procession une danse toute particulière. Leur entrée dans l'église est un grand moment : les hommes se placent suivant un rituel strict – autour de l'autel, où quatre d'entre eux monteront la garde, devant la barrière du chœur et dans l'allée centrale. La cérémonie religieuse est ponctuée de sonneries militaires et de manœuvres (présentation d'armes et d'étendards, relève de la garde à l'autel).

SAINT-ESTEBEN

Ce village se trouve à la source de l'Arberoue. La paroisse est mentionnée dès 1321 sous le nom de San Esteban de Arberoa, et le *palacio* de Saint-Esteben, en 1385. Les maisons Irurita et Mendiburua sont de la même époque ; le *palacio* de Sorhaburu est cité dès 1249. L'église, du XVII siècle, est pavée de stèles discoïdales et possède un retable du XVIIIᵉ siècle. Le cimetière abrite aussi de belles discoïdales.

ÉGLISE D'IHOLDY
Exceptionnelle avec son clocher-fronton et son porche latéral à galerie extérieure, elle abrite un beau retable. La Fête-Dieu y est également célébrée avec beaucoup de faste.

**GROTTES D'ISTURITZ
ET D'OXOCELHAYA**
Situées aux confins
des deux communes
d'Isturitz et de Saint-
Martin-d'Arberoue,
en Basse Navarre,
les grottes d'Isturitz
et d'Oxocelhaya sont
les deux niveaux
fossiles, supérieur
et moyen, du ruisseau
l'Arberoue, dont
la galerie active est
le niveau inférieur.
Le cours d'eau s'est
frayé un chemin
dans une colline de
calcaire, le Gaztelu.
Merveilles naturelles
aux splendides
et grandioses
concrétions,
les grottes d'Isturitz
et d'Oxocelhaya ont
abrité des hommes
du paléolithique,
pendant cinquante
mille ans environ,
du moustérien
au magdalénien
récent. Ils ont laissé
des traces de leur
passage, des objets
tels que des
hachereaux, des
sagaies, des burins,
des pièces foliacées
mais aussi des
animaux dessinés
au trait noir ou
gravés : des chevaux,
des bisons, des ours,
des félins non
identifiés, des
bouquetins, des
rennes, des biches,
des cerfs.
De nombreux
préhistoriens ont
étudié ces grottes ;
parmi eux, l'abbé
Breuil et André
Leroi-Gourhan.
Les grottes d'Isturitz
et d'Oxocelhaya,
classées depuis 1956
monuments
historiques, sont
privées. Leur
propriétaire les a
réunies en 1953,
en perçant 25 m
de roche.
Elles se visitent
du 15 mars jusqu'à
la mi-novembre.

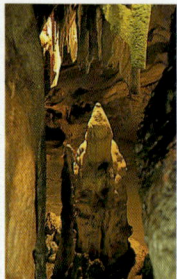

> «LUI-MÊME, LE VILLAGE D'ARMENDARITS, SON FRONTON,
> SON ÉGLISE, SES MAISONS BLANCHES, LE PAN DE MONTAGNE
> VIOLETTE AUQUEL S'APPUYAIT SON DÉCOR…»
>
> JOSEPH PEYRÉ

CHÂTEAU DE MÉHARIN. Ce château Renaissance domine la vallée qui abrite le village de Méharin, où Loti situa la fin de *Ramuntcho.* Au XVIIᵉ siècle, Armand de Belzunce devint vicomte de Méharin par son mariage. Sous Louis XIV, neuf seigneurs de Belzunce furent tués au combat. Mgr de Belzunce, évêque de Marseille, se distingua lors de l'épidémie de peste qui ravagea la ville phocéenne en 1720 ; le cours qui porte son nom garde le souvenir de son dévouement ▲ *221.*

SAINT-MARTIN-D'ARBEROUE

Ce village abritait la cour d'Arberoue en 1405. Le *palacio* de Saint-Martin date au moins du XIIIᵉ siècle ; ses propriétaires ont rempli diverses fonctions au royaume de Navarre. Les maisons d'origine médiévale y sont nombreuses et dans le bois de Zabalza se dresse un moulin.

LA BASTIDE-CLAIRENCE ♥

HISTOIRE. Cette très belle bastide fut fondée en 1312, sur la rive droite de la Joyeuse, par le futur Louis X le Hutin, alors roi de Navarre. Située à l'extrémité nord-ouest de ses terres, elle donnait accès au réseau fluvial de l'Adour et au port de Bayonne. En outre, elle permettait de fixer des colons dans cette zone contact entre la Gascogne anglaise et la vicomté de Béarn, et assurait la sécurité de la circulation des hommes et des marchandises. Son essor fut rapide : elle attira des colons en majorité gascons ou français, mais aussi basques (30 % environ). Son développement s'est fondé sur le trafic des marchandises par galupes, par Urt vers Bayonne (port sur la Joyeuse), mais surtout sur le travail des draps (moulin à foulon installé en 1375) et des cuirs. La bonneterie connaît un grand essor à l'époque moderne et redonne à la ville un dynamisme qui s'était émoussé dans la seconde moitié du XVᵉ siècle et au siècle suivant. Les foires et les marchés sont alors fréquentés ; artisans et marchands y viennent nombreux. La colonie juive s'installe au XVIIᵉ siècle. Le XIXᵉ siècle s'accompagne d'un déclin sévère : les activités portuaires ne sont plus qu'un lointain souvenir et la bonneterie périclite entre 1830 et 1840. Comptant plus de 2 000 habitants à cette date, le bourg n'en regroupe guère aujourd'hui que 870. Ce beau village de Basse Navarre possède toujours un magnifique patrimoine architectural.
ÉGLISE NOTRE-DAME. De la construction du XIVᵉ siècle subsiste un remarquable porche, où aboutissent les cloîtres latéraux. Le sol de ce «préau» est pavé de dalles funéraires, indiquant que les paroissiens étaient enterrés tout autour de l'église ; c'était aussi le lieu de réunion des assemblées de la communauté. La nef possède trois étages de galeries réédifiées en 1770-1775 ; le chœur a été modifié au XIXᵉ siècle, notamment avec le rehaussement de l'autel.
LE CIMETIÈRE JUIF. Situé au-dessus du cimetière paroissial, il abrite dans un certain désordre les tombes des Juifs qui ont vécu à Labastide jusqu'à la fin du XVIIIᵉ siècle ; la tombe la plus ancienne date de 1610.

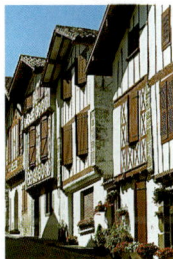

environ. La place centrale, entourée de belles maisons à arcades, est le nœud essentiel du système. La rue Notre-Dame, rue principale, est bordée de vieilles maisons à colombages, avec une façade sur rue de 6 m environ, taille de la parcelle donnée aux colons lors du lotissement, avec un jardin à l'arrière. La date de construction figure souvent

au-dessus des portes. La rue Saint-Jean, qui relie l'église à la place, est également bordée de belles maisons avec encadrements de pierre. Ci-dessus : médaillon en émail de Ramiro Arrue.

▲ Saint-Jean-Pied-de-Port
vers Viellenave-sur-Bidouze

1. Saint-Jean-Pied-de-Port
2. Saint-Jean-le-Vieux
3. Commanderie Saint-Blaise d'Aphat-Ospital
4. Iriberry
5. Jaxu

🕐 1 journée

🚗 32 km

LE MARÉCHAL HARISPE
Né à Saint-Étienne-de-Baïgorry en 1768, Jean-Isidore Harispe semblait destiné à reprendre l'activité de son père, marchand drapier. En 1793, lorsque la Convention et l'Espagne entrent en guerre, Harispe s'engage dans le conflit.

L'itinéraire traverse le pays de Cize, l'Ostabaret et le pays de Mixe.

COMMANDERIE SAINT-BLAISE D'APHAT-OSPITAL. L'abside de la chapelle a été détruite mais l'oculus et les voussures du portail, qui semblent du XIIIe siècle, sont conservés. On peut voir un enfeu à l'intérieur… quand le fourrage n'y est pas entreposé. En surplomb, la croix dite de Ganelon surmonte une colonne monolithe, qui est ancien gibet. Ce belvédère offre une belle vue sur la plaine.

BUSTINCE. Près de la chapelle Notre-Dame-de-l'Assomption, de style roman bas-navarrais, subsiste une motte médiévale.

IRIBERRY. Son nom signifie «ville neuve». Iriberry fut bâti au début du XIIIe siècle par les rois de Navarre selon un plan en bastide ● 110.

LACARRE

Les chroniques de Froissard, du XIVe siècle, mentionnent «messire Martin de la Karre», «moult sage et appert chevalier» comblé de biens

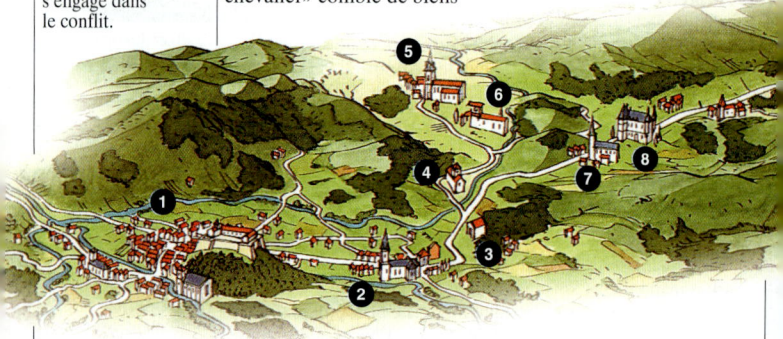

C'est le début d'une brillante carrière militaire au cours de laquelle il n'hésitera pas à canonner son propre château d'Etchauz, occupé par l'ennemi. Le maréchal Harispe s'est éteint en 1855 au château de Lacarre et repose au cimetière du village.

APHAT-OSPITAL
Connue dès 1186, elle appartenait à l'ordre des Hospitaliers de Saint-Jean-de-Jérusalem et était dédiée à saint Blaise, patron des éleveurs. Ses revenus agricoles étaient destinés à la maison mère. Elle fut également une halte importante pour les pèlerins sur le chemin de Saint-Jacques.

et d'honneur par son roi. En 1821, le château fut vendu au général comte Harispe. C'était alors un beau bâtiment à deux étages communiquant avec une longue construction appelée l'Orangerie. Une succession de terrasses formait un jardin à la française. En 1880, les deux annexes furent supprimées et l'on ajouta une aile et deux tourelles au corps principal. Sitôt franchi le seuil du magnifique vestibule, on découvre des murs couverts de boiseries de style XVIIIe. La chambre du maréchal est un vrai musée.

CROIX DE GALZETABURU. Au seuil des bassins de la Nive et de la Bidouze, une croix en pierre, de type bas navarrais, présente le Christ sculpté sur une face, la Vierge à l'Enfant de l'autre. Près d'elle

se dressait autrefois une chapelle.
SAINT-JUST.
Ce bourg au pied du col d'Osquich appartenait aux bénédictins du monastère de Sorde-l'Abbaye. Ils avaient juridiction sur le prieuré-hôpital, les habitants du village, ainsi que sur les dix maisons des donats, noyau originel du bourg. De l'hôpital, il ne reste que le lieu-dit Monastère et, sur la façade de la maison Cartategui, le buste sculpté d'un donat.

OSTABAT-ASME

Ostabat, à la croisée de plusieurs chemins de Saint-Jacques-de-Compostelle ● 33, se trouvait au cœur d'un dispositif péager, de deux hôpitaux et d'une quinzaine d'auberges. Selon le *Guide du Pèlerin,* du XIIe siècle, les itinéraires du Puy, de Vézelay et de Tours se rejoignaient près d'Ostabat, *ad hostaballam ;* en souvenir, une stèle d'orientation a été placée en 1964 au carrefour de Gibraltar (ci-contre à droite). Des restes du rempart, détruit par Sanche le Fort ▲ 224 en 1128, sont visibles dans l'angle sud-ouest de la ville. Incendiée pendant les guerres de Religion, Ostabat obtint d'Henri IV en 1607 l'autorisation de construire des halles et de tenir un marché ainsi qu'une foire annuelle, comme «principale ville de commerce et de passage de notre dit Royaume de Navarre et Pais souverain de Béarn». Les collines près d'Ostabat et de la vallée de Lantabat recèlent des tumulus, des reliquats d'enclos et trois camps protohistoriques.

ÉTAPE DES PÈLERINS
Le hameau d'Utziat se compose de quelques maisons, héritières des maisons des donats du prieuré-hôpital. La route a scindé la formation hospitalière : à l'ouest, la maison prieurale contre laquelle s'adossaient l'église romane,

le cimetière désaffecté et les ruines du moulin ; à l'est, les quatre dernières maisons des donats relevés de leurs vœux à la suppression de l'hôpital, en 1784.

Stèle d'orientation du carrefour de Gibraltar

247

La chapelle
d'Harambels

Située à proximité d'Ostabat et du carrefour des voies jacquaires, la chapelle Saint-Nicolas d'Harambels était jadis connue de tous les pèlerins d'Europe. Aujourd'hui, il est facile d'imaginer l'émotion de ceux qui, après avoir traversé la forêt d'Ostabat, peuplée de loups, parvenaient à cette chapelle et y découvraient, derrière la modestie de ses murs, un décor merveilleux composé de peintures murales et de sculptures sur bois doré. Quatre maisons, héritières des donateries du prieuré-hôpital, sont copropriétaires de la chapelle.

DEPUIS PLUS DE MILLE ANS...
La maison Etcheverry, attenante au sanctuaire, porte sur sa façade une inscription du XVIII⁰ siècle mentionnant son édification en 984 et une reconstruction en 1786.

UNE ÉTAPE VERS SAINT-JACQUES
Une statue de saint Jacques pèlerin en bois doré, du XVᵉ siècle (ci-contre), rappelle la vocation de la chapelle. Le prieuré-hôpital d'Harambels appartient aux descendants des donats ; la succession était autrefois dévolue à l'aîné des garçons, «le masle excluant la femelle», à la manière des maisons nobles de Basse Navarre, et, faute de garçon, à la fille qui assurait à son mari la charge de donat.

LE RETABLE
Il fut réalisé aux XVIIᵉ siècle par des menuisiers locaux. De belles colonnes sculptées de guirlandes de pampres encadrent le panneau central, représentant saint Nicolas.

UNE ARCHITECTURE SOBRE

La chapelle d'Harambels possède une forme extérieure assez simple.

La porte romane présente un chrisme pyrénéen du XIIe siècle, surmonté d'une croix de Malte. Un clocher-mur domine la façade. Dans les derniers temps de l'activité hospitalière, l'étage au-dessus du porche accueillait les pèlerins pour la nuit. Le petit cimetière abrite des stèles discoïdales.

LA VOÛTE

Elle est formée de planches qui, peintes en trompe l'œil, imitent la brique. A gauche et à droite du médaillon central, on distingue le soleil et la lune. Les murs de la chapelle ont conservé leur décoration de lambris peints.

L'ENTRETIEN DU SANCTUAIRE

Lorsque l'hôpital ferma ses portes, en 1784, les derniers donats furent sécularisés. Copropriétaires de la chapelle, ils en assurent l'entretien et les restaurations en commun. Les maîtresses de maison, à tour de rôle, se chargent d'assurer la propreté de l'édifice et des objets du culte.

LES PEINTURES

Le temps a pâli les peintures murales qui prolongent la voûte. Ci-dessus saint Luc et saint Pierre.

▲ SAINT-JEAN-PIED-DE-PORT
VERS VIELLENAVE-SUR-BIDOUZE

PLACE DU FOIRAIL
Les pas hors de la ville neuve de Saint-Palais mènent à la place du Foirail, l'ancienne place du Jeu-de-Paume, et au trinquet, de facture Eiffel de la fin du XIXᵉ siècle. Ci-contre : un jour de marché à Saint-Palais au début du siècle.

«SOKA TIRA»
Le festival de la force basque de Saint-Palais est sans nul doute le plus prestigieux. Y participer est une fierté, y gagner est une gloire. Le tir

à la corde *(soka tira)* oppose deux équipes de dix hommes. Pour gagner, il faut, par traction, amener l'équipe adverse dans son camp sur une distance de 3 m. Le poids de chaque cordée avoisine 1 tonne.

CHÂTEAU DE LAXAGUE. Au pied du col d'Ipharlatze se dresse la masse du château de Laxague avec sa tour carrée, bâti au XIVᵉ siècle et désormais utilisé comme grange-étable.

CARREFOUR DE GIBRALTAR. Également appelé carrefour de Saint-Sauveur, il est situé dans l'ensellement des collines de Saint-Sauveur et de Soyarce. Là, se rejoignaient les voies jacquaires qui venaient de Sorde, d'Orthez et de Navarrenx. La chapelle d'Elizaño s'élève près du carrefour, signalé par une stèle d'orientation surmontée d'une discoïdale. Le nom de Sauveur, *chabaltore* en basque, est devenu par glissement Chibaltare, Chibraltare et enfin Gibraltar.

ERMITAGE NOTRE-DAME DE SOYARCE. Du carrefour, un chemin protohistorique, bordé de tumulus, y mène en une demi-heure de marche récompensée par un beau panorama.

SAINT-PALAIS ET LA COLLINE DE SAINT-SAUVEUR

Saint-Palais, Donapaleu en basque, est une fondation royale navarraise, une ville neuve ou *iriberri*, vraisemblablement du début du XIIIᵉ siècle. Elle était dotée des armes de Navarre surmontées de la couronne royale. La ville s'alignait de chaque côté de la rue du Palais-de-Justice et s'entourait de remparts et de fossés (à l'emplacement de l'actuelle rue Gambetta). Elle fut le siège de la chancellerie et des premiers états généraux de Navarre au

XVIe siècle. Charles II de Navarre, en 1351, autorisa la ville à battre monnaie. L'atelier monétaire cessa son activité en 1672.

MAISON DU ROI. Cet édifice civil servait de maison commune ; la sénéchaussée en fit son siège en 1639.

MUSÉE DE BASSE-NAVARRE ♥. Saint-Palais s'est développé grâce aux pèlerinages. Un édit de Louis XVI en novembre 1784 mit fin aux activités des hospices d'Utziat, d'Harambels et de Saint-Palais, pour former un hôpital à Saint-Palais, «étant la Capitale de notre Royaume de Navarre». Installé à la mairie, le musée présente l'époque des pèlerinages ainsi que des meubles et des sculptures basques, des stèles discoïdales, des outils préhistoriques et des moulages.

GARRIS

MOTTE FÉODALE. Au sommet de la touronne de Garris, elle rappelle la création de la baronnie des Gramont au XIe siècle. Le château n'a laissé d'autre trace que la motte féodale et sa basse cour. Il a probablement été abandonné au XIVe siècle. On sait par le relevé des travaux de la Monnaie de Saint-Palais, en 1351, que les maçons s'y approvisionnaient en tuiles brisées qu'ils utilisaient pour leur mortier.

PLACE DU FOIRAIL. Un marché et une foire se tiennent sous ses arbres centenaires depuis le Moyen Âge.

ÉGLISE SAINT-FÉLIX. L'église et sa dîme appartenaient au XIIe siècle à deux seigneurs basques, qui s'en dessaisirent et vendirent leur part à l'abbé et aux moines de Saint-Jean-de-Sorde. Le porche de l'église abrite un bénitier rustique géant et le visage du Père éternel au frontispice d'un ancien retable.

LE PAYS ET LE BOIS DE MIXE. Les vingt-sept paroisses de Mixe, auxquelles étaient associées les villes de Garris et de Saint-Palais, déléguaient deux députés au château royal de Garris, siège de la cour générale du pays de Mixe.

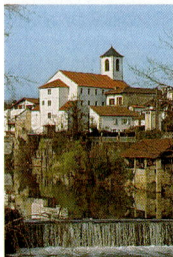

VIELLENAVE-SUR-BIDOUZE

ÉGLISE SAINT-JACQUES. L'église, la maison Espitau et la borde de l'hôpital témoignent du prieuré-hôpital de Viellenave-sur-Bidouze, Erreiti en basque, au débouché du pont à péage réunissant les baronnies de Bergouey et de Viellenave. L'église, de transition romano-gothique, à nef unique agrandie d'une travée, avec abside à trois pans et tour latérale polygonale rappelant celle d'Arancou, s'orne d'un portail à plein cintre et à clé pendante. Des têtes fleurissent sur le tympan à côté des symboles solaire et lunaire, et se répètent sur le bénitier. La tombe d'un membre de la famille Gramont ▲ 178 contenant deux épées, deux dagues et un éperon a été mise au jour en 1860.

CHÂTEAU DES GRAMONT. Bâti au XIe siècle sur la colline de La Mulari, il ne reste que les ruines d'une tour et d'une porte entourées de fossés.

Paysages de Basse Navarre
« […] des montagnes, puis après elles,
l'air sans fin.»   Francis Jammes

La Soule

Jean-Louis Etchecopart-Etchart

HISTOIRE DE LA SOULE, *254*
MAULÉON-LICHARRE, *254*
LA PASTORALE SOULETINE, *256*
JUNES CASENAVE
L'HÔPITAL-SAINT-BLAISE, *258*
AINHARP, *259*
ORDIARP, *259*
COL D'OSQUICH, *259*
GOTEIN-LIBARRENX, *260*
CAMOU-CIHIGUE, *260*
TROIS-VILLES, *260*
TARDETS-SOHOLUS, *261*
HAUX, *262*
LICQ-ATHÉREY, *262*
SAINTE-ENGRÂCE, *262*
LARRAU, *264*
AHUSKY, *264*
LE MASSIF DES ARBAILLES, *264*
AUSSURUCQ, *264*

1. Le Saison   2. Hôtel de Maytie   3. Hôtel de Montréal   4. Château-fort

⏱ 1/2 journée

L'INDUSTRIE DE L'ESPADRILLE
Cette activité démarra à Mauléon vers 1850. Après son âge d'or (1900-1918), elle prospéra jusque vers 1950. Actuellement, la concurrence chinoise cause de sérieuses difficultés à cette industrie même si elle tient toujours une place essentielle dans l'économie de la ville.

HISTOIRE

AUTONOMIE ET PRIVILÈGES. Érigée en vicomté en 1023, la Soule fut rattachée à la couronne anglaise en 1307, après un demi-siècle de lutte, mais garda cependant ses lois et privilèges, dont celui de s'administrer elle-même. Le roi d'Angleterre était représenté par un capitaine-châtelain résidant au château de Mauléon. En 1452, Charles VII reprit la Guyenne aux Anglais et la Soule se soumit volontairement à la couronne de France.

DES ÉTATS DE SOULE AU «SYNDICAT DE SOULE». Les États de Soule ont constitué un gouvernement démocratique avant l'heure ● 21. Les trois ordres de la société féodale y siégeaient : la noblesse, le clergé, représenté par l'évêque d'Oloron, et le tiers état. Ils se réunissaient le dimanche suivant la fête de saint Pierre sous un noyer à Licharre. La Révolution supprima les privilèges et mit fin aux États de Soule, qui réapparurent en 1838, par ordonnance royale de Louis-Philippe, sous la forme de la «Commission syndicale du pays de Soule», laquelle est toujours en vigueur aujourd'hui dans les quarante-trois communes de Soule pour gérer les biens indivis de haute et moyenne montagne, où se pratique l'estivage.

LA «COUTÛME DE SOULE». En 1520, François Ier ordonne aux États de Soule de rédiger un code de leurs usages. La *Coutûme de Soule*, publiée en gascon, comprenait trente-sept chapitres. Elle concernait l'organisation administrative, judiciaire et financière, mais aussi la réglementation des pâturages et la conduite du bétail.

MAULÉON-LICHARRE

LE CHÂTEAU FORT ♥. Édifié au XIIe siècle sur une colline dominant la ville, il abrita les familles vicomtales de Soule et plus tard les capitaines-châtelains représentant le roi d'Angleterre. Il n'en reste que les murs d'enceinte avec leurs chemins de ronde, trois tours en parties arasées et

**FENÊTRES
RENAISSANCE**
L'hôtel de Maytie a
conservé ses quatre
tours d'angle carrées
et ses hautes fenêtres
à meneaux.

**VESTIGES D'UNE
FORTERESSE ♥**
Au XIIIe siècle
existait à Mauléon
un véritable ouvrage
militaire comptant
au moins deux
barbacanes
et un donjon.
Au XVIe siècle,
durant les guerres de
Religion, le château
devint un enjeu
stratégique au cœur
de la lutte entre
le capitaine-châtelain
Jean de Belzunce,
favorable à la
Réforme et protégé
d'Henri IV, et le très
catholique seigneur
de Tardets, Charles
de Luxe. Détruit sur
ordre de Louis XIV
en 1642, le château
fut reconstruit six ans
plus tard, mais sous
une forme moins
imposante.

un petit
ouvrage fortifié qui servait
de prison. De belles maisons médiévales
sont visibles dans la haute ville, autrefois ceinturée
de remparts. Le quartier de la basse ville, en aval, et plus
particulièrement le bourg de Licharre, qui s'est développé sur
la rive gauche du Saison, regroupe les activités économiques.
HÔTEL DE MAYTIE OU CHÂTEAU D'ANDURAIN ♥ ● 102. Cette
superbe demeure Renaissance fut édifiée par Arnaud Ier de
Maytie (1598-1623), qui fut évêque d'Oloron durant vingt-
cinq ans. On admirera surtout son magnifique toit de bardeaux
ainsi que sa charpente, œuvre de charpentiers de marine.
HÔTEL DE MONTRÉAL. Actuel hôtel de ville, ancien siège
de la sous-préfecture, il fut construit au XVIIe siècle par Henri
de Gramont sur les plans de Mansart. La bâtisse fut acquise
en 1676 par Armand Jean de Peyre, fils du comte de Tréville
▲ 260 et gouverneur de Soule, qui en fit sa résidence.
CHAPELLE SAINT-JEAN-DE-BERRAUTE. En quittant Mauléon
par la route de Tardets, on découvre cette chapelle, bâtie
au XIe siècle par les chevaliers de l'ordre de Malte, et intégrée
à un ensemble hospitalier
destiné aux pèlerins de
Compostelle ● 33.
Son chœur vient
d'être restauré.

Pièce de théâtre populaire dont
le producteur est un village
et les acteurs des amateurs,
la pastorale souletine, d'origine
antique, se déroule suivant
un rituel très strict.
Les mouvements individuels
ou collectifs et la musique
qui les accompagne sont régis
par des lois immuables.
Sous l'écorce des rites
se dessine un symbolisme
profondément enraciné dans
la conception basque du monde.
La pastorale s'articule en trois
parties, écrites en versets :
l'introduction (ou prologue),
l'épisode et la conclusion
(ou exode).

UN ROI-TURC
Les personnages de la pastorale sont issus de tous les milieux : rois, gens de cour, chefs militaires, saints ou bergers. Ci-dessous, un roi turc attend d'entrer en scène.

DISPOSITION DE LA SCÈNE
La scène est une estrade nue de 12 m sur 12, érigée en plein air, dans un cadre choisi pour son calme et sa beauté. Un rideau blanc orné de verdure et de fleurs sépare l'arrière-scène de l'avant-scène. De chaque côté de ce rideau, face aux spectateurs, s'ouvrent l'entrée des bons, en bleu, et celle des méchants, en rouge, surmontée d'un diable articulé. La couleur est la marque distinctive de la qualité des personnages. Au fond de l'estrade, au milieu et surélevée d'environ 3 m, se trouve la loge des musiciens.

LES PERSONNAGES DE LA PASTORALE ÉVOLUENT DANS UN MONDE BINAIRE : BONS ET MAUVAIS. AUTOUR DE CHAQUE GROUPE GRAVITENT DES ÊTRES SURNATURELS : LES ANGES PORTENT AIDE AUX BONS, LES SATANS SOUTIENNENT LES MÉCHANTS.

MÉLOPÉE ET CHANT
Les acteurs ne parlent pas : ils s'expriment en une sorte de mélopée *recto tono* à trois notes et se déplacent, selon un rythme adapté à leur parcours, en frappant le sol en cadence avec un bâton. À intervalles réguliers, ils exécutent des chants en solo ou en chœur. Ci-dessus : la loge des musiciens ; les animaux montent aussi sur la scène.

LES CODES DE LA PASTORALE
Les acteurs se distinguent par la couleur de leurs vêtements et par leur démarche : lente et sûre pour les bleus, saccadée et nerveuse pour les rouges, aérienne pour les anges, rageuse pour les satans. Il en est de même pour le débit de la parole et pour tous les gestes. Ci-contre : trois satans.

▲ Saint-Jean-Pied-de-Port vers le col d'Osquich

1. Palombiers
2. Col d'Osquich
3. Chapelle Saint-Antoine
4. Ordiarp

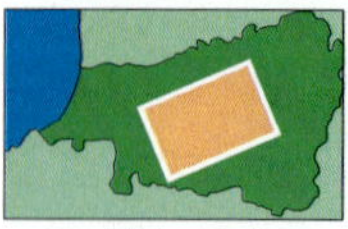

◷ 1/2 journée
🚗 50 km

L'Hôpital Saint-Blaise

● 33

Ce tout petit village est à la limite du Pays basque et du Béarn. Il ne subsiste que l'église de la commanderie de la Miséricorde. Celle-ci accueillait les pèlerins venus d'Arles (par Oloron-Sainte-Marie) sur leur chemin vers Saint-Jacques-de-Compostelle ● *33* qu'ils rejoignaient par la vallée de la Soule ou par Saint-Jean-Pied-de-Port et Roncevaux.

Un raccourci
L'Hôpital-Saint-Blaise s'est implanté sur un chemin secondaire qui permettait aux pèlerins venus de la route d'Arles de rejoindre la voie qui franchissait les Pyrénées. Ci-dessus : le porche de l'église et une vue d'ensemble de l'édifice.

L'église ♥. Elle surprend par son caractère hispano-mauresque ; sa coupole, en particulier, ne trouve guère d'équivalent en France, si ce n'est dans l'église Sainte-Croix à Oloron-Sainte-Marie. Bâtie au XIIe siècle, l'église de L'Hôpital-Saint-Blaise est un édifice roman doté d'un plan ramassé en croix grecque. La croisée est couverte d'une coupole à huit pans nervurés surmontée d'un clocher-lanterne. Les nervures forment une étoile à huit branches, dessin que l'on retrouve au sud des Pyrénées dans plusieurs coupoles de mosquées. Il est tout à fait probable que son maître-d'œuvre soit venu d'Espagne et ait été formé à l'architecture de l'Espagne arabe. Dans le chœur s'ouvrent des fenêtres et des baies formées de dalles en pierre percées de motifs variés (rosaces, entrelacs, etc.). L'indispensable rénovation de l'édifice, au début du siècle, eut lieu grâce à la générosité des habitants de L'Hôpital-Saint-Blaise qui, lassés que rien ne fût fait pour leur sanctuaire, décidèrent que chacun d'entre eux fournirait aux autorités l'équivalent d'une journée de bouvier, en nature… Le geste porta et une importante restauration fut entreprise.

Pèlerinage de Saint-Blaise. Le dimanche suivant le 3 février, jour de la Saint-Blaise, et pendant trois jours, l'église est animée par l'hommage rendu par les éleveurs à leur saint protecteur. Pas de femmes ; seuls les hommes y participent. La tradition veut qu'à la tombée de la nuit, ils préparent un foyer où ils placent des poils coupés des queues de leur bétail ; ils enflamment ensuite le tout et exécutent une danse autour du feu.

5. LIBARRENX **6.** GOTEIN-LIBARRENX **7.** AINHARP **8.** MAULÉON **9.** UNDUREIN **10.** CHARRITTE-DE-BAS **11.** CHÉRAUTE **12.** MONCAYOLLE **13.** L'HÔPITAL-SAINT-BLAISE

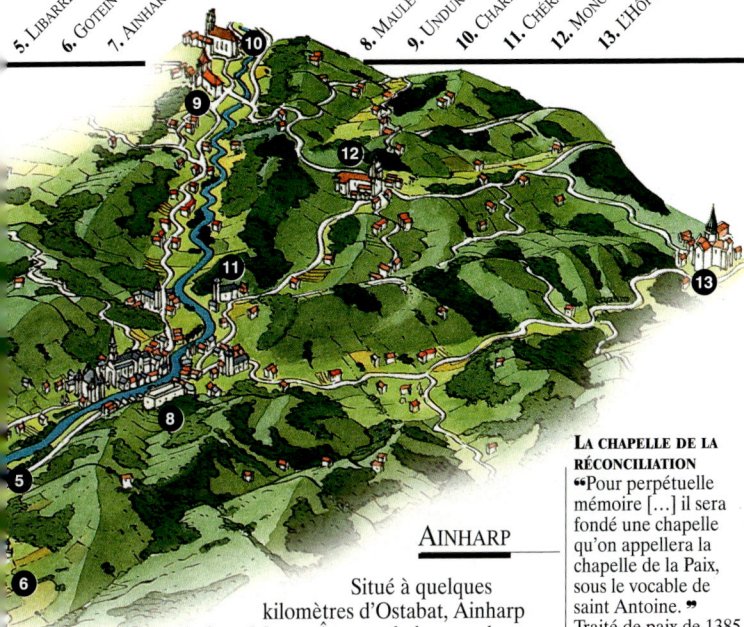

AINHARP

Situé à quelques kilomètres d'Ostabat, Ainharp était au Moyen Âge une halte pour les pèlerins qu'elle accueillait dans son prieuré-hôpital. L'église abrite un retable du XVIIIᵉ siècle. À l'extérieur et sous le porche se trouvent des stèles discoïdales.

ORDIARP

MAISONS ANCIENNES. Le village est presque entièrement constitué de maisons médiévales. Parmi elles se distinguent la MAISON JAUREGIBERRIA et la MAISON AHETZIA, remaniée au XVIIᵉ siècle, dont la porte centrale est ornée de représentations animales et guerrières.
L'ÉGLISE. Ancienne commanderie dépendant de l'abbaye de Roncevaux, il ne reste de son hôpital que l'église. Édifiée au XIIᵉ siècle, elle a gardé son aspect d'origine avec ses belles pierres de taille. L'ancien clocher-mur est surmonté d'un clocheton carré. Mis en valeur par une restauration très réussie, le chœur roman possède une abside avec deux absidioles. Le cimetière abrite de belles stèles discoïdales.

COL D'OSQUICH ♥

Avec ses 392 m d'altitude, le col d'Osquich offre une belle vue sur la Soule et le pays de Cize.
CHAPELLE SAINT-ANTOINE DE MUSCULDY. Un chemin se détache de la route au-dessous du col. Il permet d'atteindre, en une heure de marche, le petit édifice bâti en 1385 par Charles II le Mauvais, roi de Navarre, pour marquer la paix qu'il venait de rétablir entre les seigneurs de Luxe et de Gramont. La chapelle fut modifiée au tout début du siècle ; le bâtiment d'origine fut utilisé comme sacristie. Perchée à 706 m d'altitude, elle offre un magnifique panorama.

LA CHAPELLE DE LA RÉCONCILIATION
"Pour perpétuelle mémoire [...] il sera fondé une chapelle qu'on appellera la chapelle de la Paix, sous le vocable de saint Antoine. "
Traité de paix de 1385

COL D'OSQUICH
Ce col marque la frontière entre la Soule et la Basse Navarre. Quand le ciel est dégagé la vue sur la chaîne des Pyrénées y est magnifique.

🕐 1 journée
🚗 80 km

GOTEIN-LIBARRENX

BOIS DE LIBARRENX. Ce bois eut une place privilégiée dans l'histoire de la Soule : il fut, jusqu'à la Révolution, le théâtre des réunions du *Silviet,* assemblée représentant le tiers état aux États de Soule ● *21* ▲ *254.*

CAMOU-CIHIGUE

SOURCE SALÉE DU GUÉSSALA. Pendant des années, elle alimenta un petit établissement de bains pour rhumatisants, aujourd'hui désaffecté.
SITE SPÉLÉOLOGIQUE. Il est composé de trois grottes : la grotte Etcheberriko Karbia, la plus intéressante, ornée de peintures rupestres représentant des chevaux et des bisons, la grotte de Bechanka et la grotte Bijou. Leurs salles, spectaculaires, sont hérissées d'innombrables stalactites et stalagmites.

ÉGLISE DE GOTEIN ♥
Modèle parfait
d'architecture
religieuse souletine
● *104,* elle présente
un clocher-calvaire du
XVIᵉ siècle. Retable,
tabernacle et maître-
autel, du XVIIIᵉ siècle,
sont construits en bois
sculpté et doré.

TROIS-VILLES

CHÂTEAU D'ÉLIÇABIA. Œuvre de Mansart, il est situé à l'extrémité d'un parc, sur une terrasse surplombant le Saison. Sa façade, flanquée de deux avant-corps, s'éclaire de hautes fenêtres à meneaux surmontées d'un fronton.
LE COMTE DE TRÉVILLE. Jean de Peyré, commerçant d'Oloron enrichi par le négoce avec l'Espagne, acheta les maisons nobles d'Éliçabia et de Casamayor à Trois-Villes en 1607. Son fils Jean Arnaud «monta» à Paris et entra

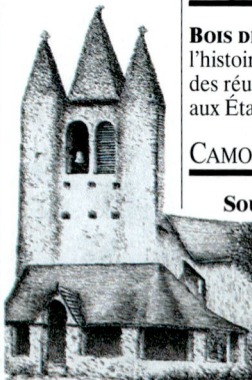

au régiment des gardes de Louis XIII, où il gagna les faveurs du roi et fut nommé capitaine lieutenant des mousquetaires. Devenu comte de Tréville puis gouverneur de Soule, il fit construire, entre 1660 et 1663, sur le site de la maison Éliçabia, le château que l'on admire aujourd'hui. Alexandre Dumas l'immortalisa dans *Les Trois Mousquetaires*.

LA RÉVOLTE DE «MATALAS». En 1661, près de cinq mille Souletins, accablés par le poids des impôts – que la lutte entre le comte de Tréville et le comte de Toulongeon, capitaine-châtelain de Mauléon, alourdissait encore –, se révoltèrent, menés par Bernard de Goyeneche, curé de Moncayolle, dit «Matalas». Louis XIV chargea le parlement de Bordeaux de mater la rébellion : «Matalas» sera capturé puis décapité.

LE POÈTE ETCHAOUN. Trois-Villes est le village natal du poète paysan Etchaoun (décédé en 1979), qui composa plus de trois cents chansons et une douzaine de pastorales.

TARDETS-SOHOLUS

Tardets a gardé son plan en bastide ● *110*. Ses maisons à arcades du XVIIIe siècle cernent la petite place du marché. On admirera les belles galeries de bois à l'arrière des demeures qui bordent le Saison. Le linge basque de qualité, très prisé, fabriqué pendant de nombreuses années dans deux usines, à Tardets et à Licq, est désormais tissé en Béarn.

HAUTEUR DE LA MADELEINE. Au sommet de cette colline, un panorama spectaculaire sur la Soule, le pic du Midi d'Ossau et le pic de Bigorre vaut absolument le détour. C'est aussi un lieu privilégié pour les amateurs d'aéromodélisme.

CHAPELLE DE LA MADELEINE. Elle est bâtie sur un ancien lieu de culte primitif. Une inscription votive, rédigée en latin, en l'honneur d'une divinité euskarienne est encastrée dans un mur de la chapelle. L'édifice est dédié à sainte Madeleine, qui, d'après la légende, se réfugia en ce lieu au XIVe siècle. Des pèlerins s'y retrouvent deux fois par an : le dimanche précédant le dimanche des Rameaux, et le 22 juillet, fête de sainte Madeleine.

MARCHÉ À TARDETS
On y trouve le fameux fromage de brebis (*gasna*) ● *63* que les bergers fabriquent dans les cayolars en altitude ● *61*. Sa fabrication implique l'utilisation de lait cru et une bonne qualité de pâturage.

UNE PASTORALE
▲ *256*
La préparation d'une pastorale est l'affaire de toute une communauté. Les acteurs répéteront chaque jour pendant des mois ; le budget, les costumes, la publicité, le service d'ordre et l'installation de l'estrade impliqueront en tout une centaine de personnes pour un village de trois cents habitants. Ci-dessus, une pastorale à Tardets.

HAUX

ÉGLISE SAINT-JEAN-BAPTISTE.
Cette église romane possède un portail remarquable avec chrisme fendu et archivolte à damier. Construite au XIIᵉ siècle, elle a subi les déprédations des troupes de Jeanne d'Albret pendant les guerres de Religion. Aux voûtes en plein cintre de la nef se juxtapose la voûte gothique de l'autel du XVIIᵉ siècle dédié à la Vierge.

LICQ-ATHÉREY

Ce village est le domaine privilégié des pêcheurs de truites et des chasseurs de palombes ● 74. À Pâques, il accueille des compétitions de canoës-kayaks sur les eaux tumultueuses du Saison. Les quartiers de Licq et d'Athérey possèdent chacun leur église, toutes deux ornées d'un retable du XVIIIᵉ siècle.

LA LÉGENDE DU PONT DE LICQ. Les crues du gave du Saison étaient telles que les habitants de Licq désespéraient de pouvoir construire un pont. Un jour, un *lamina* (petit lutin du Pays basque) vint au village et affirma pouvoir le bâtir en une nuit et le finir avant le chant du coq. Il demanda en échange qu'on lui donne la plus jolie fille du pays. Lorsque le fiancé de cette dernière vit que le *lamina* y parvenait, il entra dans un poulailler avec une chandelle et le coq chanta. Le *lamina* s'enfuit sans avoir eu le temps de poser la dernière pierre du pont.

SAINTE-ENGRÂCE ♥

Après Licq, une route étroite et tortueuse monte à flanc de montagne jusqu'à Sainte-Engrâce. Ce petit village appartint de l'an 1085 à 1737 au monastère de Saint-Sauveur-de-Leyre, en Navarre espagnole. Bâti en altitude, enclavé au fond de la vallée de la haute Soule, il apparaît comme un véritable conservatoire des traditions basques et souletines. Situé à l'écart des voies jacobites, il accueille pourtant les pèlerins sur le chemin de Compostelle, qui font volontiers un détour pour visiter sa collégiale.

COLLÉGIALE SAINTE-ENGRÂCE ♥. Édifiée dans la seconde moitié du XIIᵉ siècle, elle possède une remarquable façade asymétrique flanquée d'un contrefort massif ajouté en 1864. Au portail roman, deux chapiteaux représentent les pèlerins d'Emmaüs, debout le bâton à la main, puis à table partageant le pain avec le Christ. Un chrisme tenu par deux anges figure au tympan. L'intérieur, composé de trois nefs surmontées de voûtes romanes, abrite d'étonnants chapiteaux polychromes, sculptés dans la pierre. Certains d'entre eux, clairement historiés, représentent l'Adoration des Mages. D'autres sont plus difficiles à déchiffrer : certains spécialistes y voient des épisodes précis de la Bible, illustrés par

LE CULTE DE SANCTA GRACIA
Les pèlerins affluaient autrefois à Sainte-Engrâce pour vénérer le bras reliquaire de Sancta Gracia, jeune noble espagnole martyrisée vers l'an 300 à Saragosse. Les calvinistes ravagèrent la Soule en 1569 et firent disparaître cette relique. Saragosse fit parvenir aux Engrâciens l'annulaire de la main droite de la sainte, qui perpétue ce culte.

Chapiteau de Sainte-Engrâce.

l'iconographie médiévale (Salomon et la reine de Saba, Salomé dansant), d'autres pensent qu'il s'agit de scènes érotiques (bien que la nudité dans l'art roman ait toujours une valeur morale liée à la pureté originelle). On reconnaît également des épisodes de chasse, des danseurs et des musiciens. Autour de l'église, le cimetière compte de nombreuses stèles discoïdales à la pierre rongée par les siècles.

GORGES DE KAKOUETTA ♥. Ce fantastique canyon, long de 3 500 m, a été exploré en 1903 par Édouard Martel. Après le pont, le sentier se rétrécit entre deux parois, jusqu'à la résurgence de Benta, d'où jaillit une cascade. À 200 m en amont s'ouvre une grotte, qui marque la fin du parcours. Pourvues de passerelles avec main courante, d'escaliers, de sentiers à balcons, les gorges viennent de faire l'objet d'un aménagement conforme à la sécurité. Le trajet dure environ deux heures.

GORGES D'HOLÇARTÉ ♥. En redescendant sur la route de Licq, prendre la direction de Larrau (à hauteur de la confluence des gaves du Saison et de Sainte-Engrâce) pour parvenir au lieu-dit LOGIBAR. Dans un décor spectaculaire, une petite auberge fait office de gîte d'étape et de point de départ aux randonnées vers les gorges d'Holçarté, qui furent explorées pour la première fois par Édouard Martel en 1908. Elles atteignent en certains endroits la profondeur de 200 m. Au bout d'une heure de marche, on atteint une passerelle, solide mais non moins impressionnante, suspendue à 180 m au-dessus du vide. Le tracé du G R 10 emprunte également ces canyons.

▲ De Mauléon-Licharre à Aussurucq par Sainte-Engrâce

PAYSAGE DE SOULE
Jean Le Normand de La Blochais (1895-1949), gazé pendant la guerre de 1914-1918, vint au Pays basque pour se soigner. Il fut séduit par les couleurs des paysages.

CHÂTEAU DE RUTHIE
Sa partie la plus ancienne est formée de deux tours d'angle raccordées par un corps de logis percé d'une porte d'entrée. C'est au XVIe siècle que la prospérité de ses propriétaires atteint son apogée, avec Pierre ou Peyrot de Ruthie, qui fit bâtir le château actuel.

HÔTEL THERMAL D'AHUSKY
Fontaine de jouvence, sa source était réputée guérir les maladies de l'estomac, du foie, des reins, la goutte, etc.

LARRAU

Ancien bourg royal administré de façon autonome, ce village d'étape sur la route d'Espagne occupe toujours une fonction de carrefour. Il a conservé une intéressante église reconstruite au XVIIe siècle mais qui a gardé sa belle abside romane. Situé sur le flanc nord du pic d'Orhy, Larrau est également le domaine des chasseurs de palombes ● *74*.

FORGE DE LARRAU. En contrebas du village se trouvent les ruines d'une quinzaine de hauts fourneaux. Construite en 1747 par le comte de Tréville ▲ *260*, la forge «roula» jusqu'en 1867.

AHUSKY

Ce vaste plateau d'altitude est resté le domaine des bergers, qui y donnent leur fête, chaque année, le 15 août ◆ *278*.
Ils étaient autrefois les seuls à pénétrer dans ce massif que la route a aujourd'hui rendu accessible. Une source, jaillissant à 1 075 m d'altitude et dotée, dit-on, d'un pouvoir de guérison, alimentait au siècle dernier un hôtel et donnait au village un air de petite station thermale. Un incendie ravagea l'hôtel en 1945 et le village s'éteignit peu à peu. Une auberge a, depuis, été construite en contrebas de la source, dans un site superbe.

LE MASSIF DES ARBAILLES ♥

Ce vaste bastion calcaire, massé entre les cours de la Bidouze (qui y prend sa source), du Saison et du Laurhibar, comprend deux zones distinctes. Au sud, une vaste aire de pâturage couvre les plateaux d'Aphanizé (à 900 m d'altitude) et d'Elçaré. Une vingtaine de cayolars ● *61* s'y concentrent. En descendant au nord, vers Aussurucq, on traverse une forêt de hêtres masquant un relief karstique, criblé de crevasses, de gouffres et d'énormes dolines.

AUSSURUCQ

À hauteur de Menditte, prendre la direction d'Aussurucq pour une échappée vers la forêt des Arbailles. Pittoresque village groupé autour d'une vieille église, Aussurucq garde encore un château, édifié à la fin du XVe siècle ou au début du XVIe siècle, qui fut la demeure des seigneurs de Ruthie.

CARNET DE VOYAGE

INFRASTRUCTURE TOURISTIQUE, 266
FÊTES, FESTIVALS, FOIRES
ET MANIFESTATIONS, 267
FÊTES EN PAYS BASQUE, 268
RANDONNÉES À PIED,
À CHEVAL, À VTT, 270
TOURISMES ÉQUESTRE
ET BALNÉAIRE, 275
GOLF, 276
JEAN-PAUL LACOMBE
SPORTS BASQUES, 277
PLAGES DU PAYS BASQUE, 278
EAUX VIVES, 280
ÉCHAPPÉES ESPAGNOLES 282
LIEUX DE VISITE,
ADRESSES ET HORAIRES, 285
CARNET D'ADRESSES, 292
CHOISIR UN RESTAURANT, 303
CHOISIR UN HÉBERGEMENT, 304
TABLE DES ILLUSTRATIONS, 306
BIBLIOGRAPHIE, 312
INDEX, 314

Vert, le Pays basque l'est, grâce à son climat, conjonction d'une température très douce toute l'année et de précipitations régulières. L'Euskadi, c'est le bonheur de vivre dehors, du printemps à la fin de l'automne, le long des plages, au pied des falaises ou des premiers sommets pyrénéens, de connaître la culture d'un peuple toujours prompt à la défendre.

ACCÈS ET LIAISONS

AUTOCARS

CÔTE BASQUE
• STAB
Bayonne
Tél. 05 59 59 04 61
Biarritz
Tél. 05 59 24 26 53
3615 STAB
• ATCRB
Saint-Jean-de-Luz
Tél. 05 59 26 06 99
(pour l'Espagne aussi, Irun et Saint-Sébastien)
LABOURD-BASSE NAVARRE-SOULE
• Le Basque bondissant
Saint-Jean-de-Luz
Tél. 05 59 26 25 87
• Laronde et Mirail
Cambo-les-Bains
Tél. 05 59 29 72 32
• Autocars Etchemendy
Saint-Jean-Pied-de-Port
Tél. 05 59 39 02 92
• Transports basques associés
Saint-Palais
Tél. 05 59 65 73 11
Bayonne
Tél. 05 59 59 49 00
• Sallaberry
Hasparren
Tél. 05 59 29 60 28
• Pullman basque et Dublanc
Sare
Tél. 05 59 26 17 96
TRAIN
RENSEIGNEMENTS ET VENTE
• Ligne directe
7j./7, 7 h-22 h
Tél. 0 836 35 35 35
(2,23 F/min)
• Minitel : 3615 ou 3616 SNCF
(1,29 F/min)
• Internet : informations et réservations
www.sncf.fr
• Dans les gares, les boutiques SNCF
• Dans les agences de voyages agréées

TGV
• 7 TGV par jour en moyenne desservent la Côte basque au départ de Paris-Montparnasse dont 4 TGV directs Paris-Bayonne-Biarritz.
• Paris est à 4 h 37 de Bayonne (meilleur temps de parcours) ; les grandes gares desservies sont Saint-Pierre-des-Corps, Poitiers, Angoulême, Bordeaux, Dax.
• Toulouse est à 4 h 10 de Bayonne, via Saint-Gaudens, Lannemezan, Lourdes, Tarbes et Pau.
TRAINS AUTO-COUCHETTES
• Toute l'année depuis Biarritz pour Paris.
• En saison, pour Calais, Lille, Metz, Strasbourg, Liège, Bruxelles et les Pays-Bas.
TORTILLARDS
Deux subsistent :
• Un train à crémaillère, à vocation touristique,

qui va du col de Saint-Ignace, entre Sare et Ascain, au sommet de la Rhune (900 m), où le panorama est saisissant.
• L'express régional Bayonne/Saint-Jean-Pied-de-Port, qui dessert 12 gares.
VOITURE
PARIS-BAYONNE (736 km) par les autoroutes A10, A 63 et la N10 (4 voies).
TOULOUSE-BAYONNE (300 km) par l'autoroute A 64, qui se raccorde au réseau espagnol.
BAYONNE-PAMPELUNE par les autoroutes A 63 et A 8.

BAYONNE-BILBAO (149 km) par les autoroutes A 63 et A 8
BAYONNE-ST-SÉBASTIEN (54 km) par les autoroutes A 63 et A 8
AVION

| AIR FRANCE |
| Tél. 0 802 802 802 |

AIR LITTORAL
Tél. 0 803 834 834
• L'aéroport de Biarritz-Parme assure un service de grandes lignes à destination des grandes villes d'Europe.
Pour Paris 3 vols sur les 8 quotidiens desservent directement Roissy-Charles-de-Gaulle.

LOCATIONS DE VOITURES

AÉROPORT
BIARRITZ-PARME
• Avis
Tél. 05 59 23 67 92
• Budget
Tél. 05 59 63 11 77
• Europcar Inter Rent
Tél. 05 59 43 80 20
• Hertz
Tél. 05 59 43 92 92
• National Citer
Tél. 05 59 41 21 12
GARES
BAYONNE
• Ada Location

Tél. 05 59 50 37 10
• Avis
Tél. 05 59 55 06 56
• Europcar Inter Rent
Tél. 05 59 55 38 20
HENDAYE
• Avis
Tél. 05 59 20 79 04
SAINT-JEAN-DE-LUZ
• Ada
Tél. 05 59 26 26 22
• Avis
Tél. 05 59 26 76 66
• Europcar Inter Rent
Tél. 05 59 26 82 40

CLIMAT, MOYENNES PAR MOIS

	TEMPÉRATURES (EN °C) MINIMALES ET MAXIMALES		NOMBRE DE JOURS PLUVIEUX	ENSOLEILLEMENT PAR JOUR
Janvier	4	12	17	3 h
Février	5	12	15	3 h 45
Mars	6	14	16	5 h 10
Avril	8	15	18	5 h 50
Mai	11	18	17	6 h 35
Juin	14	21	13	7 h 05
Juillet	16	23	12	7 h 30
Août	16	24	14	6 h 55
Septembre	14	22	13	6 h 05
Octobre	11	19	13	4 h 50
Novembre	7	14	16	3 h 20
Décembre	5	12	17	2 h 30

Mesures effectuées à Biarritz.
Le vent est généralement modéré en Pays basque.
Les pluies sont en revanche fréquentes, de courte durée mais violentes en été,
et réparties presque également sur toute l'année.

FESTIVALS	LIEU	MOIS	TÉLÉPHONE
Festival du conte	Biarritz	jan.	05 59 22 37 10
Festival international des Programmes audiovisuels	Biarritz	jan.	05 59 22 37 10
Fêtes musicales de Biarritz	Biarritz	avr.	05 59 22 37 10
Errobiko Festibala (Festival de la Nive)	Itxassou	juil.	05 59 29 70 25
Festival international de folklore	Biarritz	juil.	05 59 22 37 10
Jazz aux remparts	Bayonne	juil.	05 59 46 01 46
Festival de théâtre Arnaga	Cambo-les-Bains	août	05 59 29 70 25
Festival de chants	Garindein	août	05 59 28 02 37
Festival de force basque	Saint-Palais	août	05 59 65 71 78
Le Temps d'aimer (danse)	Biarritz	sep.	05 59 22 37 10
Académie Ravel	Saint-Jean-de-Luz	sep.	05 59 26 03 16
Musique en Côte basque	Anglet, Biarritz, Ciboure, St-Jean-de-Luz, St-Pée-sur-Nivelle	sep.	05 59 26 03 16
Festival cinéma d'Amérique latine	Biarritz	oct.	05 59 22 37 10
Festival de théâtre franco-ibérique	Bayonne, Biarritz	oct.	05 59 46 01 46
Festival de chant choral	Saint-Jean-de-Luz	oct.	05 59 26 03 16
MANIFESTATIONS SPORTIVES			
Makilas du golf	Biarritz	mai	05 59 42 27 97
Régates de Trainières	Saint-Jean-de-Luz	juin	05 59 26 03 16
Course des crêtes équestre et pédestre	Espelette	juil.	05 59 93 91 44
Biarritz Surf Festival	Biarritz	juil.	05 59 22 37 10
Internationaux de cesta punta	Saint-Jean-de-Luz	juil.-août	05 59 26 03 16
Championnat de force basque	Saint-Palais	août	05 59 65 71 78
Gant d'or de cesta punta	Biarritz	août	05 59 22 37 10
Rallye des cîmes auto	Licq-Athérey	sep.	05 59 28 51 28
Semaine des sports basques	Villes et villages	août	05 59 59 22 34
FÊTES	LIEU	MOIS	
Foire aux pottoks	Espelette	jan.	
Carnaval	Biarritz	mars	
Dantzari Eguna (rassemblement des danseurs adultes des 7 provinces basques)	Hendaye	mai	
Fête-Dieu	Bidarray, Hélette, Iholdy, Louhossoa, Ossès, Saint-Esteben	juin	
Fête de Saint-Jean	Saint-Jean-de-Luz	juin	
Fête de la Mer	Anglet, Biarritz, Hendaye, Saint-Jean-de-Luz	juil.	
Fête du Thon	Saint-Jean-de-Luz	juil.	
Corso lumineux	Hendaye	juil.	
Corridas	Bayonne	juil.-août-sep.	
Cross des contrebandiers	Sare	août	
Noce basque	Saint-Étienne-de-Baïgorry	14 juil., 15 août	
La Vie en 1900	Saint-Étienne-de-Baïgorry Hasparren	août	
Fêtes traditionnelles de Bayonne	Bayonne	1re sem. d'août	
Fête du Toro	Saint-Jean-de-Luz	sep.	
Fête Ardi Gasna (confrérie fromage de brebis)	Saint-Jean-Pied-de-Port	sep.	
Fête de la Confrérie des corsaires basques	Saint-Jean-de-Luz	sep.	
Fête traditionnelle du Piment	Espelette	oct.	
FOIRES ET SALONS			
Foire aux jambons	Bayonne	fin mars-avr.	
Salon des écrivains du Pays basque	Sare	avr.	
Journées du chocolat	Bayonne	22-23 mai	
Fête de la Cerise	Itxassou	juin	
Marché médiéval	Bayonne	juil.	
Foire gastronomique et artisanale	Sare	juil.	
Foire aux fromages et produits régionaux	Saint-Jean-Pied-de-Port	juil.-août	
Fête du Chipiron	Hendaye	juil.	
Foire gastronomique, artisanale, et concours de chiens de berger	Saint-Étienne-de-Baïgorry	juil.	
Foire exposition-vente de chevaux et bétail	Garris (Saint-Palais)	31 juil.-1er août	
Foire aux produits régionaux	Saint-Pée-sur-Nivelle	août	
Foire aux fromages	Tardets	août	
Foire artisanale	Sare	août	
Concours de tonte de brebis	Tardets	août	
Foire aux produits fermiers	Hasparren	sep.	
Foire aux pottoks	Hélette	nov.	

Parce qu'en Pays basque, la culture régionale est restée forte et vivante, les fêtes et festivals sont nombreux. Fêtes de villages, fêtes de Bayonne, force basque attirent les foules en faisant vivre des rites anciens tandis que le festival du film de Biarritz met à l'honneur l'Amérique latine.

LES FÊTES DE BAYONNE

C'est une sorte de fête de village, mais à la taille de Bayonne. «Le boire et le manger s'y trouvant en quantité suffisante, reste au *festayre* à apporter sa joie de vivre et sa bonne humeur, sans oublier au passage, un petit brin de folie.» C'est par ces mots que le Roi Léon, maître de cérémonies, ouvre les festivités. Les fêtes de Bayonne, qui démarrent toujours le premier mercredi d'août à 22 h, constituent le plus important rendez-vous festif du sud-ouest.

CHANTS ET DANSES
Chants, danses se rencontrent à chaque coin de rue. Les fêtes sont ouvertes par un coup de canon et durent quatre jours et cinq nuits. Elles se déroulent dans la bonhomie la plupart du temps, mais restent aussi célèbres pour leurs excès d'alcool, et ce qui les accompagne... Pourtant, depuis quelques années, des concerts classiques et animations pour enfants (ci-contre) nuancent cette ancienne tendance.

ATTENTION, ROSÉ !
Pendant cette période, on enlève les tables et les chaises des bars. On boit debout, au comptoir, quand c'est encore possible de l'approcher. On consomme généralement du vin rosé ou du rosé limé (allongé de limonade), en très grande quantité. Selon le rite, une personnalité (homme politique, vedette du show-biz, sportif...), dont l'identité est tenue secrète jusqu'au dernier moment, lance à la foule, rassemblée sous le balcon de l'hôtel de ville, les clefs de la cité. Le geste symbolique est salué par les bandas, ces groupes musicaux qui vont parcourir les rues pendant cette semaine de liesse, en ne s'accordant que quelques heures de repos au petit matin. Dans l'après-midi, les vaches landaises sont lancées dans l'enclos de la place Paul-Bert. S'ensuivent le parcours du Roi Léon et de sa cour géante en carton-pâte, les animations sportives et les bals populaires quotidiens.

LE CORSO
C'est la partie la plus familiale des fêtes de Bayonne. Les samedi et dimanche soir terminant la fête, les chars défilent dans les rues. Ils sont réalisés par les associations bayonnaises. Le corso attire jusqu'à 300 000 personnes chaque année. Le dernier soir à minuit, les *festayres* accourent à l'hôtel de ville pour saluer, le cœur gros, le Roi Léon qui disparaît... jusqu'à l'année suivante.

> Si l'on vient assister au corso en voiture, on peut s'attendre à quelques difficultés de circulation et de stationnement.

FÊTES DE VILLAGE
De juin à octobre, chaque commune basque a sa fête. Toutes sont différentes et allient, dans des ordres variables, chants, danses, joutes des pelotaris, ou épreuves de force basque mais aussi l'incontournable messe dominicale. Les chants polyphoniques et le fandango sont accompagnés par les *Trikitxa* (prononcer trikitcha), trios formés par l'accordéon, la flûte et le tambourin. La fête du village basque dure deux ou trois jours. Elle est organisée par les jeunes, qui visitent chaque maison. Ils reçoivent un peu d'argent en échange de leurs chants. Avec les sommes récoltées, ils préparent un repas pour tous les habitants. Parfois la fête se démultiplie. L'habitat rural est très éclaté au Pays basque et les communes peuvent compter plusieurs «quartiers», les hameaux, qui ont chacun leur propre fête. Ces fêtes sont plus intimes mais également recherchées.

♥ **LA JOURNÉE DES ENFANTS**
LE PREMIER JEUDI D'AOÛT
Les futures générations de *festayres* doivent être formées dès l'enfance... alors, la première journée des fêtes de Bayonne, le jeudi, est désormais organisée tout spécialement pour les petits. Tenue rouge et blanc de rigueur, et rendez-vous dès 11 h pour l'*encierro txiki* ; ensuite, au programme, ouverture spéciale des fêtes du balcon de la mairie, réveil du Roi Léon et de sa cour, pique-nique géant et super boum ! Une journée aussi remplie que celles des grands... et de quoi nourrir toute une année en souvenirs !
Tél. 05 59 46 01 46

À la fin septembre, le Festival international des cinémas et cultures de l'Amérique latine accueille les plus grands créateurs sud-américains, cinéastes bien sûr, mais également des peintres, des sculpteurs, des musiciens ou des écrivains pour des projections, des expositions et des colloques.

LE BILTZAR DE SARE, SALON DES ÉCRIVAINS

Depuis 1984, chaque lundi de Pâques rassemble tous les écrivains basques ou ayant écrit sur le Pays basque. Éditeurs, libraires et public accourent des deux côtés de la frontière. Tous les genres littéraires sont représentés.

LE CROSS DES CONTREBANDIERS

C'est une superbe course. Elle entraîne, de la place de Sare jusqu'au sommet de la Rhune, deux représentants de chacun des villages concurrents. Les dix-huit villages sont situés de chaque côté de la frontière, à la hauteur de Sare.

LA FÊTE DES CERISES

Les 3 à 5 tonnes d'exquises cerises Xapata et Peloa d'Itxassou ▲ 220 sont vendues sur place, sur de nombreux stands. Parties de pelote, repas ouvert à tous au fronton Atharri, danses folkloriques et fanfare locale assurent l'ambiance de cette fête des cerises.

LE FESTIVAL DE LA FORCE BASQUE

Créé à Saint-Palais en 1950, le Festival de la force basque se déroule chaque année sur le fronton municipal le premier dimanche après le 15 août. Il oppose les hommes sélectionnés dans huit villages en six épreuves de puissance.

Chaque village doit obligatoirement participer à chaque concours.

Les six concours, baptisés de noms basques et disputés en équipe ou en individuel, sont les suivants :

«SOKA TIRA»
(TIR À LA CORDE)
Une équipe de dix hommes forts et lourds pour chaque village.
Pour triompher, il faut par traction amener l'équipe adverse dans son camp sur une distance de trois mètres. Le poids total n'étant pas limité, il avoisine toujours la tonne de chaque côté de la corde.

«SAKULARI»
(PORTEUR DE SAC)
Un concurrent par village.
Ils courent, ils courent en ligne sur une distance de 120 m, en portant un sac de blé de 76 kg sur les épaules.

«LASTO ALTSARI»
(LEVER DE PAILLE)
Un concurrent par village.
Alternativement, chaque concurrent doit, à l'aide d'une corde passant dans une poulie fixée à un mât de 8 m de haut, hisser un ballot de paille de 45 kg, autant de fois que possible en deux minutes.

«SEGARI»
(SCIEUR DE BOIS)
Équipe de deux hommes par village.
C'est une course de vitesse et de force entre les huit équipes qui doivent tronçonner en 10 coupes une poutre de chêne.

«AIZKOLARI»
(BÛCHERON)
Un concurrent par village.
Les huit bûcherons doivent couper à la hache 3 billons de hêtre de 80 cm de circonférence, le plus vite possible.

«ORGA JOKO»
(LEVER DE CHARRETTE)
Un concurrent par village.
L'épreuve consiste pour chaque concurrent à soulever par l'arrière une charrette de 356 kg, à la maintenir en équilibre sur le *baileta* (cheville fixe du timon), à la faire pivoter sur cet axe. Il ne faut pas que les roues touchent terre pendant que le leveur de charrette parcourt la plus grande distance circulaire possible.

LES COSTUMES

Chaque participant au Festival de la force basque porte le costume de son rôle. Tous les concurrents sont en pantalon de travail bleu et en chemise blanche. Une ceinture de tissu de couleur différente identifie l'appartenance à chaque village. Les juges d'épreuve et les chronométreurs, en pantalon bleu, chemise blanche, foulard basque autour du cou, sont coiffés d'un béret rouge. Le juge meneur du festival est chaussé de sandales blanches. Il porte une chemise et un pantalon blancs, ceint d'une large ceinture rouge, une *xamara* noire (blouse courte à plis plats et brandebourgs) et est coiffé d'un béret noir ; il est muni d'un *makila* (une canne basque) à pommeau d'argent.

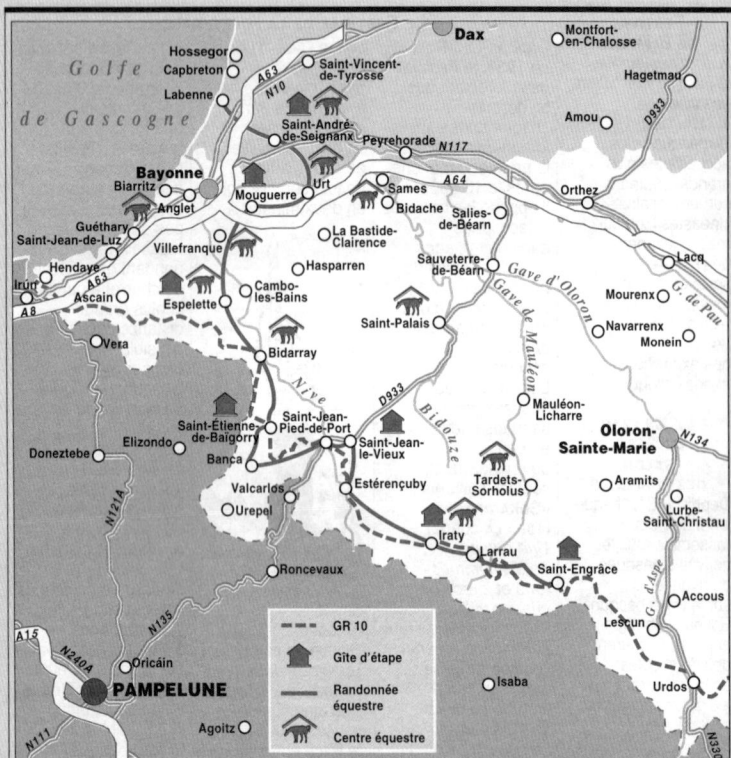

Petits chevaux sauvages, rares vautours, sites mégalithiques et splendides paysages : la haute et moyenne montagne basque est arpentée et admirée depuis des générations par randonneurs, marcheurs et pèlerins. Avec un minimum de précautions, parce qu'elle est en général peu élevée et que ses sentiers sont balisés, elle est à la portée de tous. Quelques chemins de randonnée sont praticables à VTT, mais c'est plus facilement à pied ou à cheval que se parcourt cette partie des Pyrénées.

AVANT DE PARTIR

ÉQUIPEMENT
Bonnes chaussures adaptées à la marche sur sentier de montagne avec fort crantage et tige montante, pour maintenir la cheville
Bâton, utile surtout à la descente, pour soulager les articulations fatiguées (les bâtons réglables de ski de randonnée, débarrassés de leur coupelle, font merveille).
Dans le sac on emportera :
Provisions légères et reconstituantes
Eau en abondance car il n'est pas prudent de boire l'eau des ruisseaux en zone pastorale
Carte détaillée et boussole
Bande adhésive élastique et ciseaux (pour éviter les ampoules...)
Seringue aspi-venin, si vous craignez taons et moustiques
Casquette, lunettes et crème solaire de protection
Une protection légère contre la pluie, autre qu'un parapluie, en cas d'orage imprévu
Sac poubelle pour ne rien abandonner sur place.

Les environs de Saint-Jean-Pied-de-Port.

Avec l'orage, les ruisseaux gonflent.

MÉTÉO

S'il est exact que les pluies sont abondantes, surtout sur le relief, l'ensoleillement est ici aussi généreux que capricieux et il n'est pas rare de sortir les tenues d'été en plein mois de janvier !

En été, en période de forte chaleur, les orages se produisant généralement en fin d'après-midi, il est préférable de partir de bon matin.

En montagne, les orages font peur et la foudre semble toujours tomber tout près.

EN CAS D'ORAGE

En Pays basque, si vous êtes surpris par l'orage, vous aurez le plus souvent la chance de trouver une cabane de berger où vous abriter avant d'être trempé.

Si ce n'est pas le cas, il sera indispensable de quitter les crêtes pour descendre vers les versants et les vallées, de vous tenir éloigné des arbres et des rochers isolés, qui attirent la foudre. Vous pourrez alors vous asseoir sur votre sac pour vous isoler du sol, et vous féliciter d'avoir emporté une protection contre la pluie qui ne soit pas un parapluie-attire-tonnerre, en attendant que la pluie s'arrête. Attention !

En été, les orages sont fréquents en Pays basque. MÉTÉO PAYS BASQUE Tél. 36 68 02 64

RECOMMANDATIONS

Avec de jeunes enfants on se contentera de sorties d'une demi-journée en limitant la dénivellation à 600 m. On partira de préférence tôt le matin, afin d'éviter de grimper aux heures chaudes de la journée. On évitera de se trouver seul en montagne, car au moindre incident on se trouve démuni de toute aide extérieure.

SIGNALISATION DES SENTIERS DE RANDONNÉE

═══	Continuité du sentier
╪	Sentier secondaire
╗	À droite
╔	À gauche
✗	Mauvaise direction
SENTIER G.R.9	Jalon indice de sentier
G.R 98 Cassis, 2 h. ▲	Indication de distance

LA FAUNE

Le pottok est ce petit cheval brun, bai, alezan, ou pie, qui vit en semi-liberté dans les montagnes côtières.

Sa silhouette, gravée sur les parois d'Isturizil, atteste sa présence dans la région il y a 10 000 ans déjà.

LE VIEUX PETIT CHEVAL

Haut de 1,30 m environ, les oreilles et l'encolure courtes, il est désormais reconnu comme une race à part entière par les haras. Son endurance, sa rusticité, sa douceur et sa maniabilité sont notoires. Il participe à des compétitions de saut ou de dressage et a été plusieurs fois champion de France.

VAUTOURS ET MILANS

On rencontre aussi en montagne le vautour fauve, majestueux planeur, qui niche dans les murailles de grès de la vallée de la Nive, de nombreux milans royaux, des percnoptères, ou vautours blancs, ainsi que quelques rares gypaètes barbus, les plus grands rapaces d'Europe.

RESPECT DE L'ENVIRONNEMENT ET DES SITES MÉGALITHIQUES

Au Pays basque, la montagne est habitée et c'est cette présence humaine qui la rend particulièrement agréable à parcourir.

Pour ne pas laisser échapper les troupeaux, mieux vaut bien refermer les barrières après son passage. Il est aussi prudent d'éviter de traverser prés et cultures.

La montagne est belle et propre : n'abandonnez pas vos déchets sur place. Bien enfermés, ils se laissent oublier jusqu'à votre retour dans la vallée.

Le Pays basque est parsemé de monuments mégalithiques, dolmens, cromlechs et menhirs qui sont le témoignage de la vie des hommes de Cro-Magnon sur ces mêmes pâturages. Évitez de les abîmer ou de les escalader.

◆ Randonnées à pied, à cheval, à VTT

Nous vous proposons un choix de quatre itinéraires.
Deux sont faciles, sur des sentiers bien marqués. Les deux autres s'adressent à des marcheurs habitués à l'effort, bien équipés et capables d'évoluer hors sentier. Occupant une bonne partie de la journée, les randonnées sportives nécessitent d'emporter un casse-croûte.

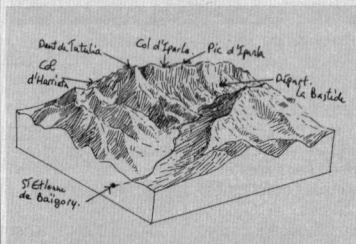

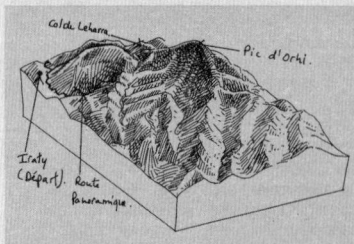

Tour du cirque de Gapelu (Iparla)

Randonnée sportive, passages raides et impressionnants, dénivellation : 850 m, durée : 5 h (aller-retour)

On gagnera en auto le point de départ en quittant la route de Saint-Étienne-de-Baïgorry (D 948), 3 km avant le bourg, pour prendre à droite une petite route qui monte en 2 km au hameau de La Bastide (Baztida), bien situé au pied de l'imposante muraille. Continuer à pied sur la route jusqu'à son terminus (ferme) et suivre le chemin du col de Galarze qui s'enfonce dans la vallée boisée.

Par un brusque virage à droite on s'élève jusqu'au col et l'on continue à flanc, vers la droite, au pied de la muraille, peuplée de vautours fauves.

Avancer par un petit sentier de chèvres, jusqu'à la base du couloir du col d'Iparla. Un vague sentier franchit une clôture au bas du passage et attaque la sévère pente herbeuse.

Le passage est spectaculaire sans être difficile si le terrain est sec.

Parvenu au col d'Iparla (950 m), il ne reste plus qu'à suivre la crête à droite jusqu'au sommet (1 044 m, 3 h).

Belle vue sur les montagnes de Saint-Jean-Pied-de-Port, le Behorleguy et le pic d'Anie au S.-E., Orhi au S. - S.-E.

Il est intéressant de longer l'à-pic vers le sud profond de plusieurs centaines de mètres, jusqu'au col d'Harrieta, en faisant le tour du cirque de Gapelu.

Au col (809 m), on rejoint un sentier descendant à gauche vers le hameau d'Urdos.

Le quitter après quelques minutes de marche pour gagner le col de Larrarte, sur la gauche, au pied de la dent de Tutulia.

Un chemin franchit le col et plonge dans le versant nord pour rejoindre le hameau de La Bastide au pied de la crête d'Huberleta.

Pic d'Orhi par le versant ouest

Randonnée sportive, dénivellation : 730 m, durée : 3 h 30 (aller-retour).

C'est un itinéraire original et peu difficile pour gravir le géant du Pays basque. Au centre commercial d'Irati, prendre au S.-O. la route panoramique qui conduit, en 5 km, au col de Leherra (1 528 m). Une bonne piste descend vers l'est jusqu'aux cabanes d'Ibarrondo (1 306 m), au pied de la crête N.-O. du pic d'Orhi.

La voie la plus connue suit intégralement cette crête, fort raide et même accidentée par endroits.

On peut lui préférer une voie tout aussi rapide et plus facile, par le versant ouest.

Il faut pour cela filer à flanc, sur la courbe de niveau, vers le sud et suivre dans le bois un sentier qui contourne le premier pic de Zazpigagna. On sort du bois sur un replat de la crête ouest (1 340 m) avant de s'élever dans l'herbe sur cette crête puis obliquer à droite, en terrain facile, pour gagner directement le sommet par son versant ouest (2 017 m, 2 h).

D'ici, le panorama est remarquable sur tout le Pays basque, la forêt d'Irati et le massif calcaire du pic d'Anie, vers l'est. Il est possible de revenir par la crête N.-O. et le Zazpigagna. Le seul passage délicat consiste alors à contourner la taillante de la brèche d'Alupigna en faisant un crochet d'une trentaine de mètres dans le versant nord herbeux. Attention : au printemps, un névé tardif peut compliquer le passage.

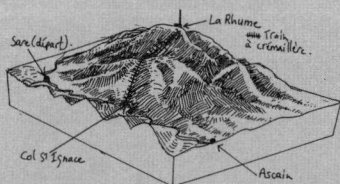

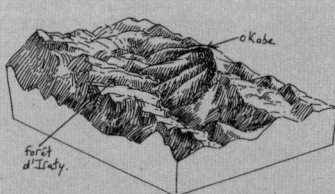

COL DES TROIS-FONTAINES PAR ALTXANGA

Randonnée peu difficile, durée : 3 h ou 5 h (aller-retour), dénivellation : 500 m ou 880 m.
Au village de Sare, suivre le balisage du GR 10 qui descend vers l'ouest jusqu'au carrefour de la route de Vera et remonte en face vers un groupe de fermes. Laisser filer à gauche le GR et s'engager à la pointe du virage dans un chemin qui s'élève vers l'O.-N.-O. et gagne un petit col (165 m). Le chemin devient sentier et s'élève à flanc au-dessus de la route du col de Saint-Ignace. On monte bientôt droit vers la crête pour atteindre la cote 529, peu avant de franchir la voie ferrée du petit train de la Rhune, au passage du col d'Altxanga (533 m, 1 h 30). Plutôt que de longer la voie pour atteindre le col des Trois-Fontaines, il est intéressant de traverser le versant nord du pic Altxanga pour découvrir en contrebas la curieuse redoute napoléonienne de Koralhandia, en forme d'étoile, et visiter ensuite les cromlechs de Gorostiara. Ceux-ci se trouvent un peu au-dessus du sentier, sur la crête orientée à l'O.-N.-O. et se présentent sous la forme d'une succession de cercles funéraires de pierres, de 5 à 10 m de diamètre, datant de 500 avant J.-C. La vue se dégage sur toute la côte basque et notamment sur la baie de Saint-Jean-de-Luz. Une légère descente au sud conduit jusqu'au bassin du col des Trois-Fontaines. Laisser à gauche le col oriental en passant la voie ferrée et suivre à droite le GR 10 jusqu'au col occidental (560 m, 2 h). On se trouve maintenant au pied de la montée terminale de la Rhune. L'aller-retour du col au sommet faisant 1 h 30 et 340 m de dénivelé, certains préféreront se reposer à l'ombre des sapins. Au sommet (900 m), on découvre par temps clair un panorama remarquable, notamment sur la côte, de Capbreton à Saint-Sébastien, jusqu'au pic du Midi de Bigorre par temps clair. On trouve aussi de quoi se restaurer à des prix raisonnables. La descente peut s'effectuer par le même chemin, en 2 h environ, mais il est préférable de changer d'itinéraire en suivant, à partir du col des Trois-Fontaines, le sentier balisé (GR 10) qui descend à droite

VERS LA NÉCROPOLE D'OKABE

Randonnée facile, dénivellation : 500 m, durée : 3 h 30 (aller-retour).
Depuis Saint-Jean-Pied-de-Port on atteint la forêt d'Irati par Saint-Jean-le-Vieux et le col de Burdinkurutxeta. La balade démarre au bassin d'Irati-Cize (1 000 m), peu après un premier lac. Monter dans l'herbe, à l'ouest afin d'éviter un virage de la route et s'engager un peu plus loin dans la forêt, sur la gauche,

CARTES UTILES
TOUR DU CIRQUE DE GAPELU
Top 25
Cambo-les-Bains
PIC D'ORHI
Top 25 Forêt d'Iraty
COL DES TROIS-FONTAINES
Top 25
Hendaye - Saint-Jean-de-Luz
NÉCROPOLE D'OKABE
Top 25
Forêt d'Iraty

en suivant une piste de ski de fond. Celle-ci s'élève dans le bois, en dominant la route d'une soixantaine de mètres et parvient dans une clairière en vue du col de Sourzay. Prendre à gauche, dans le bois, une autre piste de ski de fond qui s'élève vers le sud à travers un magnifique bois de hêtres. A chaque bifurcation, choisir toujours la piste (importante) qui monte à droite,

de façon à déboucher sur les pâturages le plus haut possible. Traverser les prairies à flanc vers la droite pour gagner le plateau d'Ilarrita et admirer la nécropole préhistorique (1 387 m, 1 h 30) constituée de dix-sept cromlechs. Ces sépultures datent de 500 avant J.-C et attestent la présence d'une activité pastorale en ces lieux. Il ne reste plus alors qu'à progresser dans les pâturages

jusqu'au sommet d'Okabe, tout proche (1 466 m, 2 h). Vue magnifique sur les montagnes de la Basse Navarre : Hautza à l'O. - N.-O., Errozate, tout proche, à l'ouest, et le pic d'Orhi, géant du Pays basque (2 017 m). Le retour peut s'effectuer par le même chemin ou par le GR 10, qui plonge à l'est dans la forêt et rejoint le chalet Pedro, 1 km en aval du point de départ.

◆ Randonnées à pied, à cheval, à VTT

Les dolmens parsèment la montagne.

Cromlechs et pic d'Orhi.

Les sentiers balisés

Les GR 10 et 11
Ces chemins de grande randonnée empruntent des sentiers faciles et très fréquentés en toute saison. Leur balisage est rigoureusement réalisé et renouvelé périodiquement. L'inconvénient du GR 10 est que, sous prétexte de suivre la frontière franco-espagnole, il évite des passages intéressants au profit d'autres qui le sont moins.

La Haute randonnée pyrénéenne (HRP)
C'est le plus difficile des chemins de randonnée en Pays basque. L'itinéraire n'est pas balisé, il s'adresse à des montagnards expérimentés, sachant s'orienter et lire une carte. La Haute randonnée traverse la chaîne en suivant au plus près la ligne de partage des eaux, sans se soucier des limites d'États. De nombreuses portions s'effectuent hors sentier et ne sont praticables qu'en été.

Le GR 65
Ce chemin de randonnée est un itinéraire historique empruntant la route de Saint-Jacques-de-Compostelle, qui allait du Puy à Roncevaux pour la partie française. Des topo-guides décrivent minutieusement le parcours de chaque itinéraire.

Accompagnateur :
Lucien Betbeder
Maison Otegainia
64240 Mendionde
Tél. 05 59 29 40 06
Jean-Luc Durgueil
Maison Bordaxarria
Route de Souraïde
64480 Ustaritz
Tél. 05 59 93 25 21
Compagnie du Sud
27, av. M^{al}-Joffre
64000 Pau
Tél. 05 59 27 04 24

Adresses

Gîtes d'étape
Refuge
Auñamendi
64780 Bidarray
Tél 05 59 37 71 34
Refuge de
Belagua
Rte de La Pierre-
Saint-Martin
Belagua, Espagne
Tél. (00 34)
48 22 43 24
Maison
Elissaldia
Rue principale
64250 Ainhoa
Tél 05 59 29 25 29
Chalet Pedro
Forêt d'Irati,
près du col de
Burdincutcheta
64220 Mendive
Tél 05 59 37 02 52
Chalet d'Irati
Rte d'Irati
64560 Larrau
Tél 05 59 28 51 29
Ferme Esteben
Mme Urdangarin
Rte de Laxia,
direction Le Pas de
Roland
64250 Itxassou
Tél 05 59 29 82 72
Gîte du Saison
Hameau d'Athérey

À côté du fronton
64560
Licq-Athérey
Tél 05 59 28 61 21
Réservations
par téléphone à :
Logibar
Tél 05 59 28 61 14
Ordiarp
Tél 05 59 28 19 55
Sainte-Engrâce
Tél 05 59 28 61 63
Saint-Étienne-
de-Baïgorry
Tél 05 59 37 42 39
Saint-Palais
Tél 05 59 65 71 37
Sare
Tél 05 59 54 23 97
Urrugne
Tél 05 59 54 00 98

Associations sport/nature :
GAIA (randonnée à pied, à VTT ou canyoning)
Tél 05 59 29 40 06
Découverte du milieu montagnard
64560 Sainte-Engrâce
Tél 05 59 28 55 89
Tendance Sud
9, rue Despourrins
64402 Oloron
Tél 05 59 39 54 16

Peu de VTT

Les itinéraires de randonnée pédestre ne sont pas conçus pour être pratiqués à VTT. Chemins escarpés, traversées de ruisseaux ou de forêts, de longues portions du GR 10 ne sont pas roulables. Avant de partir à VTT dans les montagnes basques, il est donc préférable de contacter les associations de cyclotourisme ou de VTT, de demander conseil auprès des loueurs de vélos de la région ou de se documenter soigneusement. L'office de tourisme de Saint-Pée-sur-Nivelle propose des circuits de VTT. Les cartes de l'Institut géographique national au 1/25 000 sont d'un grand secours.

Bibliographie

Miguel Angulo,
Guide des Pyrénées basques,
Elkar, 1990
Miguel Angulo,
Irati, à pied, à ski, en VTT,
Elkar, 1989
Jacques Blot,
Archéologie et montagne basque,
Elkar, 1993
Jean-François Rodriguez,
GR 11, la Senda,
Rando Éditions, 1993

Georges Véron,
GR 10,
FFRP, 1979
Georges Véron,
HRP,
Rando Éditions, 1991
Georges Véron,
Cent randos dans les Pyrénées-Atlantiques,
Rando Éditions, 1991
Cartographie
Cartes de randonnée au 1/50 000
Pays basque est et Pays basque ouest.

SEPT JOURS À CHEVAL

POUR LES CAVALIERS EXPÉRIMENTÉS
Longue randonnée au départ de Mouguerre : plaine, premières pentes d'Espelette, réserve nationale du pottok. Prendre la direction de Bidarray : sur le chemin, on découvre le Pas de Roland, où le cousin de Charlemagne aurait troué la roche de son épée. Au-dessus s'élèvent les crêtes d'Iparla, où nichent des vautours. Plus loin, la vallée de Saint-Étienne-de-Baïgorry et les Aldudes sont le passage sportif de la randonnée avant d'arriver à Saint-Jean-Pied-de-Port. Dans ce qui fut jadis un point de convergence des chemins de Saint-Jacques-de-Compostelle, on peut gagner la citadelle à cheval par la rue d'Espagne, derrière les fortifications. La randonnée rejoint ensuite la plus vieille forêt d'Europe plantée de hêtres, sur les sommets d'Iraty (1 100 m). Puis les sentiers descendent vers la Soule

et Larrau. Les gorges d'Holzarté et de Kakoueta sont voisines... mais impraticables à cheval. À l'arrivée à Sainte-Engrâce, il est possible de s'arrêter à La Pierre-Saint-Martin, dans l'immense caverne La Verna (200 m de haut).

ÉQUIPEMENT RECOMMANDÉ
Chaussures de sport (Pataugas, tennis, baskets), K-way (veste et pantalon), lunettes de soleil,

sous-vêtements en coton, petit sac à dos.

AUTRES FORMULES
Il existe également une formule de stage. Âge minimal requis : 7 ans.

PETITE RANDONNÉE
Le Mondarrain, le long de la frontière espagnole, demande moins d'expérience. Le cavalier peut s'initier en douceur

à la randonnée équestre en montagne. Les centres équestres proposent pottok, double poney et accompagnement pour cette balade au départ d'Espelette.

GASTRONOMIE EN GÎTE D'ACCUEIL
Sur le parcours de la randonnée équestre d'une semaine, les propriétaires des gîtes mettent souvent un point d'honneur à faire

apprécier leurs productions. Car ces lieux sont en général des fermes en activité, aménagées pour les besoins des randonneurs. L'hébergement est tout confort pour les cavaliers et leurs montures, et souvent agrémenté de volailles, confits, vins, foie gras, fromages maison.

TOURISME BALNÉAIRE

La thalassothérapie soigne rhumatismes, traumatismes, fatigue, etc. dans des espaces conçus pour la détente. Cambo-les-Bains dispose d'un établissement thermal et Anglet, Biarritz, Hendaye, Saint-Jean-de-Luz de centres de thalassothérapie. Ils proposent un forfait de 6 jours avec pension complète et accès

permanent à l'espace de remise en forme.

CHALETS D'IRATY
64560 Licq-Athérey
Tél. 05 59 28 51 29
Promenades

CLUB HIPPIQUE CÔTE BASQUE
Promenade de la Barre
64600 Anglet
Tél. 05 59 63 83 45
Stages, instruction, promenades.

ÉQUITATION CHALETS DE CIZE
Plateau d'Iraty
64220 Mendive
Tél. 05 59 28 57 78
Promenades à poney pour les enfants.

FERME ÉQUESTRE LES COLLINES
Héguigorria
64780 Ossès
Tél. 05 59 54 00 98
Promenades, randonnées.

FERME ÉQUESTRE MANTTU
64122 Urrugne
Tél. 05 59 54 00 98
Ouvert toute l'année
Promenades.

LES ÉCURIES DE LORTENIA
64200 Arcangues
Tél. 05 59 43 08 90
Ouvert toute l'année
Promenades, stages pendant les vac. scolaires.
Poney Club pour les enfants

MANDOZAINA
Haleguiko Borda
Berandotz
64250 Itxassou
Tél. 05 59 29 78 00
Promenades, location d'ânes porteurs.

NIV'AU GALOP
Centre de la Nive
chemin de Halage
64200 Bassussarry
Tél. 05 59 42 22 42
Ouvert l'année (sauf jeu.-ven. hors vac.)
Promenades G 12.

PONEY CLUB ICHTAKLOK
Maison Armanénia
64250 Espelette
Tél. 05 59 93 82 13
Randonnées, stages.

RÉSERVE NATURELLE DU POTTOK
Antonemia
64780 Bidarray
Tél. 05 59 52 21 14
Promenades sur réservation.

QUELQUES CENTRES ÉQUESTRES

CENTRE ÉQUESTRE
Chemin de Halage
64520 Sames
Tél. 05 59 56 05 56
Promenades, stages.

CENTRE ÉQUESTRE ZALDI XURI
64120 Saint-Palais
Tél. 05 59 65 97 73
Promenades, randonnées, stages.

CENTRE D'OLHALDEA
64310 Sare
Tél. 05 59 93 93 02
Promenades.

En Pays basque les jeux de balle sont inscrits dans l'éducation. Aussi le golf a-t-il été adopté et pratiqué dès son introduction, il y a plus de cent ans. Les basques Arnaud Massy, vainqueur du British Open en 1907, et Jean Garaïalde ont été nos seuls champions golfeurs de notoriété internationale. Depuis 1898, la Biarritz Cup est une des plus grandes compétitions amateurs du continent européen. Ainsi, qu'il soit centenaire ou benjamin, chacun des onze golfs de la côte basque est un rendez-vous de sport et de qualité de vie, toute l'année.

GOLF D'ARCANGUES
64200 Arcangues
▲ 192
Tél. 05 59 43 10 56
Fax 05 59 43 12 60
18 trous-par 72
6 092 m
Green fee journée
Le château et les Pyrénées font un superbe décor à ce parcours accidenté et technique. Au trou n° 16, saluer Luis Mariano qui repose au-dessus !

GOLF DE BIARRITZ-LE PHARE
2, av. Édith-Cavell
64200 Biarritz
▲ 180
Tél. 05 59 03 71 80
Fax 05 59 03 26 74
18 trous-par 69
5 376 m
Green fee journée
Même s'il n'a plus ses trous de bord de mer, le Phare est un vénérable plus que centenaire... en plein Biarritz !

GOLF DE CHANTACO
Route d'Ascain
64500
Saint-Jean-de-Luz
▲ 197
Tél. 05 59 26 14 22
Fax 05 59 26 48 37
18 trous-par 70
5 722 m
Green fee 18 trous
Berceau du golf basque. La tradition, le charme et la sportivité créent l'atmosphère de ce parcours années 1930 sur lequel souffle l'esprit de la famille Lacoste.

GOLF DE CHIBERTA
104, bd des Plages
64600 Anglet
▲ 191
Tél. 05 59 52 51 10
Fax 05 59 52 51 11
18 trous-par 71
5 650 m
Green fee journée
Une référence de links français. À jouer au moins deux fois : avec et sans vent ! Un classique des classiques pour tout amateur.

GOLF D'ÉPHERRA
Urloko Bidea
64250 Souraïde
Tél. 05 59 93 84 06
Fax 05 59 93 84 06
18 trous-par 68
4 773 m
Green fee journée
Épherra, «golf rustique», bucolique, vallonné et convivial.

Ne pas oublier de s'asseoir à la table du lieu.

GOLF D'ILBARRITZ
Avenue du Château
64210 Bidart
▲ 192
Tél. 05 59 43 81 92
Fax 05 59 43 81 31
9 trous-par 32
2 176 m
Green fee journée
Élu meilleur neuf trous français 1998

par les lecteurs de Golf européen, ce parcours ceinture un immense practice rond qui domine l'océan ! Son centre de perfectionnement est unique en Europe.

MAKILA GOLF CLUB
Route de Cambo
64200 Bassussarry
Tél. 05 59 58 42 42
Fax 05 59 58 42 48
18 trous-par 72
6 176 m
Green fee journée
Très belle réussite d'implantation récente d'un parcours dans une forêt de chênes ; un plaisir ludique, sportif et... culinaire.

GOLF DE LA NIVELLE
Place William-Sharp
64500 Ciboure
▲ 202
Tél. 05 59 47 18 99
Fax 05 59 47 21 16
18 trous-par 70
5 587 m
Green fee 18 trous
Nonagénaire, ce parcours très vallonné nécessite endurance, technique et intuition.

LES GOLFS BAS-LANDAIS
Traditionnellement, ces trois grands parcours du bas des Landes font partie du golf en côte basque. Il est à noter que le meilleur joueur professionnel français du moment, Jean Van de Velde, est un landais de Mont-de-Marsan.

GOLF D'HOSSEGOR
Avenue du Golf
40150 Hossegor
Tél. 05 58 43 56 99
Fax 05 58 43 98 52
18 trous-par 71
6 010 m
Green fee journée
Depuis les années 1930, ce très agréable parcours plat, aux arbres magnifiques, cache une âme de sportif intelligent. Un classique !

GOLF DE LA CÔTE D'ARGENT
Rue Mathieu-Desbieys
40660 Moliets
Tél. 05 58 48 54 65
Fax 05 58 48 54 88
18 trous-par 72
6 172 m
Green fee 18 trous
Un des grands parcours français, avec treize trous dans la forêt et cinq en bord d'océan. Toutefois, attention aux distances entre greens et départs !

GOLF DE SEIGNOSSE
Avenue du Belvédère
40150 Seignosse
Tél. 05 58 41 68 30
Fax 05 58 41 68 31
18 trous-par 72
6 124 m
Green fee 18 trous
Élu Golf de l'année 1990, ce parcours très exigeant est un maître étalon du niveau de chacun. Il est un des terrains d'entraînement de J.-M. Olazabal. Y jouer en match play peut devenir sublime.

Rugby, pelote ou corrida : les sports eux-mêmes ont en Pays basque une couleur locale typique, pleine de vigueur, de couleur, de sens du jeu et du défi. Ancrés en Pays basque, pelote et rugby ont aussi su passer les frontières.

AU PAYS DU BALLON OVALE

Le rugby est-il né en Écosse, en Irlande ou en Pays basque ? La question n'est pas close et peut encore alimenter quelques discussions animées. Le rugby est au Pays basque ce que le football est au nord de la France ; ce qui n'empêche pas deux authentiques Basques d'être champions du monde de football 98 : Didier Deschamps et Bixente Lizarazu.

DEUX GRANDS CLUBS
Le comité Côte basque-Landes de rugby recense en Pyrénées occidentales 59 clubs et 12 600 licenciés :

AVIRON BAYONNAIS
Si à l'origine le club de l'Aviron bayonnais était véritablement omnisports, il est aujourd'hui avant tout un club de rugby. Solide nonagénaire sur les bords de la Nive, avec trois titres de champion de France (Division 1), il figure parmi les grands clubs de France.
En effet il compte, et a compté, dans ses rangs de grands joueurs internationaux comme Jean Irraçabal, Pierre Dospital «Doxpi» ou Patrice Lagisquet et bénéficie du soutien d'un public célèbre pour son enthousiasme.

BIARRITZ OLYMPIQUE
Créé il y a quatre-vingt ans, le B. O., comme on l'appelle couramment, doit surtout sa réputation actuelle à un homme : Serge Blanco. Vainqueur de nombreux trophées (tournoi des Cinq Nations, dont plusieurs «grands chelems», présence en finale de la Coupe du monde en 1987), il a mené son club en finale du championnat de France en 1993. Grand artiste du rugby, cet arrière au physique imposant s'est distingué par la finesse de son jeu, son sens de la feinte, son talent pour surprendre et transpercer

les défenses et époustoufler le public. Toujours resté fidèle à Aguiléra, siège du B. O., il en a été le président avant de devenir celui de la Ligue nationale de rugby.
La présence d'un tel monument du rugby a suscité de nombreuses vocations au sein du club au maillot rouge et blanc.

LA PRESSE
Deux journaux spécialisés se partagent le commentaire du rugby : l'hebdomadaire *Midi olympique*, au format d'un quotidien, et la revue l'*Ovalie*.

LA PELOTE

C'est un morceau tangible d'identité basque : chaque ville, chaque village a son fronton pour jouer à la pelote. Descendant du jeu de paume, comme le tennis, la pelote a évolué vers la diversité et une plus grande complexité des règles.

DIFFÉRENTS TERRAINS
La surface occupée par les joueurs varie en fonction de la discipline pratiquée : pelote à main nue, avec la pala, le chistera ou le petit chistera et la paleta avec pelote de gomme ● 72. Les terrains sont variés, depuis le simple pignon de maison jusqu'au complexe sportif avec salle de restauration donnant sur l'aire de jeu. La place libre, terrain à ciel ouvert limité par un fronton,

mesure 35 m de long pour la pelote à main nue et 90 m pour le «rebot». Au mur à gauche appelé aussi *Jaï Alaï*, on pratique la *cesta punta*, le jeu le plus spectaculaire de la pelote, importé d'Espagne en 1932, et caractérisé par un mur construit à angle droit avec le fronton. Le trinquet est une salle couverte, évoquant l'ancien jeu de paume.

LES JEUX DE PELOTE BASQUE
Comment résumer les règles de la pelote ? Peut-on même parler d'«une» pelote alors que l'on compte en Pays basque douze spécialités différentes de pelote, et plus de vingt-cinq modalités de jeu homologuées par la FFPB ? Comme au tennis, dans toutes les règles, la pelote n'a droit qu'à un

rebond sur le sol (la *cancha*). Par contre, elle peut être renvoyée plusieurs fois par les parois verticales du fronton, du trinquet ou du *Jaï Alaï*. Le fronton est marqué d'une ligne, au-dessus de laquelle la balle doit frapper. Le sol aussi est divisé en zones.

MAIN NUE, CHISTERA ET PELOTE ESPAGNOLE
Parmi toutes les pelotes pratiquées en Pays basque, trois sont représentatives des règles et des mouvements des autres.

LA MAIN NUE est parmi les formes les plus anciennes. Elle se joue sans accessoire, contre le fronton, aux dépens des mains du joueur : la pelote est dure et lourde.
LA CHISTERA est appréciée pour la beauté des gestes et de l'accessoire. Elle se joue aussi contre un fronton.
LA PELOTE ESPAGNOLE est très pratiquée et facile d'accès. Elle se joue avec la *paleta*, contre un fronton.

◆ PLAGES DU PAYS BASQUE

	PARKING	PLAGES SURVEILLÉES	NATURISME (EN PARTIE)	GROS SABLE, CAILLOUX	PÊCHE, ROCHERS	FORÊTS	SENTIERS PEDESTRES	AIRES DE PIQUE-NIQUE	RESTAURATION BAR	CLUBS D'ANIMATION	LOCATION DE TENTES	SURF ET DÉRIVÉS	THALASSOTHÉRAPIE	DOUCHES, SANTAIRES	AMÉNAGE SPORTS-LOISIRS	PORTS DE PLAISANCE	PLANCHE À VOILE	SKI NAUTIQUE	PLONGÉE	VOILE
ANGLET																				
La Barre	●	●			●		●	●	●			●				●	●			
Les cavaliers	●	●			●		●	●	●			●	●	●	●	●				
Plage des Dunes	●				●							●								
L'océan			●			●	●	●	●			●					●			
La Madrague	●	●			●		●	●	●			●								●
Plage de la Petite Madrague	●																			
Les corsaires	●	●			●		●	●	●			●								●
Marinella	●	●						●				●		●			●			
Les sables d'or	●	●			●			●	●	●		●		●						
Plage du club	●				●			●	●	●		●		●						
Le V.V.F.	●	●					●	●				●		●						
BIARRITZ																				
Miramar		●							●				●	●						
Grande Plage	●	●						●	●			●		●						
Port vieux	●	●			●			●	●			●		●	●	●		●		
La côte des Basques	●	●			●			●				●		●						
Marbella	●	●							●		●	●		●						
Milady	●	●					●					●		●						
BIDART																				
Ilbarritz	●	●					●					●								
Pavillon royal		●			●	●						●								
Erreteguia	●	●	●						●			●		●		●				
Centre		●		●	●			●				●		●		●				
Ouhabia	●	●										●	●	●	●					
Perlementia		●		●					●	●		●	●	●		●				
GUETHARY																				
Port		●		●					●				●	●		●				●
Harozen Costa (Les Alcyons)	●			●	●							●								
Cenitz	●			●						●	●									
SAINT-JEAN-DE-LUZ																				
Mayarco	●			●					●											
Lafitenia				●	●				●		●									
Erromardie	●	●						●			●	●	●					●		
La Pile d'assiettes																		●		
Les flots bleus	●								●							●				
La Grande Plage	●	●						●	●	●	●		●	●	●		●	●		●
CIBOURE																				
Ciboure	●													●						
Le Carré																		●		
Socoa	●	●						●	●	●			●	●						
Le Port (pas de baignade)	●															●	●			
Le Fort	●							●	●								●		●	●
HENDAYE																				
Grande Plage	●	●	●					●	●	●	●	●	●	●	●	●	●		●	●

MÉTÉO
Océan Surf Report
08 36 68 13 60

Trente-six plages se succèdent sur près de quarante kilomètres le long de la Côte basque. Les célèbres rouleaux de l'océan Atlantique favorisent surtout la baignade et le surf, mais n'excluent pas complètement les autres sports nautiques.

PRÉSENTATION CÔTIÈRE

Le littoral rectiligne et sablonneux d'Anglet à Biarritz prolonge la côte landaise. Les plages y sont baignées par les vagues déferlantes du nord au sud. De Biarritz à Hendaye, le littoral devient plus vigoureux, les dunes laissent place à des falaises variées, s'inscrivant dans un paysage plus sauvage, entrecoupé de croupes et de vallons, de rias et d'estuaires, qui abritent les plages célèbres de Biarritz, Bidart, Guéthary, Hendaye, Saint-Jean-de-Luz et Socoa. Réputées pour leurs «rouleaux» (vagues roulant sur elles-mêmes), les plages de la Côte basque attirent les amateurs de surf et de baignades musclées. Les autorités locales ont développé les équipements de sécurité : sur trente-six plages, vingt-cinq font l'objet d'une surveillance. Les rouleaux des plages d'Anglet restent à appréhender avec un minimum de précaution. D'autant que la pratique du surf y est intensive, entre autres sur la Grande Plage de Biarritz et sur celles d'Anglet. Dans la cité impériale, la petite crique de Port-Vieux est un endroit idéal pour les enfants. Les plages de Bidart et de Guéthary se révèlent plus intimes et pittoresques, mais sont déconseillées au baigneur inexpérimenté. À Saint-Jean-de-Luz et Ciboure, les plages de la baie gardent un caractère familial. Hendaye, enfin, porte l'appellation de «Reine des plages». En pente douce, elle est l'une des plus sûres et attrayantes.

QUALITÉ DE L'EAU

Elle est en général bonne, sauf, suivant les relevés du ministère de l'Environnement, dans la baie de Fontarabie qui baigne Hendaye. Pour des données actualisées, renseignez-vous auprès des mairies.

LA CÔTE DU SURF

Dans les années 1980, les villes de Lacanau, Biarritz et Hossegor accueillent les étapes les plus importantes du Championnat du monde professionnel de surf.

LES «SPOTS»

Les plages propices au surf, ou «spots», sont nombreuses. Les plages des Cavaliers et des Sables d'Or à Anglet, la Grande Plage et la côte des Basques à Biarritz sont des plages à petites ou moyennes vagues. Lorsque la houle devient plus grosse (au-delà de 5 m parfois l'hiver), les surfeurs évoluent un peu plus au sud, du côté de Guéthary, ou encore à Lafitenia, juste avant Saint-Jean-de-Luz.

CONDITIONS IDÉALES

Lorsque le vent souffle de terre et creuse à souhait la vague.

POUR COMMENCER

Si vous débutez le surf, avant de vous lancer dans les grands spots, choisissez de petites vagues, de 50 cm environ. Dans l'eau, ne lâchez jamais votre planche si quelqu'un est derrière vous. Avancez dans l'eau en l'orientant le nez dans les vagues. N'hésitez pas à observer et questionner les «pro».

MANIFESTATIONS

BIARRITZ
• Biarritz Surf Festival
12-18 juillet
• Coupe de France de surf
Le 14 juillet, elle fait étape sur la Côte basque, en alternant les plages.
ANGLET
• Quick Cup
8-13 mars
• Anglet Kid's trophee, (compétition surf enfants)
14 juil.
• Ondines Surf Challenge (compétition féminine)
Fin juil.-début août
• O'neill Surf Challenge
10-15 août
• Spectacle surf de nuit
Août
• Billabong pro. Anglet-Mundaka
2-12 sep.
• Salon Glissexpo
4-6 sep.

LEXIQUE DU SURF

BEACH BREAK : vague qui déroule sur du sable non loin de la plage
REEF BREAK : vague qui déroule sur un fond de rocher
BOTTOM TURN : virage en bas de vague
ROLLER : virage en haut de vague, sur la crête
TUB : être recouvert par le déferlement de la vague
THRUSTE : planche usuelle (environ 2 m) à trois dérives
LONGBOARD : grande planche de plus de 2,70 m de long

ÉCOLES DE SURF ET LOCATIONS

ANGLET (64100)
• Club de glisse
19, route des Vignes
Tél. 05 59 58 70 00
BIARRITZ (64200)
• Association sportive Honu
2, avenue de Vestre
Tél. /fax 05 59 54 86 79
• École de surf Belza
3 bis, sentier Fourio
Tél. /fax 05 59 24 23 89
• Jeff Hakman Surf School
Quiksilver Boardrider
Tél. 05 59 22 03 12
• Jo Moraiz
25, av. Édouard-VII
Tél. 05 59 24 22 09
• Lagoondy Surf Camp
10, rue Mᵃˡ Rip-Curl
Tél. /fax 05 59 24 62 86
• Plums
5, place Clemenceau
Tél. 05 59 24 08 04
• Project Horizon
27, route de Pitoys-Centre-Les-Arcs
Parc de Maignon
Tél. 05 59 31 42 52
• Surf Training
4, impasse Hélène-Boucher
Tél. 05 29 23 15 31
GUÉTHARY (64249)
• École de surf
Résidence Itasoan
Tél. /fax 05 59 54 81 78
HENDAYE (64700)
• Fluide Système
4, rue des Orangers
Tél. 05 59 20 67 47
HOSSEGOR (40150)
• Fédération française de surf
30, impasse de la Dingue-Nord
Tél. 05 58 43 55 88
SAINT-JEAN-DE-LUZ (64500)
• Le Spot École de surf
16, rue Gambetta
Tél. 05 59 26 07 93
MAGAZINE
Surf Session est basé à Biarritz.

VISITE D'ATELIER DE PLANCHES DE SURF

J.-P. STARK
7, allée Louis-de-Foix
64600 Anglet
Tél. 05 59 63 94 78

Créé en 1981. Visite tlj. sauf dim. juil.-août, 17 h-19 h. Sur rdv. sep.-juin.

Dans un décor superbe à la beauté sauvage, vert même au plus fort de l'été, torrents et rivières jaillissent des Pyrénées et créent les conditions idéales pour la pratique des sports d'eaux vives, qui se complètent souvent de l'escalade, nécessaire pour rejoindre le niveau du torrent. Pêche, rafting, hydrospeed, torpille, kayak, canoë, hot dog…, praticables généralement de mai à novembre, sont à la portée de tous.

Carte de la région : Golfe de Gascogne, Dax, Hossegor, Capbreton, Saint-Vincent-de-Tyrosse, Hagetmau, Amou, Peyrehorade, Montfort-en-Chalosse, Bayonne, Biarritz, Anglet, Guéthary, Saint-Jean-de-Luz, Bidache, Salies-de-Béarn, Orthez, Hendaye, Irún, Behobia, Ascain, Saint-Pée, Hasparren, La Bastide-Clairence, Sauveterre-de-Béarn, Lacq, Mourenx, Vera, Cambo-les-Bains, Saint-Palais, Navarrenx, Monein, Doneztebe, Elizondo, Saint-Étienne-de-Baïgorry, Saint-Jean-Pied-de-Port, Mauléon-Licharre, Oloron-Sainte-Marie, Valcarlos, Urepel, Tardets-Sorholus, Aramits, Lurbe-Saint-Christau, Roncevaux, Accous, Lescun, Oricáin, PAMPELUNE, Isaba, Urdos, Agoitz

Légende :
- Pêche à la truite
- Canoë, rafting, nage en eaux vives
- Kayak
- Escalade

AVANT DE PARTIR

Au plan national, la classification des rivières d'eaux vives s'établit sur une échelle de difficulté croissante de 1 à 6. Les activités proposées en Pays basque se font sur des rivières de catégories 2-3-4, soit de moyenne à difficile. Ces activités demandent toutes de bien savoir nager et une excellente forme physique. On peut s'adonner à toutes les disciplines d'eaux vives sur les sites de Basse Navarre (Bidarray, Saint-Jean-Pied-de-Port) et de Soule (Licq-Athérey Iraty, Sainte-Engrâce, vallée de Larrau).

L'HYDROSPEED, ou nage en eaux vives se pratique avec un flotteur caréné individuel. Le nageur se guide dans les eaux tumultueuses, ce qui implique un équipement de protection : combinaison en Néoprène, casque, palmes et flotteur, appelé luge.

LE RAFTING est un radeau gonflable, en caoutchouc extrêmement léger. Les petits modèles peuvent embarquer 4 à 5 personnes ; les grands, de 10 à 12 passagers. Dans l'une comme dans l'autre formule, les rameurs revêtent tous un casque et un gilet de sauvetage.

LE CANYONING réunit trois disciplines en une : escalade, plongée et spéléologie. Rappels, glissades, sauts, voilà les trois temps de ce sport qui consiste à descendre des cascades en rappel, à glisser sur des toboggans d'eau et à sauter dans des vasques bouillonnantes. Le nom de cette discipline très tonique vient du mot canyon : il s'agit, en fait, d'emprunter le chemin de l'eau, au fond des gorges profondes.

LE HOT DOG Le hot dog est un canoë gonflable à deux places.

PÊCHES SPORTIVES EN MONTAGNE

De moyenne montagne, le Pays basque est sillonné de rivières et de ruisseaux plutôt rapides, de tailles variées et de qualité d'eau et de peuplement relativement préservée. Depuis longtemps, la région est réputée pour la pêche. 200 km de rivières et un réseau de petits affluents, soit plus des deux tiers des cours d'eau, sont de catégorie A : les salmonidés (truites, ombres, saumons) y sont l'espèce la plus représentée.

TRUITES ET SAUMONS

Malgré des efforts d'aménagement, le saumon remonte très peu les cours d'eau du Pays basque. La truite reste en revanche bien présente. Il n'y a pas de variété basque de truite : on pêche la fario, tachetée de rouge et aux nageoires orangées dans le Baztan, parfois grosse et bien nourrie dans le Laurhibar. Les pêcheurs viennent souvent de loin pour pêcher dans les torrents basques, les truites en gardent une solide expérience, elles sont difficiles à prendre.

FÉDÉRATION ET SOCIÉTÉ PRIVÉE

Près de la moitié du territoire de pêche dépend de la fédération, l'autre moitié est privée, ralliée en majorité à l'Association des propriétaires riverains de la Nive. Les droits à payer sont dissociés. De plus, les limites des territoires sont floues et mal indiquées, ce qui ne protège pas le pêcheur d'une amende. Il est bon de se renseigner avant de partir.

PÊCHE À LA MOUCHE, AU « TOC » OU AU BOUCHON

Pour certains, c'est un long fil de soie qui claque dans l'air, attrapant au vol la lumière blanche du soleil rasant. Pour d'autres, la truite ne se pêche pas à la mouche, mais au bouchon, ou au «toc», en laissant dériver au gré du courant un appât naturel coulé. Toutes les techniques sont bonnes, à condition qu'elles soient fines.

LE BASSIN DE LA HAUTE NIVE

Son gros avantage est de concentrer de nombreux cours d'eau de catégorie A de tailles différentes. Il permet donc d'alterner plusieurs techniques de pêche en fonction de la taille du cours d'eau, du temps, etc.

PÊCHEURS DE L'ÉTÉ

Une carte de pêche, valable 15 jours dans tout le département, est vendue de juin à septembre. Elle s'achète chez les dépositaires agréés par la fédération et chez les vendeurs de matériel de pêche. Une carte de pêche journalière existe, se renseigner auprès de la fédération.

ASSOCIATION DES PROPRIÉTAIRES RIVERAINS DE LA NIVE
64780 Bidarray
FÉDÉRATION DES PYRÉNÉES-ATLANTIQUES POUR LA PÊCHE ET LA PROTECTION DU MILIEU AQUATIQUE
29, rue Aristide-Briand
64000 Pau
Tél. 05 59 02 38 27
Fax 05 59 02 60 20

KAYAK, CANYONING ET RAFTING

CHALLENGE ÉVÉNEMENT
Centre d'affaires
Olano – ZI de Jalday
64500 Saint-Jean-de-Luz
Tél. 05 59 26 36 26
Ouvert toute l'année
Rafting sur la Nive et le Larrau.
COCKTAIL AVENTURES
Résidence Laminak
64310 Saint-Pée-sur-Nivelle
Tél. 05 59 54 18 69
Juin-sep. à Bidarray
Tél. 05 59 37 76 24
Ouvert Pâques-Toussaint ; sur rdv. le reste de l'année
Rafting, mini raft, hot dog, hydrospeed, randonnée aquatique.
DÉCOUVERTE DU MILIEU MONTAGNARD ET RURAL
Maison Esponda Buru
64560 Sainte-Engrâce
Tél. 05 59 28 55 89
Ouvert juin-sep.
Activités de kayak en groupe (10 pers. au maximum).
ÉVASION EAUX VIVES
Maison Errola
64250 Itxassou
Tél./fax 05 59 29 31 69
Ouvert toute l'année
Rafting, canoë, hydrospeed, kayak, randonnée aquatique, mini raft
au Pas de Roland sur la Nive.
SENSATIONS EAUX VIVES
30, allée des Acacias
64200 Biarritz
Tél./fax 05 59 37 78 01
Fin mars-déc., base à Bidarray
Rafting, mini raft, hot dog, hydrospeed, torpille.
UHINA RAFTING
Chemin de Burgachiloa
64250 Cambo-les-Bains
Tél. 05 59 29 28 29
Ouvert toute l'année sur rdv.
Saison : base à Bidarray
Hors saison : navigation sur les gaves
Rafting, hot dog, hydrospeed, mini raft, ureko.
UR BIZIA
Pays basque
Eaux vives
64780 Bidarray
Tél. 05 59 37 72 37
Ouvert toute l'année
Rafting, nage en eau vive, kayak, canoë gonflable à deux places. Formule cocktail eaux vives (deux jours, avec déjeuner) : rafting, canoë, nage en eau vive.

TÉLÉPHONER EN ESPAGNE
composer le 00 34, puis le numéro
de votre correspondant.

Navarre, région fertile.

Façade baroque de la cathédrale.

Les États n'ont pas ici effacé l'Histoire : le Pays basque est aussi espagnol. Fontarabie, Saint-Sébastien, Guernica, Bilbao et Pampelune, valent une excursion de l'autre côté de la frontière. Monuments, plages, hôtels ou restaurants vous y attendent.

FONTARABIE

Sa situation géographique sur la rive gauche de l'estuaire de la Bidassoa, face à Hendaye, en fit très vite une ville fortifiée. Aujourd'hui, il reste à voir des remparts, les portes de Sainte-Marie, de Saint-Nicolas, et le vieux bourg, admirablement conservé. À visiter en dehors de la citadelle : l'église Notre-Dame de l'Assomption et du Pommier (XVᵉ-XVIᵉ siècles) avec son clocher baroque datant de 1764 ; le château de Charles Quint (actuellement *Parador Hostellerie*) ; le faubourg de la Madeleine, quartier traditionnel des pêcheurs ; la confrérie de Saint-Pierre, au port ; et l'ermitage de la Guadalupe, patronne de la ville, à flanc de la montagne Jaizkibel.

ACCÈS
Une navette maritime relie le port de plaisance de Hendaye à Fontarabie (Hondarribia). Tél. 06 07 02 55 09 (Hendaye) 15 juin-15 sep., tous les 1/4 heures, 10 h-1 h

UNE LONGUE HISTOIRE
La capitale de la Navarre aurait été fondée par Pompée (106-148 av. J.-C.) sur l'escarpement de l'Arga, où il installe une garnison. Successivement occupée par les Goths, les Francs et les Maures, elle subit les attaques de Charlemagne qui fait raser les murailles en 778. Les Navarrais se vengent alors en détruisant l'arrière-garde de son armée à Roncevaux. C'est vers le XIᵉ siècle que la ville, étape sur le chemin de Compostelle, devient florissante grâce aux pèlerins. Elle est alors constituée de trois bourgs réunis par Charles III. Ils possèdent chacun leurs églises et leurs remparts et ne cessent de s'affronter. Pampelune, devenue une puissante place forte, s'illustrera encore lors de l'invasion napoléonienne et des guerres carlistes du XIXᵉ siècle. Puis, la croissance en fait une agglomération de près de 200 000 habitants. Ce qui l'oblige

PAMPELUNE

à raser, en 1915, une partie de ses murailles.

PROMENADE EN VILLE
La place du Castillo partage Pampelune en deux : à l'est, la ville moderne, à l'ouest, la vieille ville avec son lacis de ruelles. À l'angle sud-est de la place siège le gouvernement régional (Diputacion Foral) de style néoclassique qui abrite des peintures de Goya et de Federico de Madrazo. La Diputacion est adossée aux Archives royales et générales de Navarre. Le bâtiment est lui aussi néoclassique. Il se targue d'une des plus riches collections d'archives médiévales d'Espagne. Au bout du paseo de Sarastre se trouve le monument aux Fueros (franchises ou libertés). Plus loin, l'église San Nicolas (XIIIᵉ siècle) a gardé les allures de forteresse que fut l'église romane qu'elle remplace. La rua Nueva mène à l'ayuntamiento (la mairie), à la façade baroque, du XVIIᵉ siècle. Le musée de

Navarre, derrière l'ayuntamiento, abrite des collections de peinture, dont des retables, des fresques prises aux églises romanes de Navarre, des toiles de Goya ; de sculptures mais aussi un département d'archéologie qui possède notamment des vestiges lapidaires romains et les chapiteaux de l'ancienne cathédrale romane. La cathédrale gothique, construite sur l'emplacement de la précédente cathédrale, fut terminée en 1525. Sa façade baroque dissimule une nef gothique dépouillée, où se trouve le tombeau, en albâtre et de style bourguignon, de Charles III et de son épouse Éléonore de Castille. Les chapelles latérales contiennent des retables peints ou sculptés. Le réfectoire des chanoines est devenu musée diocésain. Le cloître (début du XIVᵉ siècle) est un des plus beaux d'Espagne. La citadelle monumentale (XVIᵉ-XVIIᵉ siècles) rappelle

Guernica et l'art moderne.

Les rois y juraient respect aux Fueros.

que la ville fut la plus puissante des forteresses du nord de l'Espagne.

LES SANFERMINES
Pampelune est aussi célèbre pour ses Sanfermines. Du 6 à midi au 14 juillet à minuit, ces festivités mêlent processions de géants accompagnés de dames costumées, nuits d'alcool et aubes d'*encierro*. Des taureaux de combat sont lâchés dans les rues jusqu'aux arènes. Devant eux courent des hommes, amateurs héroïques, ou inconscients : il y a quelques années encore, il n'était pas rare que cette course barbare et païenne fasse un ou plusieurs morts.

ADRESSES
RESTAURANTS :
• Plaza JOSETXO
Principe de Viana, 1
Tél. 948 22 20 97
• Hartza
Juan de Labrit, 19
Tél. 948 22 45 68
HÔTELS :
• Tres Reyes JARDINES
DE LA TACORENA
Tél. 948 22 66 00
ACCÈS
Pampelune (Iruñea) est accessible par les cols de Roncevaux et de Saint-Jean-Pied-de-Port ou le puerto de Velate et par l'autoroute A8 directe Andoain-Pampelune (45 min).

Cette bourgade de près de 20 000 habitants était connue dans le Pays basque pour son chêne sacré. Les rois de Castille, puis les rois d'Espagne y juraient d'observer les *Fueros*, les franchises du peuple basque. Elle entra dramatiquement dans l'histoire lorsqu'en 1937 s'abattirent sur elle les vagues successives de bombardiers allemands de la Légion Condor, Hitler et Mussolini aidant militairement l'insurrection franquiste. Pour être plus exemplaire, le bombardement, destiné à terroriser la population civile républicaine, eut lieu un jour de marché et fit 2 000 morts. Goering avoua au procès de Nuremberg qu'il s'agissait d'une expérience. Expérience qui fit des émules, puisque les Alliés, voulant

Principale ville du Pays basque espagnol, Bilbabo vient de se doter d'un musée d'art contemporain : le musée Guggenheim. Des visites guidées gratuites ou avec réservation donnent accès à la collection permanente, aux expositions temporaires

GUERNICA

briser la population allemande, opérèrent un bombardement — mais en utilisant les grands moyens — sur Dresde en février 1945, qui fit au moins 135 000 morts, soit plus qu'à Hiroshima et Nagasaki. Guernica est entrée par ce même événement dans l'histoire de l'art par la gigantesque peinture que ce massacre inspira à Picasso. La toile qui, comme le peintre, resta en exil durant des décennies, se trouve maintenant au Centre d'art Reina Sofía à Madrid depuis le retour de la démocratie en Espagne. Quant au chêne, il ne reste qu'une partie de son tronc, abritée par une coupole dans la cour du parlement basque. On peut encore visiter l'église gothique Santa Maria et son portail de 1518 et faire un détour

BILBAO

et permettent de découvrir l'exceptionnelle

par le château d'Arteaga, fantaisie néogothique du siècle dernier, à 8 km au nord.

GASTRONOMIE
La gastronomie du Pays basque est fortement influencée par la proximité de la mer. Guernica n'échappe pas à la règle et on y consomme beaucoup de poissons ou crustacés grillés : gambas, daurades ainsi que les *marmitakos* (poissons) et la fameuse «morue à la biscayenne».

ADRESSES
RESTAURANTS :
• Arrien
Edriabarena, 2
Tél. 946 25 06 41
• Zallo Barri
Juan Kaltzada, 79
Tél. 946 25 18 00
HÔTELS :
• Bolina
Barrenkale, 3
Tél. 946 25 03 00
• Gernika
Karlos Gangoiti,17
Tél. 946 25 03 50

architecture de l'édifice, œuvre de l'Américain Frank O. Gehry.
Tél. 944 35 90 23
Fax 944 35 90 40
Ouvert mar.-dim.,
10 h-20 h
ACCÈS
Bilbao est à 149 km de Bayonne. Prendre les autoroutes A63 et A8.

L'ancien casino est occupé par la mairie.

La Concha, plage de Saint-Sébastien.

SAINT-SÉBASTIEN

Agglomération approchant maintenant les 200 000 habitants, elle est issue d'un modeste village de pêcheurs. Situé dans le prolongement du chemin français du pèlerinage de Compostelle, ce village grandit et fut fortifié au XIIe siècle. Sa situation, à l'embouchure de l'Urumea et au pied du mont Urgull, le destinait à être à la fois une place forte et un lieu de contact entre la mer et l'intérieur des terres. Le bourg prospéra grâce au commerce avec l'Amérique latine espagnole. Un quartier industriel se développa sur la rive droite de l'Urumea et en amont vers Hernani. Saint-Sébastien fut dévastée, lors de l'invasion napoléonienne et par l'incendie de la vieille ville pendant les guerres carlistes. Sa vocation de station balnéaire, rivale de Biarritz et station la plus animée d'Espagne, se dessine avec la fréquentation de la cour madrilène, au XIXe siècle. Franco, au siècle suivant, l'appréciait particulièrement. Aujourd'hui, elle est la capitale intellectuelle du Pays basque et le bastion de l'indépendantisme.

Mais, Saint-Sébastien, c'est aussi la plage, la Concha, qui doit son nom à sa forme de coquille Saint-Jacques. Elle est agrémentée de collines verdoyantes et de trois principaux belvédères : les monts Igeldo, Urgull et Ulia Mendia, d'où l'on jouit de points de vue magnifiques sur la ville et la plage. On peut accéder au parc d'attractions du mont Igeldo par la route à péage ou par un funiculaire. Le mont Urgull est couronné par le château de la Mota (XVIe siècle), exemple de transition entre l'architecture militaire médiévale et celle à bastions, née des progrès de l'artillerie. La plage est longée par le paseo de la Concha. À l'ouest, le paseo passe par un tunnel sous les jardins – que l'on peut visiter – du palais de Miramar, ancienne résidence royale. L'îlot de Santa Clara, situé au beau milieu de la Concha, offre, depuis le phare, une vue intéressante sur la ville. Si la vieille ville ne possède pas de curiosités majeures, l'église San Vicente, construite au XVIe siècle et de style gothique basque, est néanmoins dotée d'un beau retable du maître-autel de Juan de Iriarte et Ambrosio de Bengoechea.

La basilique Santa Maria reconstruite en 1764 offre une intéressante façade baroque churrigueresque, et un intérieur de style gothique. Le musée municipal de San Telmo, dans un couvent dominicain de style Renaissance toscane de 1551, possède, outre une collection d'œuvres de peintres basques (Ugarte, Artera, Zubiaurre, etc.) et une exposition d'ethnographie basque, des tableaux du Greco, du Tintoret et de Rubens. La ville moderne a pour centre la cathédrale néogothique du Buen Pastor et la place de la Constitucion. Cette dernière, construite après l'incendie de 1813, est le théâtre de corridas fameuses, que rappelle la numérotation des balcons. L'actuelle mairie, l'ayuntamiento, est installée dans l'ancien casino.

LOISIRS

AQUARIUM
Paseo del Muelle, 34
Donostia
Tél. 943 44 00 99
Fax 943 43 00 92
E-mail :
aquarium@paisvasco
.com
Ouvert 14 sep.-
30 juin, 10 h-20 h
1er juil.-13 sep.,
10 h-22 h
Le Palais de la mer-aquarium présente les thèmes concernant les sciences

de la mer, la pêche et la navigation. Des expositions temporaires y sont organisées. Possibilité de visites guidées.

GASTRONOMIE

À fréquenter marchés et commerces, on constate le goût très prononcé pour la bonne table dans la capitale de Guipuzkoa. Poissons, fruits de mer et coquillages y tiennent grande place. Les charcuteries jouissent d'une bonne réputation. Dans le vieux quartier de Saint-Sébastien, les restaurants succèdent aux restaurants. Avec un prélude : les bars à pinchos (tapas).

ADRESSES

RESTAURANTS :
• Arzak
Avda de Alcalde
José Elosegui, 273
Tél. 943 27 84 65
• Nicolasa
Aldamar, 4
Tél. 943 42 17 62
HÔTELS :
• Mercure Monte-Igueldo
Monte Igueldo
Paseo del Faro, 134
Tél. 943 21 02 11
• Maria-Cristina
Republica
Argentina, 4
Tél. 943 42 49 00

ACCÈS

Saint-Sébastien est à 54 km de Bayonne, et à 30 km de la frontière. Prendre les autoroutes A63 et A8.

Les villes sont classées par ordre alphabétique.
La lettre et le chiffre (ex. **C5**) permettent de repérer les communes
sur la carte générale du département située au début et à la fin du guide.

GÉNÉRALITÉS

OFFICE DE TOURISME Place des Basques 64100 Bayonne ☎ 05 59 46 01 46	*Ouvert hors saison : lun.-ven. 9 h-18 h 30* *et sam. 10 h-18 h et en saison : lun.-sam. 9 h-19 h* *et dim. et j. fér. 10 h-13 h*
OFFICE DE TOURISME Square d'Ixelles 64200 Biarritz ☎ 05 59 22 37 10	*Ouvert hors saison : lun.-dim. 9 h-18 h 45* *et en saison : lun.-dim. 8 h-20 h*
OFFICE DE TOURISME Place Foch 64500 Saint-Jean-de-Luz ☎ 05 59 26 03 16	*Ouvert hors saison : lun.-sam. 9 h-12 h 30* *et 14 h-18 h, et 18 h 30 pendant les vac. scol.* *Dim. et j. fér. 10 h-13 h. En saison : lun.-sam.* *9 h-20 h et dim. 10 h-13 h et 15 h-19 h et j. fér.*
OFFICE DE TOURISME 2, place Saint-Jean 64240 Hasparren ☎ 05 59 29 62 02	*Ouvert hors saison : lun. après-midi-ven.* *9 h-12 h 30 et 14 h 30-18 h 30, sam. 9 h-12 h 30 et* *en saison : lun.-sam..9 h-12 h 30 et 14 h 30-19 h,* *dim. 10 h-12 h 30*
OFFICE DE TOURISME 14, place Charles-de-Gaulle 64220 Saint-Jean-Pied-de-Port ☎ 05 59 37 03 57	*Ouvert hors saison : lun.-ven. 9 h-12 h et 14 h-19 h* *et sam. 9 h-12 h et 14 h-18 h et en saison :* *lun.-sam. 9 h-12 h 30 et 14 h-19 h,* *dim. 10 h-12 h 30 et 15 h-18 h et j. fér.*
OFFICE DE TOURISME DE SOULE 10, rue Jean-Baptiste-Heugas 64130 Mauléon-Licharre ☎ 05 59 28 02 37	*Ouvert hors saison : lun.-sarn. 10 h-12 h 30* *et 14 h-18 h 30 et en saison : lun.-sam. 9 h-13 h* *et 14 h-19 h, dim. 10 h-12 h 30*

LIEUX DE VISITE

AINHARP	64130	M 05 59 65 98 79	I5	
ÉGLISE	*Renseignements à la mairie*			▲ 259

AINHOA	64250	M 05 59 29 92 60	C5	
CHAPELLE D'ARANZA	*Renseignements à la mairie*			▲ 217
ÉGLISE D'AINHOA Place de la Mairie	*Ouvert tlj. 9 h-19 h*			▲ 217
MAISON DU TAMBOURINAÎRE Quartier Dancharia	*Ne se visite pas.*			▲ 217

ALCIETTE-BASCASSAN	64220	M 05 59 37 31 63	F7	
CHAPELLE SAINT-ANDRÉ	*Renseignements à la mairie*			▲ 239
CHAPELLE SAINTE-CROIX	*Renseignements à la mairie*			▲ 238

ALDUDES (LES)	64430	M 05 59 37 57 57	D8	
CHAPELLE D'ESNAZU Route de Pampelune	*Ouvert 9 h-18 h sinon demander la clé à l'hôtel-* *restaurant Laxague (☎ 05 59 37 57 58)*			▲ 231
ÉGLISE	*Renseignements à la mairie*			▲ 231

ANGLET	64600	OT 05 59 03 77 01	C3	
COUVENT DU REFUGE	*Ne se visite pas.*			▲ 191
GROTTE DE LA CHAMBRE D'AMOUR	*Accès libre toute l'année*			

ARCANGUES	64200		C3	
CHÂTEAU	*Ne se visite pas.*			▲ 193
CIMETIÈRE	*Renseignements à la mairie*			▲ 193

ARNÉGUY	64220		E7	
ÉGLISE	*Ouvert tlj. 8 h-20 h*			▲ 235

ASCAIN	64310		B4	
ÉGLISE	*Ouvert 8 h-19 h 30*			▲ 214

AUSSURUCQ	64130	M 05 59 28 09 03	H7	
CHÂTEAU DE RUTHIE	*Renseignements à la mairie*			▲ 264

BANCA	64430		E7	
VESTIGES DU HAUT FOURNEAU Sortie de Banca en dir. de Saint-Étienne-de-Baïgorry	*Ruines.* *Ne se visite pas.*			▲ 231

BAYONNE	64100	OT 05 59 46 01 46	D3
Arènes de Lachepaillet Quartier des Arènes ☎ 05 59 25 48 19	*Ouvert toute l'année lun.-ven. 9 h-12 h et 14 h-18 h*		▲ 174
Bibliothèque municipale 10, rue des Gouverneurs ☎ 05 59 59 17 13	*Ouvert lun.-sam. 10 h-12 h et 13 h 30-17 h Fermé dim. et sam. en saison Ancien palais épiscopal*		▲ 158
Cathédrale Notre-Dame Rue des Gouverneurs	*Ouvert 10 h-12 h et 15 h-18 h, dim. et j. fér. 15 h 30-18 h*		▲ 156
Caves voûtées Rue des Prébendés et rue Montaut 5, rue des Gouverneurs	*Accessibles lors des visites guidées de l'office de tourisme*		▲ 158 ▲ 159
Château-Neuf Place Paul-Bert ☎ 05 59 59 08 98	*Expositions du Musée basque Ouvert toute l'année mar.-dim. 10 h-12 h 30 et 14 h 30-18 h 30*		▲ 166
Château-Vieux	*Ne se visite pas.*		▲ 159
Cimetière des Anglais Route de Bordeaux	*Ouvert en permanence*		▲ 173
Cimetière juif	*Renseignements à l'office de tourisme*		▲ 173
Citadelle	*Ne se visite pas.*		▲ 173
Cloître gothique Cathédrale Notre-Dame	*Ouvert juin-sep. : lun.-sam. 9 h 30-12 h 30 et 14 h-18 h Oct.-mai : lun.-sam. 9 h 30-12 h 30 et 14 h-17 h*		▲ 157
Église Saint-André Rue des Lisses ☎ 05 59 59 18 72	*Ouvert lun.-sam. 8 h-19 h, dim. 8 h-13 h Office en basque dim. 10 h 30*		▲ 166
Église Saint-Esprit Place de la République	*Ouvert tlj. 8 h-11 h et 15 h-19 h*		▲ 173
Grande Synagogue 35, rue Maubec ☎ 05 59 55 03 95	*Ouvert lun.-ven. 10 h-12 h et 14 h 30-17 h 30*		▲ 173
Jardin botanique Allée des Tarides ☎ 05 59 40 00 04	*Ouvert 15 avr.-15 oct. : tlj. 9 h-12 h et 14 h-18 h Entrée libre*		▲ 162
Musée Bonnat 5, rue Jacques-Laffitte ☎ 05 59 59 08 52	*Ouvert lun., mer.-jeu. et sam.-dim. 10 h-12 h et 14 h 30-18 h 30 ; ven. 14 h 30-20 h 30 Fermé mar. et j. fér.*		▲ 167
Trinquet-Saint-André 8, rue du Trinquet ☎ 05 59 59 18 69	*Ouvert lun.-sam. 8 h-22 h Pelote à main nue, oct.-juin : jeu. à 16 h 10*		▲ 167

BIARRITZ	64200	OT 05 59 22 37 00	C3
Casino municipal Avenue Édouard-VII ☎ 05 59 22 77 77	*Ouvert tlj. : machines à sous 10 h-3 h et autres jeux 18 h-3 h Fermeture à 4 h ven. et sam.*		▲ 184
Chapelle impériale **Notre-Dame-de-Guadalupe** Rue des Cent-Gardes ☎ 05 59 22 37 00 (OT)	*Ouvert toute l'année jeu. 14 h 30-17 h 30 12 juil.-15 sep. : visite pour groupes sur demande mar., jeu. et sam. 15 h-19 h*		▲ 190
Château Boulard	*Renseignements à l'office de tourisme*		▲ 191
Église orthodoxe **Saint-Alexandre-Nievsky** 8, av. de l'Impératrice ☎ 05 59 24 16 74	*Visite sur demande écrite ou téléphonique*		▲ 183
Église paroissiale **Sainte-Eugénie** Place Sainte-Eugénie ☎ 05 59 24 07 43	*Ouvert tlj. 8 h 30-18 h 30*		▲ 184
Église Saint-Charles 34, av. Reine-Victoria ☎ 05 59 24 00 46	*Ouvert 8 h-12 h et 14 h-19 h*		▲ 190
Église Saint-Martin 4, rue Saint-Martin ☎ 05 59 23 05 19	*Ouvert 7 h 30-19 h 30*		▲ 190
Hôtel Plaza Avenue Édouard-VII ☎ 05 59 24 74 00			▲ 190
Le Phare Pointe Saint-Martin ☎ 05 59 24 01 29	*Ouvert mai-sep. 10 h-12 h et 14 h-19 h et ouvert pendant vac. scol. 14 h-17 h 30*		▲ 182

MUSÉE DE LA MER Esplanade du Rocher-de-la-Vierge ☎ 05 59 24 02 59	Ouvert tlj. 9 h 30-12 h 30 et 14 h-18 h. Vac. de fév. et Noël 9 h 30-18 h. Vac. de Pâques, w.-e., j. fér. d'avr. et mai, 1er-15 juin : 9 h 30-19 h 14 juil.-31 août : 9 h 30 à minuit	▲ 185
MUSÉE HISTORIQUE DE BIARRITZ Rue Broquedis ☎ 05 59 24 86 28	Ouvert 10 h-12 h et 14 h 30 h-18 h Fermé jeu. et dim.	
BIDACHE	**64520** **G3**	
CHÂTEAU	Ne se visite pas.	▲ 178
BIDARRAY	**64780** **M 05 59 37 71 51** **E5**	
CIMETIÈRE	Renseignements à la mairie	▲ 240
ÉGLISE	Ouvert tlj. 9 h-19 h	▲ 240
RÉSERVE NATURELLE DE POTTOK ☎ 05 59 52 21 14	Ouvert juil.-août 11 h-18 h	
BIDART	**64210** **SI 05 59 54 93 85** **C3**	
ÉGLISE	Renseignements au syndicat d'initiative	▲ 192
PALAIS SACHINO	Renseignements au syndicat d'initiative	▲ 192
BUSTINCE	**64220** **F7**	
CHAPELLE NOTRE-DAME- DE-L'ASSOMPTION	Ouvert tlj. 9 h-19 h	▲ 247
CAMBO-LES-BAINS	**64250** **D4**	
ÉGLISE SAINT-LAURENT Rue des Terrasses	Ouvert tlj. 9 h-19 h	▲ 209
LES THERMES Route d'Hasparren ☎ 05 59 29 39 39	Visite sur rdv. du 19 fév. au 21 déc.	▲ 209
VILLA ARNAGA MUSÉE EDMOND-ROSTAND Route de Bayonne ☎ 05 59 29 70 57/05 59 29 83 92	Ouvert vac. fév.-31 mars : sam.-dim. 14 h 30-18 h 30, avr.-sep. : tlj. 10 h-12 h 30 et 14 h 30-18 h 30 ; oct.-vac. Toussaint : tlj. 14 h 30-18 h 30 et vac. de Noël : 14 h 30-18 h 30	▲ 210
CIBOURE	**64500** **B4**	
COUVENT DES RÉCOLLETS Port de Ciboure	Ouvert tlj. 9 h-18 h Visite de la cour intérieure uniquement	▲ 202
ÉGLISE SAINT-VINCENT Rue Pocalette	Ouvert 7 h 30-19 h Fermé l'hiver : dim. après-midi	▲ 202
RÉSERVE DE CIBOURE De Ciboure vers Socoa	Ruines de l'ancien casino	▲ 188
ESPELETTE	**64250** **D5**	
CHÂTEAU ☎ 05 59 93 91 44	Est aujourd'hui devenu la mairie. Expositoin permanente : piments du monde	▲ 217
ÉGLISE Quartier Xerrenda	Ouvert tlj. 8 h-19 h	▲ 220
ESTÉRENÇUBY	**64220** **M 05 59 37 03 63** **F7**	
ANCIENNE REDOUTE DE CHÂTEAU-PIGNON D 428	Renseignements à la mairie	▲ 234
L'ENCEINTE DE ZERKUPE D 428, lieu-dit de Château-Pignon	Renseignements à la mairie	▲ 233
LA TOUR D'URKULU D 301 vers le col d'Arnosteguy	Renseignements à la mairie	▲ 232
GARRIS	**64120** **G4**	
ÉGLISE SAINT-FÉLIX	Ouvert lors des offices uniquement	▲ 251
GOTEIN-LIBARRENX	**64130** **I6**	
ÉGLISE	Renseignements à l'office de tourisme de Mauléon-Licharre	▲ 260
GUÉTHARY	**64210** **B4**	
ÉGLISE SAINT-NICOLAS ☎ 05 59 26 51 21	Ouvert 9 h-19 h	▲ 193
MUSÉE MUNICIPAL ☎ 05 59 54 86 37	Ouvert juil.-août 15 h-19 h, mai-juin et sep.-oct. 14 h 30-18 h 30. Fermé mar.	▲ 193

HASPARREN	64240		E4	
MANOIR FRANCIS-JAMMES Maison Eyhartzia ☎ 05 59 29 43 36	*Visite sur rdv.*			▲ 208
HAUX	64470		I8	
ÉGLISE SAINT-JEAN-BAPTISTE	*Ne se visite pas.*			▲ 262
HÉLETTE	64640		F5	
ÉGLISE	*Ouvert tlj. jusqu'à 18 h*			▲ 243
HENDAYE	64700	OT 05 59 20 00 34	A4	
CHÂTEAU D'ABBADIA ☎ 05 59 20 04 51 Fax 05 59 20 90 51	*Visites juin-sep. : lun.-sam. à 11 h, 15 h, 16 h, 17 h* *Mars-mai et oct. : lun.-sam. à 15 h* *Sur rdv. pour les groupes*			▲ 206
DOMAINE D'ABBADIA ☎ 05 59 20 37 20 Fax 05 59 20 54 20	*• Visites guidées 20 juin-12 sep. : mer. à 14 h 30 et* *sam. 10 h 30. Le reste de l'année sur rdv.* *• Maison de la Lande : juil.-août tlj. 9 h 30-12 h 30* *et 14 h 30-18 h 30* *Le reste de l'année : lun.-sam. 14 h-18 h* *Groupes sur rdv.*			▲ 206
ÉGLISE SAINT-VINCENT	*Renseignements à l'office de tourisme*			▲ 206
IHOLDY	64640	M 05 59 37 61 99	F5	
CHAPELLE D'OXARTY	*Renseignements à la mairie*			▲ 242
CHÂTEAU D'ARMANDARITZ	*Renseignements à la mairie*			▲ 242
CIMETIÈRE D'ASCOMBÉGUY	*Renseignements à la mairie*			▲ 242
ÉGLISE	*Renseignements à la mairie*			▲ 243
IRISSARY	64780	M 05 59 37 60 46	F6	
COMMANDERIE	*Renseignements à la mairie*			▲ 242
ÉGLISE Place de l'Église	*Ouvert tlj. 7 h-19 h*			▲ 242
ITXASSOU	64250		D5	
ÉGLISE	*Ouvert tlj. 8 h-19 h*			▲ 220
JATXOU	64480	M 05 59 93 00 40	D4	
CHAPELLE SAINT-SAUVEUR- **DE-FALDARAGON**	*Ouvert 8 h-19 h*			▲ 212
CIMETIÈRE	*Renseignements à la mairie*			▲ 212
ÉGLISE SAINT-SÉBASTIEN	*Ouvert 8 h-19 h*			▲ 212
LA BASTIDE-CLAIRENCE	64240	SI 05 59 29 65 05	F3	
CIMETIÈRE JUIF Derrière l'église	*Renseignements au syndicat d'initiative*			▲ 245
ÉGLISE NOTRE-DAME Rue de l'Église	*Ouvert tlj. 9 h-19 h*			▲ 245
LACARRE	64220	M 05 59 37 12 04	F6	
CHÂTEAU	*Renseignements à la mairie*			▲ 246
LAHONCE	64990		D3	
ÉGLISE Place du Fronton	*S'adresser au couvent qui jouxte l'église* *pour avoir la clef*			▲ 176
LARRAU	64560		H8	
FORGES	*Ruines*			▲ 264
LECUMBERRY	64220	M 05 59 37 29 55	G7	
CHÂTEAU DONAMARTIA	*Renseignements à la mairie*			▲ 237
ÉGLISE SAINT-VINCENT	*Renseignements à la mairie*			▲ 237
L'HÔPITAL-SAINT-BLAISE	64130		J6	
ÉGLISE	*Ouvert tlj. 10 h-19 h*			▲ 258
LICQ-ATHÉREY	64560	M 05 59 28 60 52	I8	
ÉGLISE Quartier de Licq	*Renseignements à la mairie*			▲ 262
ÉGLISE Quartier d'Athérey	*Renseignements à la mairie*			▲ 262

LOUHOSSOA	64250	M 05 59 93 30 92	E5	
ÉGLISE	*Ouvert tlj. 9 h-19 h*			▲ 221
MINES	*Renseignements à la mairie*			▲ 221
MACAYE	**64240**	**M 05 59 93 32 46**	**E5**	
ÉGLISE ☎ 05 59 93 31 25	*Ouvert 9 h-19 h*			▲ 222
MAISON FORTE DES SEIGNEURS DE BELZUNCES	*Renseignements à la mairie*			▲ 221
MAULÉON-LICHARRE	**64130**		**I6**	
CHAPELLE DE SAINT-JEAN- DE-BERRAUTE Avenue de Tréville Route de Tardets ☎ 05 59 28 01 32	*Ne se visite pas.*			▲ 255
CHÂTEAU D'ANDURAIN- DE-MAYTIE Pl. de la Croix-Blanche ☎ 05 59 28 04 18	*Ouvert juil.-15 sep. : 11 h-12 h et 15 h-18 h* *Fermé jeu., dim. matin et les matinées des j. fér.*			▲ 255
CHÂTEAU FORT Rue du Fort ☎ 05 59 28 02 37	*Ouvert Pâques-14 juin tous les w.-e.,* *15 juin-15 sep. : tlj. 10 h-12 h 30 et 14 h 30-19 h*			▲ 254
HÔTEL DE MONTRÉAL (HÔTEL DE VILLE) Square Jean-Moulin ☎ 05 59 28 18 67				▲ 255
MENDIONDE	**64240**		**E5**	
CHÂTEAU DE GARRO	*Ne se visite pas. Renseignements au syndicat* *d'initiative d'Hasparren (☎ 05 59 29 62 02)*			▲ 222
ÉGLISE Saint-Cyprien	*Ouvert 9 h-19 h*			▲ 222
MENDIVE	**64220**		**G7**	
CHAPELLE SAINT-SAUVEUR-D'IRATY Route d'Iraty				▲ 237
MOUGUERRE	**64990**	**OT 05 59 31 83 23**	**D3**	
ÉGLISE	*Ouvert tlj. 8 h-19 h*			▲ 176
CHÂTEAU D'AGUERRIA	*Renseignements à la mairie*			▲ 176
MUSCULDY	**64130**		**H6**	
CHAPELLE SAINT-ANTOINE Col d'Osquish				▲ 259
ORDIARP	**64130**		**H6**	
ÉGLISE	*Ouvert tlj. 9 h-19 h*			▲ 259
OSSÈS	**64780**		**E6**	
ÉGLISE SAINT-JULIEN	*Ouvert tlj. 9 h-19 h*			▲ 242
OSTABAT-ASME	**64120**	**M 05 59 37 83 93**	**G6**	
CHAPELLE SAINT-NICOLAS D'HARAMBELS	*Renseignements à la mairie*			▲ 246
RONCEVAUX (RONCESVALLES)			**E9**	
COUVENT ET MONASTÈRE 31650 Navarra ☎ (00 34) 48 76 00 00	*Ouvert 8 h-20 h* *Visite sur rdv. à l'office du tourisme* ☎ *(00 34) 48 76 01 93*			▲ 234
SAINT-ESTEBEN	**64640**	**M 05 59 29 42 31**	**F5**	
CHÂTEAU DE MÉHARIN	*Renseignements à la mairie*			▲ 245
CIMETIÈRE	*Renseignements à la mairie*			▲ 243
ÉGLISE	*Ouvert tlj. 9 h-19 h*			▲ 243
SAINT-ÉTIENNE-DE-BAÏGORRY	**64430**		**E6**	
CHÂTEAU D'ETCHAUZ ☎ 05 59 37 48 58	*Visite guidée 10 h-12 h et 14 h-17 h sauf le lun.*			▲ 230
ÉGLISE	*Ouvert 8 h-19 h*			▲ 230

SAINT-JEAN-DE-LUZ	64500	OT 05 59 26 03 16	B4
ANCIEN MOULIN À MARÉES DE BILLITORTE	Renseignements à l'office de tourisme		▲ 197
ÉGLISE SAINT-JEAN-BAPTISTE	Renseignements à l'office de tourisme		▲ 196
MAISON LOUIS-XIV OU MAISON LOHOBIAGUE Place Louis-XIV ☎ 05 59 26 01 56 / 05 59 47 24 98	Ouvert juil.-août : 10 h 30-12 h et 14 h 30-18 h 30 ; juin et sep.-15 oct. : 10 h 30-12 h et 14 h 30-18 h		▲ 195
MAISON DE L'INFANTE MUSÉE GRÉVIN 7, rue Mazarin ☎ 05 59 51 24 88	Ouvert juil.-août : 10 h-12 h et 14 h-19 h ; avr.-juin et sep.-oct. : tlj. 10 h-12 h et 14 h-18 h 30		▲ 196
SAINT-JEAN-LE-VIEUX	**64220**	**OT 05 59 37 09 10**	**F7**
CHAPELLE RUINÉE DE SAINT-JEAN-D'URRUTIA Quartier Etchesbestia Saint-Jean-le-Vieux sur la D 933 en venant de Saint-Jean-Pied-de-Port	Ne se visite pas.		▲ 236
CHÂTEAU D'AHAXE	Ruines		▲ 237
CHÂTEAU D'ARIETA	Renseignements au syndicat d'initiative		▲ 236
ÉGLISE DE LA MADELEINE	Renseignements au syndicat d'initiative		▲ 236
ÉGLISE SAINT-NICOLAS-D'APHAT-OSPITAL Saint-Blaise	Ouvert tlj. 9 h-19 h		▲ 236
ÉGLISE SAINT-PIERRE-D'USACOA	Ouvert 8 h-19 h		▲ 236
SAINT-JEAN-PIED-DE-PORT	**64220**	**OT 05 59 37 03 57**	**F7**
PRISON DES ÉVÊQUES 41, rue de la Citadelle ☎ 05 59 37 03 57	Ouvert vac. de fév. et avr.-15 nov. tlj. 10 h-20 h en saison et 10 h 30-12 h 30 et 14 h-18 h hors saison		▲ 236
ÉGLISE NOTRE-DAME-DU-BOUT-DU-PONT	Renseignements à l'office de tourisme		▲ 236
SAINT-MARTIN D'ARBEROU	**64640**		**F4**
GROTTES D'ISTURITZ ET D'OXOCELHAYA ☎ 05 59 29 64 72	Ouvert juil.-août : 10 h-18 h ; 15 mars-15 nov. : 10 h-12 h et 14 h-18 h, 15 mars-31 mai et oct.-15 nov. : fermé lun. matin et mar. matin sauf vac. scol et j. fér. 3 grottes dont 2 visitables.		▲ 244
PALACIO DE SAINT-MARTIN	Ruines. Ne se visite pas.		▲ 245
SAINT-MICHEL	**64220**		**F7**
ÉGLISE SAINT-MICHEL-L'ARCANGE			▲ 232
ÉGLISE SAINT-VINCENT			▲ 232
SAINT-PALAIS	**64120**	**SI 05 59 54 11 69**	**H5**
CHAPELLE D'ELIZAÑO Colline Saint-Sauveur	Renseignements au syndicat d'initiative		▲ 250
CHÂTEAU DE LAXAGUE Au pied du col d'Iphartatze	Renseignements au syndicat d'initiative		▲ 250
ERMITAGE NOTRE-DAME-DE-SOYARCE Quartier Gibraltar ☎ 05 59 65 71 15	Ouvert 9 h-19 h		▲ 250
MUSÉE DE BASSE-NAVARRE ET DES CHEMINS DE SAINT-JACQUES-DE-COMPOSTELLE Place de la Mairie ☎ 05 59 65 71 78	Ouvert juil.-août : 9 h 30-12 h 45 et 15 h-19 h, dim. et j. fér. 9 h 30-12 h 30 et 15 h-18 h Le reste de l'année : 9 h 30-12 h 30 et 14 h 30-18 h 30. Fermé sam. après-midi et dim.		▲ 251
SAINT-PÉE-SUR-NIVELLE	**64310**	**SI 05 59 54 11 69**	**C4**
CHAPELLE Amotz	Renseignements au syndicat d'initiative		▲ 213
CHÂTEAU DES SORCIÈRES Place du Château	Ruines		▲ 213
ÉGLISE	Ouvert 9 h-19 h		▲ 213

SAINTE-ENGRÂCE	64560		**J9**
COLLÉGIALE SAINTE-ENGRÂCE **GORGES DE KAKUETTA** ☎ 05 59 28 60 83	*Ouvert 15 mars-15 nov. : lun.-dim. 8 h à la tombée* *de la nuit*		▲ 263
SARE	64310		**C5**
CHAPELLE SAINT-ISIDORE Quartier Lehenbizkai	*Ne se visite pas.*		▲ 216
CHAPELLE SAINT-MICHEL Quartier Lehenbizkai	*Ne se visite pas.*		▲ 216
CHAPELLE SAINTE-CATHERINE Quartier Ihalar	*Ne se visite pas.*		▲ 216
CHAPELLE SAINTE-CROIX Mont-Olain	*Ne se visite pas.*		▲ 216
ÉGLISE Place de l'Église	*Ouvert 9 h-12 h et 14 h-18 h*		▲ 215
GROTTES DE LEZEA **OU GROTTES DE SARE** ☎ 05 59 54 21 88	*Ouvert tlj., juil.-août 9 h 30-20 h ;* *Pâques-juin et sep. : 10 h-18 h ;* *vac. fév.-Pâques et oct.-déc. : 14 h-17 h ;* *visites 2 jan.-Carnaval 14 h et 16 h, sam.-dim.* *de 11 h à 16 h ; Carnaval-Pâques 14 h-17 h,* *sam.-dim. de 11 h à 17 h* *Fermé 25 déc. et 1er jan.*		▲ 216
PETIT TRAIN DE LA RHUNE ☎ 05 59 54 20 26	*Départ toutes les 35 min col de Saint-Ignace à 10 km* *de Saint-Jean-de-Luz. Ouvert 15 mars-15 nov.*		▲ 215
TARDETS	64470	SI 05 59 28 51 28	**I7**
CHAPELLE DE LA MADELEINE Route de Barcus	*Renseignements au syndicat d'initiative*		▲ 261
TROIS-VILLES	64470		**I7**
CHÂTEAU D'ELIÇABIA	*Visite du parc.*		▲ 260
URRUGNE	64122	OT 05 59 54 60 80	**B4**
CHAPELLE **NOTRE-DAME-DE-SOCORRI** Rue de Socorri			▲ 203
CHÂTEAU D'URTUBIE N 10 de Ciboure vers Hendaye ☎ 05 59 54 31 15	*Ouvert avr.-oct. tlj. 14 h-19 h* *Visite guidée tlj. Fermé mar.* *Hors saison ouvert pendant les vac.de Noël* *et sur réservation pour les groupes*		▲ 203
ÉGLISE FORTIFIÉE	*Renseignements à l'office de tourisme*		▲ 203
PARC FLORAL FLORENIA RN 10 La Croix des Bouquets ☎ 05 59 48 02 51	*Ouvert 28 mars-7 nov. 10 h-19 h* *Fermé lun. sauf en juil.-août*		
URT	64240		**E3**
ABBAYE DE BELLOC ☎ 05 59 29 65 55	*Ouvert tlj. 8 h-11 h 45 et 14 h 30-18 h* *Librairie ouverte 10 h-11 h 45*		▲ 177
USTARITZ	64480		**D4**
CHÂTEAU LOTA	*Ne se visite pas. Abrite l'Institut culturel basque.*		▲ 212
VIELLENAVE-SUR-BIDOUZE	64270		**G4**
CHÂTEAU DES GRAMONT Lieu-dit Lamoulary Route Arraute-Charritte			▲ 251
ÉGLISE SAINT-JACQUES D 11 en venant de Saint-Palais puis la D 310	*Ouvert tlj. 9 h 30-19 h* *Si l'église est fermée, prendre les clés* *chez Mme Puleau en face (☎ 05 59 38 45 13).*		▲ 251

◆ HÉBERGEMENT ET RESTAURANTS

Le carnet d'adresses adopte l'ordre des itinéraires, groupés par zone géographique, suivant le sommaire du guide. À l'intérieur de chaque zone, les villes et les établissements sont classés par ordre alphabétique. La lettre et le chiffre (ex. **D3**) qui suivent le code postal renvoient aux cartes de garde.

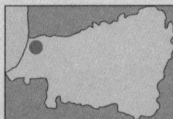

BAYONNE ET LE BAS ADOUR

BAYONNE

64100   D3

RESTAURANTS

LE CHEVAL BLANC
Petit Bayonne
68, rue Bourgneuf
Tél. 05 59 59 01 33
Fermé dim. soir-lun.
sep.-juin
Originaire de Bayonne même, le chef, Jean-Claude Tellechea, va bientôt fêter les quinze ans de son établissement. C'est à partir de recettes traditionnelles améliorées qu'il a construit la solide réputation de son restaurant. Il travaille les produits de la région, tout spécialement les poissons de ligne de Saint-Jean-de-Luz. Spécialités : merlu ou louvine, piquillos (piments) farcis à la purée d'ail, xamango (jambonneau aux cèpes) façon Parmentier au jus de veau truffé, cône aux deux chocolats sauce pralinée.

FRANÇOIS MIURA
Petit Bayonne
24, rue Marengo
Tél. 05 59 59 49 89
Service 12 h-14 h
et 20 h-22 h
Fermé mer. et dim. soir
Sur une grande vitre de verre dépoli se dessine le nom de François Miura. Derrière elle, des chaises de métal noires entourent les tables aux nappes grises, que le dessin serré des petits carreaux de terre du sol. La salle de restaurant accueille une arcade et le mur de pierres brutes de l'ancien couvent des Visitandines. Mme Miura n'aime ni les froufrous luxueux, ni le rococo. Après

le style «rustico-basque» de son ancien restaurant, elle est heureuse du décor dépouillé qui s'efface devant la cuisine poêlée, tout en bouillon goûteux et en sauce légère, de son mari. Suivant la saison, on déguste ici la salade de calamars, les chipirons farcis de pied de porc à la sauce à l'encre et le soufflé à l'eau-de-vie de poire Brana.

PRODUITS DU TERROIR

MONTAUZER
Rue de la Salie
Tél. 05 59 59 07 68
On y vend, sous le label Ibaïona, le meilleur jambon de Bayonne.

DARANATS
Rue Port-neuf
Tél. 05 59 59 03 55
Pour les délicieuses plaquettes de chocolat noir aux parfums subtils d'orange, de cannelle, etc.

BIDACHE

64520   G3

HÔTEL-RESTAURANT

HÔTEL-RESTAURANT BASQUE ★★
Place Principale
Tél. 05 59 56 00 12
Service 12 h-14 h
et 19 h 30-22 h
Fermé dim. soir
La façade est sans histoire et il faut traverser le café pour arriver à la superbe glycine de la cour intérieure. À l'extérieur en été, sous la véranda ou à l'intérieur en hiver, le restaurant basque sert avec gentillesse une cuisine régionale et familiale. De l'autre côté de la tonnelle, l'hôtel propose des chambres rénovées ou vieillottes et plus ou moins

spacieuses, auxquelles on accède par une tour et son bel escalier à vis de pierre datant, sans doute, du XVIIe siècle.

SAMES

64520   F2

CHAMBRES D'HÔTES

LE LANOT
Chez Mme Mickelson
Entre Bidache et Sames
Tél. 05 59 56 01 84
Pas de bruit dans cette petite maison à flanc de colline : tournée vers les montagnes, elle est un peu à l'écart du village de Sames. Après une carrière voyageuse, Mme Mickelson a choisi de se retirer au calme. Son jardin clos accueille un joyeux mélange de glycine, de bananiers, de poules, de fleurs multiples et de chiens joueurs qui font la joie des enfants. Les deux chambres de cette ancienne ferme au mobilier rustique sont équipées de douche. Sur demande,

URT

64240   E3

RESTAURANT

▼ LA GALUPE
Port d'Urt
Sortie d'Urt en dir.
de Bayonne
Tél. 05 59 56 21 84
Service 12 h-14 h
et 19 h 45-22 h
Fermé lun. midi,
en saison ; dim. soir-lun.
le reste de l'année
Cinq maisons encerclent le petit port d'Urt sur la rive de l'Adour. Dans les dalles peut-être romaines du quai restent de gros anneaux de métal où s'attachaient autrefois les «galupes», les bateaux plats

de l'Adour. Il arrive encore, les soirs de février, de voir les lampes des pêcheurs de pibales briller sur la rivière. C'est dans l'une de ces cinq maisons qu'est installé le célèbre restaurant de M. et Mme Parra. Connu et apprécié bien au-delà, il s'est ancré dans la mémoire du port. Originaire d'Urt, Christian Parra travaille des recettes traditionnelles, propose du boudin noir de famille, est l'un des rares à accommoder les lamproies, brochets, anguilles, pibales, aloses et saumons de l'Adour.

Les deux salles aux nappes blanches et bleues, ornées d'une précieuse collection de natures mortes, sont calfeutrées, à l'écart des bruits et agitations, comme pour ne pas perturber la concentration des gourmets. Spécialités : pimientos à la brandade de morue, foie chaud des Landes poêlé aux pommes et aux raisins en sauce aigre-douce aux agrumes, tourtière chaude aux pommes et aux pruneaux.

Mme Mickelson propose une table d'hôtes aux chandelles, fournie en produits fermiers des environs. Au petit déjeuner, au milieu des plantes et de la collection de vieilles affiches publicitaires colorées du jardin d'hiver, quatre échantillons des quatre-vingts confitures maison accompagnent quatre espèces de pains, les nonnettes, le pain d'épice et le miel local. Table d'hôtes : 150 F

◆

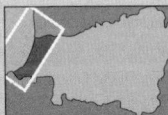

LA CÔTE
BASQUE
ANGLET

64600   C3

HÉBERGEMENT

**AUBERGE
DE JEUNESSE**
19, route des Vignes
Fléchée à partir
des Cinq-Cantons
Tél. 05 59 58 70 00
Fax 05 59 58 70 07
Ouvert toute l'année
8 h 30-22 h
L'auberge de jeunesse, difficile à trouver en voiture, est accessible par la gare de Bayonne et le bus vert n° 4 (ne roule qu'en juil.-août) ; par la gare de Biarritz, prendre la ligne 2 vers Bayonne-centre/gare SNCF, descendre à Biarritz-mairie et prendre la ligne 4 vers Bayonne-Sainsortau ; ou par l'aéroport et les bus 6 puis 4. Hors saison, prendre le bus n° 7, arrêt station «Grives». Installée dans un quartier résidentiel, elle propose une batterie de douches et de chambres aux matelas de mousse posés sur des lits à lattes. L'environnement est au calme, à dix minutes à pied des plages de la Chambre d'Amour. Stages

hebdomadaires de surf, plongée, équitation, golf ou voile. Pension ou demi-pension possibles. 96 lits, par chambres de 4 à 7 pers. Nuit : 71 F Adhésion à la fédération obligatoire : 71 F Emplacement camping : 48 F

**CHÂTEAU
DE BRINDOS ★★★★**
Route de l'Aviation
Près de l'aéroport
Tél. 05 59 23 17 68
Fax 05 59 23 48 47
Ouvert toute l'année
Avec son air de grosse villa de bord de mer, ses boiseries hispanisantes, sa cheminée néomédiévale, son escalier monumental et son étang romantique, le Château de Brindos, construit en 1920 par un couple anglo-américain, garde aujourd'hui encore une allure hétéroclite. Presque entièrement vidé de ses meubles avant d'être vendu, il a été tranformé en hôtel-restaurant en 1968 et petit à petit remeublé d'ancien. Ses chambres sont de tailles variables, donnant sur l'étang ou le parc.

**HÔTEL DE CHIBERTA
ET DU GOLF ★★★**
104, bd des Plages
Tél. 05 59 58 48 48
Fax 05 59 63 57 84
Ouvert toute l'année
Pour l'anecdote, c'est sur le petit lac de Chiberta encore utilisé qu'aurait été inventé le practice sur eau, puis les balles flottantes. Au milieu de 50 ha de golf (18 trous) et de forêt, avec une piscine, un tennis et la mer à 300 m, l'hôtel propose des forfaits golf, thalasso ou «forme et beauté». Il ne reste pas grand-chose de la maison particulière des années 1920 qu'était à l'origine l'hôtel. Les chambres sont récentes, reliées par un véritable labyrinthe de couloirs autour de l'ancienne cour intérieure. Literie plus ou moins dure à la demande.

ARCANGUES

64200   C3

RESTAURANT

LE MOULIN D'ALOTZ
Route d'Arbonne
Tél. 05 59 43 04 54
Service 12 h 30-14 h
et 20 h-22 h
Fermé mar. juil.-août ;
mar.-mer. sep.-juin
et 15 nov.-15 déc.,
dernière sem. de fév.
Blotti au creux d'une petite route, le moulin compte peu de tables dans ses deux petites salles. Près de la cheminée en hiver ou en terrasse par beau temps, le chef, Jean Caumont, propose ici depuis douze ans une cuisine soignée. Saucier, il n'hésite pas à mêler sans choquer, comme dans la salade de caille au foie chaud et homard, les saveurs des poissons de la côte avec celles des viandes, les sucrés avec les salés.

BIARRITZ

64200   C3

HÔTEL

**♥ CHÂTEAU DU CLAIR
DE LUNE ★★★**
48, av. Alan-Seeger
Route d'Arbonne
Tél. 05 59 41 53 20
Fax 05 59 41 53 29
Accueil 7 h 45-22 h
Le Clair de Lune ressemble à un rêve de châtelain. À l'écart de la ville, son parc de 8 ha est planté de grands cèdres, de magnolias, de micocouliers, de mimosas et de chênes-lièges, parsemé de bancs de pierre, de boules de buis ou de fusain et d'une pergola de rosiers.

HÉBERGEMENT

**AUBERGE
DE JEUNESSE**
8, rue Chiquito-de-Cambo
Tél. 05 59 41 76 00
Fax 05 59 41 76 07
Ouvert toute l'année
Accueil 8 h 30-22 h
96 lits en chambres de 2 à 4 lits. Sanitaires dans les chambres.
Nuit : 76 F (petit
déjeuner compris)
Supplément en chambre
de 2 pers. : 9 F/pers.
Adhésion à la fédération
obligatoire : 71 F

**HÔTEL RÉGINA
ET DU GOLF ★★★★**
52, av. de l'Impératrice
Tél. 05 59 41 33 00
Fax 05 59 41 33 99
Ouvert 20 fév.-28 nov.
Construit en 1905, ce grand hôtel blanc en haut de l'avenue de l'Impératrice, domine Biarritz. Enroulées sur trois étages sous une verrière, autour d'un hall d'entrée, les chambres de l'hôtel Régina sont modernes, vastes, claires. Les numéros pairs donnent sur la mer et sont équipés de climatisation.

Le bâtiment le plus ancien, recouvert de tuiles, date du XIXe siècle. Il abrite le grand salon si clair, la bibliothèque et ouvre sur une petite terrasse parfumée l'été par le jasmin voisin. Le «pavillon de chasse», plus récent, est construit sur deux étages face au château. Chaque chambre des deux parties de l'hôtel porte le nom d'une fleur ou d'une épice et est décorée dans des tons et des styles variés, mêlant avec tact l'ancien et le moderne.

293

Les chambres impaires donnent sur le golf. L'hôtel propose des forfaits golf et thalasso.

RESTAURANT

LES PLATANES

32, av. Beau-Soleil
Dir. la Négresse
Tél. 05 59 23 13 68
Fermé lun.-mar. matin et une sem. en jan.
Qui pourrait l'ignorer ? Depuis trois générations, MM. Daguin sont chefs et réputés. Arnaud Daguin propose à l'écart de la ville, dans une villa résidentielle blanche à volets rouges, une cuisine volontairement hors des normes : pas de plat classique ici, la carte change tous les jours. À partir de produits, viandes et poissons du Sud-Ouest, à base d'huile d'olive ou de graisse de canard, elle propose un choix de quatre entrées, quatre plats et trois desserts en plus des fromages. Le menu en terrasse n'est pas celui de la salle.

PRODUITS DU TERROIR

PARIES

Place Clemenceau
Tél. 05 59 22 07 52
Pour le plaisir du palais, découvrir les tourons, délicieuses pâtes d'amande parfumées à l'orange, au chocolat, au café… et, pour le plaisir des yeux, jeter un coup d'œil aux vitrines où sont reproduits des personnages politiques ou du spectacle en pâte d'amande.

CHEZ HENRIET

Place Clemenceau
Tél. 05 59 23 04 10
Les Baisers de l'impératrice, les Rochers de Biarritz ou les sculptures en chocolat de Sèrge Gouzigou ont fait

HÔTEL-RESTAURANT

HÔTEL DU PALAIS ★★★★

1, av. de l'Impératrice
Tél. 05 59 41 64 00
Fax 05 59 41 67 99
Fermé 5 à 6 sem. en jan.-fév.
De son passé impérial, et malgré l'incendie de 1903 (▲182), l'hôtel de Biarritz a gardé un incontestable air de majesté et de luxe. Son grand hall aux colonnes de marbre vert et rose, éclairé d'énormes lustres bronze et or aux armes de Napoléon,

semble attendre une réception huppée. L'escalier donne accès à d'interminables couloirs, conduisant aux 155 chambres, toutes différentes, toutes meublées dans le respect de l'illustre passé du Palais, donnant sur la mer ou le jardin. Cent d'entre elles sont climatisées. Une piscine est à la disposition des clients. La brasserie de luxe La Rotonde, avec sa superbe vue sur la mer, comme le restaurant Villa Eugénie demandent

le port d'une veste pour le dîner. Dans ses deux restaurants, M. Gautier propose des produits du terroir, travaillés différemment. Le merlu koskera, les rougets en filets poêlés, les chipirons à l'encre et au riz crémeux et le gâteau impératrice au chocolat amer de la Villa Eugénie sont devenus des classiques. De Pâques à septembre, le restaurant L'Hippocampe, propose un buffet impérial servi au bord de la piscine.

sa renommée. En plus de nous régaler le palais, il nous régale la vue dans son atelier-musée du Chocolat, situé à Beau-Rivage, où sont réunis tout ce qui a trait à l'univers du chocolat (tél. 05 59 24 50 50).

MOULIN DE BASSILOUR

Arbonne
(à 3 km de Biarritz)
Tél. 05 59 41 94 49
On y goûte les excellents biscuits sablés et les gâteaux basques, rustiques, mais tellement bons.

BIDART

64210   C3

CHAMBRES D'HÔTES

IRIGOIAN

Chez Philippe
Etcheverry
Quartier d'Ibarritz
D 911 vers Biarritz
Tél. 05 59 43 83 00
Fax 05 59 43 83 03
La verte, la jaune ou la rose, les chambres de cette ferme basque à jolie façade bleue et blanche sont à la fois colorées et sobres, grandes, aérées et équipées de salles de bains aux carrelages traditionnels. Trois sont tournées vers la route en contrebas du jardin, deux vers le golf et l'étrange butte donnant vue sur la mer toute proche. Au-dessus de la salle des petits déjeuners, une petite bibliothèque confirme ce que M. Etcheverry laisse deviner : il est basque, journaliste, passionné par son pays, ravi d'en parler – même au petit

déjeuner – et capable de conseiller les choix de balades. Forfait thalasso, équitation ou golf avec le centre d'entraînement voisin.

RESTAURANT

LA TANTINA DE LA PLAYA

Plage du centre
Tél. 05 59 26 53 56
Service 12 h-14 h et 20 h-22 h 15
Fermé dim. soir-lun. sep.-juin et 15-30 nov.
Les fruits de mer, gambas, chipirons ou moules se mangent « à la plancha », cuits nature sur une grande plaque chauffante, dans l'ambiance particulière des restaurants de la côte. La Tantina est une maison moderne, géométrique, blanche, ni typique ni très jolie. Elle n'aurait rien d'extraordinaire si elle n'était pas collée aux falaises. La vue par les baies vitrées plonge directement sur la plage, la mer, les bateaux au loin.

HÔTEL

♥ HÔTEL-VILLA L'ARCHE ***
Chemin Camboénéa
Fléché à partir du
centre-ville de Bidart
Tél. 05 59 51 65 95
Fax 05 59 51 65 99
Accueil 9 h-22 h
Fermé mi-nov.-mi-fév.
*Hôtel ou villa ?
En plein quartier
résidentiel, L'Arche
a gardé par sa taille
et son environnement
quelque chose d'intime.
Sa façade en bleu
et blanc surplombe
l'une des plages
de Bidart. Le jardin clos
descend vers elle
et y a un accès direct
par un portillon.
Des huit chambres
de l'hôtel, six donnent
sur la mer par le jardin
ou un balcon, une sur
la lointaine montagne
au-dessus des toits,
la dernière sur la baie
de Guéthary. Toutes
sont dans des tons
clairs, spacieuses et
équipées de salles
de bains. Dans les
couloirs et la véranda,
Mme Salaignac a réuni
deux étonnantes
collections : les tableaux
et copies de tableaux
de son mari et...
des cochons de toutes
tailles et fonctions. Le
petit déjeuner peut se
commander à la carte.*

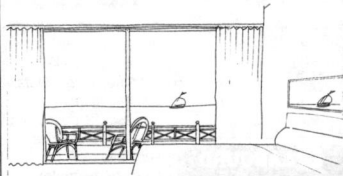

RESTAURANT

♥ LA TABLE DES FRÈRES IBARBOURE
Chemin de Ttalienea
Route d'Ahetze
Tél. 05 59 54 81 64
Fermé mer., dim. soir
et 2e sem. de nov.,
1re sem. de jan.
*Les initiales P&M I
enlacées sur de petites
pancartes sont
indispensables
pour arriver jusqu'au
restaurant des frères
Ibarboure, à l'écart
de la ville. Entre
les tulipiers, mimosas
et azalées d'un parc
soigneusement fleuri,
l'ancienne ferme
recouverte de tuiles
s'est transformée
en une grande villa
orangée. Deux des trois
salles de restaurant
sont claires, modernes
et donnent sur le jardin.
La troisième
installe ses tables
entre boiseries
et poutres sombres
d'une ancienne
chapelle. Originaires
de Guéthary,
les frères Philippe
et Martin Ibarboure
sont tous deux chefs
et installés ici depuis
sept ans. Ils proposent
une cuisine régionale
adaptée, travaillant
autant les viandes que
les poissons, utilisant
agrumes et épices.
Du printemps à
l'automne, la coriandre,
la mélisse et autres
herbes viennent
du carré d'aromates
caché derrière la haie,
au fond du jardin...
Spécialités : foie chaud
aux agrumes, filet
de turbot rôti à la crème
de Manseng, ravioles
de cèpes, fondant
de chocolat chaud
à la crème Caraïbe.*

CAMPING

PAVILLON ROYAL ****
Avenue du Prince-
de-Galles
Entre Biarritz et Bidart
Tél. 05 59 23 00 54
Fax 05 59 23 44 47
Accueil 8 h-21 h
Fermé 25 sep.-15 mai
*Sous ses grands pins
ou au bord de la plage,
avec une piscine,
un sauna et un
restaurant, le Pavillon
Royal est le seul
des douze campings
de Bidart à donner
directement sur la mer.
303 emplacements :
189-269 F*

CIBOURE

64500   B4

RESTAURANT

ARRANTZALEAK
Av. Jean-Poulou,
Ancien chemin
de halage de la rive
gauche
Tél. 05 59 47 10 75
Service 12 h-14 h
et 19 h 45-22 h
Fermé lun. juil.-sep.,
et 15 déc.-31 jan.
*Arrantzaleak,
«Les Pêcheurs»
porte bien son nom.
Restaurant de poissons
et de fruits de mer installé
dans l'ancien quartier des
pêcheurs au bord du port
de Ciboure, le long de la
Nivelle, il est entièrement
décoré de vieilles ancres,
de harpons à baleines,
de cuillères à thons,
de filets et de photos
de bateaux.
Anciennement
poissonniers à Paris,
M. et Mme Courdé sont
revenus au pays depuis
bientôt vingt-cinq ans.
Mme Courdé, qui est
originaire de Ciboure,
se fournit directement
auprès des mareyeurs.*

*Elle prépare
poissons
et fruits de mer*
au grill ou selon des
recettes traditionnelles
basques. Les deux salles
donnent, par de grandes
baies vitrées, sur les
bateaux du petit port.
Chaque jour, vers 14 h,
une nuée de mouettes
s'abat devant le
restaurant : M. Courdé
les nourrit de gras
de viande pour la plus
grande joie des enfants.*

HENDAYE

64700   A4

HÔTEL-RESTAURANT

COMPLEXE DE THALASSOTHÉRAPIE SERGE-BLANCO ***
125, bd de la Mer
Tél. 05 59 51 35 35
Fax 05 59 51 36 00
Service 12 h 15-14 h 15
et 19 h 15-22 h
Restaurant ouvert tlj.
Fermé une sem.
fin déc.
*Construit en 1991,
le complexe s'est installé
avec un ensemble
d'immeubles là où il n'y
avait que des dunes.
Donnant d'un côté
sur l'océan, de l'autre
sur la cour vers le port
d'Hendaye, il propose
des chambres
spacieuses, modernes,
le plus souvent
combinées avec des
forfaits thalasso, golf
ou santé. Serge Blanco
aime, paraît-il, passer
le lundi pour rencontrer
les clients de son hôtel.
Dans le hall et les
couloirs, une anormale
proportion d'hommes-
armoires à glace laisse
penser qu'il n'a pas tout
à fait oublié son ancien
métier, le rugby.
Au restaurant, sur le port,
le chef Antoine Antunes
propose dans un cadre
lumineux une cuisine
traditionnelle ou
diététique de produits
de la mer et de l'intérieur
du pays.*

SAINT-JEAN-DE-LUZ

64500   B4

HÔTELS

MARIA CHRISTINA **
13, rue Paul-Gelos
Tél. 05 59 26 81 70
Fax 05 59 26 36 04
Ouvert 1er fév.-15 nov.
Tout récemment rénové.
Les chambres
sont petites,
mais charmantes.
Cheminée dans le salon.

PARC VICTORA ****
5, rue Cépé
Tél. 05 59 26 78 78
Fax 05 59 26 78 08
Fermé 15 nov.-15 mars
Passionnées par les
Arts déco, les familles
Larralde et Pérodeau
ont récemment
transformé ce pavillon
du XIXe siècle en hôtel
et l'ont décoré
de multiples lampes,
vases, statuettes
et meubles des années
1930. L'apéritif peut
se prendre au calme
dans un salon spacieux,
ou près de la piscine
parmi de grands arbres,
devant le restaurant.
Les douze chambres
donnent sur le parc
d'un hectare,
à quelques minutes
à pied du centre-ville.
Quant au jardin, il est
conçu avec le même
soin pointilliste
que le décor intérieur.

HÔTEL DE LA PLAGE **
33, rue Garat
Tél. 05 59 51 03 44
Fax 05 59 51 03 48
Fermé 8 nov.-mars
Quatorze des chambres
de cet hôtel donnent
sur la baie de Saint-
Jean-de-Luz.
La mer est à quelques
mètres de là.
Équipées de baignoire
ou de baignoire sabot,
les chambres de l'hôtel

sont plus ou moins
spacieuses, les lits
sont tout neufs.
Les fenêtres sur mer
sont à double vitrage.

LA RÉSERVE ***
Rond-point
Sainte-Barbe
Tél. 05 55 51 32 00
Fax 05 59 51 32 01
Ouvert 1er fév.-15 nov.
Avec ses trois hectares
de pelouse, son tennis,
son golf à trois trous et
sa piscine d'eau douce,
l'hôtel surplombe la mer
et Saint-Jean-de-Luz.
Dans deux bâtiments
différents, les chambres
spacieuses, disposant
pour la moitié d'un
balcon, sont claires et
modernes. Un plan des
randonnées pédestres
passant à proximité
est scellé dans le mur
de l'hôtel, à côté de
l'entrée du restaurant.

PRODUITS
DU TERROIR

ADAM
6, rue
de la République
Tél. 05 59 26 03 54
La maison Adam,
fondée au XVIIe siècle,
est une institution,
ainsi que leurs
macarons, moelleux
à souhait.

JEAN VIER
Ferme Berrain
RN 10, à l'entrée
de Saint-Jean-de-Luz
Tél. 05 59 51 06 06
La toile basque aux sept
rayures, qui servait
autrefois de mante à
bœuf pour les protéger
de la chaleur et des
moustiques, est utilisée
aujourd'hui pour les arts
de la table et de
l'intérieur. Chez Jean
Vier, il se décline
sous forme de trousses
de toilette, de sacs,
de parapluies, etc.

SOCOA

64500   B4

RESTAURANT

CHEZ PANTXUA
Sur le port
Rue du Ct-Passicot
Tél. 05 59 47 13 73
Service 12 h 15-14 h 15
et 19 h 30-22 h
Fermé mar

et 15 nov.-jan.
Aux murs,
une collection
d'aquarelles de Ramiro
Arrue, de peintures
de Pablo Tillac,
de Ribera, Flautier
et d'autres peintres
basques plus
contemporains, font
la réputation du décor.
Dans les assiettes
de ce petit restaurant
sur le port, les ttoros,
zarzuelas (gambas
et sauce au homard)
et piquillos (piments
farcis au crabe et
à la morue rappellent
que Mme Pantxua
est originaire de
Fontarabie, de l'autre
côté de la frontière.

◆

LE LABOURD

INTÉRIEUR

AINHOA

64250   C5

HÔTEL-RESTAURANT

ITHURRIA ***
Place du Fronton
Tél. 05 59 29 51 11
Fax 05 59 29 81 28
Fermé mer. juil.-15 sep.
et nov.-mars
Sur la charmante place
d'Ainhoa, il arrive encore
de voir revenir les
troupeaux de moutons
sans autre guide que
leur chien. Face au
fronton, l'hôtel Ithurria
est entre village et
campagne et cache
une piscine
et un jardin sur lesquels
donnent une partie
des chambres.
Le chef Maurice Isabal
et son fils sont
originaires du proche
Béarn mais s'honorent
de préparer
une cuisine basque
réputée, à base
de produits régionaux
le plus souvent
saisonniers. Dans
le restaurant au décor
rustique, ils proposent
un cassoulet basque
«exclusif», à base

de haricots rouges
de Navarre, boudin
maison, saucisses
au piment, confit
de canard et piments
au vinaigre, qui se
mange même en été.
Les autres spécialités
sont, entre autres,
les piments farcis,
le foie gras maison
de Jurançon, la salade
de langoustines
au vinaigre de Xérès
sur fonds d'artichauts.
Le pain, la quinzaine
de desserts quotidiens
et les viennoiseries
sont faits maison.
La carte de quatre
cents vins comprend
un choix de soixante
demi-bouteilles.

ASCAIN

64310   B4

CHAMBRES D'HÔTES

HARANEDERREA
Centre-ville,
dir. club Saint-Ignace
Tél. 05 59 54 00 23
Fermé 1er nov.-15 mai
Avec ses terrasses
en escalier tapissées
d'érigérons à fleurs
de pâquerettes, bordées
de tuiles à motifs,
avec ses tables
de pierre, ses pierres
levées et sa grande
façade blanche,
la ferme Haranederrea
a un air vraiment
basque et charmant.
M. Gracy ne fait pas
table d'hôtes,
mais propose trois
chambres avec bain,
deux avec douche.
La ferme reste en
exploitation et produit
les fromages et œufs
qui accompagnent
les confitures maison
et le pain frais du petit
déjeuner. La Rhune,
ses cromlechs
et ses randonnées
sont accessibles à pied.

CAMBO-LES-BAINS

64250   D4

HÔTEL-RESTAURANT

CHEZ TANTE-URSULE **
Bas Cambo
Tél. 05 59 29 78 23
Fax 05 59 29 28 57
Accueil 9 h-22 h
Fermé fév.
Huit des chambres sont sur la place du Fronton dans la partie ancienne de l'hôtel, dix dans l'annexe récemment construite un peu plus bas. Toutes sont équipées de salle de bains et d'une literie irréprochable. Les chambres de l'annexe, avec ou sans terrasse, sont modernes, spacieuses et orientées au sud. Les prix ne varient pas pendant l'année.

CAMPING

BIXTA EDER ***
Route de Saint-Jean-de-Luz
Tél. 05 59 29 94 23
Fax 05 59 29 23 70
Fermé 15 oct.-mars
Légèrement en retrait de la route, Bixta Eder bénéficie d'une belle vue, d'une piscine et de la rivière à proximité.
Emplacement : 74 F

ESPELETTE

64250   D5

HÔTEL-RESTAURANT

EUSKADI **
Rue Principale
Tél. 05 59 93 91 88
Fax 05 59 93 90 19
Accueil 8 h-22 h
Service 12 h 30-14 h et 19 h 30-20 h 45
Fermé lun.-mar. et 15 déc.-15 jan.
Le mercredi vers

10 h, la salle du restaurant s'emplit d'un joyeux brouhaha : c'est l'heure d'un solide repas pour les producteurs du marché d'Espelette. Grâce à l'un de ses amis restaurateur, M. Darraïdou s'est décidé à proposer, à tous, les plats typiques qui font ici sa réputation. On déguste l'axoa (dés de veau aux oignons et tomates), le tripotxa (boudin de veau et de mouton), l'elzekaria (la garbure basque au jambon) mais aussi des fromages fermiers, des truites de Banca, des piments... d'Espelette et la koka, crème renversée au caramel. M. Darraïdou est visiblement amoureux de son «Euskadi», du Pays basque. Chaque chambre porte le nom d'une des villes qu'il aime. Dans la partie ancienne de l'hôtel, les spacieuses «Biarritz» et «Bayonne», donnant sur la montagne au loin, ont des matelas de laine et sont meublées d'ancien. La moitié environ des chambres donnent sur une rue passante et sont équipées de double vitrage, toutes sont avec bain. À l'écart, une piscine, un jardin et un tennis sont réservés aux clients de l'hôtel.

HASPARREN

64240   E4

PRODUITS DU TERROIR

CHARCUTERIE OSPITAL
47, rue du Dr-Lissar
Tél. 05 59 29 63 06
Louis Ospital est à l'origine de l'excellent jambon Ibaïona. Ce jambon provient d'un porc tué à un an environ, séché pendant une année ; il pèse de 10 à 12 kg, alors qu'un jambon dit de Bayonne varie entre 6 et 8 kg.

ITXASSOU

64250   D5

HÔTEL-RESTAURANT

LE FRONTON **
Place du Fronton
Tél. 05 59 29 75 10
Fax 05 59 29 23 50
Fermé jan.-15 fév.
Mme Bonnet a bien raison d'être fière de sa literie neuve, mais aussi du mobilier basque de la salle à manger, des grandes baies vitrées, de la piscine et de la terrasse qui donnent sur les collines d'Itxassou. Sept chambres sont tournées vers la place du Trinquet, les sept autres vers la campagne. Le restaurant propose une cuisine traditionnelle, avec, en saison, salade de chipirons tièdes, omelette aux cèpes, merlu koskera aux asperges, coques et moules, cerises flambées au kirsch sur glace à la vanille.

SAINT-PÉE-SUR-NIVELLE

64310   C4

CHAMBRES D'HÔTES

♥ BIDACHUNA
Chez Mme Ormazabal
Route Oihan Bidea (D 3)
à 6 km vers Ustaritz, sur la droite
Tél. 05 59 54 56 22
Fax 05 59 47 31 00
Ouvert toute l'année
Des prés et des bois à perte de vue : ici, Mme Ormazabal a choisi d'offrir le calme de chambres d'hôtes à la campagne. C'est un petit chemin cahoteux qui mène à l'ancienne ferme, le long des palombières. Les fenêtres du salon ouvrent sur les Pyrénées au loin, les collines, le bois traversé par une petite rivière. De temps à autre, les chevreuils, les sangliers se hasardent dans la prairie au pied de la ferme. Le petit-déjeuner, servi sur la terrasse ou dans le salon, compte une coupe de fruits frais, des yaourts de brebis fermiers, du jambon basque, quatre jus de fruits, des œufs, du fromage fermier, des céréales, du lait de la ferme, des fruits secs, trois gâteaux maison (un gâteau basque, un quatre-quarts et des madeleines) en plus des pains, pains grillés, biscottes, viennoiseries, thé, café et chocolat. Même les plus gourmands arrivent ensuite à se passer de déjeuner...

RESTAURANT

LE FRONTON
Quartier Ibarron
Route de Saint-Jean-de-Luz
Tél. 05 59 54 10 12
Fermé mar. soir-mer. oct.-avr., et fév. ou mars
Dix-sept desserts ! Le mobilier de jardin en fonte, le plafond rayé blanc et vert et les grandes plantes de la salle de restaurant

297

dansent à la vue de la carte. M. Daguerre y tient particulièrement, et préfère même que les petits estomacs ne prennent qu'un plat, pourvu qu'ils goûtent à la grande assiette de desserts ou, au moins, au croustillant de poire. Le restaurant est installé le long de la route, face à la place d'Ibarron. De la terrasse couverte, on admire la maison labourdine récemment rénovée... et dessinée dans ce guide ● 96.

SARE

64310   C5

HÔTEL-RESTAURANT

ARRAYA *
Place centrale
Tél. 05 59 54 20 46
Fax 05 59 54 27 04
Service 12 h-14 h
et 19 h 30-22 h
Fermé mi-nov.-1er avr.
En plein centre de Sare, l'hôtel Arraya propose des chambres fleuries, avec douche ou bain, dans un grand bâtiment à poutres apparentes et bel escalier de bois, soigneusement meublé et décoré. Quatorze d'entre elles donnent sur la rue, avec des fenêtres à double vitrage, les autres sont tournées vers les balcons et le jardin arboré de la cour intérieure. Les chefs, MM. Fagoaga, proposent une cuisine traditionnelle, le plus souvent poêlée, à base de poissons, viandes, abats ou gibiers régionaux. Gâteaux basques à la crème ou à la confiture de cerises maison.

CHAMBRES D'HÔTES

♥ **OLHABIDÉA**
Chez M. et Mme Fagoaga
De Sare, direction Saint-Pée-sur-Nivelle, prendre la route en face de la chapelle Sainte-Catherine
Tél. 05 59 54 21 85
Fax 05 59 47 50 41
Fermé nov.-mars, mais ouvert sur demande
C'est une maison qui s'ouvre avec les multiples fleurs du jardin. Ce manoir du XVIIIe siècle n'imagine pas qu'il pourrait accueillir des hôtes sans fleurir chaque jour leur chambre de bouquets aux couleurs choisies, posés à côté d'une lampe allumée. Le petit déjeuner peut se prendre sur la terrasse autour de la masse bleu pâle du plumbago buissonnant, ou entre la bignonne orange, les albizzias roses plumeux et les glycines qui encadrent l'entrée. Les chambres aux Fleurs, aux Fruits, aux Pivoines ou aux Iris se répartissent autour de la galerie de bois du patio hispanisant, surplombant un carrelage ciré rutilant. Tout ici est composé avec soin : dans les chambres, les moquettes estompent les bruits de pas. Les lits sont bordés de jupons cousus main assortis aux fauteuils et aux objets posés sur la table, qui reprennent eux-mêmes ceux de la tapisserie du mur. C'est à tous ces petits soins que la maîtresse de maison passe, entre autre, son hiver. Mme Fagoaga est une femme d'intérieur fière de l'être, fière de sa maison si soignée, si coquette. Elle a choisi d'ouvrir ses chambres parce qu'elle aime recevoir... les gens bien élevés.

PRODUITS DU TERROIR

VINCENT MARICHULAR
Chemin de Lehenbiscay
Tél. 05 59 54 22 09
Dans son atelier-musée du gâteau basque, Vincent Marichular, pâtissier de renom, montre comment on fabriquait ce gâteau dans une cuisine basque au siècle dernier.

SOURAÏDE

64250   D5

CHAMBRES D'HÔTES

FERME DE PINODIÉTA
Chez M. Massonde
Route d'Ainhoa
Tél./fax 05 59 93 87 31
Accueil 10 h-19 h
Fermé déc.-jan.
Au-dessus des vieux platanes taillés et du jardin, les cinq chambres de la ferme de Pinodiéta donnent sur les troupeaux de moutons, les pottoks et la montagne au loin. M. Massonde accueille ses hôtes dans cette ferme de famille du XVIIIe siècle où les chambres sont équipées de salle de bains ou de douche, avec une literie dure ou molle. Les confitures du petit déjeuner sont faites avec les pommes, prunes et poires du verger sous les fenêtres. Trois circuits de randonnée pédestre de deux, trois et cinq heures passent à proximité.

USTARITZ

64480   D4

HÔTEL-RESTAURANT

LA PATOULA *
Rue Principale, en face de l'église
Tél. 05 59 93 00 56
Fax 05 59 93 16 54
Fermé lun. midi mi- juin-mi-sep., dim. soir-lun. mi-sep.-mi-juin et 5 jan.-15 fév.
La Patoula est une grande maison blanche posée sur une pelouse au bord de la Nive. Ses chambres sont de tailles variées, avec une literie plus ou moins dure. Sept d'entre elles donnent sur un jardin ou la rivière, deux sur la rue. Installé depuis vingt-deux ans, le chef, Pierre Guilhem, a repris, seul, la queue de la casserole. Sa cuisine travaille des produits régionaux et saisonniers, tels que le chipiron, l'alose, la lamproie, le foie gras de canard, les légumes frais, les haricots blancs ou le piment d'Espelette.

Pour le poisson,
il se fournit directement
auprès des pêcheurs et
aime particulièrement la
morue, qu'il prépare en
huit recettes différentes.
Sa cuisine se veut
légère, à base d'huiles,
d'épices et de jus.
En été, les repas
sont servis en terrasse
ou dans la salle au-
dessus de la rivière
et de ses canards très
apprivoisés. Depuis
quelques années, tous
les menus comprennent
vin et café.

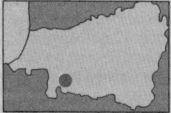

◆

LA BASSE
NAVARRE

AINCILLE

64220   F7

HÔTEL-
RESTAURANT

PECOITZ **
Aincille-Bourg
Tél. 05 59 37 11 88
Accueil 9 h-22 h
Service 12 h 30-
14 h 30 et 20 h-21 h 30
Ouvert mars-déc.
Fermé ven. mars-juin
et en nov.-déc.
*Légèrement en
contrebas de l'église
et du trinquet de ce
petit village, Pecoitz
est une grande maison
basque tournée
vers la campagne,
les montagnes
et l'Espagne au loin.
Au calme, les chambres
au décor vieillot
sont assez spacieuses,
équipées de salle
de bains ou de douche,
avec literie dure
ou de laine.
La grande salle
de restaurant comme
la terrasse sous
les platanes taillés
offrent une vue dégagée
et reposante. Depuis
bientôt trente ans,
le chef y sert une cuisine
régionale de pipérades,
ris de veau financière,
gibiers en saison
ou piquillos (piments
farcis à la morue.*

LES ALDUDES

64430   D8

HÔTEL

SAINT-SYLVESTRE **
Quartier Esnazu
Tél. 05 59 37 58 13
Accueil 8 h-20 h
Fermé nov.-fév.
*L'hôtel Saint-Sylvestre
est perdu au bord
de la petite route
qui va des Aldudes
à la frontière espagnole.
Les chambres ont toutes
vue sur la montagne.
Avec douche ou bain,
elles permettent
une halte calme et peu
coûteuse pour les
amateurs de marche
à pied. Des circuits
pédestres de une heure
trente à quatre heures
partent de l'église
des Aldudes voisine.
En hiver, il est prudent
d'appeler avant de*
monter. À la demande,
le restaurant, qui
n'est ouvert qu'à midi,
prépare à dîner
pour ses hôtes.

PRODUITS
DU TERROIR

PIERRE OTEIZA
Maison Domingoinea
Bourg
64250 Ainhoa
Tél. 05 59 37 56 11
*Pierre Oteiza a relancé
une race en voie
d'extinction, un porc
à robe noire et rose,
élevé en semi-liberté.
Ses jambons et salaisons
y sont fameux. De même
que ses foies gras
et magrets de canard.*

LA BASTIDE-
CLAIRENCE

64240   F3

CHAMBRES D'HÔTES

♥ **MAISON MARCHAND**
Chez M. et Mme Foix
Rue Notre-Dame,
rue principale, à mi-
montée vers l'église
Tél. 05 59 29 18 27
Fax 05 59 29 14 97
e.mail : valerie.et.gilbert
foix@wanadoo.fr
Accueil 10 h-19 h
Fermé 2e et 3e sem.
de jan.
*Comme toutes
les maisons de la rue
Notre-Dame,
celle-ci a une façade
blanche à colombage
mais tournée vers
sa terrasse et un petit
jardin protégé. Valérie
et Gilbert Foix
ont restauré*
la Maison Marchand
dans les règles de l'art,
en préférant des crépis
irréguliers, le dallage de
carreaux rosés ou de
pierre crème et les
poutres apparentes.
La Bastide-Clairence
accueille depuis dix ans
des artisans de toutes
spécialités. Dans cette
maison récemment
ouverte, le petit
déjeuner se prend dans
les grands bols bleus du
potier, avec le pain frais
du boulanger d'en face.
Les lampes colorées
du verrier voisin
s'harmonisent avec
les couleurs et les
patchworks de la
chambre de la Mer,
la chambre des Noces,
la chambre pour Anglo-
Saxons… Aucune
ne donne sur la rue,

LA BASTIDE-
CLAIRENCE

64240   F3

CHAMBRES D'HÔTES

MAISON SAINBOIS
Colette Haramboure
Tél. 05 59 29 54 20
Fax 05 59 29 55 42
*Dans une maison
de maître datant
de la fin du XVIIe siècle,
à la décoration raffinée,
sobre et élégante,
décorée de meubles
anciens, Colette
Haramboure offre
à la clientèle calme
et confort. Chaque
chambre possède
une salle de bains et
un W.-C. indépendant.
Celle du rez-de-chaussée
est aménagée pour
accueillir des personnes
à mobilité réduite.
Le petit déjeuner,*
toutes sont équipées
de salle de bains,
mais aussi de thés
et d'une bouilloire.
Le plus important/
n'est pourtant pas là.
Au rez-de-chaussée, le
chat siamois et l'angora
paressent sur le canapé
près du feu. Autour
de la table massive
en chêne d'Amérique,
de ses plats, vins
et fromages choisis,
M. et Mme Foix ont,
chacun à leur manière,
un talent rare pour faire
naître des conversations
surprenantes, à la fois
détendues et attentives,
drôles ou profondes,
polémiques
ou gourmandes.
Tarif dégressif dès
le deuxième jour.
Semaine d'initiation
VTT, cheval, randonnée
et pelote basque
en octobre.
    Table d'hôtes :
80-120 F

copieux, est servi près de la piscine dans une vaisselle réalisée par le potier du village. Mme Haramboure fait aussi table d'hôtes lorsqu'on en exprime le désir.

BIDARRAY

64780   E5

GÎTES D'ÉTAPE

GÎTES MENDITARRENA ET ETXE ZAHARRIA
En haut du village
Tél. 05 59 37 71 34
Ouvert toute l'année
Menditarrena
et, cent mètres
plus loin, Etxe Zaharria
proposent toutes
deux des chambres
à lits superposés
avec sanitaires, cuisine
équipée, et cheminée
dans la salle à manger
à Etxe Zaharria.
Une épicerie, un bar
et une auberge sont à
proximité dans le village.
Si on le prévient en
arrivant, le boulanger,
qui passe chaque matin
vers 9 h devant les
gîtes, peut livrer
pain et viennoiserie.
L'association
Aunamendi, qui gère
les gîtes, propose
des séjours VTT,
escalade, randonnée en
montagne, kayak, rafting
et patrimoine basque.

BUSSUNARITZ

64220   H6

HÔTEL-RESTAURANT

COL DE GAMIA ★★
Ancienne route
de Saint-Jean-Pied-
de-Port à Saint-Palais
Tél. 05 59 37 13 48
Service 12 h-15 h
et 19 h-22 h
Fermé jan.-mi-mars
Le restaurant du Col de
Gamia, au bout de sa
petite route, profite d'un
panorama complet
sur les Pyrénées
et la vallée de Saint-
Jean-Pied-de-Port
en contrebas.
Toutes les chambres,
rénovées, équipées
de douche ou
de salle de bains,
donnent par un balcon
sur la vallée. Fondé
il y a deux générations

à la demande des amis de passage, cet ancien café avait l'habitude de recevoir les chasseurs de palombes. En saison, on y sert encore du gibier et, toute l'année, simplement la cuisine régionale.

ESTERENÇUBY

64220   F7

HÔTEL-RESTAURANT

ARTZAIN-ETCHEA ★★
À 3 km du village,
par la D 301 vers Iraty
Tél. 05 59 37 11 55
Fax 05 59 37 20 16
Accueil 8 h-21 h
Fermé mer. nov.-mai
et fév.
Trois circuits de cinq
à huit heures de marche
passent au pied de
l'hôtel, là où coule la
Nive encore petite et
peut-être habitée de
truites. Les chambres,
au décor vieillot et à la
literie variée, sont
parfaitement au calme.
Plus récente, une
grande salle de
restaurant, permet,
le week-end seulement,
de déguster la cuisine
régionale en
contemplant
les montagnes.

ISTURITZ

64240   F4

CHAMBRES D'HÔTES

MAISON URRUTI ZAHARIA
Route D 251
Tél. 05 59 29 45 98
Fax 05 59 29 14 53
e-mail : urruti.zaharia@
wanadoo.fr
Classé 3 épis, cette
ancienne ferme
rénovée, coquette
et chaleureuse est
située dans un parc.
Isabelle, aidée de sa fille
Charlotte, mitonne
de bons petits plats
traditionnels avec une
pointe d'originalité.
Table d'hôtes : 100 F

LASSE

64220   E7

HÔTEL-RESTAURANT

CIDRERIE ALDAKURRIA ★★
Fléchée à partir
du centre du village
Tél. 05 59 37 13 13
Ouvert tlj. sauf mar.
Fermé jan.
Sur réservation
lun.-ven. nov.-mai
C'est une mode venue
d'Espagne et qui
participe à la
renaissance du cidre

basque. Dans la salle de cet ancien relais des pèlerins de Saint-Jacques, il ne faut pas tout de suite s'asseoir aux grandes tables communes.
Cidre à volonté pour commencer !
À droite en entrant, de grands verres ronds sont posés devant les énormes barriques le long du mur. Chacun se sert selon son goût et un geste traditionnel : on commence par tenir le verre tout contre la barrique puis on l'éloigne jusqu'à obtenir un jet long comme le bras. C'est joli, mais même les plus adroits abreuvent un peu le dallage. La cidrerie est installée au bord de son verger, le cidre produit sur place est goûteux. Il s'accompagne selon la tradition d'omelette à la morue, de côte à l'os puis des noix, fromage et confiture du menu.

ORDIARP

64130   H6

RESTAURANT

LE CHISTERA
D 918 vers le col
d'Osquich
Tél. 05 59 28 06 74
Service 12 h-14 h
et 19 h-21 h 30
Fermé lun.
et 11 nov.-mi-déc.
Légèrement
en retrait de la route,
ce restaurant
propose une cuisine
simple, régionale.
Les collines
de la Soule s'étalent
sur toute la longueur
des baies vitrées,
les repas peuvent
se prendre
dans la grande salle
climatisée
ou dehors en été.
Des toboggans
et des balançoires
sont à la disposition
des enfants
devant la terrasse.

OSSÈS

64780   E6

HÔTEL-RESTAURANT

MENDI ALDE ★★
Pl. de l'Église
Tél. 05 59 37 71 78
Fax 05 59 37 77 22
Service 12 h-14 h
et 19 h 30-21 h 30
Ouvert tlj.
Fermé nov.
Le chef, Jean-Michel
Noullet, est alsacien,
formé au restaurant
du Palais à Biarritz.
Il mitonne une cuisine
à base de gibiers,
poissons et produits
régionaux et du pain fait
maison. Depuis plusieurs
années, le mois de mars
est consacré à la
découverte de la cuisine
alsacienne. L'hôtel
Mendi Alde propose
des chambres plus
ou moins spacieuses,
plus ou moins
récemment rénovées.
Cinq chambres donnent

sur la montagne,
quatre sur la rue,
les autres sur la place
de l'église.
Une piscine est
à la disposition
des clients de l'hôtel.

SAINT-JEAN-
PIED-DE-PORT

64220   F7

CHAMBRES D'HÔTES

CHAMBRES D'HÔTES
DE M. ET Mme
GARICOITZ
Chemin de Taillapalde
Vers Saint-Jean-
le-Vieux
Tél. 05 59 37 06 46
Accueil 16 h-18 h
À dix minutes à pied
de la citadelle,
cette maison moderne
de quartier résidentiel
est à la campagne,
en hauteur et donnant
sur la vallée.
Les chambres neuves
à la literie impeccable
sont équipées
de salle de bains,
avec chauffage
indépendant
et couvertures dans
les placards. Une petite
bibliothèque est à la
disposition des hôtes,
et M. Garicoitz
peut conseiller les
randonneurs sur leurs
itinéraires : avant de
partir aux États-Unis,
où il a rencontré
son épouse, il a été
quelque temps berger
dans le petit village
d'Ibarre, près du col
d'Osquich. Pour le petit
déjeuner, en plus
des pains, croissants,
confitures maison
et miels de pays,
Mme Garicoitz
prépare parfois,
pour les amateurs,
du pain américain aux
bananes et aux noix.

HÔTELS-
RESTAURANTS

LES PYRÉNÉES ***
19, pl. du G^{al}-de-Gaulle
Tél. 05 59 37 01 01
Fax 05 59 37 18 97
Accueil 8 h-22 h
Service 12 h 15-14 h
et 19 h 45-21 h
Fermé mar. oct.-juin,
6-28 jan. et 20 nov.-
22 déc.

La façade des Pyrénées
aligne deux étages
de fenêtres sur la place
principale de Saint-
Jean-Pied-de-Port.
Firmin Arrambide
n'a pas quitté sa ville
d'origine et l'enrichit
de la réputation de
sa cuisine. Il fait venir ici
des poissons de Biarritz,
de Saint-Jean-de-Luz,
de l'Adour ou de
Bretagne, des viandes
des environs
et les accompagne,
en saison, de légumes
nouveaux ou
de morilles fraîches.
L'hôtel des Pyrénées
garde sa façade
pour deux suites
climatisées et aligne
en retrait de la place
dix-huit chambres
aux couleurs pastel,
un petit jardin et une
piscine de plein air.
Spécialités : poivrons
farcis à la morue,
chipirons et rougets
à la sauce à l'encre,
assiette aux cinq
gourmandises, gâteau
de chocolat glacé
à l'Izarra verte.

RAMUNTCHO **
1, rue de France
En venant de Bayonne,
passer sous la porte
de France dans
les remparts, à droite
après la place principale
Tél. 05 59 37 03 91
Fax 05 59 37 35 17
Accueil 8 h-21 h
Service 12 h-14 h
et 19 h 15-21 h
Fermé mer. sauf vac.
scol. et 20 nov.-20 déc.
À l'abri derrière les épais
remparts rouges de
Saint-Jean-Pied-de-Port,
Ramuntcho est à la fois
en centre-ville et à
l'écart du plus gros
de son agitation.
Ses chambres,
récemment refaites,
à la literie neuve ou
molle, sont équipées
de double vitrage,
de salle de bains
ou de douche. Quatre
d'entre elles donnent
par un balcon
sur les remparts
et la montagne au loin.
Dans la salle de
restaurant à poutres
apparentes, ou en
terrasse au coin de la
rue de France, le chef,
André Bigot, propose
un menu gourmand

le dimanche, et toute
la semaine des recettes
régionales classiques,
à base de gibier,
d'abats, de poissons
ou de légumes
saisonniers. Parking
privé de trois places.

PRODUITS
DU TERROIR

LA MAISON BRANA
3 bis, av. Jaï-Alai
Tél. 05 59 37 00 44
L'adresse est
incontournable pour son
excellent blanc irouléguy
et ses eaux-de-vie.
Sur les pentes
de l'Arradoy, une tour
navarraise abrite
les chais et se visite.

SAINT-PALAIS

64120   H5

HÔTEL

HÔTEL DE LA PAIX **
33, rue du Jeu-
de-Paume
Tél. 05 59 65 73 15
Fax 05 59 65 63 83
Accueil 7 h-22 h
Fermé ven. soir oct.-mai
et 1er-15 jan.
Entièrement refait
depuis quelques
années, l'Hôtel de la
Paix est désormais
équipé de double
vitrage, d'un ascenseur,
d'une literie et de
mobilier neufs.
Les chambres comme
les salles de bains
sont modernes.
Dix-sept sont pourvues
de terrasse ou
de balcon, dont neuf
qui donnent sur
le petit jardin à l'arrière
du bâtiment. La rue
du Jeu-de-Paume
regroupe tous les hôtels
de Saint-Palais autour
de la place
du marché, un peu à
l'écart de la circulation.

HÔTEL-RESTAURANT

LE TRINQUET **
31, rue du Jeu-
de-Paume
Tél. 05 59 65 73 13
Service 12 h-14 h
et 19 h 30-21 h
Fermé dim. soir-lun.
sep.-juin et 3 sem.
en sep.-oct.
Les boiseries,
les grands miroirs,
les poutres sombres

et les dessins de verre
dépoli des portes
vitrées donnent
à ce restaurant un air
de brasserie viennoise,
mais ils sont d'ici,
choisis par le créateur
de cet ancien cercle
sportif du Trinquet.
Le carrelage et
le mobilier crème
éclairent aujourd'hui
ce décor du siècle
dernier. Depuis quatre
générations, la famille
Biscaylus tient
cet établissement
transformé en hôtel-
restaurant. Juste
en face du marché,
ils y proposent
une cuisine régionale,
saisonnière
et accueillante
aux produits fermiers.
Les chambres sont en
général spacieuses,
plus ou moins récentes,
avec douche ou salle
de bains. Trois donnent
sur l'arrière du bâtiment.

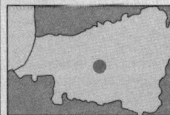

◆

LA SOULE
ABENSE-
DE-HAUT

64470   I6

HÔTEL-
RESTAURANT

♥ PONT D'ABENSE *
Rue de Tardets
Tél. 05 59 28 54 60
Accueil 8 h-22 h
Service 12 h-13 h 45
et 19 h-21 h 30
Fermé jeu. nov.-juin ;
1er-15 déc. et 3 sem.
en jan.
Une seule étoile pour
un tel hôtel ! Pont
d'Abense est un lieu
à surprises. Posé au
bord du petit Saison,
il cache derrière une
façade sans histoire
une collection de
chambres coquettes
aux formes et aux
tailles variées.
Toutes associent
une literie et une
tapisserie neuves
à des meubles
de famille ou choisis

BARCUS

64130   I6

HÔTEL-RESTAURANT

♥ **CHILO** ★★
Centre du village, D 24
Tél. 05 59 28 90 79
Fax 05 59 28 93 10
Restaurant fermé
dim. soir-lun.
sauf oct.-juin
Service 12 h-13 h 30
et 19 h 30-21 h 30
Fermé jan.
*Des douze chambres
de l'hôtel, cinq donnent
sur le jardin, plusieurs
sont équipées de
jacuzzi, d'autres
uniquement de lavabo
et bidet. Mais dans
toutes les chambres,
les papiers, rideaux,
couvre-lits, les
carrelages et linge des*

*salles de bains ont été
assortis avec soin
et originalité par
Mme Chilo. Le mobilier
est souvent ancien,
toutes les chambres,
spacieuses, sont dans
des couleurs
et des styles différents.
Un peu à l'écart,
une piscine dans
le jardin fleuri fait face
aux collines
de la Soule. Tapissé de
jaune pâle,
le restaurant propose
dans d'étonnantes
assiettes naïves
et colorées une cuisine
braisée, rôtie ou
poêlée, travaillant aussi
bien l'agneau
de lait de l'intérieur
du pays que les bars,
rougets et chipirons
de la côte. L'ensemble est
conclu par une
belle carte de desserts.*

*dans les brocantes par
la jeune chef cuisinière
Isabelle Iraola.
Elle aime proposer
chaque jour une
pâtisserie maison
différente, préfère
travailler les recettes
locales aux goûts
relevés, les abats, les
poissons, les fruits au
sirop et les confitures.
Chaque dimanche,
des menus spéciaux
permettent
aux habitués
de goûter des plats
nouveaux, tels que
la terrine de cèpes
ou celle de gésiers,
confit et foie gras
de canard.*

SAINTE-ENGRÂCE

64560   J9

GÎTE-CAMPING

FERME ESPONDABURU
En venant de Tardets,
à droite à l'entrée
du village, monter 6 km

Tél. 05 59 28 55 89
Ouvert toute l'année
*Personne ne peut
arriver là par hasard.
Après avoir tournicoté,
traversé des bois,
hoqueté sur des grilles
d'écoulement d'eau,
la route vient enfin
mourir dans la cour
de la ferme, au départ
d'une superbe vue
sur la vallée
de Sainte-Engrâce.
La ferme Espondaburu
reste en exploitation.
Elle propose des
chambres à 2, 3, 4
ou 5 lits superposés
dans un bâtiment
entièrement rénové,
équipé de 3 douches,
3 lavabos et 2 W.-C.
Suivant le temps,
le camping
se fait dans les prés,
ou à l'abri dans la salle
des banquets.
Les repas se prennent
dans la ferme, à côté
de la grande cheminée.
Au plafond sèche
une alléchante
collection de jambons
de porc ou de mouton,*

LARRAU

64560   H6

HÔTEL-RESTAURANT

♥ **ETCHEMAITÉ** ★★
Rue Principale,
en contrebas
de l'église
Tél. 05 59 28 61 45
Fax 05 59 28 72 71
Fermé jan.
*À quelques kilomètres
de la frontière
espagnole, l'hôtel
à flanc de village donne
de tous côtés sur la
montagne. Agrandi
petit à petit, il compte
désormais seize
chambres soignées,
plus ou moins
spacieuses, avec
douche. Sept sont
avec terrasse,*

*et de coppa,
boudins, saucisses,
saucissons ou pâté
de couenne maison.
Sur réservation,
M. et Mme Constance
font table d'hôtes, pour
les pensionnaires
comme pour
les amateurs.
Repas : 55-85-250 F*

TARDETS

64470   I7

HÔTEL-RESTAURANT

PIELLENIA ★
Place Centrale
Tél. 05 59 28 53 49
Service 12 h-14 h
et 19 h 30-21 h
Fermé mar. oct.-mai
*Il est sur la place,
mais un peu en retrait.
Datant de 1678,
le bâtiment compte
depuis 1960
douze chambres
assez spacieuses
avec matelas de laine,
douche et toilettes.
Elles donnent*

*l'ensemble est meublé
de quelques très belles
pièces, dont une
«hermairu» plus belle
encore que celle de la
p. 68 ! La longue salle
du restaurant ouvre ses
baies vitrées en vue
plongeante sur les
Pyrénées. Elle est
équipée d'une
spectaculaire broche
pour les agneaux
ou autre viande grillée.
Le chef, Pierre
Etchemaité, n'hésite
pas aujourd'hui encore
à partir en stage chez
les meilleurs de ses
collègues. Parmi les
produits régionaux, il
aime particulièrement
travailler les abats sous
forme de tête de veau
ou de marbré de queue
de bœuf au foie gras.
Il propose aussi
du fromage local
et du clafoutis
aux poires tiède.*

*pour moitié sur le Gave,
à l'arrière de l'hôtel.
Trois salles
se succèdent :
celle du café
de la place, la salle
d'hiver et sa cheminée,
la grande salle
à charpente apparente
et baie vitrée ouvrant
sur la rivière.
Le chef y sert depuis
bientôt quinze ans
de produits régionaux,
avec pipérade,
blanquette d'agneau
et poule-au-pot farcie.*

♦ < 100 F
♦♦ 100 F à 200 F
♦♦♦ 200 F à 400 F
♦♦♦♦ > 400 F

	PRIX	CADRE	CUISINE BASQUE	TERRASSE	VUE	JARDIN / PARC	PAGE
ABENSE-DE-HAUT							
PONT D'ABENSE	♦	●	●	●	●	●	301
AINCILLE							
PECOITZ	♦		●	●	●		299
AINHOA							
ITHURRIA	♦♦		●	●		●	296
ARCANGUES							
LE MOULIN D'ALOTZ	♦♦	●		●		●	293
BARCUS							
CHILO	♦♦		●		●		302
BAYONNE							
FRANÇOIS MIURA	♦♦		●				292
LE CHEVAL BLANC	♦	●	●				292
BIARRITZ							
L'HIPPOCAMPE (HÔTEL DU PALAIS)	♦♦♦	●		●	●	●	294
LES PLATANES	♦♦♦		●	●			294
LA ROTONDE (HÔTEL DU PALAIS)	♦♦♦	●		●	●	●	294
VILLA EUGÉNIE (HÔTEL DU PALAIS)	♦♦♦	●		●	●	●	294
BIDACHE							
HÔTEL-RESTAURANT BASQUE	♦♦		●	●		●	292
BIDART							
LA TABLE DES FRÈRES IBARBOURE	♦♦♦	●	●	●		●	295
LA TANTINA DE LA PLAYA	♦♦				●		294
BUSSUNARITZ							
COL DE GAMIA	♦		●		●		300
CAMBO-LES-BAINS							
CHEZ TANTE-URSULE	♦♦						297
ESPELETTE							
EUZKADI	♦♦		●			●	297
ESTERENÇUBY							
ARTZAIN-ETCHEA	♦♦		●		●		300
HENDAYE							
COMPLEXE DE THALASSOTHÉRAPIE SERGE-BLANCO	♦♦♦	●	●		●		295
ITXASSOU							
LE FRONTON	♦♦		●	●			297
LARRAU							
ETCHEMAITÉ	♦♦		●		●		302
LASSE							
CIDRERIE ALDAKURRIA	♦♦					●	300
OSSÈS							
MENDI ALDE	♦♦♦						300
SAINT-JEAN-PIED-DE-PORT							
LES PYRÉNÉES	♦♦♦		●			●	301
RAMUNTCHO	♦		●	●			301
SAINT-PALAIS							
LE TRINQUET	♦	●	●				301
SAINT-PÉE-SUR-NIVELLE							
LE FRONTON	♦♦				●		297
SARE							
ARRAYA	♦♦		●			●	298
TARDETS							
PIELLENIA	♦		●		●		302
URT							
LA GALUPE	♦♦♦	●			●		292
USTARITZ							
LA PATOULA	♦♦		●	●		●	298

◆ CHOISIR UN HÔTEL

♦ < 150 F
♦♦ 150 à 400 F
♦♦♦ 400 à 600 F
♦♦♦♦ > 600 F

	PRIX	HÔTEL-RESTAURANT	GÎTE / CHAMBRES D'HÔTES	VUE / CADRE	PISCINE	JARDIN / PARC	PARKING	NOMBRE DE CH.	PAGE
ABENSE-DE-HAUT									
PONT D'ABENSE *	♦♦	●					●	11	301
ANCILLE									
PECOITZ **	♦♦	●						14	299
AINHOA									
ITHURRIA ***	♦♦♦				●	●	●	27	296
ANGLET									
AUBERGE DE JEUNESSE	♦								293
CHÂTEAU DE BRINDOS ****	♦♦♦♦			●		●	●	13	293
HÔTEL DE CHIBERTA ET DU GOLF ***	♦♦♦			●		●	●	95	293
ASCAIN									
HARANEDERREA	♦♦		●			●		5	296
BARCUS									
CHILO **	♦♦	●			●	●	●	12	302
BIARRITZ									
AUBERGE DE JEUNESSE	♦								293
CHÂTEAU DU CLAIR DE LUNE ***	♦♦♦			●	●	●	●	17	293
HÔTEL DU PALAIS ****	♦♦♦♦	●		●	●	●	●	156	294
HÔTEL RÉGINA ET DU GOLF ****	♦♦♦♦			●		●	●	66	293
BIDACHE									
HÔTEL-RESTAURANT BASQUE **	♦	●				●	●	10	292
BIDARRAY									
GÎTES MENDITARRENA ET ETXE ZAHARRIA	♦		●				●		300
BIDART									
CAMPING PAVILLON ROYAL ***	♦♦♦			●	●	●	●		295
IRIGOIAN	♦♦♦		●			●	●	6	294
HÔTEL-VILLA L'ARCHE ***	♦♦♦♦			●		●	●	8	295
BUSSUNARITZ									
COL DE GAMIA **	♦♦	●		●			●	7	300
CAMBO-LES-BAINS									
CAMPING BIXTA EDER ***	♦			●	●		●		297
CHEZ TANTE-URSULE **	♦♦	●					●	18	297
ESPELETTE									
EUZKADI **	♦♦	●			●	●		32	297
ESTERENÇUBY									
ARTZAIN-ETCHEA **	♦♦	●					●	17	300
HENDAYE									
CENTRE SERGE-BLANCO ***	♦♦♦♦	●		●		●	●	60	295
ISTURITZ									
MAISON URRUTI ZAHARRIA	♦♦		●			●	●	5	300

	PRIX	HÔTEL-RESTAURANT	GÎTE / CHAMBRES D'HÔTES	VUE / CADRE	PISCINE	JARDIN / PARC	PARKING	NOMBRE DE CH.	PAGE
ITXASSOU									
Le Fronton **	◆◆	●			●		●	25	297
LA BASTIDE-CLAIRENCE									
Maison Marchand	◆◆		●			●		5	299
Maison Sainbois	◆◆◆		●	●	●	●	●	6	299
LARRAU									
Etchemaité **	◆◆	●		●		●	●	16	302
LASSE									
Cidrerie Aldakurria **	◆◆	●				●	●	7	300
LES ALDUDES									
Saint-Sylvestre **	◆◆	●					●	10	299
OSSÈS									
Mendi Alde **	◆◆	●				●	●	25	300
SAINTE-ENGRÂCE									
Ferme-camping Espondaburu	◆◆		●				●		302
SAINT-JEAN-DE-LUZ									
Hôtel de la Plage **	◆◆◆			●			●	27	296
Maria Christina **	◆◆							11	296
Parc Victoria ****	◆◆◆◆			●	●	●	●	12	296
La Réserve ***	◆◆◆			●	●	●	●	41	296
SAINT-JEAN-PIED-DE-PORT									
Les Pyrénées ***	◆◆◆◆	●			●	●	●	20	301
M. et Mme Garicoitz	◆◆		●				●	4	301
Ramuntcho **	◆◆	●					●	17	301
SAINT-PALAIS									
Hôtel de la Paix **	◆◆	●				●		27	301
Le trinquet **	◆◆	●						12	301
SAINT-PÉE-SUR-NIVELLE									
Bidachuna	◆◆◆◆		●	●		●	●	5	297
SAMES									
Le Lanot	◆◆		●			●	●	2	292
SARE									
Arraya ***	◆◆◆	●				●	●	20	298
Olhabidéa	◆◆		●	●		●	●	5	298
SOURAÏDE									
Ferme de pinodiéta	◆◆		●			●	●	5	298
TARDETS									
Piellenia *	◆◆	◆						12	302
USTARITZ									
La Patoula ***	◆◆◆	●				●	●	9	298

◆ TABLE DES ILLUSTRATIONS

Couverture :
*Lauburu
et Ikuriña,*D.R.
Berger, aquarelle,
Ramiro Arrue,
Bayonne, Musée
basque,
cl. Emmanuel
Chaspoul/Gallimard.
*Armes du Pays
basque,*
© *Chistera,* © Étienne
Follet/Follet Visuels.
Affiche de corrida,
Bayonne, © Musée
basque.
Dos :
Étiquette de béret,
Bayonne, Musée
basque, cl. Emmanuel
Chaspoul/Gallimard.
*Chapiteau de l'église
de Sainte-Engrâce,* ©
Étienne Follet/Follet
Visuels.
*Les armes de
Bayonne,* bas-relief
de la cathédrale,
© Bibliothèque
du patrimoine.
*Publicité
de sandale,* Paris,
Bibliothèque
Nationale, © B.N.
4e plat : *Biarritz xixe,*
gravure Bayonne,
Musée basque,
cl. Emmanuel
Chaspoul/Gallimard.
Affiche publicitaire,
Bayonne, Musée
basque, cl. Emmanuel
Chaspoul/Gallimard
Stèle discoïdale,
© Bernard Grilly.
Contrebandier,
gravure xixe, Bayonne,
Musée basque, cl.
Emmanuel
Chaspoul/Gallimard.
Dolmen de Mendive,
© Étienne Follet/ Follet
Visuels
1 *Retour du paysan
après avoir vendu ses
bœufs,* carte postale
début xxe, coll. part.
2-3 *Ferrage d'une
vache à Baïgorry,*
cl. H. Monnet, Paris,
musée des Arts et
Traditions populaires,
© RMN.
4-5 *Pêcheurs à
Guéthary,* carte
postale début xxe,
coll. part.
6-7 *Biarritz, l'heure
de la causerie,* carte
postale début xxe,
coll. part.
8-9 *Le fandango,*
carte postale début
xxe, coll. part.
11 *Paysage du Pays
basque,* Jean
Le Normand de La
Blochais, coll. part.
12 *Hêtre,*
ill. Gallimard.
13 *Turc attendant
de jouer son rôle,*

aquarelle, Ramiro
Arrue, Bayonne,
Musée basque,
cl. Emmanuel
Chaspoul/Gallimard.
*Signature d'Edmond
Rostand,* D.R.
17 *Le Cloître
de la cathédrale de
Bayonne,* Georges
Meneau, gravure,
Bayonne,
Musée basque,
cl. Emmanuel
Chaspoul/Gallimard.
18 *Femme
de Bayonne en 1567,*
gravure, Paris,
Bibliothèque
Nationale,
© B.N.
*Carte
du Gouvernement
de Bayonne,* Paris,
Bibliothèque
Nationale, © B.N.
19 *Paysage de
Biscaye au xvie,*
gravure, Bayonne,
Musée basque,
cl. Emmanuel
Chaspoul/Gallimard.
*Butoir de rebot en
pierre,* xixe Bayonne,
© Musée basque.
20 *Bayonne,
Château-Vieux,*
gravure, L. Meneau,
Bayonne, Musée
basque, cl. Emmanuel
Chaspoul/Gallimard.
*Saint-Sébastian
en 1560,* gravure,
Bayonne, Musée
basque, cl. Emmanuel
Chaspoul/Gallimard.
21 . *Joseph-
Dominique Garat,*
gravure, Bayonne,
Musée basque, cl.
Emmanuel
Chaspoul/Gallimard.
*Linteau de maison
à Ossès,* © Santiago
Yaniz/Etor.
22 *Costume
du Régiment corse,*
aquarelle, xixe siècle,
Paris, Bibliothèque
Nationale,©Jean-
Loup Charmet.
Paysan et sa charrue,
gravure, Raoul Serres,
Bayonne, Musée
basque,
cl. Emmanuel
Chaspoul/Gallimard.
23 *bains de mer
à Biarritz,*gravure xixe,
Bayonne, Musée
basque, cl. Emmanuel
Chaspoul/ Gallimard.
24 *Affiche publicitaire
du journal Euzkadi,*
Bayonne, Musée
basque,
cl. Emmanuel
Chaspoul/Gallimard.
*Déclaration bilingue
de Wellington,*
Bayonne,
Musée basque,

cl. Emmanuel
Chaspoul/Gallimard.
25 *Berger,* gravure
xxe, Bayonne,
Musée basque,
cl. Emmanuel
Chaspoul/Gallimard.
26 *Titre du journal
Herria,* D.R.
Types basques,
pastel, Pablo Tillac,
Bayonne,
Musée basque,
cl. Emmanuel
Chaspoul/Gallimard.
*Enfants dans les rues
de Ciboure,* photo
début xxe, © Musée
Albert Kahn,
Département des
Hauts-de-Seine.
27 *Titres de revues
basques,*
*D.R. Guide
de conversation
français-basque,* D.R.
28 *Vieux basque,*
carte postale début
xxe, coll. part.
Vieille femme basque,
carte postale début
xxe, coll. part.
29 *Linteau
de maison,* © Michel
Barberousse, *Famille
basque en Biscaye,*
carte postale début
xxe,coll. part.
Stèle basque, ©
Michel Barberousse.
30 *Prêtre en chaire ,*
aquarelle, Ramiro
Arrue, Bayonne,
Musée basque,
cl. Emmanuel
Chaspoul/Gallimard.
*Stèle du cimetière de
l'abbaye de Belloc,*
© Santiago Yaniz/Etor.
31 *Scène de Jarleku,*
gravure, Jacques Le
Tanneur, D.R.
L'église de Cambo,
pastel, Pablo Tillac,
Bayonne, Musée
basque, cl. Emmanuel
Chaspoul/Gallimard.
Procession à Sare,
carte postale début
xxe, © R.M.N.
32 *Le débarquement
de la sardine
à Hendaye,* carte
postale début xxe, coll.
part.
*Marchandes de
poisson à Saint-Jean-
de-Luz,* carte postale
début xxe, coll.part.
cl. Emmanuel
Chaspoul/Gallimard.
*Pêcheur de Saint-
Jean-de-Luz,* gravure,
P. Garmendia,
Bayonne,
Musée basque,
cl. Emmanuel
Chaspoul/Gallimard.
33 *Chemin
de Saint-Jacques-
de-Compostelle,*
Centre d'étude

compostellane,
Pons. cl. Eric
Chauvet/Gallimard.
Saint Jacques, statue
en bois polychrome.
Coll. Église
de Chatellerault.
cl. Jérôme Da Cuna.
*Les pèlerins devant
la cathédrale de Saint-
Jacques-de-
Compostelle, le jour
de la Saint-Jacques.*
© Magnum/Barbey,
Paris.
34 *Pèlerins allemands
arrivant à Compostelle,*
in *Das Wallfahrtsbuch
des Hermannes
Künig vor Vach
und die Pilgenseisen
des Deutschen
nach Santiago de
Compostelle,* Konrad
Häbler, 1899. Bibl. nat,
Paris.*L'Hôpital-Saint-
Blaise.* © Étienne
Follet/Follet
Visuels.*Bénédiction
pontificale solennelle
des attributs du
pèlerinage,* miniature,
ms 565, folio 175.
Coll. Bibl. munic.,
Lyon.*Guide du Pèlerin,*
codex Calixtinus, xiie.
Coll. Arch.
de la basilique
de Compostelle.
cl. Jérôme Da Cunha.
35 *Saint Jacques
apparaît
à Charlemagne,*
enluminure, in *Grande
Chronique de Saint
Denis,* ms 512, 1430.
Coll. bibl. munic.,
Toulouse. *Couple de
pèlerins,* détail d'une
fresque
à San Martino dei
Buonomini, Florence.
© Scala.
36 *Pin's
de l'Associaion des
basques d'Amérique
du Nord,* coll. part., *id,*
idem.
*Départ depuis
Bordeaux vers le Chili
en 1905,*cl. coll.
Bernard. *Départ
d'Orly,* cl. coll. Iriart.
37 *Les frères Duhalt
au Mexique,* photo fin
xixe, coll. Alzuyeta.
*Écusson de la maison
des Basques
d'Uruguay,* coll. part.
38 *Emmigrants sur
le pont,* coll. Bernard.
*Famille devant
sa roulotte,* photo
années 50, coll. Père
Gachiteguy.
*Voyage en autobus
vers un port
Autoportrait,* Léon
Bonnat, Bayonne,
musée Bonnat,
© musée Bonnat.
122 -123 *Procession*

d'embarquement, photo années 50, coll. Iriart.
La voiture achetée avec l'argent d'Amérique, photo années 50, coll. Iriart.
40 *Montagne basque* © Claude Dendaletche, Biarritz, © Didier Sorbé
42 *Grotte de Sare, entrée* © Étienne Follet/Follet Visuel, *Crottes d'Isturitz*, © id., © id
46 *Sardes, les jumeaux*, © Didier Sorbé
47 *Hendaye*, © Dominique Delaunay
50-53 *Vallée de Larrau*, © Bernard Grilly. *Vue sud-ouest en montant à Oka*, © Étienne Follet/Follet Visuel. *Pic d'Anie*, © Éric Chauché. *Vue du Col d'Erromendy*, © id.
65 *Danseur de zamaltzain*, Ramiro Arrue, aquarelle, Bayonne, Musée basque, © Musée basque.
66 *Couverture de la brochure Propria*, © IFA. *Paysan et son makhila*, dessin à la plume, Pablo Tillac, Bayonne, Musée Basque, cl. Emmanuel Chaspoul/Gallimard. *Makhilas*, © Étienne Follet·Follet Visuels.
67 *Fabrication du makila*, © Étienne Follet/Follet Visuels.
68 *Détail de linteau de cheminée*, Bayonne, Musée basque, cl. Emmanuel Chaspoul/ Gallimard. *Coffre*, Bayonne, Musée basque, cl. Emmanuel Chaspoul/Gallimard. *Armoire*, Bayonne, Musée basque, cl. Emmanuel Chaspoul/Gallimard. *Zuzulu à partie centrale mobile*, Bayonne, Musée basque, cl. Emmanuel Chaspoul/Gallimard.
69 *Intérieur basque*, carte postale début du xxᵉ, coll. part. *Petite armoire*, Bayonne, Musée basque, cl. Emmanuel Chaspoul/Gallimard. *Lauburu*, ill. Claude Quiec.
70 *Costume de Bayonne*, xvⁱᵉ,

gravure, Paris, Bibliothèque nationale © B.N. *Couple de Basques*, gravure, Bayonne, Musée basque, cl. Emmanuel Chaspoul/Gallimard.
71 *Sardinière de Saint-Jean-de-Luz*, gravure, Bayonne, Musée basque, cl. Emmanuel Chaspoul/Gallimard. *Basque de Fontarabie*, gravure, Bayonne, Musée basque, cl. Emmanuel Chaspoul/Gallimard. *Capulet*, cl. Claude Iruretagoyena. *Danseurs en abarkas*, © Idem. *Tête de marin*, pastel, Pablo Tillac, Bayonne, Musée basque, cl. Emmanuel Chaspoul/Gallimard.
72 *Écusson de la fédération française de pelote*, D.R. *Joueur de chistera*, © Étienne Follet/Follet Visuels.
73 *Instruments de pelote*, © Étienne Follet/Follet Visuels. *Partie de pelote*, huile sur bois, Jean Le Normand De La Blochais, coll. part. *Joueur à main nue*, © Étienne Follet/Follet Visuels.
74 *Palombières de Sare, premier rabatteur*, carte postale début xxᵉ, coll. part.
75 *Tour des palombières de Sare*, carte postale début xxᵉ, coll. part. *Chasse à la palombe à Iraty*, © Bernard Grilly. *Filets aux palombières de Sare*, © Carole Descordes.
76 *Musicien et instruments basques*, dessin de Jean Philippe Chabot, d'après Ramiro Arrue. *Réunion de chistularis en Pays basque*, photo années 50, Bayonne, © Musée basque.
77 *Chanteurs de pastorale à Larrau*, © Étienne Follet/Follet Visuels. *Procession au Pays basque*, huile sur bois, Ramiro Arrue, Bayonne, Musée basque, cl. Emmanuel Chaspoul/Gallimard. *Chanteur de points*

au rebot, © Étienne Follet/Follet Visuels. *Affiche des manifestations en l'honneur d'Elizamburu*, D.R.
78 *Le saut basque*, carte postale début xxᵉ, coll. Thierry Truffaut. *Danse des bâtons à Bidart*, carte postale début xxᵉ, coll. Thierry Truffaut. *Le fandango*, huile sur toile, Ramiro Arrue, Saint-Jean-de-Luz.D.R.
79 *Danse collective en Basse Navarre*, carte postale début xxᵉ, coll. Thierry Truffaut. *Danse du verre*, © Etienne Follet/Follet Visuels. *Illustration pour le "Mariage basque" de Francis Jammes*, dessin, Ramiro Arrue,D.R.
80 *Affiche des fêtes de Bayonne 1977*, Bayonne, Musée basque, cl. Emmanuel Chaspoul/Gallimard. *Procession de Fête-Dieu à Cambo*, pastel, Pablo Tillac, Bayonne, Musée basque, cl. Emmanuel Chaspoul/Gallimard.
81 *Sortie de procession de Fête-Dieu à Ciboure*, huile sur toile,Georges Masson, Bayonne, Musée basque, cl. Emmanuel Chaspoul/Gallimard. *Carnaval avec ours*, © Thierry Truffaut. *Groupe complet de cavalcade*, photo début xxᵉ, coll. part., D.R. *Danseur masqué*, Ramiro Arrue, aquarelle, Bayonne, Musée basque, cl. Emmanuel Chaspoul/Gallimard.
82 *Laitière de Bidart*, aquarelle, Paris, Bibliothèque nationale, © B.N. *Recette du Ttorro*, cl. Eric Guillemot/Gallimard.
83 *Recette du Ttorro*, cl. Éric Guillemot / Gallimard.
84 *Piments séchant à Espelette*, © Bernard Grilly. *Macarons, maison Adam*, D.R. *Ventrèche, jambon de Bayonne, sablés*, © Michel

Barberousse. *Bouteille d'Irouleguy*, D.R. *Revues en langue basque*, D.R. *Étiquette de béret*, Bayonne, Musée basque, cl. Emmanuel Chaspoul/Gallimard.
115 *Le Port de Bayonne en 1761*, Joseph Vernet, huile sur toile, dépôt du Louvre au musée de la Marine, © RMN.
116 *Groupe de personnages avec paysage et mer*, Ramiro Arrue, huile, Bayonne, Musée basque, cl. Emmanuel Chaspoul/Gallimard. *Maison de la campagne de Sare*, Georges Bèrges, huile sur toile, Bayonne, Musée basque, cl. Emmanuel Chaspoul/Gallimard.
117 *Autoportrait*, Ramiro Arrue, fusain, Bayonne, © Musée basque.
118 *Partie de rebot sur les remparts de Fontarabie*, Gustave Colin, huile, Bayonne, Musée basque, cl. Emmanuel Chaspoul/Gallimard. *Procession de la Fête-Dieu à Bidarray*, Marie Garay, huile sur toile, Bayonne, Musée basque, cl. Emmanuel Chaspoul/Gallimard.
119 *Trinquet de Saint-Jean de Luz*, Joseph Saint-Germier, huile,Bayonne, Musée basque, cl. Emmanuel Chaspoul/Gallimard.
120 *Biarritz depuis le plateau de l'Atalaye*, Julien Valette, huile sur toile, Bayonne, Musée basque, cl. Emmanuel Chaspoul/Gallimard. *La baie de Saint-Jean-de-Luz depuis Sainte-Barbe*, Léon Bonnat, huile, Bayonne, Musée basque, cl. Emmanuel Chaspoul/Gallimard.
121 *Vue de Biarritz depuis la pointe Saint-Martin*, Lucien Joulin, huile, Bayonne, Musée basque, cl. Emmanuel Chaspoul/Gallimard.

au Pays basque, Raymond Virac, huile, coll. part., © Dominique Delaunay/IFA. *Paysage de la campagne quand la journée est finie*, Henri Zo, huile sur toile, Musée basque, cl. Emmanuel Chaspoul/Gallimard.
124 *Sortie de messe à Cambo*, Pablo Tillac, pastel, Musée basque, cl. Emmanuel Chaspoul/Gallimard.
125 *Jeunes garçons à Isturitz*, photo années 1950, H. Monnet, Paris, musée des A.T.P. © R.M.N.
126 *Femme à la fontaine*, gravure de Raoul Serres, Bayonne, Musée basque, cl. Emmanuel Chaspoul/ Gallimard.
127 *La Comtesse d'Aulnoy*, gravure, © Harlingue-Viollet. *Paysan et ses bœufs*, dessin à l'encre de Pablo Tillac, Bayonne, Musée basque, cl. Emmanuel Chaspoul/ Gallimard.
128 *Le douanier de surveillance à la Chambre d'Amour*, carte postale début xxᵉ, coll. part. *«Socoa», canot de la société centrale de sauv, etage des naufragés*, carte postale début xxᵉ, coll. part., cl. Emmanuel Chaspoul/Gallimard.
129 *L'heure du bain à Saint-Jean-de-Luz*, carte postale début xxᵉ, coll. part., cl. Emmanuel Chaspoul/Gallimard.
130 *Louis Guillaume*, © Jean-Pierre Boulaire/ Association des amis de Louis Guillaume. *L'embouchure de l'Adour*, gravure, Bayonne, Musée basque, cl. Emmanuel Chaspoul/Gallimard. *Joseph Peyré*, © Harlingue-Viollet.
131 *Victor Hugo*, dessin de Léon Noël, © coll. Viollet. *Danse du drapeau*, encre sur papier, Bayonne, Musée basque, cl. Emmanuel Chaspoul.
132 *Christian Rudel*, © Bayard-Presse.
133 *Famille d'émigrants aux États-Unis dans les années*

1950, cl. Gachiteguy.
134 *Pierre Loti*, dessin de Vuillier, 1892, © coll. Viollet. *Ascain, maison où Loti écrivit Ramuntcho*, carte postale début xxᵉ, coll. part.
135 *Linteau de porte*, © Michel Barberousse. *Pierre Benoît*, © Harlingue-Viollet. *Pastorale*, photo début xxᵉ, Bayonne, Musée basque, cl. Emmanuel Chaspoul/Gallimard.
136 *Type de contrebandier basque*, gravure, Bayonne, Musée basque, cl. Emmanuel Chaspoul/Gallimard. *Francis Jammes*, © Harlingue-Viollet.
137 *Petit oratoire*, gravure, Bayonne, Musée basque, cl. Emmanuel Chaspoul/Gallimard.
138 *Bayonne, rue du Port-Neuf*, carte postale début xxᵉ, coll. part. *Roland Barthes*, © Michael Holtz/Sygma.
139 *Les pelotaris Pouchant, J. Dongaïtz, Castillo, Mondragonez*, carte postale début xxᵉ, coll. part.
140 *Chiquito de Cambo*, photo début xxᵉ, Bayonne, Musée basque, © Étienne Follet/Follet Visuels.
141 *Maison Burquia à Sare*, Georges Masson, huile sur toile, coll. part., cl. Emmanuel Chaspoul/Gallimard.
142 *Pâturages d'Urkulu*, © Didier Sorbé. *Marché à Saint-Jean-Pied-de-Port* © Didier Sorbé.
143 *Paysage de Saint-Palais* © Didier Sorbé. *Paysage souletain* © Étienne Follet/Follet Visuels.
144 *Maisons en bord de mer à Saint-Jean de Luz*, © Jean-Marc de Faucompret. *La digue de l'Artha à Saint-Jean de Luz*, © Jean-Marc de Faucompret.
145 *Falaises au-dessus de Biarritz*, © Jean-Marc de Faucompret. *Le port de Ciboure*, © Jean-Marc de Faucompret.
146 *Danseurs à Saint-Jean-Pied-de-*

Port, © Didier Sorbé. *Joueurs de pelote*, © Jean-Marc de Faucompret.
147 *Bayonne au xixᵉ*, gravure, Bayonne, Musée basque, cl. Emmanuel Chaspoul/Gallimard.
148 *Carte des côtes de Bayonne, Saint-Jean-de-Luz et le Labour*, Paris, Bibliothèque.Nationale , © B.N. *La Rue Poissonnerie*, F. Corrèges, gouache, Bayonne, Musée basque, cl. Emmanuel Chaspoul/Gallimard. *Vue de Bayonne par l'ingénieur Bérard, 1764*, Bayonne, Bibliothèque municipale, © Musée basque.
149 *L'Adour et le quartier Saint-Esprit*, © Étienne Follet/Follet Visuels. *Idem. Idem. Stavisky*, © Harlingue-Viollet. *Grisette de Bayonne*, gravure, Bayonne, Musée basque, cl. Emmanuel Chaspoul/Gallimard.
150 *Plan de la ville de Bayonne, 1612*, Bayonne, Bibliothèque municipale, © Musée basque. *Vue de Bayonne*, gravure, Bayonne, Musée basque, cl. Emmanuel Chaspoul/Gallimard.
151 *Étiquettes de bérets*, Musée basque, cl. Emmanuel Chaspoul/Gallimard.
154 *Dragage sur l'Adour*, © Étienne Follet/Follet Visuels. *Port de Bayonne*, © Dominique Lerault/Diaf. *L'embouchure de l'Adour en 1732*, Paris, Bibliothèque nationale, © B.N.
156 *Le Cloître de la cathédrale de Bayonne*, Georges Meneau, gravure, Bayonne, Musée basque, cl. Emmanuel Chaspoul/Gallimard. *Vue de Bayonne*, © Éric Chauché. *La Cathédrale et le Cloître de Bayonne*, © Dominique Lerault/Diaf. *Restauration du transept sud de la cathédrale de Bayonne, 1853*, Bœsurllivald, dessin, Paris, bibliothèque du Patrimoine, © bibliothèque du Patrimoine. *Projet*

d'achèvement du clocher sud-est et de la façade principale de la cathédrale de Bayonne, 1872, Bœsurllivald, dessin, Paris, bibliothèque du Patrimoine, © bibliothèque du Patrimoine.
157 *Clef de voûte du bras sud du transept de la cathédrale de Bayonne*, © bibliothèque du Patrimoine. *Idem. Idem.*
158 *Soldat du régiment de Nassau-Sarrebruck, 1766*, Gravelot, © Jean Vigne. *Marie-Anne de Neubourg*, gravure, Bayonne, Musée basque, cl. Emmanuel Chaspoul/Gallimard. *Duvergier de Hauranne*, gravure, Bayonne, Musée basque, cl. Emmanuel Chaspoul/Gallimard. *Le Château-Vieux* , © Dominique Lerault/Diaf.
160 *Publicité pour la chocolaterie Cazenave*, D.R. *Fabrication du chocolat*, cl. Ibaifoto/ D.R. *Place des Cinq-Cantons, 1820*, Gouache du chevalier Foisèque, Bayonne, Musée basque, © Xavier Hillau/Musée basque.
161 *Publicité pour La Belle Jardinière à Bayonne*, Bayonne, Musée basque, cl. Emmanuel Chaspoul/Gallimard. *Remparts Lachepaillet*, © Éric Chauché.
162 *Les allées Paulmy*, © Dominique Delaunay/ I.F.A. *Vue de la Nive et du quai Roquebert*, Raoul Cordier, aquarelle, Bayonne, Musée basque, cl. Emmanuel Chaspoul/Gallimard.
163 *Les quais de la Nive*, © Étienne Follet/Follet Visuels. *Maisons des quais, idem. Le quai Jaureguiberry*, © Dominique Lérault/Diaf.
164 *Les Quais et les Flèches de la cathédrale*, Raoul Serres, gravure, Bayonne, Musée basque, cl. Emmanuel Chaspoul/Gallimard.
165 *Urt, une péniche*

se rendant à Bayonne, carte postale début xxe, Bayonne, Musée baque, © Musée basque.
166 Cacolet, gravure, Bayonne, Musée basque, cl. Emmanuel Chaspoul/Gallimard. Statuette de saint Nicolas, en bois , Bayonne, Musée basque, cl. idem. Collier de bélier, Bayonne, Musée basque, cl. idem. Mur peint, © Dominique Lérault/Diaf.
167 En cacolet sur la route de Bayonne, Bayonne, Musée basque, cl. Emmanuel Chaspoul/Gallimard. Le trinquet de Bayonne, © Dominique Lérault/Diaf. Intérieur du musée Bonnat, © idem.
168 Saint Martin, maître de Bonnat, Bayonne , musée Bonnat. La Baigneuse, J.A.D. Ingres, Bayonne, musée Bonnat, © idem. Portrait du duc d'Osuna, F. Goya, huile sur toile, Bayonne, musée Bonnat, © idem.
169 Le Retour du chasseur, Clodion, Bayonne , musée Bonnat, © idem. Tête de cerf, A. Dürer, Bayonne, musée Bonnat, © idem. Portrait de Mme Léopold Stern, Léon Bonnat, huile sur toile, Bayonne, musée Bonnat, © idem.
170 Étude pour la Vierge et l'Enfant avec un chat, Léonard de Vinci, Bayonne, musée Bonnat, © musée Bonnat. Adam et Ève, Michel-Ange, Bayonne, musée Bonnat, idem. Énée et Didon à Carthage, C. Gellée, Bayonne, musée Bonnat, idem. Deux hommes et quatre chats, J. A. Watteau, Bayonne, musée Bonnat, idem.
171 Étude de cheval, J.L.E. Meissonier, Bayonne, musée Bonnat, © idem. Étude pour Napoléon 1er à cheval, J.L.E.

Meissonier, Bayonne, musée Bonnat, © idem. Étude de cheval, J.L.E. Meissonier, Bayonne, musée Bonnat, idem. Tête d'homme avec un grand chapeau, J.L.E. Meissonier, Bayonne, Musée Bonnat, idem.
172 Fêtes de la Panperruque, 1782, Bayonne, Musée basque, © Xavier Hillau/Musée basque. Sepher Torah, Bayonne, synagogue, © idem. Seraphims de Bayonne, Bayonne, synagogue, © Anne Garde/Musée basque. Tableau pour la supputation de l'Omer, Bayonne, synagogue, © idem.
173 Quartier Saint-Esprit, © Étienne Follet/Follet Visuels. La gare de Bayonne, © Éric Chauché. Le pont Saint-Esprit, © Étienne Follet/Follet Visuels.
174 Plaquette publicitaire, D.R. Toréro, © Jean Gabanou/Diaf.
175 Picadors à l'entrée des arènes de Bayonne, Henri Zo, huile sur toile, Bayonne, musée Bonnat. Affiche de corrida à Bayonne, Bayonne, Musée basque, cl. Emmanuel Chaspoul/Gallimard. Plaquette publicitaire, D.R. Corrida aux arènes de Bayonne, © Étienne Follet/Follet visuels.
176 L'Adour à Urt, © Étienne Follet.
177 L'île de la Honce, © Étienne Follet/Follet Visuels. Roland Barthes, © Sophie Bassouls/Sygma.
178 Pêche à la pibale sur l'Adour, © Étienne Follet/Follet Visuels. Antoine de Grammont, gravure, Bayonne, Musée basque, cl. Emmanuel Chaspoul/Gallimard. Château de Bidache, © Éric Chauché.
179 Affiche de Biarritz, © La Vie du Rail.
180 Sceau de Biarritz en 1335, © Musée de la Marine. idem. © idem.
181 L'Impératrice Eugénie, Biarritz,

musée de la Mer, © CERS.
182 Le Phare de Biarritz, © Nilse. Le Palais impérial, Bayonne, Musée basque, cl. Emmanuel Chaspoul/Gallimard.
183 L'Hôtel du Palais, © Éric Chauché. Vue de Biarritz, © Nilse. L'église orthodoxe, © Dominique Lérault/Diaf. Un gala au Palais, Hemjic, Biarritz, Les amis du Vieux Biarritz, cl. Emmanuel Chaspoul/Gallimard. La façade du Palais, © Éric Chauché.
184 La Grande Plage et l'Hôtel du Palais, carte postale début xxe, coll. part. Villa Cyrano © Éric Chauché. Le sauveteur Carcabueno, Biarritz, Les amis du Vieux Biarritz, cl. Emmanuel Chaspoul/Gallimard.
185 La Plage du Miramar, Hemjic, Biarritz, Les amis du Vieux Biarritz, cl. Emmanuel Chaspoul/Gallimard. La villa Belza, © Éric Chauché. Le Musée de la mer, © Dominique Delaunay/I.F.A.
186 Vitrail de la villa Natacha, © Dominique Delaunay/I.F. A. Plaquette publicitaire pour la Roseraie en 1928, © IFA. La Côte de basques, Hemjic, dessin, Biarritz, Les amis du vieux Biarritz, cl. Emmanuel Chaspoul/Gallimard.
187 Esquisse pour l'hôtel, le casino et la salle des fêtes de Saint-Jean-de-Luz, William Marcel, dessin, © IFA. Patio de la villa Leïhorra, © Pierre Bérenger/I.F.A. Projet du grand hall de la villa Natacha, dessin, © IFA. Couverture de dépliant publicitaire sur Biarritz en 1930, © IFA.
188 Le casino de Saint-Jean-de-Luz, effet de nuit, 1925, William Marcel, © I.F.A. Sortie de la Réserve à Ciboure, photo début xxe, coll. part. D.R. Au Pavillon royal, composition de Fromenti, Album Biarritz, 1927, D.R.

189 Van Dongen se représentant en vieux basque, Album de Biarritz, 1927, D.R. Coco Chanel sur la plage de Biarritz, coll. Gruber-Bernstein, D.R. Nikita et Théodore de Russie sur la Grande Plage en 1930, Biarritz, Les amis du Vieux Biarritz, cl. Emmanuel Chaspoul/Gallimard.
190 La Chambre d'Amour, © Éric Chauché. Ancienne Gare de Biarritz, © Dominique Lérault/Diaf. La Chapelle impériale, © Dominique Lérault/Diaf. Une rue de Biarritz, Bayonne, Musée basque, cl. Emmanuel Chaspoul/Gallimard.
191 Renée à la piscine de la Chambre d'Amour, 1930, © Association des amis de Jacques-Henri Lartigue.
192 Les Alcyons, © Éric Chauché.
193 Le château d'Ibarritz, © Éric Chauché. Hôtel Guetharia, photo début xxe © I.F.A.
194 Le Port de Saint-Jean-de-Luz en 1788, gravure, Bayonne, Musée basque, cl. Emmanuel Chaspoul/Gallimard.
195 La Côte depuis Anglet, huile sur bois, Thérèse Leremboure, Plan de la rade de Saint-Jean-de-Luz en 1785, Paris, Service historique de la Marine, © Service historique de la Marine.
196 La Maison de Louis XIV, © Nilsen. Vue de Saint-Jean-de-Luz, © Jean-Paul Garcin/Diaf. Bibi à Saint-Jean-de-Luz, 1928, © Association des amis de Jacques-Henri Lartigue.
197. Retable de Saint-Jean-de-Luz, ©. Santiago Yaniz/ Etor Port de Saint-Jean-de-Luz, © Étienne Follet/Follet Visuel, © id, © Bernard Grilly, © Étienne Follet/Follet Visuels, © Bernard Grilly
198-199 Ramassage de la sardine à Hendaye, carte postale, début du xxe siècle, coll part.

◆ TABLE DES ILLUSTRATIONS

198. *Pinaza*
© Gallimard, *Scène
de chasse à la
baleine*, gravure
coll. Soulaire, D.R.
199 *Sceau
de Biarritz*, © Musée
de la Marine, *Harpons*
© Gallimard, *Atalayak
de Guéthary*, © Etor
200-201 «*Jesus y
adentro*», Pérez
del Camino, huile
sur toile, cl. Pedro
Palazuelos
© Musée des Beaux-
Arts de Santander
200 *Thon germon,
thon blanc, bonite
à ventre rayé*, ©
Gallimard *Affiche,
1925*, Bayonne,
Musée basque,
cl. Emmanuel
Chaspoul/ Gallimard.
*Retour de pêche
au chalut*, © Étienne
Follet/Follet Visuels.
*Pêche à la morue
en Terre-Neuve*, détail
d'une carte
XVIᵉ siècle, © Etor
201 *Détail
des costumes
de pêcheurs*, Biarritz,
CERS, *idem*.
202 *Rue de Ciboure*,
H. Godbarge, pastel,
coll. part, © I.F.A.
Timbre Maurice Ravel,
© musée
de la Poste. *Le Fort
de Socoa*,
© Éric Chauché.
Le Fort de Socoa,
© Étienne Follet /Follet
Visuels.
203 *Vue de Ciboure*,
carte postale début
xxᵉ, coll. part.,
cl. Emmanuel
Chaspoul /Gallimard.
Vue de Ciboure,
© Éric Chauché.
204 *Compas*, coll.
part., © Étienne
Follet/Follet Visuels.
Drapeau de pirate,
Pablo Tillac, gravure,
Bayonne, Musée
basque, © Étienne
Follet/Follet Visuels.
Marine, © *idem*.
*Portrait du corsaire
Pellot*, Hélène Feuillet,
aquarelle, Bayonne,
Musée basque,
cl. Emmanuel
Chaspoul/Gallimard.
*Combat
de la corvette
la Bayonnaise
à l'abordage
de la frégate
l'Embuscade*, Paris,
Musée de la Marine,
© Musée
de la Marine.
205 *Pistolet*,
coll. part., © Étienne
Follet/Follet Visuels.
Illustrations

*de la vie du corsaire
Coursic*, Pablo Tillac,
gravure, Bayonne,
Musée basque,
© *idem*.
206 *Le casino
d'Hendaye*, © Éric
Chauché. *Le château
d'Urrugne*,
© Santiago Yaniz/Etor.
*La redoute
d'Hendaye*, Paris,
Bibliothèque
nationale, © B.N.
Le casino d'Hendaye,
carte postale début
du xxᵉ, coll. part.,
cl. Emmanuel
Chaspoul/Gallimard.
207 *Le fronton
de Baïgorry*,
Jean Le Normand
de La Blochais,
cl. Gallimard.
208 *Francis Jammes
aux Aldudes en 1934*,
© Association Francis
Jammes-Orthez.
209 *Thermes à
Cambo*, © Étienne
Follet/Follet Visuels.
*Chiquito de Cambo
se désaltère
en compagnie du roi
d'Angleterre*, carte
postale début xxᵉ,
coll. part.,
cl. Emmanuel
Chaspoul/Gallimard.
210 *Façade
d'Arnaga*. © Le Festin.
*Rosemonde Gérard
devant son portrait*,
Cambo, Arnaga, ©
Roger Gain.
*Salle de jeux des
enfants*, © idem.
Grand hall, © idem.
Salle à manger,
© idem.
211 *Edmond
Rostand*, Cambo,
Arnaga,
© Roger Gain.
Vue d'Arnaga,
© idem.
212 *Joseph
Dominique Garat*,
gravure, Bayonne,
Musée basque,
cl. Emmanuel
Chaspoul/Gallimard.
Maison d'Ustaritz,
© Bernard Grilly.
*Paysan avec
ses bœufs*,
© Éric Chauché.
213 *Linteau de porte
à Ustaritz*, © Santiago
Yaniz/Etor. *Paysage
labourdin*, Jean
Le Normand
de La Blochais,
cl. Gallimard.
Bois de Saint-Pée,
© Éric Chauché.
214 *Rue d'Ascain*,
Rigaud, gravure,
Bayonne, Musée
basque,
cl. Emmanuel
Chaspoul/Gallimard.

*Expédition à la Rhune
en 1930*, carte postale
début xxᵉ, coll. part.,
cl. Emmanuel
Chaspoul/ Gallimard.
215 *Vue de Sare*,
© Éric Chauché.
La Rhune,
© Dominique
Lérault/Diaf.
Maison de Sare
© Dominique
Lérault/Diaf.
Petit train de la Rhune,
© Santiago Yaniz/Etor.
216 *Sortie de messe
à Sare*, Geoges
Masson, huile sur
toile, coll. part.,
cl. Emmanuel
Chaspoul /Gallimard.
Grottes de Sare,
© Étienne Follet/Follet
Visuels.
217 *Paysan*, Raoul
Serres, gravure,
Bayonne, Musée
basque,
cl. Emmanuel
Chaspoul/Gallimard.
Vue d'Ainhoa,
© Dominique
Lérault/Diaf.
Façade à Espelette,
© *Château
d'Espelette*,
© Étienne Follet/Follet
Visuels.
218 *Type de
contrebandier
basque*, gravure,
Bayonne,
Musée basque,
cl. Emmanuel
Chaspoul/Gallimard.
*Hendaye,
la frontière*, carte
postale années 1960,
coll. part.
*Un douanier et un
contrebandier*, carte
postale début xxᵉ,
coll. part.
219 *Contrebandier
basque*, gravure,
Bayonne, Musée
basque,
cl. Emmanuel
Chaspoul/Gallimard.
220 *Foire aux pottoks
à Espelette*,
© Étienne Follet/Follet
Visuels. Idem,
© idem. Idem,
© Dominique Lérault/
Diaf. *Fromage
de brebis et confiture
de cerises*, © Michel
Barberousse.
221 *Vue d'Itxassou*,
© Dominique Lérault/
Diaf. *Le Pas
de Roland* fin xixᵉ,
gravure, Bayonne,
Musée basque,
cl. Emmanuel
Chaspoul /Gallimard.
Blason,
© Santiago Yaniz/Etor.
222 *Ganix de
Macaye*, photo début
xxᵉ, Bayonne,

© Musée basque.
Vue de Macaye, Pablo
Tillac, encre
et rehauts de
gouache, Bayonne,
Musée basque,
cl. Emmanuel
Chaspoul/Gallimard.
223 *L'Église d'Uhart-
Cize*, Georges
Dupuis, huile sur
carton, Bayonne,
Musée basque,
cl. Emmanuel
Chaspoul/Gallimard.
224 *Plan de Saint-
Jean-Pied-de-Port*,
Service historique de
la Marine, © Service
historique de la
Marine-Vincennes.
225 *Vue de Saint-
Jean-Pied-de-Port*,
© Étienne Follet/Follet
Visuels. *Idem*,
© idem. *Femmes
à la fontaine*,
carte postale
début xxᵉ, coll. part.,
cl. Emmanuel
Chaspoul/Gallimard.
226 *Pont à Saint-
Jean-Pied-de-Port*,
Jean Le Normand
de La Blochais,
cl. Gallimard.
Rue de la ville,
cl. idem.
227 *La Nive*,
© Bernard Grilly.
Les remparts, © idem.
Vue de la ville, ©
Étienne Follet/Follet
Visuels. *Charles
Floquet*, H. Meyer
1882, © coll. Viollet.
*Jour de marché
à Saint-Jean-Pied-
de-Port*,
cl. Dumas, Paris,
musée des Arts
et traditions
populaires,
© R.M.N.
228 *Vignes
d'Irouleguy*
© Éric Chauché.
Vin d'Irouleguy,
cl. Maison Brana.
Cave coopérative,
© Dominique Lérault/
Diaf.
229 *Étiquettes
de vin*, cl. Propriétés.
Vignoble d'Irouleguy,
© Étienne Follet/Follet
Visuels.
cl. Famille Brana.
Vendanges,
© Dominique Lérault/
Diaf.*Coopérative*,
© Dominique
Lérault/Diaf.
230 *Usines de
Baïgorry*, gravure
anonyme fin xixᵉ,
Bayonne, Musée
basque,
cl. Emmanuel
Chaspoul/Gallimard.
231 *Saint-Étienne-
de-Baïgorry*,

TABLE DES ILLUSTRATIONS ◆

© Étienne Follet/Follet Visuels. *Les Aldudes*, © Pratt-Pries/Diaf. *Paysan avec ses bœufs*, pastel, Pablo Tillac, Bayonne, Musée basque, cl. Emmanuel Chaspoul/Gallimard.

232 *Paysage de Basse-Navarre*, © Étienne Follet/Follet Visuels.

233 *La tour d'Urkulu*, © Étienne Follet/Follet Visuels.

234 *Chronique de Saint-Denis*, XIIIe *Charlemagne retrouve le corps de Roland à Roncevaux*, © Édimedia. *Blason de Saint-Jacques*, © Gilles Rigoulet.

235 *Pèlerins à Ostabat*, © Gilles Rigoulet. © idem, © idem. *Procession à Roncevaux*, photo début xxe, Dumas, © R.M.N.

236 *Rue de Saint-Jean-le-Vieux*, Jean Le Normand de La Blochais cl. Gallimard.

237 *Dolmen de Mendive*, © Nilse. *Berger du Behorleguy*, © Santiago Yaniz/Etor.

238 *Saint-Simon, Saint-Jacques et Saint-Marc*, © Santiago Yaniz/Etor. *Vue de la voûte d'Alciette*, © idem

239 *Christ en majesté*, © Santiago Yaniz/Etor. *Saint-Michel*, © Santiago Yaniz/Etor. *Vue générale de Saint-André de Bascassan*, © idem

241 *Chapiteau de l'église de Bidarray*, © Nilse. *Paysage au Pays-basque*, huile sur toile, Pierre Albert Bégaud, Bayonne, Musée basque, cl: Emmanuel Chaspoul/Gallimard.

242 *Maison à Ossès*, © Étienne Follet/Follet

Visuels. *Façade de la commanderie d'Irrissary*, © Étienne Follet/Follet Visuels. *Façade à Ossès*, © Santiago Yaniz/Etor. *Cimetière d'Ascombeguy*, © Bernard Grilly.

243 *Procession de Fête-Dieu*, Ramiro Arrue, Bayonne, © Musée basque. *Vue d'Iholdy*, © Santiago Yaniz/Etor.

244 *Intérieur des grottes d'Oxocelaïa*, © Étienne Follet/Follet Visuels.

245 *Rue de La Bastide-Clairence*, © Santiago Yaniz/Etor. *Plaque émaillée*, Ramiro Arrue, Bayonne, Musée basque, cl. Emmanuel Chaspoul/Gallimard.

246 *Pèlerin près d'Ostabat*, © Gilles Rigoulet.

247 *Tapisserie Notre-Dame*, Roncevaux, Musée, © Artephot/ Oroñoz. *Stèle Saint-Jacques à Uhart-Mixe*, © Étienne Follet/Follet Visuels.

248 *Saint-Nicolas d'Harambels*, © Bernard Grilly. *Statue de Saint-Jacques*, © Santiago Yaniz/Etor. *Retable*, © idem.

249 *Voûte de la chapelle*, © Santiago Yaniz. *Peintures*, © idem.

250 *Bas-reliefs de la maison des têtes à Saint-Palais*, © Santiago Yaniz/Etor. *Jour de marché à Saint-Palais*, carte postale début xxe, coll. part. *Soka-Tira*, pastel, Pablo Tillac, Bayonne, Musée basque, cl. Emmanuel Chaspoul/Gallimard. *Festival de force basque*, © Éric Chauché.

251 *Bas-reliefs de la maison des têtes à Saint-Palais*, © Santiago Yaniz/Etor. *Vue de Saint-Palais*, © Étienne Follet/Follet Visuels. *Bas relief*

de l'église de Garris*, © Santiago Yaniz/Etor. *Façade à Garris* © Éric Chauché.

252 *Paysages de Basse-Navarre*, © Étienne Follet/Follet Visuels. © Bernard Grilly, © idem, © idem, © idem, © idem, © idem, © idem, © idem, © Santiago Yaniz/Etor, © Bernard Grilly.

253 *L'église de Sainte-Engrâce*, © Bernard Grilly.

254 *Fabricant d'espadrilles*, Mauléon, photo début xxe, D.R.

255 *Château de Mauléon*, gravure, Bayonne, Musée basque, cl. Emmanuel Chaspoul/Gallimard.

256 *Danseur de pastorale au repos*, aquarelle, Ramiro Arrue, Bayonne, Musée basque, cl.Emmanuel Chaspoul/Gallimard. *Pastorale Napoléon Ier à Chéraute*, pastel, Pablo Tillac, Bayonne, Musée basque, cl. Emmanuel Chaspoul/Gallimard. *Pastorale à Musculdy*, © Étienne Follet/Follet Visuels.

257 *Pastorale à Musculdy*, © Étienne Follet/Follet Visuels. idem, © idem.

258 *Portail de l'église de l'hôpital Saint-Blaise*, © Étienne Follet/Follet Visuels. *Hôpital Saint-Blaise*, carte postale début xxe, coll. part., cl. Charles Embid/ Gallimard.

259 *La Soule depuis le col d'Osquish*, © Étienne Follet/Follet Visuels. *Idem*, © idem.

260 *L'église de Gotein*, gravure anonyme, Bayonne, Musée basque, cl. Emmanuel Chaspoul/Gallimard.

261 *Foire au fromage à Tardets*, © Étienne Follet/Follet Visuels. *L'église de Haux*, © idem. *Pastorale*

de Matalas*, photo début xxe, Bayonne, Musée basque, cl. Emmanuel Chaspoul/Gallimard.

262 *Première Communion à Sainte-Engrâce*, carte postale début xxe, Paris, Musée des Arts et Traditions populaires, © R.M.N. *Sainte-Engrâce*, © Étienne Follet/Follet Visuels. *Idem*, © idem.

263 *Paysage d'Aincille*, © Bernard Grilly. *Idem*, © idem. *Forêt d'Iraty*, © idem. *Gorges de Kakouetta*, © Santiago Yaniz/Etor. *Alfred Martel*, © Roger-Viollet.

264 *Paysage de Soule*, Jean Le Normand de La Blochais, cl. Gallimard. *Pottok à Ahusquy*, © Étienne Follet/Follet Visuels. *Château d'Ahusquy*, © idem. *Vue d'Ahusquy*, carte postale début xxe, coll. part., cl. Charles Embid/Gallimard.

271 *Région de Saint-Jean-Pied-de-Port*, © Bernard Grilly. *Gué pour les pèlerins*, © idem

274 *Dolmen de Mendive* © Étienne Follet/Follet Visuels. *Cromlechs devant le pic d'Orhy*, © Étienne Follet/Follet Visuels.

282 *Paysage de Navarre*, © P. H. Guilbaud. *Façade de la cathédrale*, © P. H. Guilbaud.

283 *Guernica 1 et 2* © P. H. Guilbaud.

284 *San-Sebastian, place de la mairie* © P. H. Guilbaud. *La concha, plage de San Sebastian*, © P. H. Guilbaud.

Nous tenons à remercier les personnes suivantes pour leur collaboration : M. Charles Paul Gaudin, M. Enrique Ayerbe, M. Laurent Bossavie, M. Charles Embid.

◆ BIBLIOGRAPHIE

◆ GÉNÉRALITÉS ◆

◆ BIDART (P., sous la direction de) : *Société, culture et politique en Pays basque* (Elkar, Bayonne, 1986)
◆ BOUCHARD (J.-P.) et LARIVIÈRE (A.) : *Aimer les Pyrénées* (Ouest-France, Rennes, 1993)
◆ CASENAVE (J.) : *Le Pays basque* (Lavielle, Biarritz, 1989)
◆ CHAUVIREY (M.-F.) : *Pyrénées-Atlantiques* (Seuil, Paris, 1980)
◆ COLL. : *Guide Bleu Aquitaine : Bordelais, Périgord, Pays basque* (Hachette, Paris, 1991)
◆ DUHOURCAU (B.) : *Guide des Pyrénées mystérieuses* (Tchou, Paris, 1985)
◆ FRANCISQUE (M.) : *Le Pays basque : sa population, sa langue, ses mœurs, sa littérature et sa musique* (Elkar, Bayonne, 1994, reproduction en fac-sim. de l'éd. de 1857)
◆ GOYHENETCHE (E.) : *Notre terre basque* (Société nouvelle d'éditions régionales et de diffusion, 1979)
◆ GOYHENETCHE (J.) : *Les Basques et leur histoire : mythes et réalités* (Elkar, Bayonne, 1993)
◆ GOYHENETCHE (M.) : *Le Guide du Pays basque* (La Manufacture, Lyon, 1989)
◆ HARITSCHELHAR (J., sous la direction de) : *Être basque* (Privat, Toulouse, 1983)
◆ LABORDE (P.) : *Le Pays basque d'hier et d'aujourd'hui* (Elkar, Bayonne, 1983) ; *Connaître le Pays basque* (Elkar, Bayonne, 1989)
◆ LAPLACE (P.) et CASENAVE (J.) : *Le Pays basque vu du ciel* (Lavielle, Biarritz, 1992)
◆ LEBÈGUE (A.) : *Connaître les Pyrénées* (Sud-Ouest, Bordeaux, 1990)
◆ MARTENS (M.-H.) : *Les Plus Beaux Villages du Pays basque* (J & D, Pau, 1990)
◆ VIERS (G.) : *Le Pays basque* (Privat, Toulouse, 1975)

◆ NATURE ◆

◆ COHAT (Y.) : *Vie et mort des baleines* (Gallimard/Découvertes, Paris, 1986)
◆ CORT (J.-L.) : *Cimarron* (Ediciones Vascas, San Sebastian, 1980)
◆ DENDALETCHE (C.) : *Guide du naturaliste dans les Pyrénées Occidentales* (Delâchaux et Niestlé, Lausanne, 1973) ; *Montagnes et civilisations basques* (Denoël, Paris, 1978)
◆ DUFOUR (B.) : *Guides des spots côte basque, sud des Landes* (Association culturelle touristique d'Aquitaine/ Surf Session, 1992)
◆ DUNOYER (A.) : *Peita ! La pêche traditionnelle du thon au Pays basque* (Nota Bene, Saint-Jean-de-Luz, 1993)
◆ MOURAS (A.) : *La Végétation : les paysages ruraux du Pays basque et leur histoire* (Lauburu, Bayonne, 1987)
◆ VERDET (P.) et VEIGA (J.) : *La Palombe et ses chasses* (Deucalion/J & D, Pau, 1992)

◆ HISTOIRE ◆

◆ ASSOCIATION D'ACTION CULTURELLE DE BIARRITZ : *Biarritz, au vent du large et de l'histoire* (Imprimeur Maury, 1988)
◆ BAILHÉ (C.) : *Autrefois les Pyrénées* (Milan, Toulouse, 1992)
◆ BARTHEZ (Docteur) : *La famille impériale à Biarritz* (Lavielle reprints, Biarritz, 1989)
◆ COLL. : *La Vallée de Baïgorry et ses alentours* (Izpegi, Baïgorry, 1990)
◆ COLL. : *Le Pays de Cize* (Izpegi, Baïgorry, 1990)
◆ DAVANT (J.-L.) : *Histoire du peuple basque : le peuple basque dans l'histoire* (Elkar, Bayonne, 1989)
◆ DESPLAT (C.) : *La Guerre oubliée : guerres paysannes dans les Pyrénées* (J & D, Pau, 1993)
◆ ETCHECOPAR-ETCHART (J.-L.) : *Histoire du pays de Soule, recueil de références* (1992) ; *Les États de Soule avant la Révolution de 1789* (Trois-Ville, 1996)
◆ ETCHÉTO (L.) : *Bistrot... rue Pannecau* (Elkar, Bayonne, 1993)
◆ FORNE (J.) : *Euskadi, nation et idéologie* (Éd. du CNRS, Paris, 1991)
◆ GABASTOU (A., sous la direction de) : *Nations basques : peuple mythique, aventure universelle* (Autrement, Paris, 1994)
◆ GOYHENETCHE (M.) : *Bayonne : guide historique* (Elkar, Bayonne, 1986)
◆ HOURMAT (P.) : *Histoire de Bayonne*, 2 vol. (Publication de la Société des sciences, lettres et arts de Bayonne, Bayonne, 1986 et 1992)
◆ LAMY (M.) : *Histoire secrète du Pays basque* (Albin Michel, Paris, 1994)
◆ LHANDE (P.) : *L'Émigration basque : histoire, économie, psychologie* (Elkar, Bayonne, 1984)
◆ MORUZZI (J.-F.) et BOULAERT (E.) : *Iparretarrak : séparatisme et terrorisme en Pays basque français* (Plon, Paris, 1988)
◆ MUSÉE BASQUE : *Les Juifs de Bayonne 1492-1992* (Catalogue d'exposition, Musée basque de Bayonne, Bayonne, 1992)
◆ PONTET-FOURMIGUÉ (J.) : *Histoire de Bayonne* (Privat, Toulouse, 1991) ; *Bayonne, un destin de ville moyenne à l'époque Moderne* (J & D, Pau, 1990)
◆ RÉGNIER (J.M.) : *Histoire de la Soule* (Hitzak, Ossas-Suhare, 1991)
◆ SALLABERY (F.) : *Quand Hitler bétonnait la côte basque* (Harriet, Bayonne, 1988)
◆ ZABALO (J.) : *Le Carlisme* (J & D, Pau, 1990)

◆ LANGUE ◆

◆ BESSIÈRES (A.) : *Pays basque 2 : langue, culture, identité* (Les Cahiers de l'IFOREP, n° 57, Orgeval, 1989)
◆ BOISGONTIER (J.) : *Dictionnaire du français régional des pays aquitains : Bordelais, Agenais, Périgord, Landes, Gascogne, Pays basque, Béarn, Bigorre* (C. Bonneton, Paris, 1991)
◆ CENTRE D'ÉTUDES LINGUISTIQUES ET LITTÉRAIRES BASQUES : *1789 et les Basques : histoire, langue et littérature, colloque de Bayonne, 30 juin-1er juillet 1989* (Presses universitaires de Bordeaux, 1991)
◆ INTXAUSTI (J.) : *Euskara : la langue des Basques* (Elkar, Bayonne, 1993)
◆ LEMOINE (J.) : *Toponymie du Pays basque français et des pays de l'Adour : Landes, Pyrénées-Atlantiques* (Picard, Paris, 1977)
◆ ORPUSTAN (J.-B.) : *Toponymie basque* (Presses universitaires de Bordeaux, Bordeaux, 1990)
◆ OYHAMBURU (P.) : *Dictionnaire des patronymes basques* (Hitzak, Ossas-Suhare, 1991)

◆ ARTS ET TRADITIONS ◆

◆ ALLAUX (J.-P.) et FOLLET (É.) : *La Pelote basque : de la paume au gant* (J & D, Pau, 1993)
◆ BARANDIARAN (J. M. de) : *Dictionnaire illustré de mythologie basque* (Elkar, Bayonne, 1993)
◆ BLOT (J.) : *Artzainak - Les bergers basques* (Elkar, Bayonne, 1991)
◆ CERDA (A. de la) : *Les Secrets de la cuisine basque* (J & D, Pau, 1988)
◆ ESKUTIK : *Guide de la pelote basque* (Elkar, Bayonne, 1990)
◆ GUILCHER (J. M.) : *La Tradition de danse en Béarn et Pays basque* (La Maison des Sciences de l'homme, Paris, 1976)
◆ PIGELET-LAMBERT (F.) : *Le Pays basque* (Minerva, coll «Les Routes gourmandes de France», Paris, 1997)
◆ SALLABERRY (J.-D.-J.) : *Chants populaires de Pays basque* (Lacour, Nîmes, 1992)
◆ VILLENEUVE (R.) : *Le Fléau des sorciers : la diablerie basque au XVIe siècle* (Flammarion, Paris, 1983)
◆ ZINTZO-GARMENDIA (B.) et TUFFAUT (B.) : *Carnavales vascos* (F. Loubatières, Portet-sur-Garonne, 1990)

◆ RELIGIONS ◆

◆ BARRAL I ALTET (X.) : *Compostelle, le grand chemin* (Gallimard/ Découvertes, Paris, 1993)
◆ DUPRONT (A.) : *Saint-Jacques- de-Compostelle, puissance du pèlerinage* (Brepols, Paris, 1985)
◆ LA COSTE-MESSELIÈRE (R. de) : *Sur les chemins de Saint- Jacques* (Perrin, Paris, 1993)
◆ OURSEL (R.) : *Les Chemins de Compostelle* (Zodiaque, La Pierre-qui-Vire, 1989)
◆ URRUTIBÉHÉTY (C.) : *La Traversée du Pays basque : pèlerins de Saint-Jacques* (J & D, Pau, 1993)

ARTS ET ◆ ARCHITECTURE ◆

◆ ASSOCIATION LAUBURU : *Etxea ou la maison basque* (Bayonne, 1979)
◆ BIDART (P.) et COLLOMB (G.) : *Corpus d'architecture rurale française. Les Pays Aquitains* (Berger- Levrault, Paris, 1984)
◆ BONNEFOUS (J.) et DELOFFRE (R.) : *Pierres des églises romanes et gothiques* (J & D, Pau, 1992)
◆ DURLIAT (M.) et ALLÈGRE (V.) : *Pyrénées romanes* (Zodiaque, La Pierre-qui-Vire, 1978)
◆ INSTITUT FRANÇAIS D'ARCHITECTURE : *Architectures d'André Pavlovsky : la Côte basque des années 30* (Norma, Paris, 1991)
◆ INSTITUT FRANÇAIS D'ARCHITECTURE : *Le Pays basque : architectures des années 20 et 30* (Norma, Paris, 1993)
◆ LOUBERGÉ (J.) : *La Maison rurale en Pays basque* (CREER, Paris, 1981)
◆ MARTINEZ (G.) : *Biarritz* (J & D, Pau, 1993)
◆ MESURET (G.) et CULOT (M.) : *Architectures de Biarritz et de la Côte basque : de la Belle Époque aux années 30* (Mardaga, Bruxelles, 1990)
◆ *«Pays basque», Monuments historiques*, n° 47 (CNMHS, Paris, 1986)

◆ PEINTURE ◆

◆ RIBETON (O.) : *Ramiro Arrue, un artiste basque dans les collections publiques françaises* (J & D/Musée Basque, Bayonne, 1991)
◆ LEMOINE (P., sous la direction de) : *Le Musée Bonnat à Bayonne, l'art du dessin et de l'esquisse* (Albin Michel/Musées et Monuments de France/Ville de Bayonne,1988)

◆ LITTÉRATURE ◆

◆ ASSOCIATION FRANCIS-JAMMES : *Les Demeures de Francis-Jammes* (Association Francis Jammes, Orthez, 1991)
◆ ARESTI (G.) : *Harri eta Herri (Pierre et peuple)* (Itxaropena, Zarauz, 1964)
◆ AULNOY (Mme d') : *Relation du voyage d'Espagne* (Plon, Paris, 1874)
◆ BARBIER (J.) : *Légendes basques* (Elkar, Bayonne, 1993)
◆ BARTHES (R.) : *Roland Barthes par Roland Barthes* (Le Seuil, Paris, 1975)
◆ BENOÎT (P.) : *Le Pays basque* (Fernand Nathan, Paris, 1954)
◆ BIDART (P., recueillis par) : *Récits et contes populaires du Pays basque (Basse Navarre, Labourd)*, 2 vol. (Gallimard, Paris, 1978)
◆ CASENAVE (J.) : *Écrivains romantiques sur la Côte basque* (Le Petit Format, Biarritz, 1985)
◆ CENTRE CULTUREL DU PAYS BASQUE : *Anthologie, poésie basque contemporaine, édition bilingue* (Centre culturel du Pays basque, Bayonne, 1988)
◆ CERQUAND (J.-F.) : *Légendes et récits populaires du Pays basque, recueillis par les instituteurs du Pays basque* (Aubéron, Bordeaux, 1992)
◆ DUFILHO (A.) : *Docteur, un cheval vous attend* (La Table Ronde, Paris, 1989)
◆ DUMAS (A.) : *De Paris à Cadix : impressions de voyage* (F. Bourin, Paris, 1989)

◆ ETCHEPARE (J.) : *Buruxkak* (Elkar, Bayonne, 1980)
◆ FLAUBERT (G.) : *Voyage dans les Pyrénées et en Corse* (Albatros, Paris, 1986)
◆ GADENNE (P.) : *L'Invitation chez les Stirl* (Gallimard/Folio, Paris, 1983) ; *Les Hauts-Quartiers* .(Points/Seuil, Paris, 1991)
◆ GAUTIER (T.) : *Voyage en Espagne* (Gallimard/Folio, Paris, 1981)
◆ GUILLAUME (L.) : *Agenda* (José Corti, Paris, 1988)
◆ HEMINGWAY (E.) : *Le soleil se lève aussi* (Gallimard/Folio, Paris, 1972)
◆ HUGO (V.) : *Les Pyrénées* (Éditions La Découverte, Paris, 1984)
◆ JAMMES (F.) : *Le Mariage basque, in Cloches pour deux mariages* (Le Mercure de France, Paris, 1923) ; *Clairières dans le Ciel* (Poésie/Gallimard, Paris, 1980) ; *Le Deuil des primevères* (Poésie/Gallimard, Paris, 1967)
◆ *La Chanson de Roland* (Gallimard/Folio, Paris, 1979)
◆ LASSERRE (J.-C.) : *Arnaga, Musée Edmond-Rostand, Cambo-les-bains* (Le Festin, Bordeaux, 1993)
◆ LOTI (P.) : *Ramuntcho* (Gallimard/Folio, Paris, 1990)
◆ PEYRÉ (J.) : *De mon Béarn à la mer basque* (Marrimpouey Jeune, Pau, 1976) ; *Jean le Basque* (Flammarion, Paris, 1953)
◆ PINIÉS (J.-P., recueillis par) : *Récits et contes populaires des Pyrénées (pays de Foix)*, 2 vol. (Gallimard, Paris, 1978)
◆ RUDEL (C.) : *Les Guerriers d'Euskadi* (J.-C. Lattès, Paris, 1974)
◆ STENDHAL : *Mémoires d'un touriste*, vol. 3 : *Voyage dans le Midi* (La Découverte, Paris, 1981)

◆ RANDONNÉES ◆

◆ ANGULO (M.) : *Pays basque : randonnées pédestres* (Lavielle, Biarritz, 1990) ; *Sites secrets du Pays basque : promenades, ascensions, randonnées, spéléo, explorations, escalades* (Elkar, Bayonne, 1987) ; *Sentiers méconnus de la montagne basque* (Elkar, Bayonne, 1989) ; *Randonnées en Pays basque* (Lavielle, Biarritz, 1989) ; *Itinéraires de VTT dans la montagne basque* (Elkar, Bayonne, 1991)
◆ AUDOUBERT (L.) : *50 promenades faciles avec vos enfants dans les Pyrénées françaises et espagnoles* (Milan, Toulouse, 1992) ; *50 balades et randonnées au Pays basque* (Milan, Toulouse, 1993)
◆ BLOT (J.) et ANGULO (M.) : *Irati : 100 promenades et randonnées à pied, à ski, en VTT* (Elkar, Bayonne, 1989)

◆ REVUES ◆

◆ *Pyrénées Magazine* (Toulouse)
◆ *«Dossier : le Pays basque», Ici et là*, n° 2 (Toulouse, septembre- octobre 1993)
◆ *«Tradition maritime basque», Le Chasse- Marée*, n° 3 (Douarnenez, juillet 1989)
◆ *«Avec les pêcheurs basques», Le Chasse- Marée*, n° 42 (Douarnenez, 1982)
◆ *«Sainte Engrâce : Au cœur du Pays basque», Géo*, n° 1 (Paris, mars 1979)
◆ *«Pyrénées, un patrimoine à préserver», Géo*, n° 100 (Paris, juin 1987)

◆ ÉCONOMIE ◆

◆ BESSIÈRES (A.) : *Pays basque 1 : paysages, économie, histoire* (Les Cahiers de l'IFOREP, n° 56, Orgeval, 1989)
◆ LABORDE (P.) : *Pays basque, économie et société en mutation* (Elkar, Bayonne, 1994)

◆ A ◆

Abarratei 91
Abbadia, château d'
(Hendaye) 206
Abbadie d'Arras,
Antoine d' 206
Accenteur alpin 54
Adam l'Ancêtre 88
Adam, pâtisserie
(Saint-Jean-de-Luz)
84, 88
Adour, batellerie de l'
164
Adour, l' 104, 149,
164, 191, 195, 245
Ahaxe, château d' 102
Ahetzia, maison
(Ordiarp) 259
Ahusky 264, 278
Aigle royal 54
Ainharp 259
Ainhoa 110, 216
– église 217
– bastide-rue 111, 216
Ajonc d'Europe, l' 47
Alains 18
Albarrade, Jean d'
204
Albret, Catherine d'
225
Albret, Jean d' 20,
225
Albret, Jeanne d' 20,
25, 230, 242, 262
Alçoa, maison (Saint-
Pée-sur-Nivelle) 213
Aldudes (Les) 231
– église 231
**Aldudes, vallée
des 92, 230, 231**
Allegria, villa
(Ciboure) 135, 202
Alouette des champs
47
Alphonse XIII 188
Altobiszcar 235 ·
Ametzia, pierre d'
215, 163
Amotz (Saint-Pée-
sur-Nivelle) 213
Ancien Régime 21
Anglet 191
– mairie 191
Anhaux 228
Anie, pic d' 50
Anjou, duc d' 217
Anne d'Autriche 196
Apalatzia, maison
(Ossès) 241
Apesteguy, Joseph
(dit Chiquito de
Cambo) 72, 209, 215
Aphanizé, plateaux d'
264
Aphat, château d'
(Bussunarits-
Sarrasquette) 102,
237
Aquitaine, duc d' 157,
212
Aranza, chapelle d'
(Ainhoa) 217
Arbailles, massif des
264
Arberoue, l' 243, 244
Arcangues 192
– château 189, 193
Arcangues, seigneurs
d' 192, 193
Arcangues, Pierre d'
192, 193

Arcanzola, maison
(Saint-Jean-Pied-de-
Port) 226
Architecture religieuse
104
Aresti, Gabriel 137,
138
Armendaritz, château
d' 242
Arnaga, villa
(Cambo-les-Bains)
210, 211
Arnaud-Bertrand,
vicomte 212
Arnéguy 234
– église 234
Arnosteguy, col d' 233
Arradoy, vignes de l'
240
Arrue, Ramiro 119,
198
Arsieu, charte d' 19
Arts et traditions 65
Artzamendi, mont
(Itxassou) 220
Artzantidia 63
Ascain 214
– église 214
– mairie 214
– place 214
Ascombéguy,
cimetière d' 242
Askubea, maison
(Ascain) 214
Aspegui 233
Assemblée
paroissiale, 30, 104
Association de
sauvegarde de la
langue basque 26
Atalaiak 199
Atalaye, plateau de l'
185
Ateka Gai, gorges d'
221
Aulnoy, comtesse d'
127, 195
Aussurucq 264
Auzkié, maison
(Baïgorry) 102, 231
Axular 26
Axular, Pierre 216
Aya, granites de 42

◆ B ◆

**Baïgorry 92, 228,
230, 240**
– quartiers 231
– vallée de 230
Baigoura, le 222
Baïta Granga, maison
(Saint-Jean-de-Luz)
196
Bakalao «al pil-pil» 85
Bakharetchea, maison
(Hendaye) 206
Baleine franche noire
199
Baleine, chasse à la
85, 180, 192, 194,
197-199
Baliste commun, le 48
Baltard 167
Banca, mines de 231
Barbizon, école de 116
Barillet, Paul 197
Barranco Urdanchaio,
précipice du 235
Barthes, Roland 138
Barthez, docteur 181
Bas-pays, habitat rural

du 98
Basques d'Amérique
36, 133, 212
**Basse Navarre, la
108, 208, 223, 224**
Bastides 110
Bautier, R.H 235
Bayonne 104, 131,
138, **148**, **154**
– ville antique 93
– armes de 161
– bâtiment des Ponts
et Chaussées et des
Douanes 163
– bibliothèque
municipale 158
– boulevard
Lachepaillet 160
– carrefour des Cinq-
Cantons 161
– castrum romain 148
– Château-Neuf 148
– Château-Vieux 159
– chocolatiers 84,
160, 161
– cimetière des
Anglais 173
– citadelle 173
– couvent des
clarisses 159
– fêtes 80, 166, 174,
278
– franchise de
Bayonne 208
– Grisette 149
– hôtel de ville-théâtre
161, 174
– jambon 84
– jardin botanique
162
– Juifs 160, 172, 173,
176
– maison du
chapelain majeur 158
– palais épiscopal
158
– place des Basques
162
– place de la Liberté
161
– place du Réduit 167
– port 154
– porte du Réduit 167
– quai Amiral-
Jaureguiberry 162
– quai Augustin-
Chaho 163
– quai des Basques
162, 163
– quai Dubourdieu
163
– quai de la
Galuperie 163
– reddition de
Bayonne 148
– rue de l'Argenterie
160
– rue des Augustins
162
– rue des Basques
162
– rue Bourgneuf 167
– rue d'Espagne 160
– rue des Faures 158
– rue des
Gouverneurs 159
– rue Marengo 166
– rue Maubec 173
– rue Poissonnerie
148
– rue des Prébendés
110, 158

– rue Orbe 160
– rue de la Salie 161
traité de Bayonne 231
Béarn 68, 225
Beau, Georges 193
Bec-croisé des sapins
44
Bechanka, grotte de
(Camou-Cihigue) 260
Bégonia, villa (Biarritz)
183
Béhérobie 232
Béhorleguy 237
Beira, princesse de
222
Bellairs, villa (Biarritz)
190
Bellevue, casino
(Biarritz) 184
Belloc, abbaye de 30
Belmondo, Paul 193
Belmonte, Juan 174
Belza, villa 185
Belzunce, Armand de
221, 245
Belzunce, famille 221
Belzunce, hôtel de
(Bayonne) 161
Belzunce, Jean de 255
Benoit, Pierre 135,
136, 202, 203
Benoîte 31
Bentarte, col de 235
Berecochea, Jean de
217
Béret basque 71, 84
Bergara, atelier des
67
Bergès, Georges 118,
174
Bergouey, baronnie
de 251
Bertrand, Alphonse
185, 190
Bertzulari 77
Betiso 215
Biarritz 180
– casino municipal
184
– falaises 145
– Grand Rocher 184
– Grande Plage 184,
186
– port des pêcheurs
184
– Roche plate 184
– rocher de la Vierge
130, 185
– Biarritz-Salins,
établissement thermal
180
Bidache, 178
Bidache, Martin de
196
Bidarray 104, 240
– église 104, 241
– prieuré 240
Bidart 192
Bidassoa, la 206
Bijou, grotte (Camou-
Cihigue) 260
Bilbao 283
Billitorte, moulin
(Chantaco) 197
Biltzar, assemblée du
(Ustaritz) 212
Biscaye, golfe de 199
Biscaye, la 71
Blaireau 54
Blareau 54
Boeswillwald
(architecte) 157, 197
Bois de Libarrenx 260

Bonaparte, Louis-Lucien 216
Bondrée apivore 57
Bonite 59
Bonnat, Léon 116, 117, 167, 168, 169
Borda, Jean-Pierre (dit Otharré) 134, 214
Bordagain, tour de (Ciboure) 203
Bordaldi 97
Bouche, François 203
Boulanger, général 227
Boulart, château (Biarritz) 191
Bourbons, les 149
Bourg Suzon (Ustaritz) 207
Bourreau, tour du (Bayonne) 160
Brana 114
Brandon, maison (Bayonne) 172
Brangwyn, Franck 187
Brasseur (sculpteur)162
Brethous, Léon 161
Brethous, maison (Bayonne) 161
Breuil, abbé 244
Brindos, château de (Anglet) 191
Bruant fou 54
Bruyère cantabrique 54
Bruyère vagabonde 46
Bustince 246

◆ C ◆

Cachaous, rochers 185
Cagots, porte des (Ascain) 204
Cailleux, Paul 174
Caius Julius Niger 93
Calixte II, pape 34
Callune vulgaire, la 50
Cambo-les-Bains 208, 210
– thermes 209
Camou-Cihigue 260
Canneur 58
Capulet, le 71
Carlos IV 32
Carlos VII 167, 234
Carlton, le (Biarritz) 182
Carnaval 81
Caro, général 234
Caro-Delvaille, Henry 210
Cartategui, maison (Saint-Just) 247
Casabielhe, Jean de 195
Casamayor, maison (Trois-Villes) 260
Castelnau 173
Catherine de Navarre 20
Cavaillé, orgues de 190
Cayolar 60, 97, 99, 230, 261, 264
Cazalis, J.-F. 193
Cazaux, Édouard (céramiste) 185, 187
Celtes 18

Cenac-Mongaut, M. 148
Cépé 204
Cerdan, Marcel 133
Cerf élaphe 44
Cerruti, Charles 188
César 92
César, camp de (Cambo-les-Bains) 208
Cestac, révérend père 191
Chaland 164
Chalibardon 165
Chambre d'Amour, la (Anglet) 129, 191
Chantaco, club-house de 114
Chantaco, golf de 197
Chapelles jumelles d'Alciette et Bascassan 238, 239
Charlemagne 19, 35, 234
Charles II le Mauvais (de Navarre) 251, 259
Charles IV 159
Charles Quint 161, 225
Charles VII 254
Chatarlariak (rabatteurs) 74
Château-Pignon, redoute 233, 234
Châteaux et maisons nobles 102, 221
Chênaie 50
Chiberta, golf de (Anglet) 191
Chistera 213
Chocard à bec jaune 54
Christine, reine 222
Churchill, Winston 214
Cibits, église de 104
Ciboure 195, 198
– église 104, 106, 202
– façades des quais 145
– hôtel de ville 202
– port 198, 200
– réserve de 188
Cicelü (banc) 69
Cigogne blanche 57
Cintron, Conchita 174
Citadelle, rue de la (Saint-Jean-Pied-de-Port) 225
Cize, bassin de 227
– pays de 226, 240, 246
Clemenceau, place (Biarritz) 190
Clodion 169
Coco Chanel 189
Coiffes corniformes 70
Col, Alison 197
Colin, Gustave 122, 202
Colombage 108, 162
Contrebande 218
Convention, guerres de la 22, 241
Cormoran huppé 47
Corrida, la 278
Corsaires basques 204
Coseigneurie 28
Costumes 77
Couralin de pêche 164
Courau 165
Coursic 205

Crave à bec rouge 54
Crêtes, route des (Roncevaux) 33, 235
Croix-des-Bouquets, la (Urrugne) 203
Cromlech Apatesaro 90
Cromlechs (la Rhune) 215
Cuir (Hasparren) 208
Cyrano, villa (Biarritz) 183

◆ D ◆

Dagourette, maison (Bayonne) 166
Dançariarenea, maison (Ainshoa) 217
Dancharia, quartier (Ainoha) 217
Dancharinea, quartier (Urdax) 217
Danses basques 78, 146
Darroquy, Maurice 195
Daum, Paul 187
Dauphin bleu et blanc 49
David, père 220
De Jouy, Victor Joseph Étienne dit 129
De-Gaulle, place (Bayonne) 162
Dechepare, Bernard 25, 232
Degas 174
Delaw, Georges 210
Desman des Pyrénées 54
Destailleurs, W. A. 183
Deux (préfet) 183
Deville, chevalier 224
Dolmens 18, 90, 215, 232
Donamartia, château (Lecumberry) 103, 237
Donats 247, 248
Dragueur 164
Drouet, Juliette 131
Duc, Joseph Louis 191
Ducasse, famille 156
Ducel, ateliers 185
Duhalt, frères 37
Dumas, Alexandre 261
Dürer, Albrecht 169
Duthoit, Edmond 206
Duvert, Michel 31

◆ E ◆

Abarratei 91
Earle, maison (Ascain) 214
Edmond-Durande 206
Edouard VII d'Angleterre 209, 215, 258
Édouard-VII, avenue (Biarritz) 190
Effet de nuit (Biarritz) 189
Eginhard 235
Eiffel, Gustave 185
Eihartzea, maison (Hasparren) 136, 208
El Cordobès 174

Elçaré, plateau (massif des Arbailles) 264
Élevage 60
Eliçabea (Iholdy) 103
Éliçabia, château d' (Trois-Villes) 260, 261
Élissagaray 204, 242
Elizamburu 217
Elizaño, chapelle d' (carrefour de Gilbratar) 250
Enbata 220
Épervier (apalatza) 74
Ergarai, vallée d' 236
Erredorea, tour (Valcarlos) 235
Escaliers, massif des 237
Eskualduna, Grand Hôtel (Hendaye) 206
Esnazu, chapelle d' (Les Aldudes) 231
Espagne, rue d' (Saint-Jean-Pied-de-Port) 227
Espée, Albert de l' 193
Espelette 104, 217
– château 217
– piment 84, 85, 217
Esquerrera, maison (Saint-Jean-de-Luz) 196
Estérençuby 58, 232
Etchaoun 261
Etchauz 103, 230
– château (Saint-Étienne-de-Baïgorry) 230
Etchauz, forges d' (Saint-Étienne-de-Baïgorry) 230
Etche (la maison) 28, 111
Etché-Berria, villa (Guéthary) 193
Etcheberriko Karbia, grotte 260
Etchechurria, maison (Espelette) 220
Etchegaray, Michel 196
Etchehandia 221
Etchepare, Jean 29, 139, 140, 237
Etchepherdia, villa (Biarritz) 182
Etcherekoa, l' 29
Etcheverria, maison (Ossès) 241
Etcheverry, Hector 167
Etcheverry, maison (Harambels) 248
Etchola 99
Etxeparea, maison (Sarrasquette) 237
Eugénie, villa (Biarritz) 180, 190
Euskal Herria 58
Évêques, maison des (Saint-Jean-Pied-de-Port) 226
Évêques, prison des (Saint-Jean-Pied-de-Port) 226
Eyhartzea, maison (Hasparren) 208
Ezpeleta, famille 217

◆ F ◆

Faceries 30, 58, 215
Fagosse 197
Faisans, île des
(Hendaye) 194, 206
Fandango 78
Faulat (architecte)173
Ferdinand le
Catholique 225, 234
Fête-Dieu 80, 81, 243
Fêtes 80
Floquet, Charles 226,
227
Florence, école de
170
Floripes, tour de
(Château-Vieux de
Bayonne) 159
Foehn, le 40, 41
Foirail, place du
(Garris) 250, 251
Folin, Léopold de 185
Fontarabie, 206, 282
Fouquet, François 158
Fragment de perle de
Jatsagune (Arnéguy)
91
François Ier 161, 254
Francs 18
Froidour, Louis de
126, 263
Froissard 246
Fromage de brebis
58, 63, 261
Frondaie, Pierre 186
Fueros 218

◆ G ◆

Galerie en bois 104,
106, 196, 203, 242
Galupe 164
Galzetaburu, croix de
(Lacarre) 247
Gambetta, rue (Saint-
Jean-de-Luz) 196
Ganelon, croix de
(Aphat-Ospital) 246
Garat, Joseph-
Dominique 20, 212
Garay, Marie 123
Garris 104, 251
– maisons 251
– motte féodale 251
Garro, château de
(Mendionde) 102, 222
Gaulle, général de
221
Gautier, Théophile 203
Gazteinia, dolmen de
(Mendive) 90, 236
Gaztelu Gaina,
château (Ainhoa) 216
Gaztelu-Zahar, fort de
(Hendaye) 206
Gaztelus 91, 244
Gaztenbakarre,
monolithe de (Sare)
91
Gellée, Claude (Le
Lorrain) 170
Gérard, Rosemonde
183, 210
Gervais, Paul 182
Gibraltar, carrefour de
250
Girardon 195
Godbarge, Henri 193,
202
Goéland leucophée
48

Golf de Capbreton 49
Gomez, Benjamin 163
Gona gorri 70
Gorosgarai 235
Gorri, villa Arri
(Bayonne) 162
Gorritia, maison
(Ainshoa) 29, 216
Gorritienea, maison
(Saint-Jean-de-Luz)
196
Gotein, église de 104,
260
**Gotein-Libarrenx
260**
Goya 169
Goyeneche, Eugène
238
Gramont, baronnie
des 251
Gramont, château
(Biarritz) 190
Gramont, château des
(Viellenave-sur-
Bidouze) 251
Gramont, Henri de
255
Gramont, les 159,
178, 251
Grand corbeau 46, 54
Grand Hôtel (Biarritz)
190
Gréciette, quartier
(Mendionde) 222
Grottes et rivières
souterraines 42
Gruber, Jacques 186,
187, 203
Grue cendrée 57
Guernica 283
Guéssala, source
salée du (Camou-
Libarrenx) 260
Guétharia, hôtel
(Guéthary) 193
Guéthary 193
– épitaphe de 93
– mairie 114
Guillaume, Louis 130
Guillemot de Troïl 48
Gypaète barbu 54

◆ H ◆

Habitat de montagne
97
Habitat rural 96
Haitze, château de
(Ustaritz) 212
Halitza, col d' 237
Halles, les (Bayonne)
167
Haranéder, Johannot
de 196, 204
Harieta, château
(vallée d'Ergarai) 102,
236
Harismendia, maison
(Ossès) 241
Harispe, Jean-Isidore
246
Harotcha, Gantxiki 72,
213
Harpeko, grotte
(Bidarray) 240
Hasparren 208
Haut-pays, habitat
rural du 99
Haux 262
Helder, lotissement du
(Biarritz) 180
Hélette 243

– église 243
– garde d' 243
Hemingway, Ernest
192, 213
Hendaye 134, 206
– casino 112, 206
Hendaye-Plage 206
Henri II 172
Henri III de Navarre
20
Henri IV 127, 225, 229
Henri Plantagenêt 20
Henriet, pâtisserie
(Biarritz) 88
Hercule 233
Hermairu (armoire) 68
Hêtre 44
Hilbidea (chemin des
morts) 31, 99
Hiriart (architecte)
113, 193
Hiriart, Joseph 186,
187
Hiribéhère (Ustaritz)
212
Histoire du Pays
basque 20
Holçarté, gorges d'
(Sainte-Engrâce) 263
Hontto 235
Hôpital-Saint-Blaise
(L') 258
Howard-Johnston,
donation 168
Hugo, Victor 23, 131,
132, 169
Huguenin, Gustave
183, 193

◆ I ◆

Ibañeta, col d' 229,
235
Ibarron 213
Ibarrondua, bourg
(Ossès) 241
Igelu, tertres d'
(Larrau) 91
Ihalar Sare 216
Ihalar, quartier (Sare)
98, 215
Iholdy 110, 242
– église 243
– maison noble
d'Olce 242
Ilbarritz, château
(Arcangues) 193
Ilunatze, ravin d' 237
Infante, maison de l'
(Saint-Jean-de-Luz)
196
Ingres 169
Institut agricole
basque 222
Ipharlatze, col d' 250
**Iraty, forêt d' 44,
237**
Iriberry 110, 246
Irissarry 242
– commanderie 242
– hôpital (ospitalia)
103, 242
Iropile 233
Iropile, pâturages d'
232
Irouléguy 228, 229
– vignes 84, 228
Irribaren, maison
(Ciboure) 202
Irurita, maison (Saint-
Esteben) 243
Ispoure 240

Isturitz, grotte d' 42,
76, 220, 244
Itsasoan, hôtel-casino
(Guéthary) 193
Itxassou 220
– cerises 220
– église 107, 220
Itzala, villa (Ciboure)
203
Iwehauspé, banque
(Biarritz) 190

◆ J ◆

Jammes, Francis 136,
137, 208
Jansen, Cornélius 159
Jarleku (pierre
sculptée) 31, 99, 106
Jatxou 212
– maison de la
benoîte 212
Jauregiberria, maison
(Ordiarp) 259
Javalquinto, villa 114
Jean sans Terre 148
Joselito 174
Joulin, Lucien 117

◆ K ◆

Kakouetta, gorges de
(Sainte-Engrâce) 263
Kaskarots 32
Kofradia 32, 200
Korrale 60, 97
Kottilun gorri 81
Kutxa (coffre) 68

◆ L ◆

**La Bastide-
Clairence 111,
245**
– cimetière juif 245
Labat, Eugène 190
Labourd intérieur, le
208
**Labourd, le 27,
108, 207**
Labouret 113
Labrouche, Joachim
196, 204
Labrouche, René 202
Lacarre 246
– château 246
Laccourreyre 113
Lachepaillet, arènes
de (Bayonne) 175
Lachepaillet, rempart
(Bayonne) 161
Lacroix, Mgr 157
Lafaye 113
La Motte, château de
(Jatxou) 212
Lancre, Pierre de 127,
128, 213
Langoustine 82
Langue basque 24,
28, 225
Lanstania, maison
(Ispoure) 240
Lapitzuri 217
Lapurdum, tribu 148
La Roseraie, hôtel-
casino (Bidart) 186
**Larrau 50, 74, 77,
264**
– forge de 264
Larre, Gaston 184
Larrea (Ispoure) 103,
240

Larrea, manoir de (Ispoure) 240
Larrebat Tudor, R. 185
Larressore 66, 67
Lartigue, Jacques-Henri 191, 196
Latouche, Gaston 210
Laulhé, Alfred 184
Laurhibar, vallée du 230
Laxague, château de 250
Laxia 217, 220
Lecumberry 91, 237
Le Goéland, villa 185
Lehenbizkai, quartier (Sare) 215, 216
Lehentokia, villa (Ciboure) 203
Leïhorra, villa (Ciboure) 112, 187, 203
Leizar Atheca, brèches de 235
Leizarrague, maison (Mendionde) 222
Lekorne, quartier (Mendionde) 222
Léon, roi (Raphaël Dachary) 80
Lepoeder, col de 235
Leroi-Gourhan, André 244
Le Quesne 184
Les Vagues, villa (Biarritz) 183
Leub, Albert-Guillaume 187
Lezea, grottes de (Labourd intérieur) 216
Licharre, bourg de (Mauléon) 254, 255
Lichtenberger, A. 186
Licq, légende du pont de 262
Licq-Athérey 262
Lissarrague 25, 26
Logibar 263
Lohobiague, Johannes de 195
Lohobiague, maison (Saint-Jean-de-Luz) 103, 194
Lorio 94, 215, 216
Lormand (banquier) 167
Lota, château (Ustaritz) 212
Loti, Pierre 134, 183, 206, 214, 215, 235, 245
Louhossoa 221
– église 221
– mines 221
Louis X le Hutin 245
Louis XI 149, 173, 217
Louis XIII 94
Louis XIV 194, 196, 206, 215, 242, 261
Louis XV 116
Louis XVI 212, 225
Louis XVIII 225
Louis-Philippe 254
Louis-XIV, maison (Saint-Jean-de-Luz) 195
Louis-XIV, place (Saint-Jean-de-Luz) 195
Louison-Bobet, institut de thalassothérapie

(Biarritz) 181, 183
Loustau, hôtel (Bayonne) 173
Lumentxa, grotte de (Lekeitio) 199
Lur-Berri, coopérative 23
Luxe, Charles de 255

◆ **M** ◆

Macareux moine 48
Macaron 84, 88
Macaye 221
– église 222
– Ganix de 218, 222
– mairie 221
Madeleine, chapelle de la (Tardets-Soholus) 261
Madeleine, hauteur de la (Tardets-Soholus) 261
Mahai 69
Maison basque 94
Maison basque, la (Biarritz) 114, 188, 190
Maïtagarria, pension (Saint-Jean-de-Luz) 197
Makila (bâton) 66
Mallet-Stevens, Robert 187, 189, 197
Manka (armoire-commode) 69
Mansart 255, 260
Mansart, maison (Saint-Jean-de-Pied-Port) 226
Marcel, William 114, 189, 191, 197
Marcelin, Ammien 70
Marengo, pont (Bayonne) 163
Mari, grottes de (la Rhune) 215
Mariano, Luis 193
Marie-Anne de Neubourg, reine 158
Marie-Louise de 159
Marie-Thérèse d'Autriche, infante 196, 206
Marines, allées (Bayonne) 162
Marins-pêcheurs 82, 214
Marmitako 86
Martel, Édouard 263
Martel, Joel et Jan 197
Martinet noir 57
Martre 54
Martres, évêque Raymond de 167
Mascarade 81
Matalas (Bernard de Goyeneche) 261
Mattenotte, Joseph (la Victoire) 241
Mauléon-Licharre, 146, 254
– château fort 254
– industrie de l'espadrille 23, 254
Maumejean, les 206
Maximilien d'Autriche 231
Mayou, pont (Bayonne) 163
Maytie, Arnaud Ier de 255

Maytie, château de (Mauléon) 102, 103, 255
Maytie, hôtel de (Mauléon) 255
Mazarin, cardinal 194, 198, 202
Mazarin, rue (Saint-Jean-de-Luz) 196
Méharin 221, 243
Méharin, château de 245
Mehatze, col de 221
Meissonier, Jean Louis Ernest 171
Meissonnier, J.-A. 161
Mendiburua, maison (Saint-Esteben) 243
Mendiguren, château de (Saint-Jean-Pied-de-Port) 224
Mendionde 139, 221, 222
Merklin, facteur 184
Merle à plastron 54
Merlu 82
Météorologie 40
Metternich, Pauline de 214
Meule dormante et broyeur (Saint-Jean-de-Luz) 91
MIACA 23
Michel-Ange 170
Milan noir 57
Milan royal 54
Mina, général 225
Miramamolin, émir 224
Miramar, plage (Biarritz) 183
Miremont, pâtisserie (Biarritz) 190
Mitarra, dynastie des 19
Mixe, bois de 251
Mixe, pays de 246
Mobilier basque 68
Mobilier religieux 106
Montault, rue (Bayonne) 158
Montijo, impératrice Eugénie de 23, 117, 180-182, 214-217
Montréal, hôtel de (Mauléon) 255
Morue, pêche à la 82, 85, 198, 200, 216
Mouchou 88
Mouette de Sabine 48
Mouette pygmée 49
Mouette tridactyle 49
Moule 82
Moulis, maison (Bayonne) 163
Mousserolles, porte de (Bayonne) 166
Mousserolles, remparts de (Bayonne) 166
Mouton 60, 86
Mulinié (architecte) 162
Murillo 174
Musée basque et de la Tradition bayonnaise (Bayonne) 166
Musée Bonnat (Bayonne) 167, 168, 174
Musée de Basse-

Navarre (Saint-Palais) 251
Musée de la Mer (Biarritz) 112, 185
Musée Edmond Rostand (Villa Arnaga, Cambo-les-Bains) 210
Musée Francis-Jammes (Hasparren) 208
Musée municipal de Guéthary (villa Saroléguinea) 193
Myrtille 50

◆ **N** ◆

Napoléon Ier 196
Napoléon III 23, 180, 217
Natacha, Villa (Biarritz) 187
Nathalie de Serbie, reine 188, 192
Navarre, la 26, 27
Navarre, nouveau royaume de 20
Néo-basque, architecture 114
Neveu, Ginette 133
Nicot, architecte 162
Niermans, Édouard 112, 183, 184
Niert 160
Nikita de Russie 189
Nive, batellerie de la 164
Nive, la 104, 131, 162, 164, 208, 212, 220, 226, 240
Nivelle, la 195, 214
Nivelle, pont de la (Ciboure) 202
Notre-Dame de Socorri, chapelle (Urrugne) 203
Notre-Dame de Soyarce, ermitage (carrefour de Gibraltar) 250
Notre-Dame, boulevard (Bayonne) 166
Notre-Dame, cathédrale (Bayonne) 156, 157
– cloître 157
– chapelle des fonts baptismaux 156
Notre-Dame, église (Labastide-Clairence) 245
Notre-Dame, porte (Saint-Jean-Pied-de-Port) 226
Notre-Dame, rue (Labastide-Clairence) 245
Notre-Dame, pont (Saint-Jean-Pied-de-Port) 226
Notre-Dame-de-Guadalupe, chapelle (Biarritz) 190
Notre-Dame-de-l'Assomption, chapelle (Bustince) 246
Notre-Dame-de-Roncevaux, abbaye 33
Notre-Dame-du-Bout-du-Pont, église (Saint-

Jean-Pied-de-Port) 226
Nouveau-Bayonne, le 162
Novempopulanie, cohorte de 148

◆ O ◆

Océanite tempête 47
Okabe, sommet d' 237
Olain, mont (Sare) 216
Olce, Monseigneur Jean d' 241, 242
Olha (Cambo-les Bains) 208
Olha (cabane) 60, 97
Ordiarp 259
 – église 259
Orgambide, col d' 57, 232
Organbidexka, col d' 57
Orhy, pic d' 42, 50
Orion, forêt d' 232
Orisson 235
Osquich, col d' 259
Ossès 240
Ostabaret, l' 246
Ostabat 227, 247
Ostabat, forêt d' 248
Ostabat-Asme 247
Ours brun des Pyrénées 54
Oxarty, chapelle d' 242
Oxocelhaya, grotte d' 42, 244
Oyhénart 26

◆ P ◆

Palais, hôtel du (Biarritz) 112, 182-184
Palais-de-Justice, rue du (Saint-Palais) 250
Palombe, chasse à la 74, 88, 262, 264
Palombe (pigeon ramier) 44, 74, 88
Palombière 74
Pampelune 225, 282
Pannecau, pont (Bayonne) 163
Pannecau, rue (Bayonne) 167
Pantière 75
Pas de Roland, le 220
Pasaka 123
Passicot, boulevard (Saint-Jean-de-Luz) 195
Passicot, sœurs 197
Pasteur, place (Bayonne) 158
Pastorale 76, 135, 256, 261
Patou, Jean 190
Paul-Cailleux, collection 169
Paulmy, allées (Bayonne) 162
Paulmy, marquis de 162
Pavillon royal 188, 192
Pavlovsky, André 163
Pêche, couralin de 164

Pêches sportives en montagne 273
Pèlerins 261
Pelote 72, 73, 77, 122, 139, 146, 167, 209, 213, 221, 241
Peña, José de la 191
Pépin le Bref 19
Personnaz, Antonin 174
Petit-Bayonne, le 159, 166
Petithory, legs 168
Peyre, Armand Jean de 255, 260
Peyré, Jean de 260
Peyré, Joseph 130, 131, 133, 134
Phénomène d'upwelling 49
Philippe d'Anjou 174
Philippe III de Navarre 224
Pic à dos blanc 44
Pic noir 54
Picaud de Parthenay-le-Vieux, Aymery 25, 34, 66
Pilotari 72
Pinaza 198
Pingouin torda 48
Piperade 85
Pipit spioncelle 54
Piron 84
Planckaert (architecte) 167
Plaza, hôtel (Biarritz) 112, 184, 190
Plongeon imbrin 48
Pointe de lance en fer (Les Aldudes) 91
Port-d'Albret (Bayonne) 149
Port-de-Bertaco, rue (Bayonne) 163
Port-Neuf, rue (Bayonne) 168
Port-Vieux (Biarritz) 180
Port-Vieux, plage du (Biarritz) 180
Portua, quartier (Ascain) 214
Pothier (architecte) 162
Pottok 215, 278
Presse basque 84
Protohistoire 18, 90, 236
Puffin de méditerrannée 49
Puffin majeur 48

◆ Q ◆

Quartiers 110, 160, 163, 215, 245
Quint, pays (Aldudes) 230, 231
Quirno, Joannes de 198, 217

◆ R ◆

Raisin-d'ours 54
Ravel, Maurice 202
Récollets, couvent des (Ciboure) 195, 198, 202
Refuge, couvent du (Anglet) 191
Reicher, Gil 238, 239

Reine-Victoria, avenue de la (Biarritz) 182
Religion, guerres de 106, 242, 255, 262
Renard roux 54
République, place de la (Bayonne) 172
République, place de la (Hendaye) 206
République, rue de la (Saint-Jean-de-Luz) 196
Rhododendron ferrugineux 50
Rhune, hôtel de la (Ascain) 214
Rhune, la 214, 215
Richard Cœur de Lion 148, 212
Richelieu 217
Rochefort 134
Roland de Roncevaux 235
Romains 18, 24, 92
Roncevaux 232, 233, 235
 – moines 74, 228, 229
 – monastère 33, 234
 – port (col) de 224
 – voie romaine 92
Roquebert, quai (Bayonne) 162
Rostand, Edmond 210
Rostand, Maurice 183
Rostand, Mme (Rosemonde Gérard) 210
Rosteguy, Pierre de 127
Rougequeue noir 54
Rudel, Christian 132, 133
Ruthie, seigneurs de 264

◆ S ◆

Sabaterie, rue (Bayonne) 159
Saccori, marquis del 201
Sachino, palais (Bidart) 192
Saint Jacques le Majeur 33
Saint Michel l'Archange 238, 239
Saint-Alexandre-Nievski, église (Biarritz) 112, 183
Saint-André de Bascassan, chapelle de (Bascassan) 239
Saint-André, église (Bayonne) 166
Saint-André, place (Bayonne) 166
Saint-Antoine de Musculdy, chapelle (col d'Osquich) 259
Saint-Blaise, commanderie (Aphat-Ospital) 34, 246
Saint-Blaise, pèlerinage de 258
Saint-Charles (Biarritz) 180
Saint-Charles, église (Biarritz) 190
 – orgues de Cavaillé 190

 – vitraux de Mauméjean 190
Saint-Christophe, église (vallée d'Ossès) 241
Saint-Cyran, abbé (Jean Du Vergier de Haubanne) 159
Saint-Esprit 149, 160
Saint-Esprit, arènes de (Bayonne) 175
Saint-Esprit, église (Bayonne) 173
Saint-Esprit, fontaine (Bayonne) 173
Saint-Esprit, quartier (Bayonne) 172
Saint-Esteben 105, 243
Saint-Esteben, dorrea de 102, 245
Saint-Étienne-de-Baïgorry 230, 246
Saint-Félix, église (Garris) 251
Saint-François-Xavier, séminaire (Ustaritz) 212
Saint-Germier 123
Saint-Jacques, église (Viellenave-sur-Bidouze) 251
Saint-Jacques, porte (Saint-Jean-Pied-de-Port) 227
Saint-Jacques-de-Compostelle
 – basilique de 33
 – chemins de 34
 – pèlerins de 20, 25, 33, 66, 156, 206, 225, 228, 231, 246, 248, 255, 258, 261, 261
Saint-Jean, rue (Labastide-Clairence) 245
Saint-Jean-de-Jérusalem, ordre des Hospitaliers de 246
Saint-Jean-Baptiste, église (Haux) 262
Saint-Jean-Baptiste, église (Saint-Jean-de-Luz) 194, 196, 197
Saint-Jean-d'Irauzketa, relais-hôpital (Valcarlos) 235
Saint-Jean-d'Urrutia, chapelle (Saint-Jean-le-Vieux) 236
Saint-Jean-de-Berraute, chapelle (Mauléon) 255
Saint-Jean-de-Luz 109, 130, 144, 194
 – casino 197
 – hôtel-casino 187
 – jetée 195
 – mairie 195
 – phare 114
 – port 195, 197, 200
Saint-Jean-de-Sorde, moines de 251
Saint-Jean-le-Vieux 236
 – thermes 93
Saint-Jean-Pied-de-Port 109, 142, 224, 225
 – citadelle 224, 226, 227, 240
Saint-Jérôme,

chapelle (Bayonne) 156
Saint-Julien, église (vallée d'Ossès) 241, 242
Saint-Just 247
Saint-Laurent, église (Cambo-les-Bains) 209
Saint-Léon, chapelle (Bayonne) 157
Saint-Martin, église (Biarritz) 180, 190
Saint-Martin, église (vallée d'Ossès) 241
Saint-Martin, palacio de (Saint-Martin-d'Arberoue) 245
Saint-Martin, phare de la pointe (Biarritz) 182
Saint-Martin, pointe (Biarritz) 182
Saint-Martin-d'Arberoue 245
Saint-Michel 232
Saint-Michel-l'Archange, église (Saint-Michel)
Saint-Nicolas d'Harambels, chapelle (Harambels) 248
Saint-Nicolas, église (Guéthary) 193
Saint-Nicolas-d'Aphat-Ospital, église (vallée d'Ergarai) 236, 246
Saint-Palais 109, 143, 250
– festival de la force basque 250
– maison du Roi 251
– monnaie de 251
Saint-Paul, église (Saint-Palais) 251
Saint-Pée, bois de (Saint-Pée-sur-Nivelle) 213
Saint-Pée-sur-Nivelle 109, 213
Saint-Pée-sur-Nivelle, sablés de 84
Saint-Pierre-d'Usacoa, église (Saint-Jean-le-Vieux) 236
Saint-Pierre-sur-Nivelle, église de 213
Saint-Sauveur d'Iraty, chapelle (vallée d'Ergarai) 237
Saint-Sauveur, colline de 250
Saint-Sauveur-d'Iraty 28, 105, 231
Saint-Sauveur-de-Faldarcon, chapelle (Jatxou) 212
Saint-Sébastien, 284
Saint-Sébastien, église (Jatxou) 212
Saint-Vincent, église (Hendaye) 206
Saint-Vincent, église (Mendive) 237
Saint-Vincent, église (Saint-Michel) 232
Sainte-Barbe (Saint-Jean-de-Luz) 197, 203

Sainte-Croix d'Alciette, chapelle (Alciette) 238
– voûte de la chapelle (Alciette) 238
Sainte-Engrâce, collégiale 262
Sainte-Eugénie, église (Biarritz) 184
Sainte-Eulalie, église (Saint-Jean-Pied-de-Port) 224, 226
Saison, le 255
Salspareille 46
Sanche le Fort 224
Sanche, Guillaume 19
Sapin blanc 44
Sarazi, Charles 187
Sardine, pêche à la 195, 201
Sare 215
– église 215
– place 216
Sarte, Real del 197
Sastriarena, maison (Ossès) 241
Sault, Bertrand Raymond de 159
Saut basque 78
Sauvage, A. 185
Sauvage, Henri 187
Schwartz 187
Sérapias langue 46
Signoret, madame 187
Société basque 28
Socoa 203
– fort 144, 202
Soinua 76
Soldanelle poilue 54
Sorcières, château des (Saint-Pée-sur-Nivelle) 213
Sorde-l'Abbaye, monastère de (Saint-Just) 247
Sorhaindo, maison de (Bayonne) 160
Soroluze, col d' 233
Sorta, maison (Ustaritz) 212
Sossiondo, évêque Joannes de 214
Soule, coutûme de 254
Soule, États de 21, 254, 260
Soule, la 27, 76, 77, 126, 142, 253, 254
– maisons de la (Mauléon) 109
– Silviet de 21
– syndicat de la 61
Soult 225, 234
Soussignaté, gorges de (Estérençuby) 232
Stavisky (monsieur Alexandre) 149
Sainte-Anne, pointe (Hendaye) 46
Steinhel 157
Stèle funéraire 30, 99, 100, 106
Strabon 76
Suarez (dit le Milord) 173
Suèves 18
Surf 192, 272
Swiecinski, Georges Clément 193

◆ T ◆

Taloa 86
Tamaris 50
Tambourinea (Ainhoa) 217
Tardets,
– maisons 109
– foire 64
– marché 261
Tardets-Soholus 261
Tauromachie 174
Tétard, Henri 182
Têtes, maison des (Saint-Palais) 251
Théodore de Russie 189
Thiers, Adolphe 167
Thiers, rue (Bayonne) 160
Thion de La Chaume, René 197
Thon blanc 49, 59
Thon grillé à la basquaise 87
Thon rouge 59
Thon, pêche au 23, 58, 60, 87, 195, 200
Thonier-bolincheur 58
Tichodrome échelette 54
Tilhole 165
Tillac, Pablo 124, 222
Tisnès, Oscar 183
Tortue caouane 48
Toulongeon, comte de 261
Tour-de-Sault, rue (Bayonne) 160
Tournaire, Joseph-Albert 211
Tournepierre à collier 47
Traité des Armes 158
Transhumance 60
Traquet motteux 54
Trèfle des Alpes 54
Tréville, comte de 260, 261, 264
Tribout, Georges 187, 193
Trikitixa 77
Trinquet, rue du (Bayonne) 167
Trois Canons, maison des (Saint-Jean-de-Luz) 196
Trois-Villes 260, 261
Trompette-de-méduse 54
Ttoro 82
Txalapar 77

◆ U ◆

Urdax 217
Urepel 58, 231
Urkulu 143
– tour 92, 232
Urquiaga, col d' 231
Urrugne 202
– église 203
Urtubie, château d' (Urrugne) 203
Urtubie, Marie d' 203
Urzuia, mont 222
Urzumu, mont 221
Urzuya, mont 42

Ustaritz 212, 213
Utrecht, traité d' 198
Utziat 247

◆ V ◆

Vacherot 186
Valcarlos 235
Valette, Julien 116
Van Dongen, Kees 189
Vandales 18
Vasconie, principat de 19
Vascons 19, 76
Vase polypode biconique aquitain (Saint-Michel) 90
Vauban 149, 159, 173, 206, 224
Vautour fauve 54
Vautour Percnoptère 54
Venise, école de 170
Venturon montagnard 54
Vernet, Joseph 116
Vieille-Boucherie, rue (Bayonne) 159
Viellenave, baronnie de 251
Viellenave-sur-Bidouze 251
Vierge, chapelle de la (Bayonne) 156
Viertel, Peter 192
Vigne sauvage 47
Vinci, Léonard de 170
Viollet-le-Duc, Eugène 157, 206
Vionnois, Nicolas 161
Virac, Raymond 202, 121
Voies romaines 92
Voltaire 76

◆ W ◆

Walter, Jean 114, 197
Wascones 24
Watteau, Jean-Antoine 170
Wellington, duc de 196, 225
Westermann 184
Wisigoths 18

◆ X ◆

Xalbador (Ferdinand Aire) 76, 231

◆ Z ◆

Zabalza, bois de (Saint-Martin-d'Arberoue) 245
Zerkupe, enceinte de 233
Zikiro 86
Zintzarada 60
Zo, Henri 121